"十三五"普通高等教育应用型规划教材

金融系列

中央银行学

李中山　编著

中国人民大学出版社
·北京·

出版说明

随着金融成为现代经济运行的核心，社会对金融教育和人才培养提出了更高的要求：分层培养人才。既要着力于培养研究型人才，又要培养大批应用型人才，这已是共识。许多非研究型院校师生反映，市场上现有的金融学教材大多重理论轻实践，重国际化轻中国化。根据这些院校的特点和培养目标，他们认为在教材内容上不仅要包含本领域的基本理论问题，让学生对于基本概念、基本原理有完整的掌握，同时还要包含本领域的基本实践问题，让学生掌握一定的实务操作方法，以应对未来工作的挑战。本着这一要求，由李小牧教授和李嘉珊教授牵头，中国人民大学出版社组织中国人民大学、西安交通大学、北京第二外国语大学、北京外国语大学、首都经济贸易大学、对外经济贸易大学、北京工商大学等若干所学校以及国家外汇管理局、保险公司、证券公司、商业银行等的专家，设计和推出了这套"'十三五'普通高等教育应用型规划教材·金融系列"。该套教材突出了以下三点：

第一，所列课程完全根据教育部"高等教育面向21世纪教学内容和课程体系改革计划"编写。

第二，根据应用型人才培养目标，教材强化了各项业务的操作规程和实践做法，通过对案例的分析和点评让学生对实务操作有一个真切的体验。

第三，压缩教材的篇幅，学习资料、练习题等相关内容学生可以通过网络获取，减轻学生负担。

这里要说明的是，出于对应用型人才培养探索的要求，出版社并没有提出过分严格的要求，只是在教材的定位、篇幅、编写体例上提出了一些原则性建议，具体编写工作则实行主编负责制，由各位主编和作者全权处理各教材的编写工作，并对各自的内容负责。

教材的出版凝结了所有参编专家、教授的辛劳和智慧，在此一并表示感谢。
真诚地期待广大教师、学生和其他读者的批评和意见。

中国人民大学出版社

前　言

自 1844 年英国国会通过《银行特许条例》确立中央银行制度伊始，中央银行作为制定和实施货币政策、调控经济、监督管理和规范金融机构之特殊机构，凭其日益提高的地位承担商业银行间债权债务关系的划拨冲销、票据交换的最后清偿等业务，在经济繁荣之时接受商业银行的票据再贴现，而在金融危机的打击中则充当商业银行的“最后贷款人”。各国政府为化解金融风险、确保金融稳定而不断强化中央银行之职能，提高其独立性，以凸显中央银行在经济弥增与金融体系之稳妥运行中的地位。现今，中央银行制度已经成为一国最基本的经济制度之一而须臾不可离。

中央银行学在大学课程设置中为金融学专业必修课程，但国内同类教材多侧重宏观金融理论分析而弱化了其应用之特色。鉴于本书为应用型金融专业本科之系列教材，编著者虑应用所需而尽收本学科的最新变动，结合编著者的学习和研究心得，力图将枯深的宏观金融理论融于具体实践操作之中，凸显应用之特色，以对金融学子提供一本有益的教材。本书也是社会人士所必读之物，使从事财经、金融研究的人能将新知、卓识、所见、所闻带出教室，让社会上的大多数人均受其益，减少学校与社会之“间隙”，缩短理论与现实之距离。

在教学相长的学术氛围下，为适应应用型教材的需要，编著者自编撰之日起就广为搜集国内外中央银行学及经济学相关著作，配合现实情况，参酌个人见解，扩大研究领域。举凡新的资料尽量介绍，充分研讨，阐明其重要性，并运用图解、静态及动态理论来作为分析基础。同时，编著者尽量纳入新颖的学说及对国内实况作公正坦率的评述，亦通过“阅读延伸”及时补充，以期本书与现实问题或现象相得益彰，满足学生广博之需。

本书力求精简，故在斟酌之余将内容分为十二章，从中央银行制度概论入手，分析中央银行业务和货币政策理论与实践，至金融监管止。其特点是应用性突出，内容结构精简，体现最新成果和趋势，延伸资料充实。

本书在编著过程中参阅了国内同类教科书和大量文献资料，得到了众多学者的帮助和指导，特别要感谢北京工商大学刘肖原教授及一众教师的无私帮助，感谢内蒙古财经大学金桩教授的支持和点拨，感谢我所指导的研究生田博宇整理资料之辛苦，感谢中国人民大学出版社崔惠玲女士给予的诸多帮助，感谢中国人民大学出版社王素克编辑认真、细心的审校。

编著者学肤才浅，疵误之处在所难免，深冀国内学长多海涵和赐教，并诚请采用本书之教师、学子提供卓见，以使本书尽善尽美，盼何如之，甚谢不止。

内蒙古财经大学　李中山

2018 年 8 月

目 录

第1章 中央银行制度的形成与发展

⊙本章目标⊙

- 了解中央银行制度产生的历史背景，掌握中央银行制度产生的客观基础。
- 掌握中央银行产生的两条渠道，了解中央银行制度的推广和发展过程。
- 了解我国中央银行制度的产生和发展历程。
- 掌握中央银行的性质，掌握中央银行的基本职能、综合职能及二者之间的关系。
- 熟悉中央银行制度的基本类型。
- 掌握中央银行的资本组成类型和组织结构。

中央银行制度是指由在一国金融体系中处于中心地位、代表一国政府调控金融和经济发展的特殊金融组织来实施的，在统一银行券发行、票据清算、稳定信用体系、金融监管以及政府融资等方面建立的一整套规则和安排。它是商品经济、货币信用制度以及银行体系发展到一定阶段的产物，当今世界大多数国家均实行了中央银行制度。

第一节　中央银行制度概述

自 17 世纪中央银行机构出现至今已经有三百余年的历史，随着金融活动的不断提升，其逐渐成为现代经济的核心，作用日益突出。目前，中央银行制度已成为一国最基本的经济制度之一。因此，从中央银行制度的产生背景和发展过程入手，探索研究其规律性，就成为中央银行研究的首要问题。

一、中央银行制度形成的背景

任何一种制度都是历史的产物，其产生都有其独特的历史背景，中央银行制度也不例外。

（一）中央银行制度产生的历史背景

1. 商品经济的快速发展

17世纪的欧洲，随着纺织、酿酒、食品和农具制造业脱离农业成为新的独立部门，工商业和新式农业占据社会生产的主导地位，商品经济获得迅速发展。而18世纪的工业革命带来的生产力的极大提高，使资本主义社会经济发展方式发生了深刻的变化，社会和经济发展以前所未有的速度登上了迈向现代化社会的快车，为中央银行职能的逐步完善提供了条件。

2. 商业银行的普遍设立

商品经济的快速发展和资本主义生产方式的兴起为欧洲大陆的货币兑换商转变成银行创造了条件。传统的货币经营商及高利贷者已不能满足规模不断扩大、数量日益增加的新兴工商企业对资本的需求，因而在客观上需要有实力强大的金融机构来为其提供资金及信用支持；工商业活动产生的庞大的资金流量中，不仅仅是企业对资金的需求，企业本身也为货币信用提供了大量的廉价资金。而银行业正是顺应客观经济发展的这一需求而产生的。银行业的产生有两条途径：一是由货币经营业和银钱业发展而来；二是直接设立新银行。银行业的最初形成是在13—14世纪，最先出现在经济贸易比较发达的欧洲，从14世纪末期开始，一些以“银行”命名的信用机构开始出现，如1397年成立的麦迪西银行(Medici Bank)，1407年建立的热那亚的圣乔治银行（Bank of St. George)。15、16世纪出现的米兰银行、威尼斯银行等已具有现代银行的某些特征。16世纪以后，伴随着工业革命及其带来的工商业的空前发展，银行的设立和发展也出现了一个高潮。意大利、法国、德国、英国等国涌现了一大批新式银行，17、18世纪欧洲工业革命和资本主义制度的确立，使得社会生产力获得空前大发展，也为银行的发展提供了巨大空间，欧洲迎来了银行业的大发展。以资本主义发展最早的英国为例，1814年银行有94家，比1776年增加了5倍还多。

银行业的发展不仅表现为数量的迅速增加，还表现为银行业务完全脱离货币兑换、金银保管和高利贷的传统形式，发行银行券、为企业办理转账和为新兴行业提供融资及服务成为银行的重要业务。

3. 货币关系与信用关系的广泛存在

商品经济的迅猛发展和银行的普遍设立，促进了货币、信用与经济的融合。为了保证商品经济的顺利运转，客观上要求信用关系连接商品生产的全部过程。随着商品经济的快速发展，以货币关系为特征的银行信用逐步替代商业信用成为信用的主要形式。特别是在现代银行成立之后，货币成为信用的主要载体，货币和信用观念深入人心，促进了资本主义银行业的蓬勃发展。

一方面，银行通过吸收存款和金融创新手段增加资金来源以作为经营资本；另一方面，银行又通过直接向企业提供资金和对商业票据办理承兑、贴现和抵押贷款等将商业信用转化为银行信用，扩展了信用的范围和规模。同时，银行又为企业的联合及社会筹资提供条件及便利，如代理股票和债券的发行、转让和还本付息等，大大促进了社会化大生产和商品经济的发展。商品经济的进一步发展反过来又促进了信用关系的扩展。

4. 经济发展中新矛盾的显现

虽然信用制度和银行体系成为商品经济运行的重要支撑，但是，对银行的设立、业务活动的创新和信用规模的扩大却没有相应的制度规范，从而客观上造成了银行体系的不稳定。主要表现在：

(1) 银行券的分散发行因发行银行券的银行经营规模和信誉不同而被社会接受的程度差异很大。一些小银行由于经营规模小和知名度有限，其发行的银行券的社会认知度低，流通范围受到限制，限制了商品流通的范围，阻碍了商品经济的发展。

(2) 票据交换和清算业务的迅速增长使交换和清算的速度减缓。信用制度的发展使商业银行相互之间的债权债务关系日益复杂，需要进行交换的票据数量和清算的业务量迅速增加，使规模有限的商业银行难以应付，降低了清算速度。而且，商业银行的规模有限，使得可以清算的债权债务关系的范围有限，给票据的交换带来了麻烦，也降低了清算速度。

(3) 银行的破产倒闭使信用体系和经济运行不断受到冲击。银行经营规模小，抵御风险的能力差。债权债务清算效率低下，容易造成信用锁链的断裂，使得银行倒闭经常发生，破坏了信用体系和经济体系的正常运行。

(4) 缺少统一规则的竞争使金融秩序经常出现混乱。银行业的激烈竞争迫使一些银行破坏货币发行纪律，滥发货币，造成货币兑付困难。一些银行高息揽储，铤而走险，经常给金融秩序带来混乱。

面对现状，国家政府开始从制度上寻找原因，试图建立一种有效的制度以稳定信用制度和银行体系，避免频繁发生的经济危机和金融危机。

(二) 中央银行制度产生的经济背景

中央银行制度是银行业发展到一定阶段的产物。具体来说，它的产生适应了以下几个方面的需要。

1. 信用货币的发行问题

在资本主义工业革命的推动下，社会生产力和商品流通范围迅猛扩大，货币信用业务迅速扩展，银行的数量急剧增加。银行为了开展业务的便利纷纷发行银行券，如果每家银行都能保证自己发行的银行券能够随时兑换，货币的分散发行并不会带来严重后果，但事实上，银行券不能兑换的情况经常发生，造成的后果随着货币信用关系的发展而越来越严重。

第一，银行券的流通范围依据发行银行的实力、资信状况、经营状况和分支机构设置状况而大相径庭，一些中小银行发行的银行券流通范围非常有限，不能适应商品经济发展的需要。

第二，不同的银行券有不同的流通范围，与货币作为“一般等价物”的根本属性相矛盾，给社会生产和流通带来了困难。

第三，银行券的流通范围越来越大，而且多种银行券同时流通，但兑换却必须分别在原发行银行进行，这也给使用者带来了不便。

第四，银行券是金属货币的符号，它的流通和支付能力取决于它兑换金属货币的能力。随着银行数量的增加和银行竞争的加剧，银行不能保证所发行货币及时兑现的情况经常发生，再加上银行倒闭不断出现，影响了银行券的信誉和流通。尤其是当银行与企业、银行与银行之间的联系越来越密切，商品经济关系和债权债务关系越来越复杂时，银行券不能兑换给社会经济秩序带来的混乱就更严重了。

第五，更重要的是银行券的分散发行带来的“货币发行纪律”问题，即如果银行券的发行超过客观需要，将给经济造成混乱。事实上，在金本位制下，由于一部分银行券处于流通状态，银行发行银行券的数量超过持有的贵金属数量并不会立刻引起问题。因此，银行券往往超量发行，但当银行券的发行超过一定限度，一部分银行券退出流通时，货币的兑付就会发生问题，引发兑付危机。

随着银行数量的不断增加，上述货币分散发行给经济带来的问题越来越严重。人们意识到解决问题的办法是：由资金雄厚、有权威的银行发行能够在全社会流通的货币，限制和取消一般银行的货币发行权，将货币发行权集中到几家或一家银行。1803 年法兰西银行在巴黎地区获得为期 15 年的货币发行垄断权。1826 年英格兰银行获得伦敦城 65 英里以内地区的货币发行垄断权。

2. 票据交换和清算问题

商业银行在其发展初期，由于没有一个统一的清算机构，银行间的票据结算往往是由各家银行单独分散进行的。随着银行业务的扩大，银行每天收授票据的数量不断增长，各银行之间的债权债务关系日益复杂，票据交换业务越来越繁重。由于各银行分别进行轧差清算，所以不仅异地结算时间延长、速度减缓，而且即使同城结算，也越来越困难，结算花费的时间越来越长。很显然，由单家银行或几家银行自行处理票据交换和清算的方式已不能满足商品经济发展和银行业务迅速扩展的需要，故迫切要求建立一个全国统一和公正的权威性清算机构，作为金融支付体系的核心，快速清算银行间各种票据，使资金顺畅流通，保证商品经济的发展。1770 年伦敦的几家私人银行建立了伦敦票据交换所，但是只有成员银行才能参加，1854 年允许其他银行参加。同时，由于英格兰银行货币发行和流通的范围广、信誉好，因此其他银行愿意在英格兰银行保留一些存款用于结算，这为日后英格兰银行成为最终的清算银行奠定了基础。

3. 银行的支付保证能力问题

随着商品生产和流通的不断扩大，对银行贷款的需求量不断增加，为了满足借款人的资金需求，同时也为了自己经营获利的需要，商业银行尽量减少支付准备金。但是，当贷款不能按期收回或存款者突然大量提现时，一部分银行就会发生资金周转不灵、兑现困难的情况。为了应付这种情况，一般可以采取同业拆借、提取在其他银行的存款以及出售部分资产等方式应急。但是，存放在同业的存款准备金具有虚拟的性质。同业拆借和出售资产不仅数量有限，也需要付出一定的代价。特别是当遇到普遍的金融危机时，上述手段根本就无济于事。而且，随着银行业务的规模扩大和复杂化，银行的经营风险也不断增大，资金调度困难和支付能力不足的情况经常出现，因一家银行的支付困难而导致整个金融业发生支付危机的可能性就会变成现实。因此，为了保护存款人的利益和金融体系的稳定，客观上需要有一家权威机构集中银行的一部分现金准备，充当银行的“最后贷款人”。

4. 金融业的监督管理问题

随着商品货币经济关系的发展，银行业在整个社会经济关系中的地位和作用日益重要，金融稳定成为经济发展的重要条件。而为保证各种金融业务和金融市场的健康发展，维持金融稳定，就需要建立一套有利于金融业公平有序竞争的规则和机制，并由政府对规则执行和机制运行进行监督。

但是，由于金融业的特殊性，对金融业的监督管理如果完全依靠行政手段，则不仅会扼杀金融市场的创造性和活力，大大降低金融市场的效率，还将引起大量逃避金融管制行为的发生，增加金融动荡的可能性，难以发挥金融促进经济发展的作用。因此，政府对金融业的监督管理和金融市场的调控，往往通过运用市场手段、利用金融市场的运作机制进行。这样，政府对金融业的监督管理就不得不依靠专门机构来实现。该机构既要有技术和操作手段，又要在业务上与普通的银行有密切联系。

5. 向政府融资问题

在资本主义制度的确立过程中，政府的职能也得到加强。政府职能的加强增加了政府的开支。为了弥补财政赤字，政府经常需要从银行获得资金融通。即使不发生财政赤字，由于收入和支出在时间上不一致，获得短期资金融通也成为政府履行职能的重要条件。政府虽然通过与多家银行建立融资关系，基本可以保证资金的来源，但是，这种关系并不稳固，当政府需要巨额资金来弥补财政赤字时，个别银行并不能满足政府的需要。由于所需要资金的规模过大，勉强满足政府的要求又可能对银行本身的经营产生不良影响，因此，资本主义发展到一定阶段，客观上需要有一个机构对政府的收支、资金往来和融资进行专门管理。

二、中央银行制度的形成与发展概述

（一）中央银行产生的渠道

在银行产生、演进的历史过程中，中央银行的产生晚于商业银行。商业银行的渊源可以追溯到13世纪，而中央银行则起源于17世纪中后期。1656年瑞典建立了瑞典银行。建立之初，瑞典银行还是私营银行，其开展的货币发行业务和票据抵押贷款业务虽然新潮，但并没有超出一般商业银行的范畴。1668年，瑞典政府将瑞典银行收归国有之后，开始将货币发行权向瑞典银行集中，从而使瑞典银行具有某些中央银行的特征。因此，也有人认为中央银行的历史是从瑞典银行开始的。

1694年，历史上最早的股份制银行——英格兰银行诞生。英格兰银行成立伊始就与英国政府保持特殊的关系，在以后的发展中最早具备最完整的中央银行特征并成为其他国家建立中央银行的范本。因此，大部分经济学家认为英格兰银行才是中央银行的鼻祖。

在历史上中央银行的产生一般有两条途径：一是由信誉好、实力强大的大银行逐步演变而成。在逐步演变的过程中，政府根据客观需要不断赋予大银行某些特权，使其逐步具有某些中央银行的特征，最终成为中央银行。二是由政府出面直接组建中央银行。英格兰银行是前者的典型，在中央银行形成史上产生了重要影响，英格兰银行的历史可以说就是一部中央银行的形成历史。因此，讨论中央银行的形成，少不了对英格兰银行发展的观察。

（二）英格兰银行

英格兰银行在中央银行制度的发展史上是一个重要的里程碑，虽然英格兰银行的成立晚于瑞典银行，但其与英国政府的特殊关系使其最早具有中央银行的基本性质和特征。因此，世界各国一般都认为它是中央银行的始祖。

威廉三世时，财政困乏，需要大量款项。苏格兰人威廉·佩特森（William Paterson）主张募集120万英镑资本，组建银行，为政府垫款。英格兰银行遂于1694年7月27日由英国国会决议设立，并取得不超过资本总额的钞票发行权。当时它借给政府的数目共计120万英镑，每年可向政府支取10万英镑，其中9.6万英镑为利息（年利8%），0.4万英镑为管理费。截至1746年，英格兰银行已借给政府1 168.68万英镑，并提出“英格兰不能有第二家银行由国会决议设立”，“英政府稳定，英格兰银行亦随之稳定”等主张。1826年，英国国会通过法案，准许其他股份银行设立，并可发行钞票，但限制在伦敦65英里以外，以示有别于英格兰银行。1833年国会准许股份银行在伦敦经营存款业务，规定只有英格兰银行钞票才具有无限法偿资格。

1825年和1837年，英国爆发了两次历史上最早的周期性经济危机，它冲击了整个英国的国民经济。这两次危机本质上是生产过剩的危机，但危机的爆发却是从货币信用领域开始的。自拿破仑战争以后，英国工业发展迅速，1821—1825年棉纺织和冶金工业生产增长了50%，信用扩张迅速。同时，英国对拉丁美洲的投资扩大，特别是矿业公司股票虚幻地看涨，促成了股票交易所的投机狂热。生产盲目增长超过了市场容量，于是1825年夏首先出现了证券交易所危机，股票行市下跌40%～70%。接踵而来的是支付手段缺乏，货币不足，信用中断，存款挤提，贷款被迫冻结。1825—1826年间就有140家银行倒闭，并且发生了国际收支逆差，黄金外流，存款人和银行券持有者对银行失去了信心。事过之后，痛定思痛，人们认为货币信用问题是危机的根源，便从货币信用方面寻求防止危机的办法，从而酿成了一场关于银行券发行保证的大讨论。当时对发行方式争议颇大，银行学派认为钞票乃供应商业的需要，应由银行处置，政府不得干涉；通货学派认为钞票是现金代用品，政府对准备金应加以规范。人们对于19世纪最初20年即银行券停止兑现和银行券贬值时期的深刻记忆致使通货学派的主张得以实施；1844年7月29日，英国国会通过了《银行特许条例》（由英国首相比尔主持通过，亦称《比尔条例》）。

《银行特许条例》规定英格兰银行在1844年8月31日以后被划分为发行部和银行部。前者以1 400万英镑的证券（其中1 101.51万英镑是政府对该银行的债务）及营业上不必要的金属贮藏的总和发行等额的银行券（包括流通中的银行券）。但用证券准备金发行的银行券不得超过1 400万英镑，逾额应全额以金银为准备金。发行部保持的金银，无论何时，都不得超过金属贮藏的1/4。至1844年5月6日，已取得发行权的银行，其发行定额不得超过1844年4月27日前12年间的平均数；当时207家私人银行的发行定额为5 153 417英镑，72家股份银行的发行定额为2 478 230英镑，共计7 631 647英镑，如有放弃发行权的、破产的、两家或两家以上合并的，都不得再发行。

此后英国的私人银行和股份银行逐渐减少，1896年，前者为56家，发行定额约为200万英镑；后者为35家，发行定额约为100万英镑。至1926年，股份银行仅剩2家，发行定额只有 27 228 英镑。英格兰银行保证准备发行额已由 1 400 万英镑增加为 1 975 万英镑。英格兰银行就这样一步步垄断了全国货币发行权，并于 1928 年成为英国唯一的发行银行。

随着英格兰银行发行权的扩大，其地位日益提高，许多商业银行便把自己现金储备的一部分存入英格兰银行，商业银行之间的债权债务关系通过英格兰银行来划拨冲销，而票据交换的最后清偿也通过英格兰银行进行。在后来几次经济危机的打击下，英格兰银行居然能岿然不动，从而取得了更多商业银行的信任。1854 年，英格兰银行取得清算银行的地位。早在 1825 年和 1837 年的两次经济危机中，英格兰银行就曾经对普通银行提供贷款。在后来的 1847 年、1857 年和 1866 年的周期性经济危机中，英国国会不得不批准英格兰银行的货币发行暂时突破1 400万英镑的限制，用它的银行券支持一般银行，充当了最后贷款人的角色。

进入 19 世纪后半期，随着科学技术的进步、电报的使用，各地金融中心逐渐连为一体，英国的殖民地银行也在伦敦设立分行，使伦敦不仅成为英国的金融中心，而且成为世界的金融中心，于是英格兰银行的资产及负债均迅速扩大。要适应国内外负债的提存需要，英格兰银行的准备金就成了一个大问题，为此经过长期的摸索，终于形成了灵活的再贴现政策和公开市场操作等调节措施，从此奠定了近代中央银行理论和业务形成的基础。

（三）中央银行制度的推广和发展

1. 中央银行制度的推广

第一次世界大战不仅是对各国作战能力的考验，也是对货币制度的考验。战前各国大多采用金本位制，战时都停止兑换黄金并禁止黄金出口。同时，为了适应战时财政需要，中央银行大肆发行货币，向财政大量借贷，引起了严重的通货膨胀。

第一次世界大战后，饱受通货膨胀之苦的各国都深感稳定币值的必要性，于是 1920 年在比利时的首都布鲁塞尔举行了历史上第一次国际金融会议。会议强调通货膨胀的根源是财政赤字，稳定币值的关键是财政平衡，货币发行银行要摆脱各国政府政治上的控制。因为银行券已经代替贵金属成为流通货币，要完全恢复金本位制比较困难，因此，会议建议各国建立中央银行，由中央银行集中发行货币，这样有利于控制货币发行和稳定币值。

1922 年，国际经济会议在瑞士日内瓦召开，又重申和强调了布鲁塞尔会议的决议，建议尚未建立中央银行的国家要尽快建立中央银行，共同维持国际货币体系和经济的稳定。因此，第一次世界大战结束到第二次世界大战发生期间就成为中央银行制度推广的时期。这一时期对中央银行制度建设最重要的贡献是进一步统一了货币发行。

从 1921 年到 1942 年，新成立的中央银行有 43 家：欧洲 16 家、美洲 15 家、亚洲 8 家、非洲 2 家、大洋洲 2 家。世界上的主要国家差不多都在这一时期建立了中央银行。在此阶段，中央银行制度的推广具有以下三个特点：

第一，大部分中央银行都不是由商业银行自然演进而成的，而是迫于通货膨胀的压力，依靠政府的力量创建的。

第二，大部分中央银行在经历短暂的金本位制以后，对货币发行制度进行了改革，恢复了虚金本位制（又称金汇兑本位制），建立了比例准备金制度和垄断了货币发行权，停止对政府财政直接提供贷款，并把稳定币值当作中央银行的首要任务。

第三，由于20世纪30年代的经济大危机导致大量金融机构倒闭，给社会经济造成了巨大的震荡和破坏，所以人们认识到保持金融机构和金融体系稳定的必要性，进一步严格和增强了存款准备金制度，使之成为中央银行管理金融的重要手段。

2. 中央银行制度的发展

第二次世界大战结束以后，参战各国都面临重建经济的任务。同时，在凯恩斯宏观经济理论的指导下中央银行制度获得了进一步完善和发展。中央银行成为国家干预和调节经济、稳定金融市场的必不可少的工具。

(1) 各国政府加强对中央银行的控制的原因。

1) 金本位制已经完成历史使命，虚金本位制也难以恢复，为货币信用政策成为政府干预和调节经济的手段提供了重要条件。首先，在信用货币制度下，中央银行成为唯一的货币发行者，虽然其他金融机构也参与信用供应，但是信用供应量的大小最终取决于基础货币的多寡。其次，中央银行发行货币的数量不再像金本位制那样依赖于持有的黄金数量，而是可以根据货币政策的需要灵活决定。

2) 宏观经济调节理论为国家干预经济提供了依据。宏观经济调节理论认为资本主义经济始终存在非充分就业，即存在非自愿性失业，可以通过宏观经济调节减少非自愿性失业。

3) 在20世纪30年代大危机时代，罗斯福新政为政府通过中央银行干预经济提供了依据。各国中央银行都不同程度地加强了其作为金融政策制定和执行机构的作用，普遍设立了货币政策委员会之类的机构。

4) 金本位制的消亡和国际贸易的不平衡发展带来的贸易战、汇兑战和关税战此起彼伏，需要各国政府和金融当局的合作协调。二战后建立的国际货币基金组织（IMF）、世界银行和国际金融公司等一系列国际金融组织成为各国政府进行政策协调配合的舞台，各国中央银行代表政府参加这些组织。

(2) 中央银行制度发展变化的特点。

在上述背景下，中央银行的发展出现了制度规范化和经济目标统一化的特点，主要表现为以下几个方面。

1) 中央银行实行国有化。首先是法兰西银行在1945年12月2日被国有化，原股东的股票按照1944年9月1日—1945年8月31日的价格计算，换取利率为3%的政府债券。其次是英格兰银行1946年被英国政府收归国有。股东用股票换取面值4倍的政府债券。国有化以后，英格兰银行具有要求其他银行提交报告、向它们发出建议劝告和指令的权限；规定银行必须持有一定比例的流动性资产和缴纳存款准备金；有权规定再贴现率和对银行的利率提出建议。最后是联邦德国于1957年7月26日公布《德意志联邦银行法》，将10个州的中央银行和柏林中央银行合并为德意志联邦银行，行使中央银行的职能。联邦银行有义务支持联邦政府总的经济政策，同时吸取历史上两次恶性通货膨胀的教训，另外又规定联邦政府不得影响联邦银行的独立性。

中央银行国有化的原因有以下三点：第一，中央银行作为金融管理当局需要采取中性立场，以社会利益为目标；第二，中央银行不应以营利为目标；第三，信用货币发行产生的巨额利益应归于国家。

2) 中央银行成为国家干预和调节宏观经济的重要工具。由于中央银行垄断了货币发行权，所以中央银行的最后贷款人职能不仅在商业银行发生危机时行使，更成为日常经济运行中频频向商业银行和其他金融机构提供金融支持以及调节货币供应量的手段。例如日本银行的贷款成为日本经济增长的重要资金来源，公开市场操作是美国联邦储备体系调节货币供应量的最主要手段。

中央银行在组织结构上也为调节经济进行了改革。例如美国的联邦储备体系（简称美联储）在独立性和中央集权方面进行了改革，美联储的独立性在1913年的《联邦储备法》通过时被初步确定，然而随着1935年《银行法》的通过，联邦储备局被改为联邦储备委员会，联邦储备委员会的成员不再包括财政部长和通货监理官，而是由总统在征得国会同意后任命，任期为14年，每两年更换1人。1951年美联储又与财政部签订协议，美联储不再承担支持政府发行债券的义务，独立行使货币政策。为加强纽约金融市场的地位，纽约联邦储备银行行长成为公开市场委员会的当然委员。公开市场操作（也称公开市场业务）和再贴现率、联邦基金利率等均由公开市场委员会决定。虽然地区联邦储备银行还保持决定短期贴现率的权限，但需要经过联邦储备委员会的批准，地区联邦储备银行基本上失去了货币金融决策权。

1942年日本通过了《日本银行法》，规定建立日本银行的目的是"保证国家经济力量的发挥，按照国家政策，调节货币和金融、维持信用制度的稳定"。很明显，中央银行不仅要维护货币价值和信用制度的稳定，还要服从国家的宏观经济政策，促进经济发展。1949年日本银行新设立了政策委员会，作为最高决策机构。

3）中央银行调节经济的手段进一步成熟。首先，中央银行彻底放弃商业银行业务，专门行使中央银行职能。其次，美联储在1920年偶然参与债券市场的买卖，发现公开市场的债券买卖比再贴现政策对货币供应量的影响更大，对信用量的调节更有效果。受此启发，各国中央银行纷纷仿效美联储，以普通买卖者的身份积极参与公开市场交易。最后，存款准备金制度的功能由防止流动性危机转变为货币政策工具。存款准备金制度的初衷是集中清算和通过强制集中商业银行的存款准备金，增强商业银行以及银行体系抵御流动性危机的能力。但是，在1933年美国建立了联邦存款保险公司（FDIC）和其他存款保险机构以后，商业银行以及其他存款货币银行发生流动性危机的可能性大大降低，存款准备金制度所具有的增强银行体系防止流动性危机的能力的功能转变为中央银行调节货币供应量的政策工具。

4）中央银行成为各国政府进行政策协调的窗口的作用越来越大。第二次世界大战后，在布雷顿森林体系框架下，以国际货币基金组织和世界银行等为代表的一系列国际金融组织成立，它们负责协调各国的货币政策。以后虽然由于世界经济形势的变化，布雷顿森林体系不复存在，但是上述国际金融组织不仅没有消亡，反而其作用更加重要。而且，随着经济和金融的国际化，新的区域性金融组织不断产生。各国中央银行更加频繁地利用各种形式的政策协调，对经济产生的影响也越来越大。

三、中国中央银行制度的变迁

（一）中央银行的萌芽

1904年清政府户部奏请政府成立户部银行，资本金为400万两白银，由国内各界认股。但认股不踊跃，结果由政府拨款20万两白银，于1905年8月在北京开业。1908年户部改为度支部，户部银行改为大清银行，经理国库、发行货币。同时，邮传部指责户部银行管不好外汇，要求成立交通银行。1908年3月4日，交通银行开业，发行货币，经办铁路、轮船、电报、邮政等部门的一切收支，与大清银行共同分担部分中央银行职能。清政府垮台以后，大清银行改为中国银行。中国银行和交通银行均由北洋政府控制。由于交通银行的总办是袁世凯的秘书长，因此交通银行的中央银行职能有所加强。不仅交通银行的纸币成为法偿货币，而且交通银行还代理国库。

（二）国民政府时期的中央银行

1924年孙中山在广州成立国民政府，设立中央银行。1926年国民革命军攻克武汉后，国民政府又在武汉设立中央银行，但事实上这两家银行都没有真正行使中央银行职能。1927年国民政府公布《中央银行条例》，1928年10月公布《中央银行章程》，1928年11月1日中央银行开业，总行设在上海，资本金为2 000万元，全部由政府拨款。其业务是经理国库、发行货币，行使中央银行职能。国民政府指定中国银行为“国际汇兑银行”，指定交通银行为“发展全国实业的银行”，1935年将“豫鄂皖赣四省农民银行”改为“中国农民银行”。

1935年5月23日国民政府正式颁布《中央银行法》，进一步明确了中央银行是国家银行，隶属于政府，总行由上海迁移至南京，资本金增加至1亿元。同年11月4日进行币制改革，放弃银本位制，规定中央银行、中国银行和交通银行发行的货币为法币，中国农民银行发行的货币虽然不是法币，但被准许与法币同时流通。1937年7月国民政府在上海成立“四行联合办事总处”，对四行业务进行监督，1939年又将其作为四行之间联系机构的地位提升为作为中国金融的最高决策机构。抗日战争爆发后，中央银行在临时迁移至上海后，再迁移至重庆，与中国银行、交通银行和中国农民银行在四川成立联合办事处，处理战时金融事务。1939年国民政府颁布《国库法》。1942年7月1日国民政府公布《钞票统一发行办法》，完成将货币发行权统一到中央银行的改革。1945年3月，财政部授权中央银行检查监督全国金融机构。抗日战争胜利后，中央银行迁回上海。

（三）苏维埃政府时期的中央银行

1932年中国共产党领导的根据地政府在江西瑞金成立“中华苏维埃共和国国家银行”，除经营一般业务外，还具有发行货币的特权和代理国库等中央银行的职能。1935年红军长征到达陕北后，中华苏维埃共和国国家银行与陕甘宁苏维埃银行合并，改称国家银行西北分行，1937年陕甘宁边区政府成立以后，又改称陕甘宁边区银行。

（四）新中国时期的中央银行

1948年12月1日，中国人民银行在解放区各家银行合并的基础上于石家庄成立，1949年2月中国人民银行总行迁入北京，并按行政区划建立分支行，形成改革开放以前的中央银行体系。依据中国人民银行的特点及其在经济中的作用，大致可以将其发展分成三个时期，即1948—1953年的整顿经济时期、1953—1983年的计划经济时期和1983年以后的改革开放时期。

1. 整顿经济时期（1948—1953年）

首先，中国人民银行通过接管官僚资本银行，取缔外国银行在华的一切特权，改造私营企业，建立以中国人民银行为主体、管理公私合营银行、扶助农村集体信用合作组织、监督和利用私营银行的社会主义金融体系。按照行政体系，中国人民银行在全国建立了其分支机构体系。

其次，中国人民银行一方面通过迅速建立自己的分支机构，扩大业务，为恢复经济服务，作为商业银行发挥作用，另一方面又通过制定和执行统一的金融政策，执行管理金融的职能。

最后，该时期的货币政策目标是稳定物价，通过开发储蓄品种，减少游资对市场的冲击和将资金优先贷给国营贸易企业，帮助吞吐物资，平抑物价。

2. 计划经济时期（1953—1983 年）

首先，配合高度集中的计划经济体制，中国人民银行也形成了“大一统”的集商业银行和中央银行于一身并排除其他金融形式的金融体制。虽然名义上存在中国工商银行、中国农业银行、中国银行、中国人民建设银行和中国人民保险公司等金融机构，但是实际上这些金融机构不仅在业务上，而且在资金的来源和人事管理上全部隶属于中国人民银行。

其次，中国人民银行通过编制全国综合信贷计划建立高度集中统一的信贷计划管理体制，即一切存款上缴中国人民银行总行，一切贷款由总行根据国家的计划指标进行分配。

最后，中国人民银行作为中央银行虽然保留垄断货币发行权的职能，但是，货币发行量的控制权并不属于中国人民银行。在计划经济体制下，计划以产品为中心，资金成为配套资金，中国人民银行只能被动地适应产品的生产和流通的需要，配合计划发行。货币政策的唯一使命就是如何配合完成计划，而为实现货币政策目标所使用的手段也基本上是行政手段。代理国库也仅仅是象征意义上的资金出纳，因为财政资金的收入和支出都是跟着计划走的。因此，中国人民银行已经失去通常意义上的中央银行职能，成为计划经济体制中的一个政府部门。

3. 改革开放时期（1983 年以后）

为配合 1978 年开始的经济体制改革，我国金融体制也发生了巨大的变化。

第一阶段，将中国工商银行、中国农业银行、中国银行、中国人民建设银行和中国人民保险公司从中国人民银行中分离出去，使之成为独立的金融机构，开展经营活动。同时还建立了中国国际信托投资公司等一批非银行金融机构，以增强金融体制的活力。

第二阶段，改革高度集中的信贷体制，提高货币信用调节资源配置的功能。

第三阶段，从 1984 年开始，中国人民银行专门行使中央银行职能。

第四阶段，1995 年 3 月 18 日，全国人民代表大会通过《中华人民共和国中国人民银行法》，确立了中国人民银行作为中央银行的地位，标志着中央银行体制走上了法制化、规范化的轨道，这是我国中央银行制度建设的重要里程碑。2003 年 12 月 27 日，全国人大常委会对《中华人民共和国中国人民银行法》进行了修订，中国人民银行的职能再次发生变化，监管金融机构的职能转交新成立的中国银行业监督管理委员会，中国人民银行主要负责实施货币政策、维护金融稳定和提供金融服务。调整后的中国人民银行强化了与制定和执行货币政策有关的职能，转换了调控金融业以及防范和化解系统性金融风险的方式，增加了反洗钱和管理信贷征信业两项职能。

第五阶段，2018年4月8日，中国银行保险监督管理委员会正式挂牌，其主要职责是依照法律法规统一监督管理银行业和保险业，维护银行业和保险业合法、稳健运行，防范和化解金融风险，保护金融消费者的合法权益，维护金融稳定。同时，不再保留中国银行业监督管理委员会和中国保险监督管理委员会，原中国银行业监督管理委员会和原中国保险监督管理委员会拟订银行业、保险业重要法律法规草案和审慎监管基本制度的职责被划入中国人民银行。随着这些改变，中国人民银行将在未来的宏观调控中发挥更重要的作用。

第二节　中央银行的性质与职能

中央银行的性质与职能之间既相互联系，又相互制约。中央银行的性质决定着职能，职能又是其性质的具体体现。

一、中央银行的性质

中央银行的性质是指中央银行自身所具有的特有属性，这是由其在国民经济中的地位决定的，并随着中央银行制度的发展而不断变化。它已由过去集中发行银行券、解决国家财政困难的政府银行，逐步发展成为代表国家调节宏观经济、管理金融的特殊机构，在一国金融体系中处于领导地位。

（一）从中央银行业务活动的特点看，它是特殊的金融机构

1. 业务对象特殊

中央银行的业务对象仅限于政府和金融机构，不是一般的工商客户和居民个人。这就决定了中央银行不经营一般的商业银行和其他金融机构的业务，不与它们竞争业务，也不会成为商业银行和其他金融机构的竞争对象。

2. 经营目的特殊

中央银行是国家政府机关，所需要的各项经费由国家财政拨付。同时，其所从事的各项金融业务活动，是从国民经济宏观需要出发、从保持货币币值稳定的需要出发而开展的，不是为了追逐利润。因此，中央银行的业务活动不以营利为目的。

3. 中央银行拥有一系列特有的业务权力

中央银行拥有发行货币、代理国库、保管存款准备金、制定金融政策等一系列特有的业务权力。

（二）从中央银行发挥的作用看，它是保障金融稳健运行、调控宏观经济的国家行政机关，具有特殊的地位

1. 中央银行履行其职责主要是通过特定金融业务进行的

中央银行对金融和经济的管理调控基本上是采用经济手段，这与主要靠行政手段进行管理的国家机关有明显的不同。

2. 中央银行对经济的宏观调控是分层次实现的

中央银行通过货币政策工具操作来调节金融机构的行为和金融市场的运作，然后再通过金融机构和金融市场影响到各经济部门，市场回旋空间较大，作用也较平缓。

3. 中央银行在政策制定上有一定的独立性

按照各国中央银行法的有关规定，中央银行可以根据一国的客观经济发展状况与需要独立地制定和执行货币政策，政府不得干预。在西方发达国家，中央银行的最高领导人一般由国会直接任命，并直接对国会负责。

二、中央银行的职能

（一）中央银行的基本职能

尽管随着中央银行制度的不断发展，中央银行的职能也得到不断的完善，内容也更加丰富，但是，中央银行作为发行的银行、银行的银行和政府的银行，仍然是对中央银行基本职能的最典型概括。

1. 发行的银行

中央银行是发行的银行，是指中央银行接受国家政府的授权，集中和垄断货币发行，是国家唯一的货币发行机构。纵观中央银行发展的历史，垄断货币发行同中央银行的产生与发展密切相关，中央银行成为发行的银行是在其历史发展过程中逐步形成的。所以，一部中央银行史首先是一部货币发行权逐渐走向集中、垄断和独占的历史。

（1）中央银行集中与垄断货币发行权的意义。

1）垄断货币发行权既是中央银行最基本、最重要的标志，也是中央银行发挥其全部职能的基础。只有货币发行权集中到一家银行手中，才标志中央银行制度的最终确立。

2）垄断货币发行权是统一货币发行与流通的基本保证。分散发行货币必然造成货币种类过多、劣币和良币混杂以及货币的流通范围受到限制等缺点。要克服这一缺点，必须统一货币发行并赋予货币强制流通的权威。由信誉卓著、地位特殊又有权威的中央银行垄断货币发行权，无论在金本位制下还是在信用货币制下，都体现了中央银行的权威和信誉以及货币的法偿地位，这也是货币流通的基本保证。

3）垄断货币发行权是稳定货币币值的基本条件。在金本位制下，中央银行垄断货币发行权可以防止货币分散发行时可能出现的不与黄金数量保持一定比例的超量发行，从而防止货币币值波动。在信用货币制下，中央银行垄断货币发行权，可以通过使用货币政策工具来调节货币数量，实现经济的稳定发展。

4）垄断货币发行是中央银行发挥其全部职能的基础。因为建立中央银行制度的必要性体现在中央银行向金融机构提供服务和管理、代表政府管理金融市场和调节社会信用量等方面，而这些都是以垄断货币发行为前提的。如果有一部分金融机构仍然持有货币发行权，那么，这些金融机构就不可能需要中央银行的集中服务，也不一定服从中央银行的管理，中央银行调节社会信用量的职能也就无从谈起。

（2）中央银行垄断货币发行权的必要性。

1）统一国内货币形式，避免货币流通混乱。这是因为单个货币发行主体很难统观全社会的货币需求，容易造成发行失控；发行主体过多容易造成币种过多、鱼龙混杂和混乱；货币发行银行也可能为谋求发行利益而竞相发行，造成货币发行过多，币值不稳。

2）保证全国货币市场的统一。如果发行主体过多，那么必然会形成基于货币种类、信誉和币值的分散的货币市场，限制货币流通的范围，阻碍商品的流通。

3）保持币值稳定，以及根据经济形势变化来灵活调节货币流通量。中央银行垄断货币发行权，可依据法律规定的货币发行制度来发行货币，保证货币发行纪律。相反，如果由政府发行货币，则政府可能将货币发行用作弥补赤字的手段；如果由政府和中央银行共同发行，则会引起货币政策和财政政策的摩擦；如果商业银行也可以发行货币，则不仅会引起多头发行的弊端，而且商业银行还可能因为考虑到与客户的关系和自身的利益，对中央银行收缩信用的指令采取消极态度。即使商业银行积极配合中央银行的货币政策，随时服从中央银行的指令，也会因为政策传递发生时滞而使流通中货币不能及时增加或减少，延误货币政策发挥作用的时机。

4）中央银行垄断货币发行权是中央银行制定和执行货币政策的基础。

首先，只有垄断货币发行，中央银行负债中的货币发行才是社会货币供应的总闸门，中央银行负债才能成为支撑流通中各种货币的基础。

其次，只有中央银行统一货币发行，才能通过改变自身负债来影响全社会的货币供应量。因为货币发行是中央银行负债的主要组成部分，货币发行的规模直接决定了向社会投入基础货币的数量，在货币乘数不变的条件下，基础货币数量越多，存款货币银行创造的货币就越多。反之亦然。因此，中央银行可以通过改变自身负债规模达到控制银行信用规模的目的。

最后，只有统一发行，中央银行货币供应量的变化才能直接带动全社会货币存量的变化，保证社会总供给和总需求的平衡。因为中央银行向社会投入的货币除一部分退出流通而成为潜在的货币以外，绝大部分成为流通中的货币，变为现实的货币购买力，形成社会总需求。因此，中央银行可以通过改变货币供应量，调节货币存量，起到抑制或扩张社会总需求的作用，实现总供给和总需求的大体平衡。否则，因为其他主体发行货币并不受中央银行控制，所以中央银行货币供应量变化并不一定会引起全社会货币存量变化，从而造成社会总需求和总供给的失控。

（3）中央银行垄断货币发行的基本职责。

1）根据经济发展的需要，掌握货币发行，调节货币流通。在信用货币制下，中央银行发行的货币数量要以经济发展的客观要求为依据，货币供应与流通中的货币需求基本保持一致，为经济稳定和持续增长提供适宜的金融环境。

2）掌握货币发行准备，控制信用规模，调节货币供应量。所谓货币发行准备，是在信用货币制下发行货币时用作保证的资产。在货币发行制度的发展演变中，货币发行准备的重要性已经下降，但是，中央银行发行货币与某种资产挂钩仍然能够对货币发行发挥制约作用。

3）根据流通的实际需要，印制、铸造或销毁票币，进行库款调拨，调剂地区间的货币分布和面额比例，满足社会对票币提取和支付的不同要求。

2. 银行的银行

中央银行是银行的银行，一方面是指中央银行处于商业银行和其他金融机构之上，居于领导地位，并对商业银行和其他金融机构进行监督管理，另一方面是指中央银行的业务对象是商业银行和其他金融机构，集中它们的准备金，为它们提供信用，办理商业银行和其他金融机构之间的资金清算等。因此，银行的银行这一职能，最能体现中央银行是特殊的金融机构的性质，也是中央银行作为金融体系核心的基本条件。

（1）集中存款准备金。

中央银行集中存款准备金的目的有三点。首先，保持商业银行的清偿能力。在银行的经营过程中存在着一条“大数定律”，即当商业银行经营达到一定规模时，在一定的时间内，既有客户来提取存款，也有客户来存款，用来应付客户提现要求的是所吸收存款的一小部分，其余部分可以用于投资。银行经营规模越大，用以应付客户提现要求的存款准备金在所吸收存款中所占的比率就越低。用于投资的部分占吸收存款的比率或者说存款准备金率的高低与银行的盈利能力密切相关。因为吸收存款需要支付利息，持有存款准备金没有收益，因此银行经营者会尽量降低存款准备金率。这又带来了新的问题，存款准备金率的高低与银行的清偿能力密切相关，该比率高，清偿能力就强。反之亦然。银行清偿能力强则克服流动性危机的能力也强，而且由于银行与银行之间形成了信用链条，所以一家银行倒闭很可能会引起连锁反应，造成其他银行的倒闭，甚至导致整个信用体系的瘫痪。因此，在银行业的发展过程中，人们总结出一条经验，即由一家权威机构规定银行的存款准备金率并集中保管存款准备金，保证商业银行的清偿能力，增强商业银行抵御流动性危机的能力。这样做也可以节省存款准备金的数量，提高资金使用效率。

其次，控制商业银行的货币创造能力和信用规模。随着准备金制度的发展，人们发现存款准备金率的高低不仅与银行的清偿能力有关，而且与商业银行的存款货币创造能力密切相关。存款准备金率越低，货币乘数就越大，对基础货币的放大作用也就越大。因此，中央银行可以通过改变存款准备金率，控制商业银行的货币创造能力，调节货币供应量。

最后，增强中央银行的资金实力。中央银行在集中保管存款准备金的同时，也拥有了对存款准备金的支配权，增强了中央银行的资金实力。

（2）最后贷款人。

中央银行履行最后贷款人的职能，通常采用再贴现和抵押贷款两种形式。在历史上英格兰银行最早开始再贴现贷款，最初只对商业票据进行再贴现。第一次世界大战以后，各国政府债务增加，政府发行的债券也逐渐成为再贴现的对象。随着商业银行资产构成多样化和有价证券市场的快速发展，商业银行把高质量的有价证券和票据作为抵押向中央银行申请贷款也成为中央银行履行最后贷款人职能的重要形式。

中央银行履行最后贷款人职能的主要目的是：首先，当个别金融机构发生资金周转困难时，提供贷款，防止挤兑以及信用危机。其次，增加金融机构短期头寸的调剂渠道。随着金融市场的发展、利率的多变和负债业务的可变，金融机构经营环境的不确定性增加，虽然同业拆借市场等货币市场的发展为商业银行等金融机构调剂短期头寸提供了方便，但并不总是能满足金融机构的需要。例如，当中央银行提高存款准备金率时，由于某种原因，商业银行不能够通过收缩资产提高存款准备金率，以满足法定存款准备金率的要求，所以不得不从同业拆借市场拆入资金。但是，因为大部分商业银行都面临同样的问题，所以会造成拆借市场利率飙升。由此可能进一步引起金融市场跌宕起伏，并不利于金融的稳定。因此，有时即使不发生金融机构倒闭的危险，中央银行也需要向金融机构提供调剂短期头寸的渠道。最后，调节银行信用和货币供应。这一目的实际上已经脱离最后贷款人的本意，并没有救助银行的含义，纯粹是为了通过中央银行贷款向社会提供基础货币，再通过商业银行的存款货币创造，调节货币供应。

（3）票据交换和清算。

由于商业银行都必须将准备金存入中央银行，因此，商业银行必须在中央银行开设账户，而其他金融机构并不一定有准备金存款的约束。但是，银行存款资金和非银行金融机构投资资金相互联通的金融创新进一步促使非银行金融机构也愿意在中央银行开设账户，这为中央银行负责全国的资金清算带来了极大的便利。

3. 政府的银行

中央银行是政府的银行，是指中央银行与政府关系密切，根据国家法律授权，制定和实施货币金融政策，通过办理业务为政府服务，在法律许可的范围内向政府提供信用、代理政府债券、满足政府的需求。具体体现在以下几个方面：

（1）代理国库。

国家财政收支一般都是委托中央银行代理，即通过政府在中央银行开立的各种账户进行。

1）按国家预算要求代收国库库款。所有的预算收入都通过中央银行集中收缴并存入中央银行的账户，使中央银行成为掌管国库资金的中心。

2）按财政支付命令拨付财政支出。中央银行根据财政部门签发的支票，为其办理付款或转账，成为国库的出纳。

3）向财政部门反映预算收支的执行情况。

（2）代理政府债券发行。

政府财政经常会出现支出大于收入的赤字，特别是在凯恩斯主义的指导下，政府经常通过发行建设公债，扩大公共支出，刺激经济增长。中央银行利用其掌握的业务手段，代理政府债券的发行，包括预测发行规模、规定价格幅度、制定竞投标的规则等。

（3）为政府融通资金、提供信贷支持。

由于政府财政收入和支出在时间上存在差异，因此，中央银行需要向政府提供短期融资。例如很多国家为了维持农产品价格的稳定，在收购时节，由中央银行向财政提供贷款来帮助收购农产品。中央银行也可以通过直接购买政府债券的形式向政府提供融资。

（4）为国家持有和经营管理国际储备。

中央银行持有和经营管理国际储备，通过增加或减少储备资产，使货币发行与国际收支相适应，保证国际收支平衡、物价和汇率稳定。同时，合理运用储备资产，达到内外均衡，如回笼货币、干预汇市等。

（5）代表国家参加国际金融组织和国际金融活动。

随着经济一体化和金融国际化的发展，国际性的金融协调越来越重要。中央银行由于其业务性质和专业性，往往经政府授权作为政府代表参加国际金融组织和金融会议，与外国中央银行就金融贸易进行谈判和协调以及管理政府之间的金融往来和债权债务关系。

（6）制定和实施货币政策。

由于中央银行垄断了货币发行和具有银行的银行的特殊性质，因此中央银行也就具备了实施货币政策的手段。虽然货币政策具有相对独立性，但是货币政策也需要与政府的总体宏观经济政策相配合，因此，制定和实施货币政策也是中央银行作为政府的银行的具体体现。

（7）金融监管。

由于存在外部效应、信息不对称，因此一国必须对金融业进行监管。由于对金融业的监管不仅需要很高的技术和很好的操作手段，还要在业务上与银行有密切的联系，以便制定的各项政策和规定能够通过业务活动得到贯彻实施，因此，只能由中央银行来承担监管的职能，制定和执行有关金融的法规和银行业务的基本规则，监督和管理金融机构的业务活动。

（8）向政府提供信息和决策建议。

中央银行在从事其业务活动的过程中集聚了大量的经济金融信息和资料。一些国家的中央银行还利用其发行货币获得的巨额利润，组织和委托他人进行各种研究和调查，获得大量分析资料和真实可靠、具有权威性的研究报告。因此，政府在进行决策时，中央银行是信息和决策建议的重要来源。

（二）中央银行的综合职能

随着中央银行制度的不断完善，中央银行的职能也得到了不断的补充和完善，在内容上也出现了一些新的变化。中央银行的综合职能就是在其基本职能基础上的进一步发展和具体化，主要包括调控职能、服务职能和管理职能。

1. 调控职能

调控职能是指中央银行通过制定和执行货币金融政策，运用货币政策工具，来调节和控制市场货币流通量和社会信用规模，进而影响和干预社会经济进程，实现货币政策目标。其最终目标是保持货币币值的稳定，促进整个国民经济的健康协调发展，使国家宏观经济政策的预期目标得以实现。

中央银行的金融调控职能是围绕货币供应量展开的。由于中央银行是发行的银行，垄断了货币的发行，无论流通中的现金还是各企业单位在商业银行的存款货币都与中央银行的货币供应有着直接的关系，因此，中央银行只要运用其所掌握的各种货币政策工具，收缩或扩张货币供应量，就可以达到使社会总需求和总供给基本平衡的目的。

中央银行为使货币供应量保持在适度的水平上，确保国民经济的健康发展，一方面要加强对国内外经济发展变化趋势的分析预测，把握发展的动向，并根据经济发展的趋势灵活地调节和控制货币供应量，使之与经济发展的需要保持基本平衡，另一方面要根据宏观经济发展的客观实际，灵活运用好各种经济手段，如再贴现率、法定存款准备金率、公开市场操作等，引导商业银行及其他非银行金融机构朝着自己既定的方向运行。

2. 服务职能

服务职能是指中央银行以银行的身份向政府、商业银行及其他非银行金融机构提供金融服务。从中央银行的产生发展史可知，中央银行首先开始于为政府及商业银行所提供的服务。经过不断发展演变，中央银行的服务职能无论在范围上还是在内容上都发生了很大的变化。

（1）中央银行为政府服务。中央银行作为政府的银行，与政府之间有着密切的关系，中央银行为政府提供各种金融服务也是天经地义的。服务的内容主要包括下面几点：

1）为政府融通资金。当政府出现临时性财政资金短缺时，中央银行为其提供短期融资。

2）协助政府债券的发行与流通。中央银行通过公开市场操作买卖政府债券，一方面可以扩大市场的交易行为，增强政府债券的流动性；另一方面通过买入债券，向市场注入资金，以保证政府债券的顺利发行；同时，对到期政府债券，中央银行代理还本付息事宜。

3）代理国库，充当国家财政预算收支的出纳。

4）代理国家管理黄金和外汇。中央银行为政府在金融市场上买卖黄金、调剂外汇，保持国际收支的平衡与汇率的基本稳定。

5）代表政府参加境外各种国际金融组织和有关金融活动，处理有关的国际金融事务。

6）充当政府制定金融方针政策的顾问和参谋。

（2）中央银行为商业银行和非银行金融机构服务。中央银行作为银行的银行，是现代金融体系的核心和资金往来的枢纽，这在客观上要求中央银行为商业银行和非银行金融机构提供服务。具体内容包括下面几点：

1）保管存款准备金。一是为了保证商业银行和一些非银行金融机构稳健经营的需要；二是为了保证商业银行和非银行金融机构日常资金清算的需要。

2）为商业银行和非银行金融机构提供票据交换和资金清算服务，及时结清商业银行和非银行金融机构之间的债权债务关系，以保证社会资金的正常运行。

3）为商业银行和非银行金融机构提供短期资金融通服务。当商业银行等金融机构出现临时资金头寸短缺或遭遇流动性困难时，中央银行从维护金融业的稳定以及货币政策的需要出发，通过再贴现、再贷款的形式为其提供短期的资金融通。

（3）中央银行为社会公众服务。中央银行作为国民经济综合部门之一，可以结合自身的业务特点，为社会公众提供相关的服务。主要内容包括下面几点：

1）中央银行掌握着货币发行的特权，并根据国民经济发展和商品流通的需要，控制货币发行的数量，以保持货币币值稳定，为提高和稳定人民生活水平服务。

2）中央银行通过其自身的各项业务活动，能够比较全面地了解和掌握国民经济的发展动态，为社会公众提供经济发展所需要的信息。

3）中央银行通过制定和执行货币金融政策，引导和调节资金的流向和流量，为国民经济的发展服务。

4）中央银行通过对商业银行等金融机构的管理，保持金融秩序的正常运行，有利于维护客户存款的安全，保护其合法财产不受损失。

3. 管理职能

管理职能是指中央银行作为全国金融体系的核心，代表国家行使对商业银行等金融机构的管理职能。中央银行为了维护全国金融体系的健全与稳定，防止金融秩序混乱给国民经济的发展造成不良影响，而对商业银行等金融机构的金融活动和金融市场进行管理和控制。

（1）制定金融政策、法令及规章制度。中央银行作为国民经济重要的调节部门，为了实现对宏观经济的有效调节，应该更多地采用经济手段。同时，为了保证各项调节措施得到更好的贯彻实施，必须借助于一些法律手段，实行依法管理。因此，中央银行必须根据国家的宏观经济政策的需要、根据中央银行管理的需要制定有关的金融法律法规、政策制度，作为全国金融活动的准则和中央银行进行管理的依据。这样才有利于将金融机构与金融市场的各项业务活动纳入法治轨道中，也才有利于中央银行对商业银行等金融机构进行公平公正的监督管理。

(2) 依法监测金融市场的运行情况。随着金融市场的不断发展，金融市场的风险也在不断增加，为了保证金融市场安全、稳定、有序、高效地运转，使金融市场能更好地发挥筹集资金和融通资金的功能，中央银行必须加强对金融市场的监测与管理，及时掌握金融市场的发展动态，并根据国民经济发展对金融市场的需求情况，对金融市场实施宏观调控，促进其协调发展。

(3) 加强对金融机构的检查监督。尽管各国金融管理的体制不同，但中央银行对金融机构贯彻执行中央银行的各项金融政策和有关业务活动等方面进行检查监督是十分有必要的。当金融机构出现违反金融方针政策、违反中央银行的有关业务规定的行为，甚至出现支付困难而可能引发金融风险时，中央银行可以自主或建议其他专门的监管机构对金融机构实施检查监督，以保证中央银行的各项金融政策得以贯彻执行、中央银行的各项业务活动得以正常开展，维护金融体系的稳定。

(4) 定期公布与金融有关的信息资料。中央银行根据履行职责的需要，有权要求商业银行等金融机构报送必要的资产负债表、利润表以及其他财务会计、统计报表和资料，负责统一编制全国的金融统计数据、报表，并按照国家的有关规定予以公布。

4. 三项职能之间的关系

中央银行的调控职能、服务职能和管理职能是由中央银行的性质决定的。三者之间是相互依存、相互补充、相互统一的关系，其中调控是根本，服务是基础，管理是手段。调控职能是中央银行发挥其在国民经济中的作用的重要保证，中央银行就是运用其所掌握的各种货币政策工具，发挥着对国民经济的调控职能，来促进国民经济健康稳定地发展，因此，中央银行的各项工作都必须围绕调控职能来展开。服务职能贯穿于调控职能和管理职能过程的始终，中央银行的服务职能为调控职能和管理职能的发挥打下了坚实的基础，但又必须服从于调控职能和管理职能。管理职能是指中央银行借助于行政手段和法律手段来辅助其各项调控政策措施的顺利执行，对调控职能有积极的促进作用，有效的管理有利于调控职能的顺利实施和调控目标的实现。中央银行在履行好服务职能的同时，必须有管理职能的配合，这样才能创造一个良好的金融环境。因此，中央银行只有正确地处理三项职能之间的关系，才能更好地发挥中央银行的作用。

第三节　中央银行制度的类型与组织结构

为保证中央银行有效履行其职能、实现政策目标，中央银行必须建立起一定的组织形式。但由于各国的社会制度、经济发展水平、金融发达程度等因素不同，中央银行的制度类型、组织结构呈现出了较大的差异。

一、中央银行制度的基本类型

虽然目前世界各国基本上都实行了中央银行制度，但并不存在一个统一的模式。归纳起来，大致有单一式中央银行制度、复合式中央银行制度、准中央银行制度和跨国中央银行制度等四种类型。

（一）单一式中央银行制度

单一式中央银行制度是指国家建立单独的中央银行机构，使之全面行使中央银行的职能。这种类型又分为以下两种情况：

1. 一元式中央银行制度

一元式中央银行制度是指仅有一家中央银行行使中央银行的权力和履行中央银行的全部职能。这种形式的中央银行的特点是权力集中统一、职能完善，根据需要在全国设立一定数量的分支机构，是中央银行最完整和标准的形式。目前世界上绝大多数国家的中央银行制度都采取这种形式。至于分支机构的多少依据各国中央银行的性质和在本国经济中的地位而定。如英格兰银行总行设在伦敦，在全国设立 8 家分行；日本银行总行设在东京，在全国各地设立 33 家分行和 12 家办事处。我国在 1984 年之后也实行这种制度，中国人民银行在 1998 年以前按行政区划在全国设立分支机构，从 1998 年开始改为以经济区划设立分支机构。

2. 二元式中央银行制度

二元式中央银行制度是指在一个国家内设立一定数量的地方中央银行，并由地方银行推选代表组成在全国范围行使中央银行职能的机构，从而形成由中央和地方两级相对独立的中央银行机构共同组成的中央银行体系。在这种体系中，中央的中央银行是最高金融决策机构，地方中央银行要接受中央的中央银行的监督和指导。货币政策在全国范围内是统一的，但在货币政策的具体实施、金融监管和中央银行有关业务的具体操作方面，地方中央银行在其辖区内有一定的独立性。在组织结构上，一般来说，地方中央银行与中央的中央银行也不是总分行的关系。

一般来说，采取此种中央银行制度与实行联邦制的国家体制有关，美国是其典型代表。在美国，全国被分为 12 个联邦储备区，每个区都设立一家联邦储备银行。联邦储备银行的资本金不得少于 400 万美元，由会员银行认缴。每家联邦储备银行都设有董事会，董事有 9 人，可分为 A、B、C 三组，每组有 3 人，代表着不同的利益群体。A 组代表的是联邦储备体系中作为会员的商业银行集团，B 组和 C 组则代表公众集团。A 组和 B 组的董事从该储备区会员银行中选举产生，C 组董事由联邦储备委员会（又称联邦储备理事会）任命，董事长则由联邦储备委员会任命 C 组中的董事担任。另外，B 组和 C 组中的董事不能在会员银行中担任其他职务，而 C 组董事则不准持有会员银行的任何股份。联邦储备银行的职责主要分为以下几点：第一，制定并负责实施相关的货币政策，以调节区内金融。第二，对银行实施监管，并保护消费者合法的信贷权利。第三，维持金融系统的稳定。第四，向美国政府、公众、金融机构、外国机构等提供可靠的金融服务（发行货币，代理国库券，组织清算），保管会员银行的存款准备金，向会员银行提供贷款和再贴现。

这个系统主要由联邦储备委员会、联邦储备银行以及联邦公开市场委员会等组成。所有向联邦注册的银行都必须成为会员银行，在州注册的银行则自愿加入。会员银行的权限是选举董事，获取不超过6%的股息，同时接受联邦储备银行的业务管理。12家联邦储备银行与美国联邦储备委员会共同构成美国联邦储备体系，美国联邦储备体系就是美国的中央银行。负责联邦储备体系具体运营的是联邦储备委员会，联邦储备委员会负责货币政策的制定，对外代表美国的中央银行。

1948年建立的德国中央银行也属于二元式中央银行制度。它由联邦德国各州法律上独立的州中央银行以及中央银行理事会组成，各州中央银行在辖区行使中央银行职能。1957年7月26日颁布的《德意志联邦银行法》废除了二元式中央银行制度，代之以统一的德意志联邦银行行使中央银行职权。各州中央银行虽然在名称上仍然保留“州中央银行”字样，但已不再是独立的州中央银行而是德意志联邦银行的分支机构。

（二）复合式中央银行制度

复合式中央银行制度是指国家不单独设立专司中央银行职能的中央银行机构，而是由一家集中央银行与商业银行职能于一身的国家大银行兼行中央银行的职能。这种中央银行制度往往与中央银行初级发展阶段和国家实行计划经济体制相对应，苏联和以前的多数东欧国家实行这种制度。中国在1984年之前也实行这种制度。

（三）准中央银行制度

准中央银行制度是指某些国家和地区不设通常意义上的完整的中央银行，而是设立类似中央银行的金融管理机构，执行部分中央银行职能，或者由政府授权某个或几个商业银行承担部分中央银行职能。采取这种制度的主要是地域较小而同时又有一家或几家银行在本国或本地区处于垄断地位的国家和地区，主要有新加坡、马尔代夫、斐济、沙特阿拉伯、塞舌尔等。如新加坡设有金融管理局、货币委员会、投资局和中央公积金局等政府机构，配合行使金融管理和中央银行职能。

我国香港特别行政区也采用这种制度。香港在货币发行制度方面至今没有统一的规定。货币发行由汇丰银行和渣打银行负责，1994年中国银行也成为发行银行。货币发行过去实行英镑汇兑本位制，1972年改为与美元挂钩，1983年进一步实行与美元挂钩的货币局制。由于实行货币局制，货币政策调控经济的余地很小，因此也可以说放弃了货币政策。在金融监管方面，长期采取自由放任的方针，不设金融管理机构。1993年，香港设立香港金融管理局，由该局行使非常有限的货币政策制定、金融监管和支付体系管理的职能。票据清算由汇丰银行负责。香港特别行政区政府财政资金的进出根据《公共财政条例》（香港法律第2章）由财政司司长书面授权民间银行办理。

（四）跨国中央银行制度

跨国中央银行制度是指若干国家联合组建一家中央银行，在成员国范围内行使全部或部分中央银行职能。其中有两种情况：一种是没有建立中央银行的数个国家组建一家联合中央银行；另一种是联合建立跨国中央银行的各国本来就建立了中央银行。不管情况如何，建立这种中央银行制度多数是为了与区域性经济联合和货币联盟体制相适应。跨国中央银行的主要职能是为成员国发行共同使用的货币，制定统一的货币政策，监督成员国的金融机构和金融市场，为成员国政府融资以及办理成员国共同商定并授权的其他金融业务。20 世纪 70 年代实行跨国中央银行制度的西非货币联盟、中非货币联盟和东加勒比海货币区，其成员国没有中央银行。

欧洲中央银行则是成员国本来就存在中央银行，为了加强区域的经济合作，又建立了跨国中央银行的例子。欧洲中央银行的起源可以追溯到 1950 年 7 月 1 日成立的“欧洲支付同盟”，经过将近 50 年的摸索和稳步发展，欧洲联盟（简称欧盟）终于在 1998 年 7 月 1 日成立了欧洲中央银行。欧洲中央银行在 1999 年发行欧洲联盟统一货币——欧元，2002 年 1 月 1 日欧元不仅作为结算手段，还作为支付手段开始全面流通，成为欧盟区域内的统一流通手段。欧洲中央银行的最高决策机构是理事会，理事会由欧洲中央银行执行委员会的 6 名成员和加入欧元区的成员国的中央银行组成。理事会的职能是制定货币政策和监督成员国的中央银行是否根据欧洲中央银行的指导行事。与一般中央银行相比，欧洲中央银行的职能主要表现在货币政策方面，中央银行的其他职能继续由各国中央银行承担。

☞阅读延伸 1－1

典型国家的中央银行简介

（一）瑞典银行

瑞典银行成立于 1656 年，原为商业银行，1661 年开始发行钞票。1830 年，其他无限责任银行相继成立，有 28 家银行拥有钞票发行权。其时各国钞票发行权有集中的趋势。瑞典政府于 1897 年通过法案将发行权集中于瑞典银行，它所发行的钞票成为法偿货币。其他银行发行的钞票，责令逐步收回，于是，瑞典银行逐渐演变为中央银行。该行的成立虽早于英格兰银行，但若以集中发行钞票作为衡量中央银行的标志，则远在英格兰银行之后。

（二）法兰西银行

法兰西银行成立于 1800 年 1 月 18 日，资本为 3 000 万法国法郎，小部分由国家供给，大部分是募集的私资。其正副总裁由国家元首任命。该行一开始即代理国库，业务间接受政府控制。1803 年 4 月 14 日，该行享有巴黎境内钞票发行权；1808 年，法案赋予该行在全国开设分支机构和发行钞票的权力；1848 年，该行有分行 15 家。1835 年后，法国有 9 个省银行成立，亦享有钞票发行权。1848 年春，政府将各省银行并入法兰西银行，法兰西银行的资本与业务范围进一步扩大。

法兰西银行与政府关系密切。19 世纪 30 年代，它曾给君主政体的政府以帮助；1848 年法国二月革命中，它又站在反对政府的一边，力图使共和国失去威信和引起金融危机。不过后果却是打击了自己——银行券遭到大量挤兑，法兰西银行濒临破产。后来是小资产阶级的临时政府给了它帮助。1871 年巴黎公社革命时，法兰西银行提供给凡尔赛反革命集团 25 800 万法国法郎的货币。在普法战争中，法兰西银行又成了法国向普鲁士投降的金融后盾。很明显，它一开始就作为政府的银行方而迈出了较大的一步。

法兰西银行作为中央银行，与英格兰银行不同：在时间上，前者成为银行的银行比后者迟；在业务上，法兰西银行仍经营商业银行业务。这是因为法国资本主义的发展落后于英国，股份银行较少，资金运送困难。为发展工商业，法兰西银行不得不普遍设立分支行处，兼营商业银行业务。其后法国新银行设立渐多，因此，到19世纪70年代法兰西银行才开始成为中央银行。

（三）德国国家银行和德意志联邦银行

德国国家银行系由普鲁士银行于1875年改组而成。当时德国共有33家发行银行，普鲁士银行为最重要的银行。1871年后，德国中央集权思想盛行，各发行银行共同推荐普鲁士银行为中央银行，使其担负运用利率政策、稳定全国信用的职责。至于其他各发行银行，在规定限额之下，仍保留发行权。因限制过严，1900年前，有20家发行银行将其发行权转让给中央银行。至1906年，发行银行仅存4家，发行总额亦极有限，故德国国家银行已基本独享发行权。1912年，德国国家银行与其他大商业银行商定，商业银行以最低限度的存款转存该行，实际上有收取存款准备金的意义。因此，德国国家银行此时已基本上成为中央银行了。

普鲁士银行改组为德国国家银行后，原属普鲁士政府之资本与公积金被全部退还，银行所有资本为私有。资本虽属私有，但帝国政府对该行仍有权任命总裁。

德国现代中央银行的建立是在第二次世界大战之后。二战后，联邦德国随着经济的逐渐恢复，要求货币银行制度进行重建与整顿。从1947年开始，美国、英国、法国占领区各州先后在原国家银行机构的基础上建立起了州中央银行。1948年3月，英美双占区在法兰克福成立了德国州际银行，它是双占区的中央银行。同年6月，法战区的各州中央银行也加入了州际银行系统。1948年，英美占领区正式进行币制改革，帝国马克正式作废，德国马克开始起用。1949年，联邦德国政府开始运行并行使职责。1957年7月26日，联邦德国政府在州际银行的基础上建立了德意志联邦银行。

（四）日本银行

1864年，日本发生了资产阶级革命——明治维新。1870年，日本派人专门考察了美国的货币银行制度，1872年日本颁布了《国立银行条例》，并建立了国立银行。初期的国立银行仅有4家，享有货币发行权，但由于资本不多，信用不佳，因此日本政府1876年修改条例，将各国立银行钞票改为不兑现钞票。于是，新设银行如雨后春笋般出现。1880年前，政府利用银行发行不兑现纸币，造成通货膨胀，物价暴涨。因此，1882年6月日本通过了《日本银行条例》，正式成立了旨在整顿货币、调节金融的日本银行，其他国立银行要么期满解散要么改为普通商业银行，日本银行于是成为日本的中央银行。

（五）美国联邦储备体系

美国联邦储备体系根据1913年《联邦储备法》于1914年成立。第一次世界大战前，美国没有建立自己的中央银行，美国的国民银行有发行银行券的权力。当时有3 700多家国民银行，货币供应极其混乱，因而改革货币银行制度迫在眉睫。1913年国会通过了《联邦储备法》，根据这一法律，全国分为12个联邦储备区，每个区都设立1家联邦储备银行。为了协调12家联邦储备银行的活动，美联储在首都华盛顿建立了联邦储备局（后改名为联邦储备委员会），作为联邦储备银行的决策机构。至此，美国中央银行体系便产生了。后来随着美国政治经济形势的不断变化，联邦储备体系几经改革，得到了进一步的发展和完善。其中最重大的两次改革是20世纪30年代公布的《银行法》和1980年国会通过的《存款机构放松管制和货币控制法》（通常称为《新银行法》）。20世纪80年代的改革旨在扩大美联储的权力，加强对银行业的集中统一管理。按照1933年和1935年公布的两部《银行法》，撤销了联邦储备局，设立了新的联邦储备委员会，用法律形式明确了联邦公开市场委员会的职权，联邦储备委员会有权调整会员银行的法定存款准备金，设立了联邦存款保险公司。1980年的《新银行法》进一步加强了美联储在金融领域中的作用，并逐步放松了对金融机构运用资金等方面的管制，主要内容包括：逐步取消美联储对存款利率上限的限制；所有接受存款的金融机构都必须向美联储缴纳存款准备金；提高参加联邦存款保险公司的金融机构所缴纳保险费的限额；对金融机构资金运用的限制放松。

（六）英格兰银行

英格兰银行是英国的中央银行，它负责组建货币政策委员会（Monetary Policy Committee，MPC），对英国的货币政策负责。

英格兰银行成立于1694年，最初的任务是充当英格兰政府的银行，这个任务至今仍然有效。英格兰银行大楼位于伦敦市的针线（Threadneedle）大街，因此有时它又被称为“针线大街上的老妇人”或者“老妇人”。英国的中央银行是世界上最早形成的中央银行，为各国中央银行体制的鼻祖。英格兰银行于1694年由英国国会决议设立，股本为120万英镑，向社会募集。英格兰银行成立之初即取得了不超过资本总额的钞票发行权，主要目的是为政府垫款。到1833年英格兰银行取得了钞票无限法偿的资格。1844年，英国国会通过《银行特许条例》（即《比尔条例》），规定英格兰银行分为发行部与银行部；发行部负责以1 400万英镑的证券及营业上不必要的金属贮藏的总和发行等额的银行券；其他已取得发行权的银行的发行定额也规定下来。此后，英格兰银行逐渐垄断了全国的货币发行权，到1928年成为英国唯一的发行银行。与此同时，英格兰银行凭借其日益提高的地位承担了商业银行间债权债务关系的划拨冲销、票据交换的最后清偿等业务，在经济繁荣之时接受商业银行的票据再贴现，而在经济危机的打击中则充当商业银行的最后贷款人，由此而取得了商业银行的信任，并最终确立了“银行的银行”的地位。随着伦敦成为世界金融中心，为适应实际需要，英格兰银行形成了有伸缩性的再贴现政策和公开市场操作等调节措施，成为近代中央银行理论和业务的样板及基础。1933年7月英格兰银行设立外汇平准账户来代理国库。1946年之后，英格兰银行被收归国有，仍为中央银行，并隶属财政部，掌握国库、贴现公司、银行及其余的私人客户的账户，承担政府债务的管理工作，其主要任务仍然是按政府的要求决定国家的金融政策。英格兰银行总行设于伦敦，职能机构分政策和市场、金融结构和监督、业务和服务三个部分，设15个局

（部）。同时英格兰银行还在伯明翰、布里斯托、利兹、利物浦、曼彻斯特、南安普敦、纽卡斯尔及伦敦法院区共设有8家分行。

英格兰银行享有在英格兰、威尔士发钞的特权，苏格兰和北爱尔兰由一般商业银行发钞，但以英格兰银行发行的钞票作准备；英格兰银行作为银行的最后贷款人，保管商业银行的存款准备金，并作为票据的结算银行，对英国的商业银行及其他金融机构进行监管；英格兰银行作为政府的银行，代理国库，稳定英镑币值及代表政府参加一切国际性财政金融机构。因此，英格兰银行具有典型的中央银行的“发行的银行、银行的银行、政府的银行”的特点。

英格兰银行的领导机构是理事会，理事会由总裁、副总裁及16名理事组成，是最高决策机构，成员由政府推荐，由英国国王任命，至少每周开一次会。总裁、副总裁的任期为5年；理事的任期为4年，轮流离任，每年2月底离任4人。理事会选举若干常任理事主持业务。理事会下设五个特别委员会：常任委员会、稽核委员会、人事委员会、国库委员会以及银行券印刷委员会。理事必须是英国国民，在65岁以下，但下议院议员、政府工作人员不得担任。

资料来源：孔祥毅．中央银行通论．北京：中国金融出版社，2002.

二、中央银行的资本组成类型

中央银行的资本组成是指作为中央银行营业基础的资本金是怎样形成的，即中央银行的资本所有制形式。概括起来，世界各国中央银行的资本组成有如下五种形式。

（一）全部资本为国家所有的中央银行

全部资本为国家所有的中央银行有两种情况，即由国家直接拨款建立中央银行或国家收购私人股份，将私人所有或部分国家所有的中央银行改组成全部资本为国家所有的中央银行。历史悠久的中央银行大部分是从商业银行演变而来的，其资本最初也为私人所有。在中央银行的长期发展和演变过程中，国家为了加强对经济的干预，认为排除私人资本更有利于为国家整体经济目标服务，逐步实行国有化。特别是在第二次世界大战结束之后，掀起了中央银行国有化的高潮，英国和法国等欧洲的历史比较悠久的中央银行就是在这个时期实现国有化的。在这个时期新成立的中央银行大多是由国家出资建立的。

目前，中央银行采取国家所有制形式的还有荷兰、挪威、西班牙、加拿大、澳大利亚、埃及等50多个国家。

（二）国家拥有部分股份的公私股份混合所有的中央银行

公私股份混合所有的中央银行也可被称为半国有化中央银行。其资本金的一部分为国家所有，另一部分为私人所有，国家持有的股份一般占资本总额的一半以上。例如日本的中央银行——日本银行就是公私股份混合所有的中央银行，银行总资本为1亿日元，国家持有总资本的55%，其余45%由私人持有。在采取这种所有制结构的中央银行制度中，股东的权限受到很大限制。例如日本《银行法》就规定，日本银行不成立股东大会，股东不能参加日本银行的经营活动，负责日本银行日常运营的理事就更不是由股东推举产生的。股东的权限仅仅是按照法律规定，每年领取最高不超过5%的红利。日本银行的盈余在扣除红利和公积金以后全部上缴国库，私人持有股份的转让需要获得日本银行的同意。中央银行采取这种所有制形式的还有比利时（国家所有股份占50%）、墨西哥（国家所有股份占51%）、奥地利和土耳其等国。

（三）全部股份非国家所有的中央银行

全部股份非国家所有的中央银行，即全部股份私人所有的中央银行，实际上是私人银行经政府授权，执行中央银行职能。意大利的中央银行——意大利银行是其典型代表。由于中央银行的特殊性，因此，私人银行执行中央银行职能也受到某些限制。在1936年意大利银行成为唯一发行货币的银行的同时，根据同年发布的《储蓄保护和信用管制法》，意大利银行的股份持有人被限定为储蓄银行、全国性银行、公营信贷机构等金融机构。

美国12家联邦储备银行的资本金也都是由联邦储备银行各会员银行出资的，商业银行要成为联邦储备银行的会员银行，必须购买所属联邦储备区的联邦储备银行的股份，购买的股份既不能多也不能少，而是按照规定相当于该银行资本金和公积金的6%，实际上缴3%，联邦储备银行董事会根据需要可以要求会员银行上缴其余的3%。但是，联邦储备银行几乎不需要这些资金。因此，董事会也从来没有向会员要求过。由于会员银行的资本金和公积金会发生变化，因此，上缴联邦储备银行的实际数额也需要随时调整。会员银行不能将所持联邦储备银行的股份转卖和用于抵押，但可以依据所持股份获得最高不超过6%的红利。如果是1942年3月以前的股份，还可以享受红利免税优待。

（四）无资本金的中央银行

无资本金是指在中央银行建立之初，根本没有资本，而是由国家授权执行中央银行职能。中央银行运用的资金，主要是各金融机构的存款和流通中的货币，或者由国家法律规定。由于中央银行获得国家的特别授权执行中央银行职能以后，马上就可以通过发行货币和吸收金融机构的准备金存款获得资金来源，因此，作为中央银行，有无资本金在其实际业务活动中并不重要。例如韩国的中央银行——韩国银行就是无资本金的特殊法人。

（五）资本为多国共有的中央银行

多国共有是指跨国中央银行的资本不为某一国家所独有，而是由共同组建中央银行的各成员国按照一定比例认缴中央银行资本，各国以认缴比例拥有对中央银行的所有权。如欧洲中央银行的资本是由所有欧元区成员按其人口和国内生产总值（GDP）的大小向欧洲中央银行认购的。

三、中央银行的组织结构

中央银行的组织结构是中央银行制度的重要内容之一，它包括中央银行的权力分配结构、内部机构设置和分支机构设置等，是由一国的政治经济体制、经济发展水平、国民经济宏观调节与管理对中央银行的要求以及历史等多方面因素共同决定的。

（一）中央银行的权力分配结构

依据所在国家的经济发展水平、国家体制以及历史传统等，各国中央银行的权力、职责和范围等有所不同。依据中央银行在货币政策、中央银行业务方针和主要干部的人事任免以及规章制度方面的权力，可以将中央银行的权力分为决策权、执行权和监督权。由于各国中央银行制度不同，按照行使上述权限的方式的不同，可以将中央银行的权力分配结构分为高度集中和相对分离两种模式。

1. 决策权、执行权和监督权一体化的模式

在这种模式中，一般通过建立理事会集中所有的权限。理事会既是货币政策、业务方针和规章制度的制定者，也是具体实施者和监督者。

美国联邦储备体系是这种模式的代表。美国联邦储备体系的最高决策机构是联邦储备理事会。理事会的主要职责是：制定货币政策（变更存款准备金率、批准调整再贴现率）；保证支付体系的正常运转；监管联邦储备银行和会员银行；监督执行有关消费信贷的联邦法规。

理事会成员共 7 人，由总统任命，但需得到参议院批准。任期为 14 年，每两年更换 1 人，不得连任。如果有理事任期未满辞职，新补充的理事不仅可以担任前任理事余下的任期，而且如果重新当选的话，还可以继续任职 14 年。因此，理论上理事的任期可以长达接近 28 年。理事会设主席、副主席各 1 人，由总统在理事会成员中挑选，但也需得到参议院的认可，任期为 4 年，可在理事任期内连任。联邦储备体系内又设联邦公开市场委员会，由该委员会负责联邦储备理事会在公开市场上的操作、买卖政府和联邦机构证券、吞吐存款机构的准备金以及规定和指导外汇市场上美元对外币的操作。联邦公开市场委员会由 12 人组成，包括联邦储备理事会的 7 名成员，以及 5 名联邦储备银行行长，其中纽约联邦储备银行行长是当然委员，其余 4 人由各联邦储备银行行长轮流担任，任期为 4 年。

英格兰银行也采取这种模式。英格兰银行理事会负责货币政策的制定和实施。理事会由正副总裁和 16 名理事组成，均由政府推荐、国王任命。正副总裁的任期为 5 年，可以连任。理事的任期为 3 年，轮流离任，每年更换 4 人。1997 年英格兰银行设立货币政策委员会，该委员会专门负责再贴现率的调整，由英格兰银行正副总裁和来自英格兰银行的 2 名内部委员以及 4 名外部委员组成。其中内部委员由总裁与财政部长协商之后任命，外部委员由政府任命的金融专家担任。正副总裁的任期为 5 年，内部和外部委员的任期为 3 年。

2. 决策权、执行权和监督权相对分离的模式

在这种模式中，分别由不同的机构行使决策权、执行权和监督权。在世界主要国家中，日本、法国、德国和瑞士采取这种模式。

日本银行的最高决策机构是日本银行政策委员会，其主要职责是：改变再贴现率和存款准备金率；调整金融市场运行规则以及变更日本银行的主要职能机构等。日本银行政策委员会由 9 名委员组成，包括日本银行总裁和 2 名副总裁以及来自外部的 6 名委员，全部由内阁任命，国会批准，任期为 5 年。

日本银行的最高执行机构是日本银行理事会，主要职责是执行政策委员会的决定和处理日常经营中的重大事项。理事会由日本银行正副总裁和 17 名理事组成，正副总裁的任期为 5 年，其他理事的任期为 4 年，均由财务大臣任命。日本银行另设监事会，监事会负责监督检查日本银行的业务和政策执行情况。

德意志联邦银行的最高决策机构是联邦银行理事会，负责决定货币和信用政策、业务

和经营管理的一般方针以及联邦银行执行理事会和州中央银行执行理事会的权限范围等。其成员由德意志联邦银行正副总裁和6名理事以及9名州中央银行总裁组成。正副总裁和理事由联邦政府听取联邦银行理事会的意见之后，向总统推荐。担任正副总裁和理事的必要条件是有金融方面的专业知识。9名州中央银行总裁是由联邦参议院听取联邦银行理事会和各州政府主管部门的意见之后，向总统推荐，由总统任命，任期均为8年。执行机构是联邦银行执行理事会。执行理事会的主要职责是负责与大银行之间的业务、票据的交换、和外国银行的交易以及公开市场操作。成员由联邦银行正副总裁和联邦银行理事会的6名理事组成，任期也是8年。

法兰西银行的最高决策机构是货币政策委员会，其职责是决定货币政策、监督和管理通货总量。政府总理和财政部长可以参加货币政策委员会的会议，但没有投票权。其成员由法兰西银行正副总裁和6名理事组成，任期9年。法兰西银行理事会是法兰西银行的执行机构，负责日常业务活动。其成员由货币政策委员会的成员和法兰西银行的1名职员代表组成。财政部长任命的通货监理官或其代表可以参加理事会，并有权对理事会的审议提出动议。

决策权、执行权和监督权集中的模式决策层次少、权力集中，有利于政策间的衔接和一致，便于迅速决策和操作。缺点是相互之间缺乏制衡机制。决策权、执行权和监督权相对分离的模式，有利于专业化管理和权力的制衡，但是相互协调的效率较低。

但是不管哪种模式，中央银行的权力都比较大，不仅对金融经济决策产生重大影响，而且具有一定的独立性，尽量避免受政治或政治家的干扰。中央银行权力机构的成员来源比较广泛，力求具有比较广泛的代表性，同时任期较长，力求避免受某个利益团体的左右。

（二）中央银行的内部机构设置

中央银行履行其职能是通过其内部机构进行的，因此，内部机构设置合理与否和各机构相互之间配合的好坏直接关系到中央银行业务的开展和完成其职能的效率。虽然各国中央银行的内部机构设置不尽相同，但一般来说都是以履行中央银行职能为中心，并以为履行职能提供支援的原则进行设置的，它包括以下三大部门：

（1）行使中央银行职能的业务部门。这是中央银行内部机构的核心部分，包括货币发行的部门、办理与金融机构的业务往来的部门、组织清算的部门和货币政策操作部门。如果金融监管没有从中央银行分离出去，则还包括监管部门。

（2）为中央银行有效行使职能提供支援和后勤保障的部门，包括行政管理部门、服务部门和后勤部门。

（3）为中央银行行使职能提供咨询、调研和分析的部门。由于中央银行货币政策在宏观经济政策中的地位越来越重要，货币政策正确与否又主要依据中央银行对经济和金融形势的正确分析和判断，因此，各国中央银行越来越重视调查统计和政策研究部门，这个部门在中央银行内部机构设置中所占的比重不断提高。

（三）中央银行的分支机构设置

中央银行为了高效和顺利地完成其职责，需要通过在地方建立分支机构来推行其业务和货币政策。例如货币的发行就需要通过散布在各地的分支机构进行。如果一个国家幅员辽阔、各地经济发展水平差异较大，则由各地分支机构搜集信息并向总行报告就可以使货币政策的制定更加符合实际情况。因此，中央银行普遍实行设置分支机构的体制。

中央银行设置分支机构一般根据以下三种情况进行。

1. 按经济区域设置分支机构

按照这个原则设置分支机构，主要考虑各地的经济金融发展状况和中央银行业务量的多少，根据实际需要进行设置。主要考虑因素有：地域关系；经济金融联系的密切程度；历史传统和业务量。分支机构一般设置在该区域的经济金融中心，机构规模的大小也视实际情况而定。

这种设置方式的主要特点是：第一，反映了中央银行是国家的宏观经济调控部门而非一般行政机构；第二，有利于中央银行各项政策的贯彻和货币政策的集中统一，少受地方政府的干预；第三，有利于贯彻市场经济的原则；第四，设置的主动权在中央银行，中央银行可根据需要确定设置的数量和分布。

目前大多数国家的中央银行都是按照这个原则设置分支机构的。虽然美国的 12 家联邦储备银行并不是联邦储备体系的分支机构，但它们事实上是作为联邦储备体系的组成部分，发挥着分支机构的作用。美国全国 50 个州和哥伦比亚特区按照经济区域的划分原则，被划分为 12 个联邦储备区，每个区设立一家联邦储备银行，分别是纽约、波士顿、费城、克利夫兰、里士满、亚特兰大、芝加哥、圣路易斯、明尼阿波利斯、堪萨斯、达拉斯和旧金山。联邦储备银行还在辖区内设立分行和办事处。

英格兰银行则在全国 5 个中心城市设立区域分行：伯明翰、布里斯托尔、利兹、曼彻斯特和纽卡斯尔；在 3 个城市设立代理处：格拉斯哥、利物浦和南安普敦。

2. 按行政区划设置分支机构

这种设置模式一般是为了与计划经济体制相适应，例如苏联时期的中央银行和 1998 年以前的中国人民银行都采取这种模式。在这种模式下，中央银行的分支机构设置与国家行政区划一致，逐级设置分行或支行，并规定分支机构的行政级别。分支机构的规模与业务量无关，而与行政级别有关。各分支机构之间根据行政级别发生垂直的隶属关系。

3. 以经济区域为主、兼顾行政区划来设置分支机构

这种设置模式是按照经济区域设置分行，并考虑行政区划的因素。例如日本银行把全国 47 个都道府县划分为 33 个业务区，每区设立一个分行。德国则将各州中央银行作为德意志联邦银行的分行，分行以下根据业务需要设置分支机构。其他采取这种模式的还有意大利、匈牙利等国的中央银行。

中国也在 1998 年对中国人民银行的分支机构设置进行了改革，改按行政区域设置分支机构为以经济区域为主、兼顾行政区划的模式。将全国划分为 9 个业务区，分别是：天津、沈阳、上海、南京、济南、武汉、西安、广州和成都，每区设分行；同时在北京和重庆设总行营业部，在各个区内，基本上根据行政区划设立中心支行和支行。

本章小结

中央银行的产生有其独特的历史背景和客观经济基础。中央银行及中央银行制度是以银行为代表的金融企业发展到一定历史阶段的产物。

中央银行的产生基本上有两条渠道：一是由信誉好、实力强大的大银行逐步演变而成，即政府根据客观需要，不断赋予大银行某些特权，从而使这家银行逐步具有中央银行的某些性质并最终发展成为中央银行。二是由政府出面直接组建中央银行。

从中央银行业务活动的特点看，它是特殊的金融机构：它的业务对象特殊、经营目的特殊、拥有一系列特有的业务权力；从中央银行发挥的作用看，它是保障金融稳健运行、调控宏观经济的国家行政机关，因此其地位具有特殊性。

中央银行的基本职能包括它是发行的银行、银行的银行和政府的银行；中央银行的综合职能包括它的调控职能、服务职能和管理职能。

由于各国的国情和经济发展实际需要不同，所以各国中央银行制度的类型和组织结构也不一致：中央银行的资本组成类型有国有、私有、公私合股、无资本金、多国共有五种；此外，中央银行的权力分配结构、内部机构设置和分支机构设置也各不相同。

练习题

一、术语解释

1. 发行的银行
2. 银行的银行
3. 政府的银行
4. 二元式中央银行制度
5. 准中央银行制度

二、填空题

1. ________年，历史上最早的股份制银行——英格兰银行诞生。

2. 为了保护存款人的利益和金融体系的稳定，客观上需要有一家权威机构集中银行的一部分现金准备，充当银行的“________”。

3. ________在中央银行制度的发展史上是一个重要的里程碑，世界上一般都认为它是中央银行的始祖。

4. ________已经成为中央银行最基本、最重要的标志，也是中央银行发挥其全部职能的基础。

5. ________这一职能最能体现中央银行是特殊的金融机构的性质，也是中央银行作为金融体系核心的基本条件。

三、不定项选择题

1. 中央银行制度的基本类型有（　　）。

A. 单一式中央银行制度　　B. 复合式中央银行制度

C. 准中央银行制度　　D. 跨国中央银行制度

2. 中央银行的基本职能包括（　　）。

A. 发行的银行　　B. 银行的银行

C. 政府的银行　　D. 调控监管职能

3. 中央银行的综合职能包括（　　）。

A. 发行的银行　　B. 调控职能

C. 服务职能
D. 管理职能

4. 中央银行的资本组成类型有（　　）。

A. 国有
B. 私有
C. 公私合股
D. 无资本金
E. 多国共有

5. 下列（　　）的中央银行是无资本金的特殊法人。

A. 韩国
B. 日本
C. 澳大利亚
D. 意大利

四、简答题

1. 中央银行产生的客观基础是什么？
2. 如何理解中央银行的性质？
3. 中央银行的基本职能有哪些？
4. 中央银行制度可以分为哪些类型？比较这些不同的中央银行制度类型的特点。
5. 中央银行的资本组成主要包括哪些类型？

第2章 中央银行的地位与独立性

⊙本章目标⊙

- 了解金融经济运行的特点。
- 掌握中央银行在现代经济体系中的地位及作用。
- 掌握中央银行的主要职责，以及职责和职能之间的区别与联系。
- 掌握中央银行独立性问题的实质和含义。
- 理解和掌握中央银行的相对独立性。
- 掌握各国中央银行与政府关系的类型。
- 了解我国中央银行的地位和独立性，了解其发展历程。

在现代经济社会中，各国的中央银行均处于金融体系核心的位置，是社会信用制度的枢纽，它担负着宏观经济调控、管理其他金融机构经营活动的多种职能，而且随着中央银行制度的不断演变和中央银行职能的不断加强，中央银行的活动对一国经济运行的影响日趋加深。但中央银行又是特殊的金融机构，在其运作原则上不以追求利润为目标，而是要促进本国经济协调、稳定、持续地发展，实现社会公共目标，因此中央银行又是国家极为重要的公共权力机构。正是由于中央银行所具有的特殊重要地位和其所应遵循的公共性运作原则，才有了围绕中央银行的地位与独立性问题而展开的研究。

第一节　中央银行的地位

随着经济、金融和现代科学技术的迅速发展，现代经济体系的运行机制、组织管理及宏观调控等方面都发生了很大的变化，尤其是中央银行在现代经济体系中的作用和地位更加突出，日益成为现代经济体系稳定健康发展的主要组织者和保证者。

一、金融经济运行的特点

进入20世纪中后期，随着电子计算机、现代通信技术的快速发展，世界经济进入了前所未有的高速发展时期，与此同时，在现代经济金融发展中，出现了许多新的特点。

（一）实体经济运行与金融运行交融在一起，金融已成为现代经济的核心

金融作为现代经济运行中最基本的战略资源，已经广泛、深刻地渗透到社会经济生活的各个方面。首先，金融在市场资源配置中起到核心作用。金融作为一种特殊的资源，具有引导和配置其他资源的作用。由于资金的转移都以增值为目标，所以无论是银行还是非银行金融机构，都不是简单地接受资金存入和转移支出，而是在有选择的收支活动中充当中介人，因此资金活动实质上就是资金的配置运动，从而实现社会资源的重新整合，优化了资源配置。其次，金融是调控宏观经济的重要“杠杆”。现代经济运行的基本要求是社会总供给与总需求基本平衡，促进国民经济均衡增长。一般说来，货币供应总量可以调节社会总需求，货币供应总量和社会商品、劳务总供给保持基本平衡，就能使物价稳定。一方面，金融业与国民经济各部门有着密切的业务联系，它能够比较深入、全面地反映全社会的经济活动，是国民经济活动的资金枢纽和神经中枢；另一方面，金融运行情况又是国民经济活动的晴雨表，金融现象可以反映国民经济运行中出现的新情况、新问题、新矛盾和新趋势。同时，国家可以根据宏观经济政策的需要，通过中央银行运用各种调控手段，适时松紧银根，调控货币供应的数量、结构和价格，从而调节经济发展的规模、速度及经济结构，在稳定物价的基础上，促进经济发展。

（二）全球经济一体化与金融的国际化相伴而行

随着科学技术的发展和人类文明的进步，世界各国之间的经济联系日益增强，呈现出全球一体化的趋势。从经济全球化发展变化的过程来看，经济的全球化与金融的国际化是紧密联系在一起的。经济全球化的内在要求推动着金融国际化的发展，而金融的国际化又为经济的全球化不断创造着必要条件。

（1）金融业务的跨国经营。一方面国际贸易的迅速增长使得国际结算业务和国际金融服务业务迅速增长，另一方面国际资本流动和国际资金融通业务迅速发展，在整个金融业务中的比重不断提高。

（2）金融机构的跨国设立。随着跨国公司的迅速增加，为了更好地满足跨国公司对资金融通和国际结算业务的需求，一国的金融机构纷纷走出国门，到国外设立分支机构，从而加快了金融业在国际上的融合。

(3) 金融市场的全球一体化。由于电子计算机技术和现代通信技术的不断发展与完善，各种金融工具的创新层出不穷，使得各国的金融市场与国际金融市场紧密地联系在一起。现在世界上已经形成了以伦敦、纽约和东京等三大国际金融市场为中心的遍布世界各地的国际金融市场体系，可以更加方便地为银行及顾客在世界各地进行各种传统的和创新的金融交易提供优质服务。

（三）各国政府对经济和金融运行的干预程度不断增强，国际宏观协调已提上重要日程

在现代经济中，不管是发达的资本主义国家还是发展中的社会主义国家，不管是实行市场经济体制还是实行计划经济体制，国家或政府越来越认识到金融在国民经济中的重要地位和作用，越来越认识到加强对金融运行控制的必要性。因此，对金融运行的干预程度在不断增强，集中表现为政府加大了对国民经济运行的调控力度。一方面政府通过颁布法律、制度来加强对经济运行的约束与规范；另一方面政府通过制定宏观经济政策来加强对经济运行的调控。政府主要通过中央银行运用货币政策工具等金融政策来实施对金融业的调控，并辅之以金融法律法规来加强对金融运行的干预和控制。

二、中央银行的地位及作用概述

（一）从经济体系的运转看，中央银行为经济发展创造货币和信用条件，为经济稳定运行提供保障

随着商品生产和商品流通的扩大，社会对货币的需求量也在不断增长。为此，中央银行作为一个国家唯一的货币发行者，可以根据国民经济发展的客观需要，不断地向经济体系提供相应的货币供应量，为经济的发展提供必要的条件。另外，货币发行的多少决定着国内市场货币流通总量，对社会经济生活的各个方面都会产生直接的影响，成为推动国民经济发展的重要力量。与此同时，中央银行还为经济体系的正常运行提供有效的保障，表现在两个方面：一方面，中央银行为经济运行提供稳定的货币环境，通过稳定货币实现国民经济的稳定增长。这主要是中央银行利用其所掌握的货币发行权，根据国内外经济金融发展的动态，在国家法律规定的额度内，通过制定并执行正确的货币政策来实现对全国货币供应量的控制，使全社会的总供给与总需求保持基本平衡，从而保持货币币值的稳定。另一方面，中央银行为国民经济体系的信用活动提供支付保障。中央银行对金融机构实施严格的监督管理，通过货币金融政策干预金融市场，沟通各种信用关系，作为商业银行等金融机构的最后贷款人，对全社会的支付体系承担着最终的保证责任，消除不稳定的因素，引导金融业务活动保持良好的运行状态。

（二）从对外经济金融关系看，中央银行是国家对外联系的重要纽带

当今世界经济正处于经济一体化与金融国际化的潮流中，各国的经济政策、货币政策、利率与外汇政策、国际收支状况以及经济周期与波动都会对其他国家产生深刻的影响。因此各国在制定国内经济金融政策时，还必须考虑各种政策的外部协调问题，积极创造一个良好的内外部政策配合的氛围。

货币政策作为国家经济政策的一个重要组成部分，它是中央银行为实现一定的经济目标而采取控制和调节货币供应量的各种金融措施的总称。货币政策的实施必然影响到利率、汇率、货币供求平衡问题。因此，中央银行及其制定的货币政策在一国对外金融关系中有着极其重要的意义。具体表现为：(1) 国际经济活动主要包括国际贸易、国际金融、国际投资和国际技术交流等，这些经济活动都需要借助货币这一手段。中央银行作为货币的供给者和管理者以及国际货币支付体系的参与者与维护者，在国际经济活动中起着关键的作用。(2) 在国际经济合作中，中央银行作为国家对外金融关系的代表，代表政府参与各国央行及各种国际金融组织的合作与交流，如代表政府参与国际货币基金组织、世界银行、国际清算银行以及区域性的国际金融组织的活动，尤其在商讨国际金融合作方面中央银行发挥着积极的协调作用。(3) 现代国际金融业的发展导致全球各国金融机构紧密联系、互为依存，一家国际性金融机构发生问题将可能导致整个金融体系运转不灵，会诱发世界性金融危机，因此各国都充分认识到加强国际金融监管的紧迫性、重要性。由于中央银行承担着对外交流的重要任务，因此国际金融监管在组织、规范、措施上的协调以及建立和维护新的国际金融秩序都是各国中央银行责无旁贷的重要职责。

(三) 从国家对经济的宏观管理看，中央银行是最重要的宏观调控部门之一

在完全的市场经济条件下，市场机制的自发调节作用可以达到“帕累托最优”的理论一直被自由主义学派所推崇。但是在更多的情况下，市场往往是残缺不全的，市场失灵普遍存在，市场并不完善。20 世纪 30 年代凯恩斯国家干预主义产生后，世界上已没有任何国家或政府允许社会经济放任自流地发展，政府对宏观经济进行调节已是客观和必然的选择，市场经济需要借助“有形之手”的干预。中央银行在一国金融体系中处于中心环节，作为国家干预调节经济、实现经济总目标的重要工具，在宏观经济调控中的地位尤为重要。

货币资金对经济具有导向作用，经济运行的状态、矛盾、发展趋势首先会从资金状态上反映出来，因此金融领域可通过货币资金的流向引导市场主体，调整其经济活动。在宏观经济的总量分析中，矛盾的焦点最终集中在市场总供给和总需求的对比关系上，社会总供求的平衡关系是以货币均衡为基础的。中央银行的货币供应转化为市场总需求，调节货币供应量就可以调节市场供求关系。中央银行可根据本国经济和金融的发展情况，按照国家的金融政策、意图，运用各种金融手段控制货币发行，调节利率和汇率等价格水平，保持合理的社会信用总量和结构，实现社会总供求的平衡。在一般情况下，在经济过热、通货膨胀加剧时，中央银行通过提高再贴现率、提高存款准备金率或在公开市场上出售政府债券等办法来收缩信用，达到抑制经济发展的目的。相反，在出现经济萎缩、市场需求低迷时，中央银行可通过降低利率、降低存款准备金率或在公开市场上购进政府债券等措施，适当扩张信用，促进经济的繁荣。中央银行从客观上控制住了货币信用总量，也就能从全局上约束微观市场主体的经营活动，从而保证国民经济持续、稳定、健康地发展。例如，目前我国处于经济改革时期，国内形成了外需和国内投资“双驱动”的经济增长模式。尤其是近年来地方主导的大规模融资建设模式进一步强化，在稳定了 GDP 增长率的同时，也增大了经济运行中的潜在风险。2015 年继续实施稳健的货币政策，坚持“总量稳定、结构优化”的取向，保持政策的连续性和稳定性，一方面严控流动性闸门，另一方

面优化信贷结构与投向，在调整中更好地支持实体经济的发展，逐步解决长期以来经济增长过多依靠投资的难题。增强调控的前瞻性、针对性、协同性，统筹稳增长、调结构、促改革和防风险，适时适度预调微调，继续为结构调整和转型升级创造稳定的货币金融环境。2018 年是全面建成小康社会的关键之年，宏观政策强化周期调整，继续实施积极的财政政策和稳健的货币政策，适时预调微调，稳定总需求。具体到货币政策而言，2018 年中央经济工作会议强调稳健的货币政策要松紧适度，保持流动性的合理充裕，改善货币政策传导机制，提高直接融资比重，解决好民营企业和小微企业融资难融资贵问题。

三、中央银行的主要职责

职责和职能在内涵上是基本一致的，但在现实工作中，两者之间还存在一些区别：职能是指一个部门或机构所具有的可以发挥作用的能力；而职责则是法律或更高一级的主管部门赋予它履行的责任和任务。职能决定职责，职责是职能的具体化。由于各国存在政治体制、经济体制和经济发展水平上的差异，因此中央银行在国民经济中的地位、所发挥的作用也存在差异。目前世界各国中央银行的职责不尽相同，但归纳起来大致有以下三项。

（一）制定和执行货币政策

中央银行运用货币政策工具，对货币与信用进行调节和控制，通过金融机构影响和干预整个社会经济进程，实现预期的货币政策目标。

（二）对金融业实施监督管理

金融监督和管理是国家对金融机构、金融市场和金融活动的监督和管理，惩处违法违规行为，净化市场环境。虽然在不同国家、不同的历史时期，金融监督和管理的内容、方法、标准等均有一些差异，但总体而言，对金融业的监督和管理是为了维护金融体系的安全稳定和保护投资者的利益并促进金融业的公平竞争。一般来讲，金融监督和管理可以概括为两个方面：一是规范和监督金融机构的设立和业务活动；二是调控和管理整个金融市场的设置和运行体制。具体做法包括以下内容：制定金融法规、规章，其涵盖范围既包括中央银行自身的行为准则，又包括商业银行和其他金融机构开展有关金融业务活动的准则；管理信贷、资金、外汇、黄金等金融市场；依法审查批准金融机构的设立及业务范围；检查监督商业银行和其他金融机构的清偿能力、资产负债、存款准备金等情况；检查监督金融机构的业务活动。

（三）组织、参与和管理支付清算

除上述职责外，中央银行还要通过建立与维护全国金融业的资金清算中心和担当最后贷款人的角色来向金融机构提供服务，还向政府和银行以及其他非银行金融机构提供资金融通、划拨清算、代理业务等方面的金融服务。

中央银行通过集中办理票据交换、办理各商业银行的异地资金转移等方法，为金融机构提供结算服务，不仅能够大大减少结算的时间和环节，而且能够提高结算效率。同时，当商业银行资金不足或通过同业拆借还不能满足清算等需要时，中央银行就通过再贴现和再贷款两种方式向金融机构提供资金融通，成为整个社会的最后贷款人。

第二节　中央银行的独立性

一、中央银行独立性的实质与问题的提出

（一）中央银行独立性问题的实质

中央银行独立性问题实质上是中央银行与政府之间的关系问题，即中央银行在多大程度上受制于政府，它是宏观经济管理中一个不可忽视的问题。中央银行是否需要保持其独立性，或者在多大程度上保持独立性，历来都是理论界和实际工作者争论不休的问题。第一种观点认为中央银行是政府的银行，从中央银行的建立以及其拥有的货币发行权、政策制定和执行权都是国家赋予的权力来看，中央银行理所当然应由政府控制，不能独立于政府，而且也只有在政府的管制下中央银行才能有效地行使自己的职责。第二种观点认为中央银行是国家一个极为重要的公共权力机构，为了防止政府为政治目的过度发行货币，放弃稳定的政策目标，必须赋予中央银行完全充分的独立性。第三种观点认为从整个经济运行来看，单纯的市场经济并不存在，社会经济中总存在政府或多或少的干预，而且目前世界上没有哪个国家的中央银行不受政府控制，即使世界上公认的独立性最强的国家的中央银行，其货币政策选择也会体现出政府的政策意图。但中央银行同时又是一个社会公共权力机构，除对政府负责外，更要对整个社会负责，要考虑整个社会公众的利益。因此，中央银行对政府应保持一定的独立性，但这种独立是相对的。目前人们普遍接受第三种观点，即中央银行不能完全独立于政府，不能凌驾于政府之上，只能保持在政府或国家权力机构的制约和影响下的独立性，即中央银行的相对独立地位。

（二）中央银行独立性问题的提出

中央银行独立性问题的最初提出并引起广泛重视是在第一次世界大战结束以后1920年的布鲁塞尔会议上。第一次世界大战之前，由于金本位制下中央银行的货币发行不能脱离所持黄金的数量，因此，金融秩序相对比较稳定，政府对中央银行的控制和干预程度也有限。第一次世界大战期间，各国政府为了筹措军费，大量发行赤字国债并要求中央银行直接购买国债。为了保证中央银行能够顺利地为政府筹集战争费用，各国政府加强了对中央银行的干预和控制，并给予中央银行脱离所持黄金数量进行货币信用发行的机动权。

第一次世界大战结束之后，各国政府为了恢复经济，继续沿用增加货币发行的办法，造成了严重的通货膨胀，反过来，又冲击了货币制度和金融制度的稳定，加剧了经济的困难。因此，在布鲁塞尔会议上，不少国家的中央银行提出减少政府干预，实行中央银行独立于政府的主张。虽然该主张受到重视，并有不少国家在法律上明确中央银行相对独立的地位，但是，20世纪30年代不期而遇的世界性金融危机演变成历史上最严重的全面经济危机，为政府全面干预经济提供了必要性和可能性。而政府在对经济进行干预的过程中，进一步认识到中央银行在经济和金融体系中的地位以及货币政策在宏观经济政策中的重要性，于是政府加强了对中央银行的干预和控制，中央银行独立性问题被暂时冷落。

但是，20世纪70年代主要发达国家在经历了战后经济的顺利发展以后，相继出现了经济发展停滞和通货膨胀并存的状况。因此，减少政府对中央银行的干预，维护中央银行对政府的相对独立性再次成为经济学家们讨论的热门话题。

二、中央银行独立性的含义

（一）中央银行独立性的定义和内容

中央银行的独立性，是指法律赋予中央银行在国民经济宏观调控体系中制定和执行货币政策、进行金融监管与调控的自主权，以及为确保自主权的有效行使而采取的相关法律措施。其独立性的内容主要由两部分组成：一是中央银行在国民经济宏观调控体系中的职责范围；二是中央银行在行使自主权时受制于其他部门的程度，亦即要处理中央银行和其他部门（尤其是政府）之间的关系。中央银行独立性的具体内容包括以下三个方面。

1. 中央银行享有独立的货币发行权

在资本主义发展初期，许多商业银行既从事一般银行业务，同时也从事银行券的发行。银行券的分散发行既受流通地域的限制，又有信誉欠佳、币值不稳的弊端，不利于商品经济的发展。中央银行代替众多商业银行独立行使货币发行权，便会避免多头发行的弊病。中央银行独立行使货币发行权，既是其履行职责的需要，也是其发挥作用的基础。如果中央银行没有货币发行权，那么它就不能有效实现对国家经济的宏观调控。另外，中央银行在何时何地发行多少货币、发行什么面额的货币，应当是根据国家的宏观经济政策和经济发展的客观需要确定的，不受任何政府更替、任何个人观点的影响。因此，只有保障中央银行独立地发行货币的权力，才能保证币值稳定。

2. 中央银行独立制定和执行货币政策

货币政策作为一种宏观经济管理的工具，是为调节社会总需求和总供给服务的，其实质是通过正确处理经济发展和货币稳定的关系，使国民经济的有关指标通过货币机制紧密地服务于国家的经济政策，它是国家经济政策的一个重要方面。中央银行必须把货币政策的制定权牢牢掌握在自己手中，而不是掌控在其他政府部门手中。在制定货币政策的过程中应当保持高度的独立性，不受任何机构、个人的干涉。在货币政策的制定和执行过程中，中央银行与政府产生不同意见时，政府应当充分尊重中央银行的经验和意见，避免政府行为对中央银行业务、职责干预过多的现象出现。其他有关部门应当尽量配合中央银行执行货币政策，以便中央银行的货币政策在国家经济生活中发挥积极作用。

3. 独立监督、监测金融市场

为了维护金融市场的健康发展、规避金融风险，中央银行有权独立行使金融监督和管理职权，对违反金融法律、法规的金融活动或者抗拒检查、管理的金融机构给予经济或者行政制裁。

（二）中央银行应保持相对的独立性

中央银行是一个极为重要的社会公共权力机构，它的活动对一国经济的影响日趋深化，要发挥中央银行的作用，促进本国经济整体实现社会公共目标，必须保持中央银行的独立性。

这种独立性是指中央银行能够独立地制定和实施货币政策，而不受政府的干预、影响和控制，也就是中央银行具有金融调节方面的独立性。这是由于中央银行在金融体系和国民经济中处于特殊的地位，其工作的特殊专业性和重要性要求法律授权，从而使中央银行具有一定的独立性，防止政府滥用职权。中央银行保持一定的独立性，是保持经济、金融稳定和维护社会公众信心的一个必要条件。但是在现代经济体系中，中央银行作为政府的银行，是国家实施宏观经济管理的重要工具。因此，中央银行又不能完全独立于政府、凌驾于政府之上、不受政府的任何制约，而应该在国家总体经济政策的指导下和政府的监督之下，独立地制定和实施货币政策。所以，中央银行的独立性又是相对的。

（1）中央银行的政策目标不能背离国家总体经济发展目标。

中央银行作为一国宏观经济的调控者，其活动不仅要考虑自身担负的任务和承担的责任，还必须重视国家的利益，并与国家宏观经济发展总体目标保持一致，即实现物价稳定、充分就业、经济增长和国际收支平衡。近年来一些国家也将维护汇率稳定、维护金融体系稳定作为货币政策目标，而且大多数国家以法律形式确立了中央银行的基本职责和既定体制下的权力、范围、行为准则和协调方式，这样既保持了中央银行的独立性，又不使中央银行的行为失去控制而背离国家宏观经济的总体目标。

（2）货币政策是国家宏观经济政策的一部分，中央银行是国家宏观调控体系的一个组成部门，它不可能超过所隶属的整体。

中央银行必须服从、配合、服务于整个宏观经济政策的制定和实施。同时，中央银行作为货币政策的制定者与执行者，有责任与义务合理地运用货币政策，特别是做好货币政策与财政政策的密切配合，实现宏观经济目标。

（3）中央银行的业务活动和监管是在国家的授权下进行的。

中央银行的各项业务活动的开展，都是在国家授权下进行的，中央银行具有一定的行政管理部门的性质；同时，无论是哪国的中央银行，也无论中央银行的资本结构和组织形式如何，其最高领导成员一般都是由总统或政府委任的，这也决定了中央银行不可能绝对独立于政府。

（4）特殊情况下中央银行必须服从政府的领导和指挥。

如果一国遇到了战争、特大灾害事故，那么政府必将通过各种途径加强对中央银行的控制，而中央银行则须完全服从于政府的领导和指挥。美国的《联邦储备法》曾明确规定“当本法授予联邦储备委员会的任何权力与财政部长的权力发生冲突时，这些权力的行使都必须受到财政部长的监督和控制”。经济学家弗里德曼也指出“即使中央银行被假定是充分独立的，也只有当它们与政府的其他部门之间没有真正冲突的时候，才能行使它们的独立性，如果财政当局筹集资金的利益与货币当局保持与黄金的可兑换性的利益发生了严重的冲突（如战争时期），那么中央银行而不是财政当局将不可避免地要作出让步”。

三、中央银行独立性的一般分析

（一）衡量标准

学理上判断一国的中央银行的独立性具有不同的方法，具体来讲如下：

1980 年，英国考察金融机构职能委员会从以下五个方面评判中央银行的独立性：(1) 归谁所有，是私有还是国有；(2) 总裁与理事的职权及任命与任期；(3) 在执行货币政策方面有哪些法定职责，履行这些职责时是否受政府支配，双方有矛盾时如何解决；(4) 同政府有关部门是否有人员交换或人员之间的联系，政府在其理事会中有无直接代表；(5) 是否直接向议会汇报工作。

1990 年 1 月，在北京举行的国际中央银行研讨会指出，中央银行独立性的具体体现是：它必须独享货币发行权；发行货币根据经济的客观需要而不受财政透支的干扰；能独自解决严重的通货膨胀而无须向财政部报告自己的工作；重大决策不是由某一部门或个人决定，而是由中央银行理事会决定；享有充分的对金融系统进行监督和管理的权力；拥有资金来源与运用的支配权而不依赖财政拨款。

1994 年，美国纽约联邦储备银行行长威廉·麦克多诺在其所写的《一个民主国家中独立的中央银行——联邦储备委员会的经验》一文中提出的独立性标准是：(1) 中央银行在制定和实施政策（尤其是货币政策）方面相对于政府享有多大程度的自由；(2) 任命和撤销中央银行领导人的程序；(3) 中央银行筹措资金是否依赖政府或议会的拨款。斯坦利·费希尔认为，中央银行的独立性实际上有两种：一是目标独立，即中央银行可以自由选择政策目标，主要是对稳定物价与经济增长的选择；二是手段独立，指中央银行在明确自身职责之后，可以自由选择货币政策的操纵手段及政策工具。

在实际工作中一国中央银行独立性的衡量主要有五个标准：(1) 中央银行的隶属关系，即中央银行是否隶属于政府或政府的有关部门，其内外组织机构与政府及政府有关部门的关联程度。(2) 中央银行的职责及履行职责时主动性的大小，即中央银行能否独立制定和实施货币政策，如何解决货币政策与政府其他宏观经济政策之间的矛盾和冲突，能否抵御财政透支及其他不合理的融资要求，能否独立进行金融监管。(3) 中央银行总裁（或行长）产生的程序、任期的长短及权力大小，即中央银行主要领导人的任命、任期、组成及罢免是否由政府批准和决定，有无政府人员的兼职和渗透。(4) 中央银行与财政部门的资金关系，即中央银行是否依赖于财政拨款，有没有可供独立支配的财源。(5) 中央银行的最高决策机构中是否有政府人员等。

（二）中央银行与政府关系的三种类型

由于各国政治经济情况不同，各有其发展的轨迹，因而立法和惯例也不同，这就决定了各国中央银行与政府的关系有不同的模式。

1. 中央银行与政府的关系的一般分析

中央银行与政府的关系问题可从以下几个方面进行分析，如资本所有权，总裁与理事的任命、任期及职权，法律赋予中央银行的任务、职责，中央银行与政府（包括财政部）的隶属关系，中央银行与财政部的资金关系，理事中是否有政府的代表，中央银行向政府还是向议会报告工作等。

从中央银行的资本所有权来看，第二次世界大战以来，中央银行资本有逐渐走向完全归政府所有的趋势，即使是那些资本属私股的中央银行，股东也无任何权力干预中央银行的货币政策和业务经营，无权施加影响。中央银行的管理监督权属于国家，因而资本所有权已成为无关紧要的问题。

从中央银行总裁与理事的任命、任期及职权来看，一般来说，总裁是中央银行行政的最高领导人，常兼任理事会或决策机构的主席，地位显赫。总裁的任命方式多数是由政府部门或议会提名，由国家元首任命，任期与政府任期接近。理事的任期稍长于总裁，多数国家允许连任，和政府成员的任期错开。这样规定旨在避免政府通过理事施加影响而抑制中央银行的独立性。

从法律赋予中央银行的职责看，多数国家赋予中央银行以法定职责，明确在制定或执行货币政策上，中央银行享有相对独立性，要承担稳定货币金融、提高本国福利、实现政府经济目标的社会职责，同时作为政府在金融领域的代理人，要接受政府的控制与督导。

中央银行与政府的隶属关系、与财政部的资金关系如何是衡量中央银行独立性的主要方面，实际上是中央银行如何防止财政部直接或间接挤占银行资金的问题。不管各国如何规定中央银行与政府的隶属关系，当双方发生矛盾时都是通过磋商的办法来解决的。中央银行与财政部的资金关系在多数国家是较为一致的，即中央银行在一定的限度内有支持财政的义务：一是为财政直接提供贷款以融通资金；二是为财政筹集资金创造有利条件，如通过各种信用调节措施为公债发行创造有利的证券市场条件，或者中央银行购买政府公债，代销债券。但为防止中央银行对政府过度融资而造成通货膨胀，许多国家对融资的方式、额度与期限都从法律上加以严格限制。

对理事会中是否应有政府的代表这一问题，不仅各国的实践不同，而且在认识上也存在分歧。主张理事会中不应有政府的直接代表的一方认为，中央银行的职能和承担的责任毕竟与政府不同，理事会中无政府的代表可以避免政府直接干预理事会的决议和行为，保证中央银行不受政府压力和政府偏见的影响，客观地评价经济形势并向政府提出建议。主张理事会中应有政府代表的一方认为，理事会中有政府的代表有利于传达政府的意图，解释政府的政策，并及时地将理事会对经济的评价和展望反馈给政府，沟通和纠正双方观点与认识上的偏差，而且理事会中允许有各经济部门的代表，唯独排斥政府的代表也是不合理的。

2. 美德模式

在这种模式下，中央银行直接对国会负责，可以独立地制定货币政策及采取相应的措施，政府不得直接对它发布命令、指示，不得干涉货币政策。如果中央银行与政府发生矛盾，则通过协商解决。采取这一模式的中央银行的独立性最强。

（1）美国模式。美国联邦储备体系享有较大的独立性，被誉为探讨中央银行独立性的典型。其独立性表现为如下五点：

1）联邦储备体系受《联邦储备法》的制约，经国会授权采取独立行动，直接向国会报告工作，向国会负责。

2）联邦储备理事会主席与副主席由总统从 7 名理事中指定 2 人担任，任期为 4 年，可以连任。联邦储备理事会的 7 名理事须经参议院同意，由总统任命，任期为 14 年，不得连任，每 2 年更换 1 人，并与总统任期错开，使总统在其任期内不能更换联邦储备理事会的绝大多数成员，从形式上制约了总统完全控制联邦储备理事会的可能性。

3）联邦储备理事会经国会授权，无须总统批准，有权独立地制定货币政策，自行决定采取的措施和运用的政策工具。美联储在法律上与总统和其他政府机构不存在任何隶属关系。总统未经国会授权不得对美联储发布任何指令。自 1962 年 2 月起，财政部长和通货监理官不再出任联邦储备理事会理事。财政部与美联储无隶属关系，不得干涉美联储的货币政策。美联储与总统或财政部及有关政府政策制定部门保持着经常接触与密切的合作关系，如果发生矛盾，则通过由特定人员参加的各种会议进行磋商。这些人员包括财政部国务秘书、经济顾问委员会主席和预算局局长。

4）美联储无长期支持财政融资（包括发行债券）的义务。财政筹款只能通过在公开市场发行公债的形式进行。在特殊情况下，财政部可以向联邦储备银行借短期款项，借款金额不得超过 50 亿美元（这一额度从 1973 年已终止）。实际上财政部只借过几次期限仅有几天的款项，而且是以财政部发行的特别国债作担保的。

5）美联储的盈余较大，业务经费独立，无须财政拨款。

（2）德国模式。德意志联邦银行被认为是西方工业国中具有独立性和权威性的中央银行。1957 年颁布的《德意志联邦银行法》从以下几个方面保证联邦银行享有较大范围的自主权：立法赋予联邦银行保证币值稳定的基本职责；一般要求中央银行支持联邦政府采取的全盘经济政策，但只在与联邦银行履行其保证货币稳定的基本职责不发生矛盾时，才可以这样做；联邦银行独立于政府，以行使有关货币的职权。《德意志联邦银行法》（1980 年 3 月修改版本）规定：德意志联邦银行利用该法授予的货币政策权限，调整货币流通和经济的资金融通，以达到保卫货币的目的。因此，联邦银行可以独立地制定和执行国家的有关金融政策，如对贴现、信贷、公开市场操作及最低准备金要求等方面作出决定时，可以不受政府约束。当其他经济政策与稳定通货政策相矛盾时，联邦银行为实现自己所担负的任务，有权独立地运用货币政策手段，采取相应的措施。政府不得对联邦银行直接发布任何指令，联邦银行履行法定职责不受政府指令的约束。

联邦银行总裁、理事由联邦政府与中央银行理事会磋商后提名，由总统任命，任期为 8 年，任期届满之前，政府不得罢免。

在与政府的资金关系方面，《德意志联邦银行法》为有效地防止政府过分地求助于中央银行发行钞票和贷款，规定联邦银行独自享有发行钞票的权力，政府不得靠印制钞票来弥补其支出。而且只有联邦银行可在严格规定的最高限额内为政府机构、专门的公共财产机构提供短期贷款（实际提供的贷款额低于规定的最高限额）。政府发行的债券通常可通过联邦银行销售。这些规定使货币政策受到保护，免受政治影响和政府过分筹资愿望的干扰。

为了使联邦银行与政府机构之间取得尽可能多的相互信任与密切合作，《德意志联邦银行法》还有要求政府和联邦银行共同工作、相互协商的条款，如联邦银行有权出席政府与财政经济政策有关机构的会议，政府成员有权出席中央银行理事会的所有会议，虽无表决权，但可以提出动议，要求中央银行理事会的决议推迟两周执行（实际上政府很少运用这种权力）。当讨论与货币政策有重大关系的问题时，政府则邀请联邦银行总裁参加，进行磋商。

3. 英日模式

在这种模式下，中央银行名义上隶属于政府，而实际上保持着较大的独立性。有些国家法律规定财政部直辖中央银行，可以发布指令，事实上财政部并不使用这种权力，中央银行可以独立地制定、执行货币政策。这一模式与美德模式相比，中央银行的独立性稍次。

(1) 英国模式。

英格兰银行表面上隶属于财政部，实际上拥有相当高的独立性。根据英国1946年国有化法案的规定，财政部为了公共利益，在认为有必要时，在与英格兰银行总裁磋商后，有权向英格兰银行发布命令。这一规定与第二次世界大战后英国经济遭到严重破坏，不得不努力恢复经济有关。因此，国有化前已经高度独立于政府的英格兰银行，虽仍依法听命于财政部，但财政部的此项权力从未使用过。

英格兰银行向议会提交年度报告，议会一般不就此辩论。英格兰银行和政府始终保持着密切的合作，政府也一贯尊重该行的货币政策意见，不参与理事会的评议，也不过问政策的制定。

由于是政府授权，所以英格兰银行在货币金融政策方面实际上享有相当大的独立性，比法律规定的要大得多。在与政府的资金关系方面，英格兰银行一般不给政府垫款，只提供少量的隔夜资金融通。它通过两个办法解决政府所需资金问题：一是每周对国债招标；二是每日在证券市场上卖出国债。

(2) 日本模式。

根据现行《日本银行法》，日本银行在很大范围内受到政府的监督。这种监督表现为：财务大臣拥有对日本银行的一般业务命令权、监督命令权、官员解雇命令权等。

日本银行的总裁和副总裁由内阁任命，任期为5年，可以连任。理事由财务大臣任命，任期为4年，可以连任。

日本银行政策委员会是日本银行的最高决策机构，在存款准备金制度上，存款准备金率的设定、变更、废止要经过财务大臣认可；对城市中利率最高限度的决定、变更和废止，要听取财务大臣的意见，并经利率调整审议会咨询后才能实行。

日本政府实际上并未使用过上述银行法规定的各种命令权，日本银行的独立性也相当大。决定货币政策的最高权力机构是日本银行政策委员会。在委员会中，政府的代表（财务省与经济企划厅代表各一人）无表决权，日本银行可根据自己的职责独立地运用金融政策。在与政府的资金关系方面，按照规定，原则上禁止日本银行认购政府发行的长期公债和向政府提供长期贷款。因此，日本银行只对政府提供少量的短期贷款，但政府发行的短期债券大部分由日本银行认购。

日本银行的利润，扣除规定的比例后，全部上缴财政，如果发生亏损，可用国库款弥补。

4. 意大利模式

采取这种模式的中央银行接受政府的指令，货币政策的制定及采取的措施要经政府批准，政府有权停止、推迟中央银行决议的执行。在这种模式下，中央银行的独立性较小，意大利最为典型。

意大利银行是西方工业国中独立性较小的中央银行。意大利银行总裁由理事会提名，由总统任命，任期不限。理事会的13名理事由13个地区行的股东大会选任，任期为3年，可以连任。意大利银行受财政部统辖，财政部代表出席理事会会议，并且在认为会议决议与国家法令不符时，有权暂时停止决议的执行。有关的货币政策措施必须先经信用与储蓄部委员会批准，意大利银行才能执行。意大利银行如果与政府出现意见分歧，政府在与它磋商后仍不能解决，便可根据法定权限指示银行执行既定政策，同时向议会汇报。意大利银行向议会汇报工作，主要目的是提供情报。它向财政部提供有限额的短期贷款，金额不得超过年度财政预算支出的14%，其余款项通过认购债券、推销国债等方式为政府筹集。

四、中国人民银行的独立性

从1984年1月中国人民银行专门行使中央银行职能以后，我国中央银行的独立性问题才逐步作为金融理论的研究问题，引起各界的关注。

（一）从国家立法看中国人民银行的相对独立性

如前所述，中央银行的独立性体现在法律赋予中央银行在国民经济宏观调控体系中制定和执行货币政策、进行宏观调控的自主权，以及为确保自主权的有效行使而采取的相关法律措施上。确定中央银行的法律地位是实现中央银行独立的基础和条件。我国关于中国人民银行法律地位的界定与法制完善的历程是分不开的。中国人民银行自1984年专门行使中央银行职能以来，根据我国的法律规定，其独立性主要表现在以下几个方面。

（1）《中华人民共和国中国人民银行法》（以下简称《中国人民银行法》）第二条规定："中国人民银行是中华人民共和国的中央银行。中国人民银行在国务院领导下，制定和执行货币政策，防范和化解金融风险，维护金融稳定。"这首先对中央银行与中央政府的关系进行了定位，按现行法律规定，中国人民银行是国务院的一个职能部门，受国务院领导，与财政部是平等的，不受其节制，在与财政部的关系上已具有独立地位。

（2）《中国人民银行法》第五条规定："中国人民银行就年度货币供应量、利率、汇率和国务院规定的其他重要事项作出的决定，报国务院批准后执行。中国人民银行就前款规定以外的其他有关货币政策事项作出决定后，即予执行，并报国务院备案。"这项规定意味着中国人民银行在制定和执行货币银行政策方面具有很大的自主权。依照这一法案的规定，中央银行虽然没有在有关货币政策重大事宜方面的完全自主权，重大事项要经国务院批准，但是对其他一般事项有决定和执行权。

（3）《中国人民银行法》第七条规定："中国人民银行在国务院领导下依法独立执行货币政策，履行职责，开展业务，不受地方政府、各级政府部门、社会团体和个人的干涉。"这就从立法上保障了中国人民银行独立履行执行货币政策的职能。

（4）在人事任免、组织机构方面，中国人民银行行长的人选根据国务院总理的提名，由全国人民代表大会决定，在全国人民代表大会闭会期间，由全国人民代表大会常务委员会决定，由中华人民共和国主席任免；中国人民银行副行长由国务院总理任免。《中国人民银行法》第十二条规定："中国人民银行设立货币政策委员会。货币政策委员会的职责、组成和工作程序，由国务院规定，报全国人民代表大会常务委员会备案。"由此可见，在中国人民银行领导人任免、有关机构设置等方面，国务院居主导地位。至于作为中国人民银行总行派出机关的各地分支机构，由总行对其实行集中统一领导和管理，这从组织上割断了分支机构与地方政府的关系。

（5）中国人民银行与地方政府之间的关系。这里主要是指中国人民银行分支机构与地方政府之间的关系问题。我国1998年成立的中国人民银行大区分行，在一定程度上对减少地方政府对货币政策的干预、维护中央银行货币政策独立性具有非常重要的意义。《中国人民银行法》第七条规定："中国人民银行在国务院领导下依法独立执行货币政策，履行职责，开展业务，不受地方政府、各级政府部门、社会团体和个人的干涉。"第三十条规定，"中国人民银行不得向地方政府、各级政府部门提供贷款"。另外，中国人民银行分支机构在行政、人事、业务方面受总行的垂直领导，地方政府可以监督中国人民银行分支机构贯彻执行国家的金融方针，但是不得干预中国人民银行分支机构正常的业务活动，从而在很大程度上维护了中国人民银行分支机构的独立性。

（二）从历史发展看中国人民银行的相对独立性

从以上法律规定看，中国人民银行是国务院领导下的中央银行，在重大事项的决策方面对政府的独立性较弱，但对地方政府和各级行政部门而言，法律赋予了中央银行较为完全的独立性。从近年来的实践看，中国人民银行实际上的独立性呈现不断增强的趋势，具体表现在六个方面。

(1) 在宏观金融调控方式上实现了向间接调控手段的转变。中国人民银行在 1998 年取消了对各商业银行的信贷规模控制，建立起了以存款准备金政策、再贴现政策、公开市场操作为主要手段的间接调控工具体系。

(2) 在 1998 年底我国取消了原按行政区划设置中国人民银行分支机构，改为按经济区划在全国设置 9 个跨区域分行，减少地方政府干预。

(3) 在 1997 年 3 月作为中国人民银行制定货币政策的咨询议事机构——中国人民银行货币政策委员会成立，为货币政策的科学决策和有效实施奠定了必要的基础。

(4) 为了更好地履行中央银行职能，中国人民银行实施了一系列规范自身活动的措施，主要包括逐步停止对财政透支和向非金融部门提供贷款，将货币供应调控权集中于总行，与自办经营性经济组织脱钩等。

(5) 2003 年 4 月我国成立了银行业监督管理委员会，实行货币政策和金融监管职能分开，中国人民银行主要侧重于实现货币政策目标、控制通货膨胀，着重考虑经济整体因素，较少考虑金融监管和操作。

(6) 2018 年 4 月 8 日，中国银行保险监督管理委员会正式挂牌，其主要职责是依照法律法规统一监督管理银行业和保险业，维护银行业和保险业合法、稳健运行，防范和化解金融风险，保护金融消费者的合法权益，维护金融稳定。同时这也意味着 2003 年成立的中国银行业监督管理委员会和 1998 年成立的中国保险监督管理委员会，在相伴前行多年之后，正式退出历史舞台。原中国银行业监督管理委员会和原中国保险监督管理委员会拟订银行业、保险业重要法律法规草案和审慎监管基本制度的职责被划入中国人民银行。

（三）中国人民银行与财政部的关系

正确处理中国人民银行与财政部之间的关系是衡量中国人民银行独立性的一个具体标志。两者之间的关系主要体现在以下几个方面：(1) 行政隶属关系。中国人民银行与财政部之间不存在隶属关系，两者都同属国务院直接领导，以平等的身份协调工作，这在组织上保证了中国人民银行对财政部的独立地位。(2) 资金与业务关系。虽然财政部代表国家行使国有资产的所有权，可以代表国家向各金融机构发行、兑付国债和其他政府债券，但是，中国人民银行不得对政府财政透支，不得直接认购、包销国债和其他政府债券。这就从根本上割断了中国人民银行与财政部之间的直接融资。(3) 政策关系。货币政策和财政政策是国家经济政策的两大支柱，中国人民银行负责货币政策的制定与执行，财政政策的制定与执行则由财政部负责。虽然两种政策的制定部门不同，但是两者的总体目标是一致的，即实现物价稳定、经济增长、充分就业和国际收支平衡。因此，只有货币政策和财政政策相互协调作用才能对整个国民经济起到积极的推动作用。

（四）中国人民银行与国家其他金融监管部门的关系

从我国中央银行的发展状况来看，虽然 1997 年中国人民银行成立了货币政策委员会，但货币政策的独立性仍有待提高。就我国货币政策的决策过程而言，大到货币政策取向，小到利率、汇率水平以及货币供应量目标，并非由中央银行独立决定，而是受到方方面面的影响和制约，这大大削弱了货币政策的独立性。2003 年，中国人民银行的货币政策职能和银行监管职能分离，专门履行对银行业的监管职能的银行业监督管理委员会成立，其目的就是使中国人民银行专门履行制定与执行货币政策的职能，更好地发挥中国人民银行在宏观调控和金融风险防范方面的作用，进一步改善金融服务。银行业监督管理委员会的成立，使银行监管职能与货币政策职能相对分离：一方面，可以保证货币政策的独立性和灵活性，使货币政策更好地适应各个产业的需求和国民经济运行的需要；另一方面，有利于加强银行监管，保持银行监管的一贯性和法规的严肃性。

在过去的几年里，金融业扩张迅速，但金融监管方面却存在着监管职责不清晰、交叉监管、监管空白等问题，滋生了诸多潜在风险。2018 年 4 月 8 日，国家将中国银行业监督管理委员会和中国保险监督管理委员会的职责整合，组建成立了中国银行保险监督管理委员会。原中国银行业监督管理委员会和原中国保险监督管理委员会拟订银行业、保险业重要法律法规草案和审慎监管基本制度的职责被划入中国人民银行。这一举措有利于深化金融监管体制改革，解决现行体制存在的监管职责不清晰、交叉监管和监管空白等问题，强化综合监管，优化监管资源配置。因此，中国银行保险监督管理委员会成立后，中国人民银行是宏观审慎监管的主要执行者，由中国人民银行负责法律和监管规则的制定，能避免不同法律各自为政甚至相互冲突。通过改革，国务院机构设置更加科学合理，有利于政府职能的转变。同时，通过改革，以国务院金融稳定发展委员会和央行为主导的金融监管框架逐步形成。

☞**阅读延伸 2－1**

中国人民银行与国务院的隶属关系

（一）关于中国人民银行隶属关系的争论

中国人民银行作为中央银行，其隶属关系一直是一个分歧较大的问题。争议的焦点是中国人民银行应隶属于国务院还是隶属于全国人民代表大会以及如何从立法上保证它的独立性。主要有下列三种观点：

第一种观点认为：中国实行的是社会主义市场经济，国家具有组织、领导、管理经济的职能，国家经济发展的战略与总体目标由中央决定，全国经济工作的实施则是由国务院统一组织和领导的。在政府长远的总体经济目标与近期经济发展意图上，国务院和全国人民代表大会不会也不可能存在重大分歧，中国人民银行与政府的关系表现在：中央银行除了充当政府的经济顾问、为政府提供咨询、代理政府收支、管理金融等，还要在国务院的直接领导和指示下，肩负对国务院的社会经济发展计划和政策的贯彻实施责任。中国人民银行作为国务院的直属机构，有利于其同政府其他经济部门的协作配合，调节经济，控制货币供应，控制社会总需求。《中国人民银行法》规定中国人民银行作为中央银行是国务院的组成部分，同财政部是平行的，直接受国务院领导，这在组织形式上使中国人民银行有了独立地位。在中国社会主义制度下，不存在中央银行受不同党派和集团利益所左右的问题，中国人民银行没有必要脱离政府而直接对全国人民代表大会负责、直接受全国人民代表大会监督。

第二种观点认为：中国人民银行要对政府机构保持独立性，必须直接隶属于全国人民代表大会（常务委员会），接受其管理和监督，在其指导下独立地制定和贯彻执行金融政策。这样会在某种程度上增强中国人民银行的相对独立性，可以使中国人民银行不受政府短期经济政策的局限，不随着短期经济政策的摆动而摆动，有利于减弱外界影响导致的中央银行执行货币政策、控制货币供应和信贷规模的随意性，并在配合国务院的宏观经济调控活动中，对经济决策的某些随意性起到制约作用，可以使中国人民银行处于全国人民代表大会的直接监督之下，独立执行货币政策。

第三种观点认为：从中国国情出发，在政治体制未作相应改革的情况下，加强中国人民银行独立性的关键不在于中国人民银行是直接隶属于全国人民代表大会还是直接隶属于国务院，二者没有实质性的区别，而在于通过立法来保证中国人民银行能相对独立地制定和执行货币金融政策，能在不违背中央的既定战略目标和大政方针的前提下，独立地全权执行货币政策，确定货币政策措施，选择货币政策工具，进行金融管理。中国人民银行实施职能的依据是国家的经济总体目标，它从事活动的行为准则是法律，任何人不得超越法律程序对其进行干预。因此，应通过完善立法和建立相应的制度来实现中国人民银行的这种相对独立性。

（二）中国人民银行是国务院的直属机构

《中国人民银行法》第二条规定：“中国人民银行是中华人民共和国的中央银行。中国人民银行在国务院领导下，制定和执行货币政策，防范和化解金融风险，维护金融稳定。”第七条规定：“中国人民银行在国务院领导下依法独立执行货币政策，履行职责，开展业务，不受地方政府、各级政府部门、社会团体和个人的干涉。”这些规定明确了中国人民银行的法律地位，并使其与国务院的关系通过法律形式确定下来。

中国人民银行是国务院的直属机构，是国务院的一个组成部分。国家通过中国人民银行对全国的金融业实施管理。中国人民银行虽然是国务院的直属机构，但仍有一定的独立性，具有相对独立的法律地位。这主要表现在三个方面：(1) 中国人民银行行长由全国人民代表大会决定，在全国人民代表大会闭会期间，由全国人民代表大会常务委员会决定，由国家主席任免；(2) 中国人民银行实行行长负责制，行长领导中国人民银行的工作；(3) 在法定权限内，中国人民银行依法独立执行货币政策和履行其他职责。

关于中国人民银行同全国人民代表大会的关系，《中国人民银行法》也首次以立法的形式予以明确。《中国人民银行法》第六条规定："中国人民银行应当向全国人民代表大会常务委员会提出有关货币政策情况和金融业运行情况的工作报告。"也就是说，中国人民银行应当向全国人民代表大会或者全国人民代表大会常务委员会报告工作，并接受监督。中国人民银行作为我国的中央银行和最重要的宏观控制调节机构之一，其制定和执行的货币政策以及对全国金融业的监督管理情况如何，对全国经济总体目标将产生重大影响。因此，一方面，作为全国最高权力机关的全国人民代表大会及其常务委员会有权力、有责任了解中国人民银行的工作情况，并进行监督；另一方面，这也使中国人民银行的独立性进一步增强，可以在不违背中央的战略目标和大政方针的前提下，独立地制定和执行货币政策，不受其他部门的干扰。

资料来源：孔祥毅．中央银行通论．北京：中国金融出版社，2002.

本章小结

随着经济、金融和现代科学技术的迅速发展，中央银行在现代经济体系中的作用和地位更加突出，日益成为现代经济体系稳定健康发展的主要组织者和保证者。

由于各国存在政治体制、经济体制和经济发展水平上的差异，所以世界各国中央银行的职责也不尽相同，但大致都包括了制定和执行货币政策，对金融业实施监督管理，组织、参与和管理支付清算等主要方面。

中央银行独立性问题实质上是中央银行与政府的关系问题，即中央银行在多大程度上受制于政府。从各国的经验以及实际情况来看，中央银行应当同政府保持相对的独立性。

各国政治经济情况不同，立法和惯例也不同，这就决定了各国中央银行与政府的关系有独立性较大、稍次和较小这三种模式。

从法律规定上看，中国人民银行是国务院领导下的中央银行，在重大事项的决策方面对政府的独立性较弱，但对地方政府和各级行政部门而言，法律赋予了中央银行较为完全的独立性。从近年来的实践看，中国人民银行实际上的独立性呈现不断增强的趋势。

练 习 题

一、术语解释

1. 中央银行的独立性
2. 货币政策
3. 公开市场操作
4. 再贴现
5. 最后贷款人

二、填空题

1. 中央银行独立性问题实质上是________。

2. ________国家将中国银行业监督管理委员会和中国保险监督管理委员会的职责整合，组建成立了中国银行保险监督管理委员会。

3. ________被认为是西方工业国中具有独立性和权威性的中央银行。

4. 在现代经济社会中，各国的________均处于金融体系核心的位置，是社会信用制度的枢纽。

5. 从对外经济金融关系看，________是国家对外联系的重要纽带。

三、不定项选择题

1. 中央银行制定和执行货币政策的手段有（　　）。

A. 存款准备金　　B. 公开市场操作

C. 再贴现　　D. 其他调控手段

2. 中央银行独立性的具体内容包括（　　）。

A. 享有独立的货币发行权　　B. 独立制定和执行货币政策

C. 独立监督、监测金融市场　　D. 完全独立于政府

3. 下列国家的中央银行独立性较强的是（　　）。

A. 德国　　B. 美国

C. 英国　　D. 日本

4. 中央银行的主要职责是（　　）。

A. 制定和执行货币政策　　B. 对金融业实施监督管理

C. 组织、参与和管理支付清算　　D. 间接向社会公众提供服务

5. 金融国际化主要表现为（　　）。

A. 金融业务的跨国经营　　B. 金融机构的跨国设立

C. 金融市场的全球一体化　　D. 金融创新的国际服务

四、简答题

1. 如何看待中央银行在现代经济体系中的地位和作用？

2. 中央银行的主要职责有哪些？

3. 中央银行独立性的含义和实质是什么？

4. 如何理解中央银行的相对独立性？

第3章 中央银行业务活动概述

⊙本章目标⊙

- 理解中央银行业务活动的特殊性以及为什么需要法律规范。
- 明晰中央银行业务活动的原则。
- 了解中央银行的业务种类及其资产负债表的构成。
- 了解中国人民银行资产负债项目的各项内容。
- 把握中央银行对金融机构的债权和对金融机构的负债的关系。

中央银行的各项职责主要通过各种业务活动来履行。与商业银行相比，中央银行的业务活动有特殊的法定业务权力和业务范围，有特殊的业务活动原则，有特殊的业务种类，其资产负债表的格式与项目定义也不同于商业银行。因此，要了解中央银行的业务活动状况，首先必须掌握中央银行业务活动的这些特殊性和资产负债表的结构。

第一节　中央银行业务活动的法律规范与原则

一、中央银行业务活动的法律规范

现代中央银行作为宏观金融管理机构，其业务活动不仅对金融机构和金融市场的活动有支配性影响，而且对一国的金融和经济运作乃至世界的金融和经济活动都有重大的影响力和作用力。特别是现代中央银行在进行与金融调控或管理相关的业务活动时具有强制性的特征，可以行使某些特殊的权力。因此，通过法律规范中央银行的业务活动是极其必要和重要的。这既可以使中央银行开展业务活动有法律作保证，又可以对中央银行的业务活动进行必要的法律约束，从而将中央银行的业务活动纳入法制的轨道，以利于规范金融秩序，维护金融业的合法、稳健、顺利运作。为此，各国先后都制定了中央银行法，中央银行的业务活动必须依法进行。

目前，各国对中央银行业务活动的法律规范大致可分为法定业务权力、法定业务范围和法定业务限制三个方面。

（一）中央银行的法定业务权力

中央银行的法定业务权力是指法律赋予中央银行在进行业务活动时可以行使的特殊权力。根据目前各国的中央银行法，这种法定业务权力一般包括七项内容。

1. 有权发行货币

在信用货币流通的情况下，中央银行凭借国家授权，以国家信用为基础而成为垄断的货币发行机构。当中央银行行使法定的货币发行权时，就形成了货币发行业务，构成了中央银行的负债。中央银行要根据一定时期内的经济发展需要以及物价水平等诸多因素，制定与实施货币政策，运用多种手段有效调控货币供应量，保持货币供应量与客观需要量的相对平衡，实现货币币值的基本稳定。

2. 有权管理货币

中央银行对货币流通的管理可分为两个层面，即宏观管理和微观管理。宏观管理主要指货币流通总量的确定、货币流通量与结构的计量和测定、货币流通调节手段的选择等。例如，当选择存款准备金政策作为调节货币流通的手段时，中央银行有权要求金融机构必须按规定的法定比率缴存存款准备金；当选择再贴现政策作为调节货币流通的手段时，中央银行有权调整再贴现率和再贴现资格。这样，当中央银行行使对货币流通的宏观管理权时，就会导致法定存款准备金、再贴现和再贷款、证券买卖等多种资产负债业务的变化。微观管理主要是指通过银行系统的具体业务对货币流通实施的具体性、技术性管理，包括货币发行与回笼的程序、货币流通的渠道与方式等。中央银行对货币流通微观管理权的运用主要体现在货币发行的清算业务活动中。

3. 有权发布监管金融机构的业务命令与规章制度

为了保证中央银行职能的顺利履行，确保金融监管的有效性，法律赋予中央银行对金融机构业务活动发布行政命令和规章制度的权力，各金融机构必须遵照执行。当中央银行行使这种权力时，金融机构的业务活动就会发生变化，由此引起中央银行的业务活动及其变化。例如，当中央银行发布金融机构资产负债比例管理的监管命令时，各金融机构必须按照中央银行规定的各项比例调整其资产负债的结构；当资产流动性不足时，金融机构就会向中央银行申请再贴现和再贷款，或在公开市场上向中央银行卖出证券，等等，从而形成中央银行的资产负债业务。

4. 有权持有、管理、经营国家的黄金外汇储备

目前黄金外汇是国际清算的最后支付手段，各国都把它作为储备资产，授权中央银行持有、管理和经营，以利于中央银行更好地履行稳定货币、调节汇率的职责。中央银

行对黄金外汇拥有的经营管理权产生了黄金外汇的买卖业务，成为中央银行重要的资产项目。

5. 有权经理国库

凡国家财政预算收支采取委托国库制的国家，都通过立法授权中央银行经理国库，由此形成了中央银行经理国库的业务和部分会计业务。具体包括：（1）收受国库的存款。（2）为国库办理转账。（3）为国库办理代收税款，以及负责公债的认购、推销、还本、付息等。

6. 有权对金融业的活动进行统计和调查

中央银行对各金融机构和全部金融活动的情况进行统计调查，是中央银行顺利实施宏观金融调控和监管的基础性工作，为此各国都通过法律赋予中央银行统计调查权，各金融机构必须依法如实、准确、及时地提供数据资料，为中央银行的统计调查提供便利，保证中央银行统计业务的正常开展。

7. 有权保持业务活动的相对独立性

由于中央银行集发行的银行、银行的银行和政府的银行于一身，所以其业务活动直接关系到货币总量、信用总量和金融的稳定。如果政府干预过多，则不利于中央银行职责的履行，甚至可能使中央银行的业务活动背离其基本任务。因此，各国中央银行法一般都明确规定中央银行有权独立进行业务活动，不受地方政府、政府部门、社会团体或个人的干扰或干预，中央银行依法行使权力开展业务活动。

（二）中央银行的法定业务范围

中央银行作为发行的银行、银行的银行和政府的银行，其地位和职能具有特殊性，这决定了其业务的特殊性。为了规范其业务活动，各国都在中央银行法中对中央银行的业务范围作出具体规定。一般中央银行的法定业务范围主要包括十二项内容：

（1）货币发行业务。

（2）准备金存款业务。

（3）为在中央银行开立账户的金融机构办理再贴现和再贷款业务。

（4）在公开市场从事有价证券的买卖业务。

（5）经营黄金外汇业务。

（6）经理国库业务。

（7）代理政府向金融机构发行、兑付国债和其他政府债券。

（8）组织和协助各金融机构间开展清算业务，协调各种清算事项，提供必要的清算设施和服务。

（9）对全国的金融活动进行统计调查，统一编制全国金融统计数据、报表，按照国家规定定期予以公布。

（10）对各金融机构的业务活动进行稽核、检查、审计。

（11）对中央银行的财务收支进行会计核算。

（12）法律允许的其他业务，如发行中央银行债券等其他负债业务，向财政部、外国中央银行或政府、国际性金融机构放款等其他资产业务。

☞阅读延伸 3－1

我国中央银行的法定业务范围

《中国人民银行法》第一章总则第四条：

中国人民银行履行下列职责：

（一）发布与履行其职责有关的命令和规章；

（二）依法制定和执行货币政策；

（三）发行人民币，管理人民币流通；

（四）监督管理银行间同业拆借市场和银行间债券市场；

（五）实施外汇管理，监督管理银行间外汇市场；

（六）监督管理黄金市场；

（七）持有、管理、经营国家外汇储备、黄金储备；

（八）经理国库；

（九）维护支付、清算系统的正常运行；

（十）指导、部署金融业反洗钱工作，负责反洗钱的资金监测；

（十一）负责金融业的统计、调查、分析和预测；

（十二）作为国家的中央银行，从事有关的国际金融活动；

（十三）国务院规定的其他职责。

中国人民银行为执行货币政策，可以依照本法第四章的有关规定从事金融业务活动。

《中国人民银行法》第四章第二十三条：

中国人民银行为执行货币政策，可以运用下列货币政策工具：

（一）要求银行业金融机构按照规定的比例交存存款准备金；

（二）确定中央银行基准利率；

（三）为在中国人民银行开立账户的银行业金融机构办理再贴现；

（四）向商业银行提供贷款；

（五）在公开市场上买卖国债、其他政府债券和金融债券以及外汇；

（六）国务院确定的其他货币政策工具。

（三）中央银行的法定业务限制

为了确保中央银行认真履行职责，有效地进行货币政策操作和实施金融监管，中央银行需要正当合理地运用其拥有的特权，保持其高度的信誉、权威性和超然地位。因此，各国中央银行法都对中央银行的业务活动进行必要的限制，中央银行不得经营一般的商业性金融业务，不得参与金融业的市场竞争，也不得经营有损于实施货币政策和金融监管的业务。通常各国中央银行的法定业务限制主要包括六项内容：

（1）不得经营一般性银行业务或非银行金融业务。

（2）不得向任何个人、企业或单位提供担保，不得直接向他们发放贷款，有的国家还规定不得向地方政府、各级政府部门和非银行金融机构提供贷款。

(3) 不得直接从事商业票据的承兑、贴现业务。

(4) 不得从事不动产买卖业务。

(5) 不得从事商业性证券投资业务。

(6) 一般不得对政府财政透支，不得直接认购、包销国债和其他政府债券。

二、中央银行业务活动的原则

与一般商业银行和其他金融机构相比，中央银行的业务活动不仅拥有特定的权力、特定的业务范围和限制，而且在业务活动中的经营原则也不相同。目前，各国中央银行的业务活动原则大同小异。

(一) 从总体上看，最基本的业务活动原则是必须服从于履行职责的需要

因为中央银行的全部业务活动都是为其履行职责服务的，是其行使特定职权的必要手段，所以，中央银行的各种业务活动都必须围绕着各项法定职责展开，必须以有利于履行职责为最高原则。例如，中央银行的货币发行业务、准备金存款业务、再贴现和再贷款业务、公开市场业务等都必须服从于实施货币政策的需要，当采取扩张性货币政策时就需要扩大上述资产负债业务，当采取紧缩性货币政策时需要缩减上述业务，绝不能脱离或背离货币政策的实施需要而孤立地进行。

(二) 在具体的业务经营活动中，中央银行一般奉行非营利性、流动性、主动性和公开性四个原则

1. 非营利性

普通银行和其他金融机构都有自己的资金，实行独立核算，为了其股东和投资人的利益，必须像一般工商企业一样，讲求经济效益，注重盈利。盈利虽不是其唯一目标，却是其最重要的目标之一。然而，中央银行的地位决定了它不同于商业金融机构，必须以调节经济、稳定全国金融、稳定币值为己任，一切业务都是为此服务的。因此，其业务盈利与否，不是它所考虑的目标。

另外，中央银行因为其地位的特殊性、政策的特殊性等，其经营结果往往能获得一定的利润。如在公开市场上买卖有价证券可以赚取价差，对商业银行发放贷款或提供再贴现也可以获得盈利。但是，这并不是它主观上所应追求的目标，而只能是一种客观的结果。换句话说，中央银行在经营业务上，只考虑宏观金融管理的必要性，而不计盈亏。只要在宏观管理上是必需的，那么即使不盈利，甚至亏损也要照常经营。

2. 流动性

流动性主要是指资产业务需要保持流动性。中央银行作为银行的银行存在，不仅向银行提供资金清算服务，依法征缴法定存款准备金，还必须在商业银行的资金周转不灵时提供资金帮助，即要履行其作为最后贷款人的职责。当某家商业银行发生支付危机时（在个别时候，则是几家或许多家商业银行同时发生支付危机），它必定会求助于中央银行，而中央银行的资金如果不具有一定的流动性，就会对这种求助无能为力，只好听任商业银行破产，引发金融危机。所以，资产的流动性问题对中央银行来说比对商业银行具有更重要的意义。中央银行以保持流动性为原则从事资产业务，就必须注意对金融机构融资的期限性，一般不发放长期贷款。许多国家的中央银行法明确规定贷款期限就是为了确保资产的流动性，如《中国人民银行法》第二十八条规定对商业银行贷款的期限不得超过1年。同时，在公开市场买卖有价证券时，也要尽量避免购买期限长、流动性小的证券。

3. 主动性

主动性主要指资产负债业务需要保持主动性。由于中央银行的资产负债业务直接与货币供应相联，例如，货币发行业务直接形成流通中的货币，准备金存款业务不仅导致基础货币的变化，还会引起货币乘数的变化，再贴现、公开市场业务是提供基础货币的主要渠道，因此，中央银行必须使其资产负债业务保持主动性，这样才能根据履行职责的需要，通过资产负债业务实施货币政策和金融监管，有效控制货币供应量和信用总量。

4. 公开性

公开性主要指中央银行的业务状况公开化，定期向社会公布业务和财务状况，并向社会提供有关的金融统计资料。中央银行的业务活动保持公开性，一是可以使中央银行的业务活动置于社会公众的监督之下，有利于中央银行依法规范其业务活动，明确保证其业务活动的公平合理性，保持中央银行的信誉和权威；二是可以增强中央银行业务活动的透明度，使国内外有关方面及时了解中央银行的政策、意图及其操作力度，有利于增强实施货币政策的告示效应；三是可及时准确地向社会提供必要的金融信息，有利于各界分析研究金融和经济形势，也便于他们进行合理预期，调整经济决策和行为。正因为如此，目前各国大多以法律形式规定中央银行必须定期公布其业务、财务状况和金融统计资料，中央银行在业务活动中也必须保持公开性，不能隐匿或欺瞒。

总之，中央银行的业务活动是运用法律赋予的特权在法定范围内展开的，各国中央银行的业务活动都是以服从履行职责的需要为基本原则，坚持业务活动的非营利性、流动性、主动性和公开性，确保中央银行职责的顺利履行。

三、中央银行业务的分类

中央银行在运用各种法定权力履行各项职责时，形成了各种业务活动。由于中央银行的地位和职能的特殊性，其业务活动的种类与一般金融机构相比有很大不同。为了能更好地把握本书的结构和所阐述的内容，更清楚地了解具体业务活动，有必要先对各种业务活动进行大致的分类。按中央银行的业务活动是否与货币资金的运动相关，一般可将其分为银行性业务和管理性业务两大类。

（一）银行性业务

银行性业务是中央银行作为发行的银行、银行的银行和政府的银行所从事的业务。这类业务都直接与货币资金相关，都将引起货币资金的运动或数量变化，具体又分为两种：

（1）形成中央银行资金来源和资金运用的资产负债业务。这主要有货币发行业务、准备金存款业务、其他存款或发行中央银行债券业务、再贴现业务和再贷款业务、证券买卖业务、黄金外汇储备业务、其他贷款或融资业务等。这类业务所形成的债权债务状况综合反映在中央银行的资产负债表内。

(2) 与货币资金运动相关但不计入中央银行资产负债表的银行性业务。这主要有支付清算业务、经理国库业务、代理政府向金融机构发行及兑付债券业务、会计业务等。

(二) 管理性业务

管理性业务是指中央银行作为一国最高金融管理当局所从事的业务。这类业务主要服务于中央银行履行宏观金融管理的职责。其最大的特点在于:一是与货币资本运动没有直接的关系,不会导致货币资金的数量和结构变化;二是需要运用中央银行的法定特权。管理性业务主要有调查统计业务,对金融机构的稽核、检察、审计等业务。

第二节　中央银行的资产负债表

中央银行的资产负债表是其银行性业务中资产负债业务的综合会计记录。中央银行资产业务的种类、规模和结构都综合地反映在一定时期的资产负债表中。因此,要了解中央银行的业务活动和资产负债情况,必须首先了解中央银行的资产负债表及其构成。

研究中央银行资产负债表的意义有三:

(1) 有利于更好地了解中央银行的资产负债表及其结构,了解资产业务和负债业务之间的相互制约关系,进而把握资产业务和负债业务在宏观经济调控中是如何发挥作用的。

(2) 可以了解一国中央银行在连续的时间段内,在资产负债业务量上的增减变化及资产和负债项目中子项目变化对各自项目的影响,进而了解中央银行货币政策工具的运用。

(3) 可以了解该国中央银行的资产负债业务的结构和总量变化,进而对中央银行货币政策工具的运用状况及发展变化的未来趋势加以分析和预测;而对不同国家同一时期的中央银行资产负债表进行比较分析,可以了解不同国家中央银行资产负债业务的异同,并结合其他资料分析形成这种异同的社会经济金融环境和历史渊源,在此基础上深入研究各国中央银行资产负债业务的特征和对宏观经济进行调控的具体手段及产生的效果。

一、中央银行资产负债表的一般构成

现在各国中央银行的任务和职责基本相同,其业务大同小异,资产负债表的基本内容也基本相近。国际货币基金组织定期编制了《国际金融统计》刊物,以相对统一的口径向人们提供了各成员有关货币金融和经济发展的主要统计数据,中央银行的资产负债表就是其中之一,被称为货币当局资产负债表。各国中央银行一般在编制资产负债表时主要参照国际货币基金组织的格式和口径,从而使各国中央银行资产负债表的主要项目与构成基本相同,具有很强的可比性,如表 3-1 所示。

表 3－1　　　　　　　　　　中央银行资产负债表

资　产	负　债
（1）国外资产	（1）储备货币
（2）对中央政府的债权	（2）定期存款和外币存款
（3）对各级地方政府的债权	（3）发行债券
（4）对存款货币银行的债权	（4）进口抵押和限制存款
（5）对非货币金融机构的债权	（5）对外负债
（6）对非金融政府企业的债权	（6）中央政府存款
（7）对特定机构的债权	（7）对等基金
（8）对私人部门的债权	（8）政府贷款基金
	（9）资本项目
	（10）其他项目

表 3－1 是根据《国际金融统计》总结得出的中央银行资产负债表的详细目录，表中各项目的主要内容如下：

（一）资产

1. 国外资产

主要包括黄金储备、中央银行持有的可自由兑换的外汇、地区货币合作基金、不可自由兑换的外汇、国库中的国外资产、其他官方的国外资产、未在别处列出的其他官方国外资产、在国际货币基金组织中的储备头寸、特别提款权持有额等。

2. 国内资产

主要由中央银行对政府、金融机构和其他部门的债权构成。包括中央银行持有的国债、财政短期贷款、对国库的贷款和垫款或法律允许的透支额；中央银行持有的地方政府债券和其他证券、对地方政府的贷款和垫款等；中央银行的再贴现、再贷款、回购协议，中央银行对存款货币银行的其他债权；对非货币金融机构的债权；对非金融政府企业的债权；对特定机构和私人部门的债权；等等。

（二）负债

（1）储备货币。主要包括公众持有的现金、存款货币银行的现金、存款货币银行在中央银行的存款、政府部门以及非货币金融机构在中央银行的存款、特定机构和私人部门在中央银行的存款等。

（2）定期存款和外币存款。包括各级地方政府、非金融政府企业、非货币金融机构等一个月以上的定期存款和外币存款。

（3）发行债券。包括自由债务、向存款货币银行和非货币金融机构发行的债券以及向公众销售的货币市场证券等。

（4）进口抵押和限制存款。包括本国货币、外币、双边信用证的进口抵押金以及反周期波动的特别存款等。

（5）对外负债。包括对非居民的所有本国货币和外币的负债。

（6）中央政府存款。包括国库持有的货币、活期存款、定期存款以及外币存款等。

（7）对等基金。指在外国援助者要求受援国政府存放一笔与外国援助资金相等的本国货币的情况下建立的基金。

（8）政府贷款基金。指中央政府通过中央银行渠道从事贷款活动的基金。

（9）资本项目。包括中央银行的资本金、准备金、未分配利润等。

（10）其他项目。这是一个净额，等于负债方减去资产方的差额。

☞阅读延伸 3－2

欧洲中央银行资产负债表的主要项目

欧洲中央银行（简称欧洲央行）总部位于德国法兰克福，成立于 1998 年 6 月 1 日，其负责欧盟欧元区的金融及货币政策。欧洲中央银行资产负债表的主要项目如下表所示。

借　方（资产）	贷　方（负债）
货币储备：（1）黄金 （2）外汇	流通中的现金
对商业银行的债权：（1）主要融资业务 （2）长期融资业务 （3）微调操作	商业银行存款：（1）转账账户存款 （2）储蓄便利
对公共财政的债权 其他资产（如证券）	外国机构存款 国家存款 其他负债

二、中国人民银行的资产负债表

中国人民银行从 1994 年起根据国际货币基金组织《国际金融统计》提供的基本格式，编制中国货币当局资产负债表并定期向社会公布。表 3－2 是 2017 年中国货币当局资产负债表。

（一）资产

（1）国外资产（净）。指国外资产与国外负债轧抵后的净额，包括中国人民银行所掌握的国家外汇储备、黄金储备以及国际金融往来的头寸净值。

（2）对政府债权。在我国主要是中央政府向中国人民银行的借款。

（3）对其他存款性公司债权。我国的存款性公司主要包括各类存款货币银行和特定存款机构。存款货币银行有中国工商银行、中国农业银行、中国银行、中国建设银行、中国农业发展银行、交通银行、中信银行、光大银行、华夏银行、广东发展银行、深圳发展银行、招商银行、浦东发展银行、兴业银行、中国民生银行、恒丰银行和城市商业银行、农村信用社、财务公司等。此项目是中国人民银行向这些金融机构发放的信用贷款、再贴现等性质的融资。我国的特定存款机构包括金融信托投资公司、金融租赁公司、国家开发银行、中国进出口银行、中国农业发展银行。此项目表现为中国人民银行持有上述金融机

表 3－2　　货币当局资产负债表　　单位：亿元人民币

项目	2017 年 1 月	2017 年 2 月	2017 年 3 月	2017 年 4 月	2017 年 5 月	2017 年 6 月	2017 年 7 月	2017 年 8 月	2017 年 9 月	2017 年 10 月	2017 年 11 月	2017 年 12 月
国外资产	225 614.58	224 887.86	224 290.37	223 811.90	223 430.64	223 007.56	222 787.49	222 577.85	222 589.36	222 239.61	221 984.56	221 164.12
外汇	217 337.60	216 756.41	216 209.50	215 789.52	215 496.18	215 153.03	215 106.56	215 098.35	215 106.85	215 127.83	215 151.52	214 788.33
货币黄金	2 541.50	2 541.50	2 541.50	2 541.50	2 541.50	2 541.50	2 541.50	2 541.50	2 541.50	2 541.50	2 541.50	2 541.50
其他国外资产	5 735.48	5 589.95	5 539.37	5 480.88	5 392.96	5 313.03	5 139.43	4 938.00	4 941.02	4 570.27	4 291.54	3 834.29
对政府债权	15 274.09	15 274.09	15 274.09	15 274.09	15 274.09	15 274.09	15 274.09	15 274.09	15 274.09	15 274.09	15 274.09	15 274.09
其中：中央政府	15 274.09	15 274.09	15 274.09	15 274.09	15 274.09	15 274.09	15 274.09	15 274.09	15 274.09	15 274.09	15 274.09	15 274.09
对其他存款性公司债权	91 346.34	88 464.46	80 711.21	84 560.93	85 834.20	85 906.57	91 383.16	86 175.10	89 148.68	97 454.35	101 125.50	102 230.35
对其他金融性公司债权	6 316.41	6 316.41	6 316.41	6 313.41	6 313.41	6 318.41	6 318.41	6 318.41	6 318.41	6 318.41	6 321.41	5 986.62
对非金融性部门债权	79.57	80.40	117.31	103.82	98.94	97.13	96.40	94.75	95.26	89.45	88.41	101.95
其他资产	9 636.66	10 446.42	10 644.29	11 232.70	11 533.93	14 421.85	14 750.55	16 704.19	16 570.75	17 499.43	17 679.90	18 174.48
总资产	348 267.65	345 469.66	337 353.68	341 296.85	342 485.22	345 025.62	350 610.11	347 144.40	349 996.56	358 875.34	362 473.88	362 931.62
储备货币	307 810.72	302 689.17	302 387.33	299 463.62	299 584.96	303 771.57	299 098.02	301 892.63	306 044.19	305 318.36	307 064.54	321 870.76
货币发行	96 762.57	79 362.76	75 246.61	74 434.11	73 746.18	73 268.68	73 259.69	73 817.22	76 626.49	74 544.86	74 851.16	77 073.58
其他存款性公司存款	211 048.15	223 326.41	227 140.72	225 029.51	225 838.79	229 662.13	224 936.93	227 174.06	228 516.42	229 778.44	231 218.49	243 802.28
非金融机构存款						840.77	901.40	901.35	901.29	995.07	994.90	994.90
不计入储备货币的金融性公司存款	6 724.75	6 856.67	7 744.24	8 415.62	8 772.30	7 596.84	7 351.66	6 383.99	6 047.23	5 701.48	5 420.93	5 019.23
发行债券	500.00	500.00	500.00	500.00	500.00							
国外负债	1 235.17	1 246.15	1 099.03	1 274.18	829.56	1 599.31	1 152.03	1 259.06	1 025.47	1 095.84	1 243.26	880.00
政府存款	29 971.11	31 962.00	24 025.62	28 764.10	30 943.56	28 112.90	38 442.69	33 119.78	31 095.04	40 791.54	41 410.36	28 626.03
自有资金	219.75	219.75	219.75	219.75	219.75	219.75	219.75	219.75	219.75	219.75	219.75	219.75
其他负债	1 806.15	1 995.92	1 377.72	2 659.57	1 635.09	3 725.25	4 345.96	4 269.19	5 564.88	5 748.36	7 115.04	6 315.84
总负债	348 267.65	345 469.66	337 353.68	341 296.85	342 485.22	345 025.62	350 610.11	347 144.40	349 996.56	358 875.34	362 473.88	362 931.62

构所发行的债券，如中央银行持有的政策性银行发行的债券。

（4）对其他金融性公司债权。我国的其他金融性公司包括证券公司、保险公司等。

（5）对非金融性部门债权。指中国人民银行为支持老少边穷地区的经济开发所发放的专项贷款。

（6）其他资产。指除了以上五类资产之外的其他资产。

（二）负债

（1）储备货币。包括中国人民银行所发行的货币及存款货币银行的库存现金，各金融机构依法缴存中国人民银行的法定存款准备金和超额存款准备金，邮政储蓄转存款，以及金融机构吸收的由财政拨款形成的部队、机关团体等的财政性存款。从 1998 年起部队存款改由开户的金融机构支配，但机关团体存款仍属财政性存款，全部缴存中央银行。

（2）发行债券。指中国人民银行发行的融资债券。

（3）政府存款。指各级财政在中国人民银行账户上预算收入与支出的余额。

（4）自有资金。指中国人民银行的资本金和信贷基金。

（5）其他负债。这是一个平衡项目，等于负债方与资产方轧抵后的差额。

三、中央银行资产负债表主要项目的关系

（一）资产和负债的基本关系

在中央银行的资产负债表中，由于自有资本也是其资金运用的来源之一，因此将其列为负债方；但实际上，自有资本不是真正的负债，其作用也不同于一般负债。因此，如果把自有资本从负债中分列出来，则资产与负债的基本关系可以用以下三个公式表示：

资产＝负债＋自有资本 ①

负债＝资产－自有资本 ②

自有资本＝资产－负债 ③

上述三个公式表明了中央银行未清偿的负债总额、资本总额、资产总额之间基本的对应关系：式①表明了中央银行的资产持有额的增减，在自有资本一定的情况下，必然会导致其负债的相应增减，换言之，如果资产总额增加，则必然创造或增加其自身的负债或资本金。式②表明，中央银行负债的多少取决于其资产与自有资本之差，在自有资本一定的情况下，如果中央银行的负债总额增加，则其必然扩大等额的债权。式③表明，在中央银行的负债不变时，自有资本增减，可以使其资产相应增减，例如负债不变而自有资本增加，则可以相应增加外汇储备或其他资产。

（二）资产负债各主要项目之间的对应关系

1. 对金融机构的债权和对金融机构的负债的关系

对金融机构的债权包括对存款货币银行和非货币金融机构的再贴现和各种贷款、回购等；对金融机构的负债包括存款货币银行和非货币金融机构在中央银行的法定准备金、超额准备金等存款。这两个项目反映了中央银行对金融系统的资金来源与运用的对应关系，也是一国信贷收支的一部分。当中央银行对金融机构的债权总额与负债总额相等时，不影

响资产负债表内的其他项目；当债权总额大于负债总额时，若其他对应项目不变，则其差额部分通常通过货币发行来弥补。反之，当债权总额小于负债总额时，则会相应减少货币发行量。由于中央银行对金融机构的债权比负债更具主动性和可控性，因此，中央银行对金融机构的资产业务对货币供应具有决定性作用。

2. 对政府债权和政府存款的关系

对政府债权包括政府的贷款和中央银行持有的政府债券总额；政府存款在我国还包括部队存款等财政性存款。这两个项目属于财政收支的范畴，反映了中央银行对政府的资金来源与运用的对应关系。当这两个对应的项目总额相等时，对货币供应影响不大；但在其他项目不变的情况下，若财政赤字过大而使中央银行对政府债权大于政府存款，则会出现财政性的货币发行。反之，在其他项目不变的情况下若政府存款大于对政府债权，则将消除来自财政方面的通货膨胀压力，并为货币稳定提供支持。

3. 国外资产和其他存款及自有资本的关系

当上述两个对应关系不变时，若中央银行国外资产的增加与其他存款及自有资本的增加相对应，则不会影响国内基础货币的变化；反之，将导致国内基础货币的净增加或净减少。因此，中央银行的国外资产业务是有条件限制的，对基础货币有重要影响。

需要说明的是，对这三种对应关系的分析也是相对而言的，在现实的资产负债业务活动中，中央银行可以在各有关项目之间通过冲销操作来减轻对货币供应的影响，也可以通过强化操作来加大对货币供应的影响。例如，为了保持基础货币不变，中央银行在扩大国外资产业务来增加外汇储备时，可以相应地减少对金融机构的债权。

总之，把握上述这些关系，对我们了解中央银行负债业务活动的作用与影响、理解中央银行实施金融宏观调控和货币政策操作的原理是十分重要的。

本章小结

鉴于中央银行在经济活动中具有特殊的作用与影响，必须对中央银行的业务活动进行法律规范，使中央银行的业务活动在法律的保证和约束下开展。中央银行的法律规范大致可分为法定业务权力、法定业务范围和法定业务限制三个方面，各国均通过制定实施中央银行法等金融法规来加以贯彻。

与一般商业银行和其他金融机构相比，中央银行业务活动的经营原则有：从总体上看，最基本的业务活动原则是必须服从于履行职责的需要；在具体的业务经营活动中，中央银行一般奉行非营利性、流动性、主动性和公开性四个原则。按中央银行的业务活动是否与货币资金的运动相关，一般可将其分为银行性业务和管理性业务两大类。

中央银行的资产负债表是其银行性业务中资产负债业务的综合会计记录，中央银行资产负债业务的种类、规模和结构都会反映在一定时期的资产负债表中。表内资产方的主要项目是国外资产、对金融机构债权、对政府债权和其他资产四项；而负债方的主要项目有流通中货币、对金融机构负债、政府存款及其他存款和自有资本四项。根据资产与负债必然相等的会计原理，对资产负债表主要项目关系的分析可以从资产和负债的基本关系、资产负债各主要项目之间的对应关系两个方面进行。其中，资产负债项目的对应关系主要是对金融机构的债权和对金融机构的负债的关系、对政府债权和政府存款的关系、国外资产和其他存款及自有资本的关系三种。

练习题

一、术语解释

1. 中央银行的法定业务权力
2. 银行性业务
3. 管理性业务
4. 中央银行的资产负债表

二、填空题

1. 各国对中央银行业务活动的法律规范大致可分为________、________、________三个方面。

2. 中央银行对货币流通的管理可分为两个层面，即________和________。

3. 中央银行在商业银行的资金周转不灵时，提供资金帮助，即要履行其作为________的职责。

4. 在具体的业务经营活动中，中央银行一般奉行________、________、________、________四个原则。

5. 中国人民银行资产负债表中资产项主要包括：________、________、________和________。

三、判断题

1. 中央银行对黄金外汇拥有的经营管理权产生了黄金外汇的买卖业务，成为中央银行重要的负债项目。（　　）

2. 中央银行可以直接从事商业票据的承兑、贴现业务。（　　）

3. 中国人民银行不得向各级政府和政府部门提供贷款。（　　）

4. 中央银行只要能有效地执行各种金融政策，促进经济增长，实现既定的宏观经济目标，其经营获利与否就无关紧要。（　　）

5. 当中央银行对金融机构的债权总额大于负债总额时，若其他对应项目不变，则其差额部分通常通过减少货币发行量来弥补。（　　）

四、不定项选择题

1. 宏观管理主要指（　　）等。

A. 货币流通总量的确定　　B. 货币流通量与结构的计量与测定

C. 货币流通的渠道与方式的确定　　D. 货币流通调节手段的选择

2. 按中央银行的业务活动是否与货币资金的运动相关，一般可将其分为（　　）和（　　）两大类。

A. 银行性业务　　B. 资产类业务

C. 管理性业务　　D. 货币资金业务

3. 根据《中国人民银行法》，中国人民银行不得（　　）。

A. 对政府财政透支　　B. 向政府提供贷款

C. 直接认购政府债券　　D. 包销政府债券

E. 购买国债

4. 中央银行资产负债表中资产和负债的关系有（　　）。

A. 自有资本＝资产＋负债

B. 资产＝负债＋自有资本

C. 负债＝资产－自有资本

D. 自有资本＝资产－负债

5. 中国人民银行不得直接（　　）、包销国债和其他政府债券。

A. 认购

B. 购买

C. 买卖

D. 回购

6. 下列中央银行业务活动中属于管理性业务的是（　　）。

A. 支付清算业务

B. 调查统计业务

C. 会计业务

D. 兑付债券业务

7. 下列不属于中央银行资产负债表中资产项的是（　　）。

A. 对中央政府的债权

B. 对存款货币银行的债权

C. 对私人部门的债权

D. 发行债券

五、简答题

1. 从中央银行的地位和作用角度理解，其业务活动为什么需要法律规范？

2. 中央银行的法定业务权力有哪些？

3. 中央银行的法定业务活动大致可以分为哪些种类？

4. 简述中国人民银行资产负债项目的各项内容。

5. 简要介绍中央银行对金融机构的债权和对金融机构的负债的关系。

六、论述题

1. 分析中央银行业务活动原则与商业银行业务经营原则存在差异的原因。

2. 中国人民银行资产负债项目与国际货币基金组织的规定有何异同？

第4章

中央银行的负债业务

⊙本章目标⊙

- 掌握中央银行存款业务的意义、特点以及存款准备金的含义及准备金存款业务的主要内容。
- 掌握货币发行业务的含义、原则。
- 了解我国中央银行的准备金存款业务、中央银行的其他存款业务和货币发行准备制度的类型。
- 熟悉我国中央银行人民币的发行业务与管理。
- 了解中央银行的其他负债业务。

中央银行的负债业务是其基本业务之一，是指政府和金融机构以及特定机构所持有的对中央银行的债权。它主要由存款业务、货币发行业务及其他负债业务构成。

第一节　中央银行的存款业务

存款业务是中央银行的主要负债业务之一。中央银行存款的对象有金融机构、政府、外国和特定机构等，中央银行职能的发挥与其存款业务有密切关系。

一、中央银行存款业务的意义与特点

（一）中央银行存款业务的意义

中央银行作为一个金融机构，吸收存款是其主要业务，不过中央银行吸收存款的目的与一般金融机构不同。中央银行吸收存款的意义可以从以下几个方面加以理解。

1. 有利于调控信贷规模与货币供应量

一方面，中央银行通过对法定存款准备金率的规定，直接限制商业银行创造信用的规模；通过对法定存款准备金率的调整，间接影响商业银行超额准备金的数量，从而调控商业银行的信贷规模。另一方面，通过存款业务集中资金，有利于中央银行在金融市场上主动地开展再贴现业务和公开市场操作，从而增强中央银行调控社会货币供应量的能力。

2. 有利于维护金融业的安全

从中央银行产生的历史进程看，中央银行集中保管准备金，大大地缓解了单个商业银行支付能力不足的问题，相对节约了商业银行的资金占用。在商业银行出现清偿力不足时，中央银行可利用其集中的准备金予以贷款支持，发挥其最后贷款人的职能，帮助商业银行渡过难关。另外，中央银行为商业银行开立存款账户，有利于分析商业银行的资金运用状况，加强监督管理，提高商业银行的经营管理水平，从而减少金融业的风险。

3. 有利于实施国内的资金清算

作为全国的支付清算中心，中央银行为商业银行等金融机构提供资金清算服务，通过收存金融机构的存款，有利于商业银行等金融机构之间债权债务关系的顺利清算，从而加速全社会资金的周转。

（二）中央银行存款业务的特点

中央银行的性质、职能和地位的特殊性，决定了其存款业务不同于一般商业银行的存款业务。与一般商业银行的存款业务相比，中央银行的存款业务具有以下四个方面的特点。

1. 存款的强制性

从存款的原则来看，商业银行办理存款业务一般遵循“存款自愿，取款自由，存款有息，为存款人保密”的原则。而中央银行收存存款，往往遵循一国的金融法规制度，具有一定的强制性。例如对于法定存款准备金，世界上大多数国家的中央银行都要通过法律手段，对商业银行、非银行金融机构的存款规定存款准备金率，强制要求商业银行按规定比率上缴存款准备金。另外，一些国家也不同程度地以法律形式规定财政部门、邮政机构的存款转存中央银行。

2. 存款动机的非营利性

商业银行吸收存款，是为了扩大资金来源，利用规模效应降低存款成本，从而扩大资金运用，争取盈利。因此，商业银行吸收存款的最终目标是利润最大化。而中央银行吸收存款，主要是为了便于调控社会信贷规模和货币供应量，监督管理金融机构的运作，从而达到稳定币值等目的。因此，中央银行吸收存款是出自金融宏观调控和监督管理的需要，是执行中央银行职能的需要。

3. 存款对象的特定性

商业银行的存款业务主要是吸收社会个人、工商企业的存款，中央银行的存款业务主要是收存商业银行、非银行金融机构、政府部门及特定部门的存款，不直接面对个人、工商企业。

4. 与存款当事人的关系的特殊性

商业银行与存款当事人之间是一种纯粹的经济关系。个人、工商企业到银行存款，是为了保值和获取利息，商业银行吸收存款是为了扩大资金的来源以争取盈利，存款人和银行之间是一种平等互利的经济关系。而中央银行与存款当事人之间除了经济关系之外，还有管理者与被管理者的关系。

二、准备金存款业务

准备金存款业务是中央银行存款业务中最重要和最主要的内容，与存款准备金制度直接有关。存款准备金制度是中央银行根据法律规定，出于维持金融机构的资产流动性和进行宏观货币管理的需要，规定从事存款业务的金融机构缴存中央银行的存款准备金的比率和结构，并根据货币政策的要求对既定比率和结构进行调整，实现对社会货币供应量的调节控制的制度。

（一）存款准备金的含义

存款准备金是商业银行等存款类金融机构按吸收存款的一定比例提取的准备金。它由以下部分组成：（1）自存准备金，即存款类金融机构为应付客户的提现而以库存现金持有的准备金。（2）法定存款准备金，简称法定准备金，即存款类金融机构按照法律规定必须按一定比率将吸收的存款转存中央银行的准备金。（3）超额存款准备金，简称超额准备金，即存款类金融机构在中央银行的存款中超过法定准备金的部分。

（二）准备金存款业务的主要内容

1. 存款准备金率及其调整幅度的规定

在存款准备金制度下，商业银行等金融机构吸收的存款必须按照法定比率提取准备金缴存中央银行，其余部分才能用于放款或投资。正是由于存款准备金率的调整会对商业银行的信用创造能力产生巨大的冲击，调整效果十分强烈，因而多数国家的中央银行都对存款准备金率的调整幅度有不同程度的规定，有些国家制定了调整的最高与最低界限，也有少数国家对存款准备金率的调整幅度不予限制。

2. 按存款的类别规定准备金率

不同类型存款的货币性不同，为此，多数国家规定了不同的存款准备金率。一般来说，期限越短、货币性越强的存款，所规定的存款准备金率越高，反之亦然。在这个原则下，一般活期存款准备金率最高，定期存款准备金率次之，储蓄存款准备金率最低。不过，也有比较特殊的情况，如巴拉圭，该国为了控制定期存款的增长，反而规定定期存款准备金率高于活期存款准备金率。有些国家甚至只对活期存款规定应交纳的准备金所占的比率。此外，在1953年之后建立存款准备金制度的国家，大多采用单一的存款准备金率制度，即对所有种类的存款一视同仁，按同一比率计提存款准备金，不过，目前一些国家正在改革这种单一的存款准备金率制度。

3. 按金融机构的信用创造能力的不同规定不同比率

除了自身的经营管理的因素外，金融机构的信用创造能力主要受金融机构的类型、经营规模、经营环境等因素的影响。从金融机构的类型看，商业银行的信用创造能力比其他金融机构要高，有些国家对不同类型的金融机构规定不同的存款准备金率，一般是商业银行比其他金融机构的存款准备金率略高一些；也有些国家不分金融机构的类型，实行统一的准备金率政策。从经营规模看，一般而言，若银行的规模比较大，则其创造信用的能力就比较强，一般对其规定的存款准备金率就比较高；小银行创造信用的能力相对较弱，对其规定的存款准备金率就较低。从经营环境看，一般来说，经营环境较好的商业银行，如所处地区经济发展较快、工商业比较发达，其创造信用的能力相对较强，因而存款准备金率就比较高；反之亦然。但也有些国家不论银行规模大小和经营环境好坏，一律规定同一存款准备金率。一般认为，对具有不同经营规模和经营环境的银行，分别制定不同的比率，比较有利于中央银行更准确地控制货币供应量。

4. 规定可充当存款准备金资产的内容

存款准备金资产在西方国家有第一准备和第二准备之分。第一准备也称“现金准备”或“主要准备”，主要包括库存现金及存放在中央银行的法定准备金；第二准备也叫“保证准备”，是指银行最容易变现而又不致遭受重大损失的资产，如国债及其他流动性资产。不过，能够充当法定存款准备金的只能是存在中央银行的存款，商业银行持有的其他资产不能充当法定存款准备金。

5. 确定存款准备金计提的基础

存款准备金是存款余额与存款准备金率的乘积，因此存款余额的确定与计提方式是一国准备金存款业务的一项重要内容。这一业务主要涉及以下两个方面的问题。

(1) 存款余额的确定。

一般有平均余额法和期末余额法两种确定方法。平均余额法是将商业银行存款的日平均余额扣除应付未付项，作为准备金的计提基础。这种计提存款准备金的方法反映了商业银行每天存款负债的变化，具有及时性和保证性的优点，有利于中央银行有效地通过控制存款准备金来控制货币量，在很大程度上防止了商业银行把应缴未缴的法定准备金作为超额准备金而用于资产业务的现象；但其缺点是过于烦琐，难以保证顺利执行。期末余额法是将月末或旬末的存款余额扣除当期应付未付项后，作为准备金的计提基础。这种方法具有简便易操作的优点，但是按此方法计算的准备金不能反映每天存款负债的变化，商业银行在缴存存款准备金的间隔内可能创造短期存款而不相应增加准备金，特别是商业银行还可能在期末暂时挪用其他资金抵缴准备金，或在期末暂时压低存款余额以逃避缴存准备金等，使中央银行的控制被削弱。

(2) 缴存存款准备金基期的确定。

以什么时候的存款余额作为缴存准备金的计提基础，一般有当期准备金账户制和前期准备金账户制两种做法。当期准备金账户制是指一个结算期的法定准备金以当期的存款余额作为计提基础。这种做法的优点是商业银行等金融机构有较充分的时间来准备要求的法定准备金，缺点是在货币供应量控制方面不够及时、准确。前期准备金账户制是指一个结算期的法定准备金以前一个或前两个结算期的存款余额作为计提基础。这种做法的优点是能够及时、准确地控制货币供应量，缺点是商业银行等金融机构一旦发现存款准备金不足，难以有充分的时间来筹措资金。

（三）中国人民银行的准备金存款业务

中国人民银行在1984年专门行使中央银行职能之后，建立了存款准备金制度。

1. 法定存款准备金率的确定

1984年4月1日中国人民银行按存款种类分别核定法定存款准备金率，具体而言企业存款为20%、储蓄存款为40%、农村存款为25%。从1985年起改为执行统一比率。主要情况请参阅阅读延伸4－1。

☞**阅读延伸** 4－1

中国人民银行对存款类金融机构人民币存款准备金率的调整

1985年，为克服法定存款准备金率过高带来的不利影响，将其统一为10%。

1987年，紧缩银根，抑制通货膨胀，将其从10%上调到12%。

1988年，紧缩银根，抑制通货膨胀，进一步将其上调到13%。

1998年3月21日，对存款准备金制度进行了改革，将其从13%下调到8%。

1999年11月21日，将其由8%下调到6%。

2003年9月21日，将其由6%上调到7%。

2004年4月25日，实行差别存款准备金率制度，中国人民银行对资本充足率低于一定水平的金融机构执行7.5%的存款准备金率，对其他金融机构仍执行现行存款准备金率。

2006年三次提高法定存款准备金率，每次提高0.5个百分点。法定存款准备金率达到9%。

2007年十次提高法定存款准备金率，使法定存款准备金率达到14.5%。

2008年至2011年6月，中国人民银行多次调整法定存款准备金率，截至2011年6月20日，我国大型金融机构法定存款准备金率为21.5%，中小型金融机构法定存款准备金率为18%。

2011年12月5日至2012年5月18日，中国人民银行三次下调存款类金融机构人民币存款准备金率，每次下调0.5个百分点，使大型金融机构法定存款准备金率降至20%，使中小型金融机构法定存款准备金率降至16.5%。

2015年2月5日至2015年10月24日，中国人民银行五次下调存款类金融机构人民币存款准备金率，除2015年4月20日下调1个百分点以外，每次下调0.5个百分点，使大型金融机构法定存款准备金率降至17%，使中小型金融机构法定存款准备金率降至13.5%。

2016年3月1日，中国人民银行再次下调存款类金融机构人民币存款准备金率0.5个百分点，使大型金融机构法定存款准备金率降至16.5%，使中小型金融机构法定存款准备金率降至13%。

2018 年 1 月 25 日，中国人民银行对普惠金融实施定向降准政策，部分达标银行降准 0.5～1.5 个百分点。

2018 年 4 月 25 日，中国人民银行下调存款类金融机构人民币存款准备金率 1 个百分点，使大型金融机构法定存款准备金率降至 15.5%，使中小型金融机构法定存款准备金率降至 12%。

2018 年 7 月 5 日，根据中国人民银行发布的《中国人民银行有关负责人就定向降准支持市场化法治化“债转股”和小微企业融资答记者问》降准 0.5 个百分点，将大型金融机构法定存款准备金率调整至 15%，将中小型金融机构法定存款准备金率调整至 11.5%。

资料来源：金融界网站。

2. 存款准备金的构成

1998 年之前，中国人民银行规定，存款准备金不能用于支付和清算。因此，按照规定，金融机构在中国人民银行还要开设一般存款账户，即备付金存款，用于金融机构之间的资金收付。1998 年 3 月 21 日法定存款准备金和备付金合并为“准备金存款”。

3. 中国人民银行对法定存款准备金支付利息

一般来说，中央银行不对法定存款准备金支付利息。因为：(1) 法定存款准备金的缴存是强制的，并不需要通过利息率的高低进行调整。(2) 中央银行以提供结算服务为补偿。(3) 如果支付利息，那么中央银行将把这部分费用转移到给金融机构的贷款中，反而使事务处理复杂化，而且，如果支付利息，可能造成金融机构在中央银行存款的动机，削弱中央银行通过存款准备金率的调整来调节货币数量的作用。但是，中国人民银行却对准备金存款支付利息。因为在我国金融职能逐步替代财政职能的过渡时期，政府仍然需要通过中央银行集中一部分资金用于政策性项目的投资，所以，我国的法定存款准备金率比发达国家高很多，如果不支付利息，将会影响商业银行的经营。但是，这也仅是暂时性的措施，随着改革的深入中国人民银行必将取消对准备金存款的利息支付。

4. 准备金存款的计提

我国存款准备金制度规定实行前期准备金账户制以及旬末和月末分别计算准备金的方法，即在城市的商业银行的分支机构按上旬末存款余额计算准备金，并于 5 日内进行缴存。商业银行在县以及县以下的分支机构按照上月末存款余额计算准备金，并于 8 日内缴存。

三、中央银行的其他存款业务

(一) 政府存款

政府存款是中央银行在经理国库过程中形成的存款。各国政府存款的构成不完全一致。有的国家只包括中央政府的存款，有的国家还包括各级地方政府的存款、各级政府部门的存款。即便如此，政府存款中最主要的仍是中央政府存款。中央政府存款一般包括国库持有的货币、活期存款、定期存款及外币存款等。

（二）外国存款

一些外国政府或中央银行将其资金存放在本国中央银行，这些存款是本国外汇的一部分。外国在本国中央银行存款是为了适应国家间贸易结算和往来支付的需要，因而存款量的多少取决于它们的需要，这一点对于本国中央银行来说有较大的被动性。虽然外国存款对本国外汇储备和中央银行基础货币的投放有影响，但由于外国存款数量较小，因此影响并不大。

（三）特种存款

特种存款是指中央银行根据银根松紧和宏观调控的需要以及商业银行和其他金融机构信贷资金的营运情况，以特定的方式对这些金融机构吸收一定数量的存款。特种存款是中央银行的直接信用控制方式之一，是中央银行调整信贷资金结构和信贷规模的重要工具。特种存款业务有以下几个特点：

（1）非常规性。中央银行一般只在特殊情况下为了达到特殊目的才开办特种存款。

（2）业务对象的特定性。特种存款业务对象具有特定性，一般很少面向所有的金融机构。

（3）短期性。特种存款期限较短，一般为1年。

（4）强制性。特种存款的数量和利率完全由中央银行确定，金融机构只能按规定完成存款任务。

此外，中央银行的存款业务还包括非银行金融机构存款、邮政储蓄存款、特定机构存款和私人部门存款。有的国家中央银行将非银行金融机构存款纳入准备金存款业务；有的国家中央银行则将之单独作为一项存款业务，在这种情况下，存款不具有法律强制性，其主要目的是便于清算。我国的邮政储蓄存款长期全额存入中国人民银行，作为中国人民银行的资金来源。特定机构存款是中央银行为了特定的目的，如对这些机构发放特别贷款而形成的存款，或是为了扩大中央银行资金来源而对一些特定的机构吸收的存款。当前，中国人民银行收存的特定机构存款主要有机关团体的财政性存款，由开户的国有商业银行吸收后100%上缴中国人民银行。多数国家法律规定不允许中央银行收存私人部门存款，有些国家虽然法律允许收存，但也只限于特定对象，并且数量很小。

四、中央银行存款业务与其发挥职能作用的关系

中央银行各种存款业务的开展与其发挥职能作用是密切相关的。作为发行的银行，中央银行存款业务与流通中现金的投放有直接关系。由于资产负债必须相等，因此在资产业务量既定的情况下，负债方存款增加意味着需要现金投放减少或增加回笼；存款减少则意味着需要增加现钞投放。作为银行的银行，中央银行通过准备金存款业务，可以调节商业银行在中央银行准备金存款的数量，对商业银行的信用创造能力和支付能力有决定性作用，从而成为实施中央银行货币政策的三大法宝之一；中央银行通过存款业务集中必要的资金，有利于在不影响货币供应的情况下发挥最后贷款人的作用；中央银行收存各金融机构的存款，有利于组织全国的资金清算等。作为政府的银行，中央银行为政府代理国库，

为政府融通资金。政府存款的任何变化，都是中央银行代理国库收支、购买和推销公债、向财政部增加或减少贷款的结果；同时，中央银行作为一国金融业的监督管理部门，通过对商业银行和其他金融机构在中央银行账户上存款变化情况的掌握，可以及时了解和监督金融业的资金运动状况和态势，从而为中央银行制定和执行货币政策，监控、防范和消除金融业经营风险提供可靠的依据。

第二节　中央银行的货币发行业务

统一货币发行是中央银行制度形成的最基本的推动力。各国法律都规定中央银行垄断货币发行权。货币发行是中央银行最重要的特权，也是中央银行最重要的负债业务。

一、货币发行的含义、类型、渠道与程序

(一) 货币发行的含义

从货币发行的不同角度来看，它有不同的含义：若从货币发行的过程看，货币发行是指货币从中央银行的发行库通过各家商业银行的业务库流到社会；若从货币发行的结果来看，它是指货币从中央银行流出的数量大于从流通中回笼的数量。这二者通常都被称为货币发行，因此货币发行有两种不同的含义。

流通中的现金都是通过货币发行业务流出中央银行的，货币发行是基础货币的主要构成部分。中央银行通过货币发行业务，一方面可以满足社会商品流通扩大和商品经济发展对货币的客观需要，另一方面可以筹集资金，满足履行中央银行各项职能的需要。

(二) 货币发行的类型

货币发行按其性质划分，可以分为经济发行和财政发行两种。

货币的经济发行是指中央银行根据国民经济发展的客观需要增加货币供应。在货币经济发行的条件下，货币投放适应了流通中货币需要量增长的需要，既能避免货币投放过多，又能确保经济增长对货币的需要。

货币的财政发行是指因弥补国家财政赤字而进行的货币发行。在国库可以直接发行货币的条件下，政府可以通过发行货币直接弥补财政赤字；在现代信用货币制度下，一般不允许以直接发行货币来弥补财政赤字，而是通过向银行借款或发行公债，迫使银行系统额外增加货币发行。财政性货币发行由于没有经济增长作为基础，因此所增加的货币发行会形成超经济需要的过多货币量，导致市场供求失衡和物价上涨。

为保证货币按经济需要发行，各国一般都建立健全了货币发行制度，其中包括货币发行的程序、货币发行的最高限制、货币发行准备制度等。

(三) 货币发行的渠道与程序

中央银行的货币发行，主要是通过向商业银行等金融机构提供贷款（又称再贷款）、接受商业票据再贴现、在金融市场上购买有价证券、购买金银和外汇等方式将货币注入流通的，并通过同样的渠道反向组织货币的回笼。

货币发行与回笼一般都有法律规定的程序，但各国不尽相同。绝大部分国家都是根据本国货币流通的收支规律和满足货币流通量宏观控制的需要，以本国的货币发行机制为基础，制定本国货币发行与回笼的法律程序和操作程序，确保货币发行和回笼的安全、准确、严密，以充分配合宏观货币政策的执行。

二、中央银行货币发行的原则

（一）垄断发行原则

垄断发行原则是指货币发行权高度集中于中央银行。货币的垄断发行，有利于统一国内的通货形式，避免多头发行造成的货币流通混乱；有利于控制货币的发行和流通管理；有利于中央银行制定和执行货币政策，灵活有效地调节流通中的货币量。

（二）要有可靠的信用保证原则

信用保证原则是指货币发行要有一定的黄金或有价证券作保证，即通过建立一定的发行准备制度，以保证中央银行独立发行。在现代不兑现信用货币制度下，货币发行要受到国民经济发展水平的制约，为了保证货币发行数量不超过经济发展的客观需要，必须制定某种强有力的货币发行准备制度，使货币的发行有可靠的信用和制度保证。

（三）要有一定的弹性原则

弹性发行原则是指货币发行要具有一定的伸缩性和灵活性。经济活动是千变万化的，因此，要保证货币供应量适应经济状况变化的需要，货币发行就应当有一定的弹性。既要充分满足经济发展的要求，避免货币供应不足而导致通货紧缩与经济衰退；也要严格控制货币发行数量，避免货币供应过多而造成通货膨胀与经济混乱。

三、中央银行货币发行的准备制度

货币发行的准备制度就是中央银行在发行货币时，须以某种贵金属或某几种形式的资产作为其发行货币的准备的规定，从而使货币的发行与某种贵金属或某些资产建立起联系和制约的关系。

（一）货币发行准备的构成

中央银行发行货币的准备一般由现金准备和证券准备两部分构成。前者包括黄金、外汇等具有极强流动性的资产；后者包括短期商业票据、财政短期国债、政府公债券等在金融市场上流通的证券。现金准备使所发行的货币具有现实的价值基础，有利于货币的稳定，但缺乏弹性，不利于中央银行根据经济发展的变化调节货币发行。证券准备使得货币发行具有适应经济运行需要的弹性，但在货币发行的控制上难度要大一些，对中央银行货币发行、管理及调控的技术要求更高一些。

（二）货币发行准备金的比率

货币发行准备金的比率有两重含义：一是指用作货币发行的准备与货币发行量之间的比率；二是指在发行准备中，现金准备和证券准备各自所占的比例。随着商品经济的发展和中央银行业务操作水平的提高，近年来，有些国家如美国，取消了法定现金准备率的制度，而改用100%的证券准备，称为“发行抵押”制度。目前世界上大多数发达国家的货币发行现金准备率都比较低，主要是以证券准备作为发行的基础。

（三）货币发行准备制度的类型

目前，主要有以下几种货币发行准备制度。

（1）现金准备发行制。它是指货币的发行必须以100%的包括黄金、外汇等在内的现金作准备。这种制度虽能防止货币过度发行，但缺乏弹性。

（2）证券保证准备制。它是指货币发行须以政府公债、短期国债、短期商业票据等作为发行准备。这种制度容易导致货币的财政发行，造成货币发行过多。

（3）弹性比例制。它是指当增加发行的钞票数超过了规定的现金比率时，国家对超过法定现金准备部分的发行征收超额发行税——如果钞票回笼或准备现金增加，且达到规定比例，则免征发行税——以限制中央银行过度发行钞票。

（4）保证准备限额发行制。它是指在规定的发行限额内，可全部用规定证券作为发行准备，但超过限额的发行，必须以十足的现金作为发行准备。这种制度有利于限制货币的财政发行，但弹性较低。

（5）比例准备制。它是指规定在货币发行准备中，现金与有价证券各占一定比重。这种制度能够克服现金准备发行制缺乏弹性的缺点和保证准备制难以控制的缺点，但各种准备资产的比例往往难以科学确定。

（四）几个主要国家及地区的货币发行制度简介

1. 美国的货币发行制度

1980年以前，美国联邦储备银行发行钞票必须有黄金或黄金证券作为发行准备，其准备金率一般不得低于流通量的40%，若低于40%，则须交纳超额发行累进税。从1980年开始，美国《联邦储备法修正案》取消了现金发行准备率和发行税的规定，开始实行“发行抵押”制度，规定各联邦储备银行的货币发行必须有100%的合格抵押品以及附加担保品。可以充当发行抵押的证券包括：黄金证券；在公开市场上流通的、美国政府发行的债券；经联邦储备银行审查合格的商业票据、抵押票据、银行承兑票据等；合格的州和地方政府发行的债券。这种“发行抵押”制度使联邦储备银行的货币发行成为具有充分担保的经济发行，没有规定的限额，具有相当大的弹性。

2. 英国的货币发行制度

英格兰银行是世界上最早集中全国货币发行业务的中央银行。1844年的《比尔条例》规定，英格兰银行发行银行券必须有充足的黄金准备，以政府证券作准备的信用发行量不能超过1 400万英镑。随后，频繁爆发的经济危机突破了1 400万英镑的限制。1939年公布的货币法改革了英国的货币发行制度，规定货币发行总额的最高限，在限额内可以完全地以政府债券或其他证券作为发行准备，但英格兰银行可以根据自身持有的黄金数量超额发行。目前，英格兰银行的货币发行已经由部分证券保证转变为完全的证券保证。英格兰银行只在英格兰和威尔士享有货币发行权，苏格兰和北爱尔兰由商业银行发行货币，但要以英格兰银行发行的货币作为保证。因此，英格兰银行也是苏格兰、北爱尔兰两地事实上的发行银行。英格兰银行通过自己的分支机构供应货币时，贷款给贴现所和承兑所，而不直接贷款给商业银行。

3. 日本的货币发行制度

日本的货币是在最高发行额弹性限额制度的规范下发行的。财务大臣决定货币的最高发行限额，日本银行在这个范围内发行货币。必要时，日本银行可以超过上述最高限度发行银行券，即限度外发行。但是，在连续进行限度外发行超过 15 日时，须经财务大臣认可，超过 15 日须交纳发行税。

发行货币时，日本银行必须拥有与发行额等额的担保。发行保证物按法律规定为金银、外汇、3 个月内到期的商业票据、银行承兑票据以及 3 个月内到期的以票据、国家债券、其他有价证券及金银、商品为担保的放款等。金银和外汇之外的保证物（债券、票据贷款等）充当保证的限度由财务大臣决定，不同的时期有不同的比例要求。

4. 加拿大的货币发行制度

加拿大的货币发行是其中央银行最大的负债项目。加拿大银行发行银行券的准备全部为政府债券，不需要黄金或外汇作为发钞准备，因此其货币发行被称为“债券货币化”。加拿大银行向政府购进证券，形成货币发行。在公开市场上出售证券，则形成货币回笼。

5. 香港特别行政区的货币发行制度

因为我国香港地区没有真正的中央银行，因此长期以来，香港行政当局将货币发行权授予汇丰银行、渣打银行和中国银行。由于香港的经济本身具有特殊性，以国际贸易和服务业为经济主导成分，并已成为著名的国际金融中心，因此港元的稳定性在极大的程度上依赖于它与国际主要可兑换货币，特别是作为国际贸易主要结算货币的美元之间汇率的稳定程度。依照香港的有关规定，发行港元必须有 100％的等值外汇资产作准备金，港元与美元之间实行“联系汇率制”。该制度的主要内容是：港元的发行与港元和美元之间的汇率保持固定的联系（一直维系在1 美元兑换 7.7～7.8 港元的水平），但在外汇市场上则由市场规律来调节其汇率。其基本做法是：发钞银行在发行港元前，必须按 7.7～7.8 港元等于 1 美元的比率，将等值美元存入香港特别行政区政府管理的外汇基金管理局，取得外汇基金管理局发给的“债务证明书”后，方可凭此发行等值港元。当外汇基金管理局要求收回其“债务证明书”时，向相应发钞银行支付与“债务证明书”中载明的数额相同的美元，则该发钞银行须将等值的港元钞票回笼。这种特殊的货币发行机制比较适应近几十年来香港经济活动发展的情况，特别是以 100％的外汇作为货币发行的准备，有利于该地区货币的稳定。

（五）中国人民银行人民币的发行业务及管理

货币发行业务作为中央银行向流通领域投放货币的活动，一直是中国人民银行的一项十分重要的负债业务。

1. 人民币的发行机构

中国人民银行是我国唯一的货币发行机构，承担货币的印制、发行、调拨、兑换等职责。总行设有货币金银局，负责拟定有关货币发行的管理办法，承担人民币管理和反假货币工作，安排现钞和辅币的生产、保管、储运、更新和销毁，管理现金投放、回笼及库款安全。中国人民银行下属的中国印钞造币总公司负责人民币的印制工作。人民币的具体发行工作是由中国人民银行设置的发行库管理处来办理的。

2. 人民币发行的原则

(1) 集中发行原则（即垄断发行)。人民币的发行权集中于中国人民银行。(2) 经济发行原则。根据经济发展情况来决定货币的发行，不能搞财政发行，杜绝以货币发行的方式来弥补财政赤字。(3) 计划发行原则。每年根据国民经济计划来确定综合信贷计划和现金计划，从而确定计划发行额。

3. 人民币的发行基金及其计划

发行基金是中国人民银行为国家保管的待发行的货币，由设置发行库的各级人民银行保管，并由总行统一掌握。各分库、中心支库、支库所保管的发行基金都只是总库的一部分。发行基金的来源有两个：一是中国人民银行总行所属印制企业按计划印制解缴发行库的新人民币；二是开户的各金融机构和中国人民银行业务库缴存中国人民银行发行库的回笼款。

发行基金和现金是既有联系又有本质区别的两个概念。两者在规定的操作手续下可以相互转化，发行基金从发行库进入业务库成为现金，现金从业务库缴存发行库成为发行基金。两者的主要区别在于：发行基金是国家尚未发行的货币，而现金则是现实的通用货币。

发行基金计划是在一定时期内，发行或回笼货币的计划，即现金投放与回笼相抵后的差额（货币净投放或净回笼）形成当期的现金发行，反映计划时期现金的变动情况。作为一个差额计划，发行基金计划是由现金投放、现金回笼、现金净投放（净回笼）三部分组成的，三个部分之间遵循这样的等式关系：

现金投放－现金回笼＝现金净投放（净回笼）

若现金投放总额大于现金回笼总额，则为现金净投放；若现金回笼总额大于现金投放总额，则为现金净回笼。它们与现金投放及回笼渠道有密切关系。现金投放渠道主要包括工资及对个人的其他支出、城镇储蓄存款提取、农副产品采购支出、行政企业管理费支出及其他支出等；现金回笼渠道主要有商品销售收入、服务事业收入、税收收入、储蓄存款收入和其他收入等。发行基金计划的编制一般要以国家在发展经济方面的政策、社会经济发展状况、有关部门的经济计划指标和历史数据等为依据，通过编制草案、协调计划、上报计划等步骤来完成。

4. 人民币的发行管理

中国人民银行在集中货币发行权的同时，还负有保持人民币正常流通及管理的责任。货币发行业务的管理内容较多，大致可概括为以下三个方面。

(1) 人民币发行库。

人民币发行库是中国人民银行发行库，是为国家保管货币发行基金而设置的金库，由中国人民银行根据经济和业务发展的需要设置。发行库依法办理发行基金、金银和其他有价证券的保管、调运，负责损伤、残缺人民币的兑换和销毁等工作。根据《中国人民银行法》以及相关规定，发行库的主要职能有：保管人民币发行基金；办理人民币发行基金出入库和商业银行及其他金融机构的现金存取业务；负责回笼现金的整理清点。

业务库是商业银行基层分行、支行和处、所为办理日常现金收付业务而建立的金库。业务库与发行库的区别是：其一，机构设置不同。发行库是由中国人民银行根据自身机构情况和各地区经济发展的需要而设立的；业务库则是各家商业银行根据基层行（处、所）

业务经营的需要而设立的。其二，保管的货币性质不同。发行库保管的是发行基金，是待发行的货币；业务库保管的是现金，是已发行的货币。其三，业务对象不同。发行库的业务对象是各商业银行和其他金融机构；业务库的对象是全社会，是与银行有业务关系的普通客户。其四，收付款项的起点不同。发行库出入库有金额起点的规定，必须整捆出入库；而业务库收付现金则不受金额起点的限制。

（2）人民币样币管理及反假币工作。

人民币样币是检验人民币印制质量和鉴别人民币真伪的标准样本，由印制人民币的企业按照中国人民银行的规定印制，人民币样币上应当加印“样币”字样。票样管理主要是制度管理，包括票样的分发、保管、检查、流失的处理等方面的规定。

对于反假人民币及反破坏人民币工作，中央给予高度重视。国务院反假货币工作联席会议是我国反假货币工作的最高组织形式，主要负责组织和协调各有关部门做好打击、防范假币犯罪活动工作，开展反假货币宣传、教育、管理等工作。目前联席会议的成员单位已扩大到28家，涉及政府的各个部门及四大国有商业银行。国务院反假货币工作联席会议办公室主任为中国人民银行货币金银局历任局长，货币金银局与国务院反假货币工作联席会议办公室合署办公。

根据《中华人民共和国人民币管理条例》，目前反假人民币及反破坏人民币工作的有关规定主要如下：第一，中国人民银行、金融机构、公安机关发现伪造、变造的人民币，应当予以没收，加盖“假币”字样的戳记，并登记造册；持有人对公安机关没收的人民币的真伪有异议的，可以向中国人民银行申请鉴定；没收的假人民币应当解缴当地中国人民银行。第二，中国人民银行对没收的假币应填制登记表，并由专人负责登记保管，同时上报上级行，发现可疑票币本单位不能鉴别的，应写出书面报告提出疑点上报上级行鉴别。第三，归档保存的假票应视同票样管理，建立定期或不定期检查制度。第四，对于伪造货币、破坏人民币等金融犯罪行为，依法予以经济上或刑事上的处罚。

（3）人民币出入境限额管理。

为了有效地管理人民币流通，1951年3月6日中华人民共和国政务院颁布了《中华人民共和国禁止国家货币出入国境办法》，禁止人民币出入国境。1957年7月25日中国人民银行发布《关于小额人民币进出国境的规定》，规定最高限额为每人每次不超过5元，票面额不超过人民币1元（含1元）。1987年中国人民银行和海关总署联合发出通知，将人民币出入境限额提高到每人每次200元。1993年2月5日中国人民银行发布公告，规定中国公民和外国人出入境时，每人每次携带的人民币限额为6 000元。2004年12月3日，中国人民银行发布公告将人民币限额提高为每人每次20 000元，到目前为止，每人每次携带人民币出入境的限额仍为20 000元，在边境开放区和贸易点的出入境限额，由当地中国人民银行会同海关确定数额，报中国人民银行总行和海关总署批准后实施。

5. 人民币的发行收入

虽然发行货币是中央银行的负债业务，但是，中央银行在发行货币的同时又形成自身的资产业务，既然是资产业务，就必然会有收益，因此发行货币会给中央银行带来发行收益，这个收益因为是通过国家赋予中央银行特权而获得的，所以中央银行在扣除自身开展业务的成本之后，应该将收益上缴国家。

第三节　中央银行的其他负债业务

中央银行除存款业务、货币发行业务等主要业务外，还有发行中央银行债券、对外负债和资本业务等其他负债业务，它们也构成了中央银行的资金来源，并引起中央银行资产负债表负债方的变化。

一、发行中央银行债券

许多发展中国家在由直接调控转向间接调控的过程中，由于金融市场不发达，特别是国债市场不发达，中央银行缺乏公开市场操作所需要的有价证券，在这种情况下，中央银行往往发行债券作为公开市场操作的主要对象。发行中央银行债券是中央银行的一种主动负债业务，具有可控性、抗干扰性和预防性。与一般金融机构发行债券的目的不同，中央银行发行债券是为了调节流通中的货币。中央银行债券发行的对象主要是国内金融机构。中央银行发行债券的目的主要有两个：一是在商业银行和其他金融机构超额准备金过多而中央银行又不便采取其他货币政策工具进行调节时，中央银行可以通过向金融机构发行中央银行债券来减少它们的超额准备金，从而有效地控制货币供应量；二是以此作为公开市场操作的工具之一，在公开市场规模有限、交易工具单调的情况下，中央银行通过发行中央银行债券作为公开市场操作的工具，灵活地调节货币供应量。一般说来，当中央银行买进已发行债券时，商业银行的超额准备金增加，货币供应量增加；当中央银行卖出其债券时，商业银行的超额准备金减少，货币供应量减少。然而，中央银行必须为所发行的债券支付利息，因此，该项业务的成本较高。中国人民银行发行的债券主要采取中央银行融资券的形式，是公开市场操作的主要品种之一。

☞**阅读延伸** 4－2

2013 年中国人民银行发行的中央银行票据

5 月 9 日，发行规模为 100 亿元，期限为 3 个月（91 天）。本期中央银行票据以贴现方式发行，向全部公开市场业务一级交易商进行价格招标，到期按面值 100 元兑付。

5 月 14 日，发行规模为 270 亿元，期限为 3 个月（91 天），本期中央银行票据以贴现方式发行，向全部公开市场业务一级交易商进行价格招标，到期按面值 100 元兑付。

5 月 16 日，发行规模为 170 亿元，期限为 3 个月。

5 月 21 日，发行规模约为 100 亿元，期限为 3 个月。

5 月 23 日，发行规模约为 60 亿元，期限为 3 个月。

5 月 28 日，发行规模约为 70 亿元，期限为 3 个月。

5月30日，发行规模约为150亿元，期限为3个月。

6月4日，发行规模约为70亿元，期限为3个月。

6月6日，发行规模约为110亿元，期限为3个月。

6月18日，发行规模约为20亿元，期限为3个月。

6月20日，发行规模约为20亿元，期限为3个月。

资料来源：金融界网站。

二、对外负债

中央银行的对外负债业务主要包括从国外银行借款、对外国中央银行的负债、向国际金融机构借款、在国外发行的中央银行债券等。各国中央银行对外负债的目的主要是平衡国际收支、维持本币汇率水平、应付货币危机或金融危机。如在1997年东南亚爆发的金融危机中，许多国家都向国际金融机构借款，以干预外汇市场，维持汇率水平，这对尽快克服金融危机起到了重要作用。

三、资本业务

中央银行的资本业务就是筹集、维持和补充自有资本（又称资本金）的业务。中央银行自有资本的形成主要有政府出资、私人持股、公私合股等多种类型。为了保持增资以后股权结构不变，中央银行补充自有资本的渠道和方法也由其出资方式决定。

当然，由于中央银行的特殊地位和法律特权，其资本金的作用很小，有的国家中央银行甚至没有资本金，因此，中央银行资本业务的重要性不能与一般金融机构相提并论。

本章小结

中央银行的负债业务主要由存款业务、货币发行业务及其他负债业务构成。

存款业务是中央银行的重要负债业务之一，它对于履行中央银行职能、实现货币政策目标、加强金融监管、便利资金清算与融通具有十分重要的意义。存款业务中的存款准备金是中央银行货币政策的主要工具之一，各国通常以法令的形式规定存款准备金的缴存比率、存款准备金率的调整幅度以及存款准备金计提的基础等。

货币发行是中央银行主要的负债业务之一。货币发行按其性质可分为经济发行和财政发行两种。货币发行有特定的渠道和程序。在货币发行过程中，应该坚持垄断发行原则、要有可靠的信用保证原则、要有一定的弹性原则。

目前货币发行的准备制度主要有现金准备发行制、证券保证准备制、弹性比例制、保证准备限额发行制、比例准备制等。总结比较各国的货币发行制度对于健全我国的货币发行制度有重要的借鉴意义。

我国的货币发行业务主要包括制定执行发行基金计划、设立发行库和业务库并办理现金收付业务、运送发行基金、反假币和管理票样等内容。货币发行业务的收入归国家所有。

中央银行的其他负债业务主要有：吸收外国存款、非银行金融机构存款和特种存款；经理国库即办理国家预算资金的收纳、划分、报解和拨付业务；发行中央银行债券；筹集、维持和补充自有资本等。

练习题

一、术语解释

1. 经济发行
2. 财政发行
3. 货币发行
4. 存款准备金
5. 货币发行的准备制度

二、填空题

1. 存款准备金是由自存准备金、________、________三部分组成。
2. 存款准备金是________与________的乘积。
3. 中央银行发行货币的准备一般由________和________两部分构成。
4. 发行基金计划由________、________、________三部分组成。
5. 中央银行的负债业务主要由________、________及其他负债业务构成。

三、判断题

1. 中央银行作为发行的银行，其存款增加意味着需要现金投放减少或增加回笼，其存款减少则意味着需要增加现钞投放。（　　）

2. 在存款准备金制度下，商业银行等金融机构吸收的存款必须按照法定比率提取准备金缴存中央银行，其余部分才能用于放款或投资。（　　）

3. 发行基金是国家尚未发行的货币，而现金则是现实的通用货币。（　　）

4. 一般说来，当中央银行买进已发行债券时，商业银行的超额准备金增加，货币供应量增加；当中央银行卖出其债券时，商业银行的超额准备金减少，货币供应量减少。（　　）

5. 中央银行在发行货币的同时会形成自身的资产业务。（　　）

四、不定项选择题

1. 中央银行的存款业务主要是收存（　　）的存款。

A. 个人　　B. 银行等金融机构
C. 工商企业　　D. 政府部门

2. 第一准备主要包括（　　）。

A. 库存现金　　B. 流动性资产
C. 短期国债　　D. 存放在中央银行的法定准备金

3. 中央银行的货币发行，主要是通过（　　）等方式将货币注入流通的，并通过同样的渠道反向组织货币的回笼。

A. 向商业银行等金融机构提供贷款　　B. 出售政府债券

C. 接受商业票据再贴现　　D. 出售黄金外汇

4. 中央银行职能的发挥与其（　　）业务有密切关系。

A. 贴现　　B. 贷款

C. 资产　　D. 负债

5. 现金投放为200亿元，现金回笼为500亿元，现金净回笼为（　　）亿元。

A. 200　　B. 500

C. 700　　D. 300

五、简答题

1. 中央银行存款业务的意义是什么？
2. 中央银行货币发行的原则是什么？
3. 试比较各种货币发行准备制度的优劣。
4. 中央银行存款业务的特点是什么？
5. 准备金存款业务的主要内容有哪些？

第5章 中央银行的资产业务

⊙本章目标⊙

- 掌握中央银行的再贴现和再贷款业务的重要性。
- 掌握中央银行证券买卖业务的意义。
- 熟悉中央银行保管和经营黄金外汇储备的意义。
- 了解中央银行再贴现业务的一般规定。
- 熟悉中央银行再贷款业务的种类、中央银行证券买卖业务的操作。
- 了解中央银行黄金外汇储备的构成及特点和国际储备的管理。

一般来讲中央银行的资产是指中央银行所持有的各种债权。它主要由再贴现业务、再贷款业务、证券买卖业务、黄金外汇储备业务及其他一些资产业务构成。中央银行是如何通过其资产活动来调节和控制金融机构的，又是如何通过资产业务实现其货币政策目标的，这就是本章要讨论的主要内容。

第一节　中央银行的再贴现和再贷款业务

作为银行的银行，中央银行一方面吸收商业银行等金融机构的存款，另一方面又以再贴现和再贷款为主要方式为后者提供资金融通。另外，再贴现和再贷款业务也是中央银行投放基础货币的重要途径。

一、再贴现和再贷款业务的重要性

（一）再贴现和再贷款业务是中央银行提供基础货币、调控货币供应量的重要渠道

在现代信用制度下，中央银行所提供的基础货币通过商业银行的信用活动，形成社会的货币总供给。一方面，随着社会生产和流通的扩大，货币供应和信用方面的需求相应增加，而中央银行对商业银行等金融机构的再贴现和再贷款便是中央银行提供基础货币的重要渠道。另一方面，中央银行也可以通过提高或降低再贴现率和再贷款利率的方式影响商业银行等金融机构的筹资成本，达到调控货币供应量的目的。

（二）再贴现和再贷款业务是中央银行履行最后贷款人职能的具体手段

商业银行等金融机构为了满足经济发展对资金的需要以及受利润最大化动机的驱使，会尽可能地扩大贷款规模。然而，当一些贷款不能按期偿还或者出现突然性的大量提现时，商业银行等金融机构便会出现资金周转不灵、兑现困难的情况。面对这种问题，虽然可以通过同业拆借的方式来解决部分问题，但同业拆借的数量不可能很大，特别是当遇到普遍的金融危机时，情况就会更为严重。此时，中央银行作为最后贷款人通过再贴现和再贷款业务向商业银行等金融机构提供资金融通便利，成为解决金融机构流动性的最后手段。

20 世纪 60 年代之前，再贴现和再贷款业务在中央银行的资产业务中一直占有很高的比重。近年来随着金融市场的发展以及外汇资产的快速增长，再贴现和再贷款业务在中央银行全部资产业务中的比重下降了。从市场经济成熟国家来看，商业性金融机构的资金应该是自求平衡、以存支贷，即通过吸收存款及同业拆借等渠道扩大资产运用规模，不应依赖于向中央银行借款。但是，这并未影响到这两项业务的重要性，特别是在金融市场不很发达的发展中国家，这两项业务的重要性就更加突出。

二、再贴现业务

（一）再贴现业务的概念

再贴现也称“重贴现”，是指商业银行将通过贴现业务所持有的尚未到期的商业票据向中央银行申请转让，中央银行据此以贴现方式向商业银行融通资金的业务。对于中央银行而言，接受再贴现即为买进商业银行已经贴现的商业票据，付出资金；对于申请贴现的商业银行而言，则是卖出票据，取得资金。因此，中央银行再贴现业务也就是中央银行通过贴现向商业银行提供资金融通的业务。

（二）再贴现业务的一般规定

1. 再贴现业务开展的对象

只有在中央银行开立了账户的商业银行等金融机构才能够成为再贴现业务的对象。我国《商业汇票承兑、贴现与再贴现管理暂行办法》规定，再贴现的对象是在中国人民银行及其分支机构开立存款账户的商业银行、政策性银行及其分支机构。对非银行金融机构再贴现，须经中国人民银行总行批准。

2. 再贴现业务的申请和审查

一般而言，中央银行设立再贴现窗口，受理、审查、审批各商业银行等金融机构的再贴现申请，并经办有关的再贴现业务（以下简称再贴现窗口）。商业银行等金融机构必须以已办理贴现的未到期的合法票据申请再贴现。中央银行接受商业银行所提出的再贴现申请时，主要审查票据的合理性和申请者的资金营运状况，确定其是否符合再贴现的条件。若审查都一致通过，则商业银行在票据上背书并办理再贴现手续。

3. 再贴现金额和利率的确定

（1）再贴现金额。再贴现时实付的金额按原承兑汇票票面金额扣除再贴现利息来计算：

再贴现实付金额＝票据面额－贴息额

贴息额＝票据面额×日贴现率×未到期天数

日贴现率＝年贴现率÷360＝月贴现率÷30

（2）再贴现率。大多数国家的再贴现率是一种基准的官定利率，它是根据国家的信贷政策所规定的，在一定程度上反映着中央银行的政策意向，其他各种利率依据再贴现率的变动而调整。在有些国家，再贴现率在任何时候都保持在比短期市场利率更高一些的水平上，这时，它是作为一种“惩罚性利率”来限制商业银行过多地向中央银行融资。有的国家还对不同期限、不同种类的票据规定了不同的再贴现率。中国人民银行的再贴现期限一般为 3 个月，最长不得超过 4 个月（1998 年延长到 6 个月）。其再贴现率一般低于再贷款利率。

一般而言，再贴现率是采取定期挂牌的方法公布的。再贴现率的调整，一般都作为实施货币政策的手段。在货币供应量增加过多的时期，提高再贴现率可以抑制存款机构向中央银行借款的势头，从而减少货币和信贷增加额，还能对公开市场操作压缩非借入的准备金额度发挥配合作用，反之亦然。在利率体系完善、健全的国家，再贴现率的调整对市场利率有明显的告示作用，被称为基准利率。

4. 再贴现票据资格的规定

商业银行等存款机构向中央银行申请再贴现的票据，必须是确有商品交易为基础的真实票据，这在许多国家的金融立法中都有明文规定。这样做是为了保证再贴现资金用于商品和劳务的生产销售，不会因此引发通货膨胀。我国《商业汇票承兑、贴现与再贴现管理暂行办法》第三条规定：“承兑、贴现、转贴现、再贴现的商业汇票，应以真实、合法的商品交易为基础。”第五条规定：“再贴现的期限，最长不超过四个月。”随着各国经济的发展与经济环境的变化，以上这些对再贴现票据资格的规定和限制，有逐步放宽和变通的趋势，如不再严格强调真实票据，对未到期的国债也可予以贴现。

5. 再贴现额度的规定

由于再贴现率在大多数国家略低于货币市场利率，因此商业银行在资金不足和其他条件许可时，通常希望通过再贴现窗口取得资金。而很多国家的中央银行为了强化货币政策与金融监管的配合，不希望商业银行过多依赖中央银行的再贴现款，都限制商业银行的再贴现额度，并对过多利用这一权利的商业银行进行检查。如中国人民银行规定，各级人民银行对再贴现实行限额管理，任何时点均不得突破，也不得与其他再贷款限额相互串用。

德国中央银行也建立了再贴现总额限额制度，再贴现额度总额由中央银行理事会确定，自1974年起，为了使再贴现额度总额在银行之间进行分配，德意志联邦银行使用统一的计算方法。

6. 再贴现的收回

再贴现的票据到期时，中央银行通过票据交换和清算系统向承兑单位或承兑银行收回资金。如果承兑单位账户存款不足，则由承兑单位开户银行将原票据按背书行名退给申请再贴现的商业银行，按逾期贷款处理。

我国的再贴现业务起步较晚，1986年，中国人民银行颁布了《中国人民银行再贴现试行办法》（简称《再贴现试行办法》），中国人民银行的一些分行开始办理中央银行再贴现业务。从1994年10月起中国人民银行总行开始办理再贴现业务。1998年，中国人民银行将再贴现的最长期限由4个月延长到6个月，进一步强化了再贴现政策的信号作用。1999年以来，中国人民银行扩大了再贴现业务的对象和范围，简化和改进了再贴现业务的操作方式，进一步完善了再贴现业务的操作体系，加快了以中心城市为依托的区域性票据市场的建设。2000年，全国商业汇票发生额达7 445亿元，比上年增加2 369亿元，中国人民银行办理再贴现的余额达1 258亿元，比上年增加589亿元。随着商业信用的发展和票据规模的扩大，商业银行等金融机构的贴现业务会有很大的发展，在此基础上，中国人民银行的再贴现业务的比重也会相应上升。

☞阅读延伸5－1

我国《商业汇票承兑、贴现与再贴现管理暂行办法》（节选）

第二条　本办法所称再贴现系指金融机构为了取得资金，将未到期的已贴现商业汇票再以贴现方式向中国人民银行转让的票据行为，是中央银行的一种货币政策工具。

第三条　承兑、贴现、转贴现、再贴现的商业汇票，应以真实、合法的商品交易为基础。

第四条　承兑、贴现、转贴现、再贴现等票据活动，应当遵循平等、自愿、公平和诚实信用的原则。再贴现应当有利于实现货币政策目标。

第五条　承兑、贴现、转贴现的期限，最长不超过六个月。再贴现的期限，最长不超过四个月。

第六条　再贴现利率由中国人民银行制定、发布与调整。

贴现利率采取在再贴现利率基础上加百分点的方式生成，加点幅度由中国人民银行确定。

第七条　为防范商业汇票业务风险，有关金融机构要健全商业汇票承兑、贴现、转贴现、再贴现的申请、审查、审批制度，依法进行业务操作。

第八条　商业汇票承兑、贴现、转贴现、再贴现的处理手续，按照中国人民银行《支付结算会计核算手续》的有关规定办理。

第九条　办理商业汇票承兑、贴现、转贴现、再贴现业务的金融机构，须健全有关业务统计和原始凭证档案管理制度，并按规定向其上级行和中国人民银行或其分支机构报送有关业务统计数据。

第四章　再贴现

第二十五条　再贴现的对象是在中国人民银行及其分支机构开立存款账户的商业银行、政策性银行及其分支机构。

对非银行金融机构再贴现，须经中国人民银行总行批准。

第二十六条　再贴现的操作体系：

一、中国人民银行总行设立再贴现窗口，受理、审查、审批各银行总行的再贴现申请，并经办有关的再贴现业务（以下简称再贴现窗口）。

二、中国人民银行各一级分行和计划单列城市分行设立授权再贴现窗口，受理、审查并在总行下达的再贴现限额之内审批辖内银行及其分支机构的再贴现申请，经办有关的再贴现业务（以下简称授权窗口）。

三、授权窗口认为必要时可对辖内一部分二级分行实行再贴现转授权（以下简称转授权窗口），转授权窗口的权限由授权窗口规定。

四、中国人民银行县级支行和未被转授权的二级分行，可受理、审查辖内银行及其分支机构的再贴现申请，并提出审批建议，在报经授权窗口或转授权窗口审批后，经办有关的再贴现业务。

第二十七条　中国人民银行根据金融宏观调控和结构调整的需要，不定期公布再贴现优先支持的行业、企业和产品目录。各授权窗口须据此选择再贴现票据，安排再贴现资金投向，并对有商业汇票基础、业务操作规范的金融机构和跨地区、跨系统的贴现票据优先办理再贴现。

第二十八条　持票人申请再贴现时，须提交贴现申请人与出票人或其前手之间的增值税发票。

第二十九条　中国人民银行对各授权窗口的再贴现操作效果实行量化考核：

一、总量比例：按发生额计算，再贴现与贴现、商业汇票三者之比不高于1∶2∶4。

二、期限比例：累计三个月以内（含三个月）的再贴现不低于再贴现总量的70％。

三、投向比例：对国家重点产业、行业和产品的再贴现不低于再贴现总量的70％；对国有独资商业银行的再贴现不低于再贴现总量的80％。

第三十条　中国人民银行对各授权窗口的再贴现实行总量控制，并根据金融宏观调控的需要适时调增或调减各授权窗口的再贴现限额。各授权窗口对再贴现限额实行集中管理和统一调度，不得逐级分配再贴现限额。

三、再贷款业务

中央银行再贷款业务是指中央银行采用信用放款或者抵押放款的方式，对商业银行等金融机构、政府以及其他部门发放贷款。它是中央银行主要的资产业务之一，也是中央银行向社会提供基础货币的重要渠道。

（一）再贷款业务的种类

按再贷款对象划分，中央银行再贷款可以分为：对商业银行等金融机构的放款、对非货币金融机构的放款、对政府的放款以及其他放款等。按再贷款方式划分，中央银行再贷款可以分为信用贷款、抵押贷款两种。

1. 对商业银行等金融机构的放款

这是中央银行放款中最主要的再贷款种类。作为银行的银行，为商业银行等金融机构融通资金，保证商业银行等金融机构的支付能力，是中央银行最重要的职责之一。再贷款是履行这一职责最主要、最直接的手段，也是最能体现中央银行最后贷款人职能的业务行为。随着金融市场的发展和金融业务的创新，商业银行的融资渠道不断增多，融资手段也多样化了，但中央银行的再贷款仍是商业银行等金融机构扩大信用能力的重要渠道，在保证支付方面，仍然是最后的手段。

中央银行通常定期公布贷款利率，商业银行提出借款申请后，中央银行审查批准具体数量、期限和利率，有的还规定用途。一般借款都是短期的，采取的形式多为以政府证券或商业票据为担保的抵押贷款。

中国人民银行自1984年开始专门行使中央银行职能后，对银行的再贷款一直是最主要的资产业务，也是中国人民银行提供基础货币的最主要渠道。在1993年以前，该业务占总资产的比重平均高达70%以上。1994年我国外汇管理体制进行了重大改革之后，中国人民银行的外汇资产业务迅速上升，再贷款比重相对下降。从再贷款对象看，1984年以后的再贷款对象基本上是中国工商银行、中国农业银行、中国银行、中国建设银行四家国有商业银行。随着三家政策性银行的设立和其他商业银行的蓬勃发展，中国人民银行的再贷款对象大为增加。从再贷款结构看，自1998年开始，由于商业银行“存差”的不断扩大，中国人民银行的再贷款主要是发放给政策性银行和农村信用社。从再贷款种类看，主要有年度性贷款、季节性贷款和日拆性贷款三种。当前，中国人民银行对商业银行等金融机构的再贷款全部由总行集中控制，由中国人民银行总行直接对国有商业银行和其他商业银行的总行发放。

2. 对非货币金融机构的放款

非货币金融机构是指不吸收一般存款的特定金融机构。在我国，主要包括国家开发银行和中国进出口银行两家政策性银行（中国农业发展银行由于吸收一般存款，所以在统计分类中放在商业银行中）、金融信托投资公司和租赁公司。

3. 对政府的放款

在政府收支出现失衡时，各国中央银行一般都负有提供信贷支持的义务。中央银行对政府的放款一般有三种方式：一是政府正常借款，这种放款一般是短期的，且多是信用放款，并规定贷款额度；二是政府透支，有些国家政府可在法律允许的限度内向中央银行透支，但多数国家法律禁止政府向中央银行透支；三是债务投资性放款，中央银行在公开市场购买政府发行的短期国债和公债，事实上是间接向财政部发放了贷款。值得注意的是，许多国家为了防止政府滥用借款权利，都立法对政府的借款行为做了种种限制。

《中国人民银行法》第二十九条规定：中国人民银行不得对政府财政透支，不得直接认购、包销国债和其他政府债券。第三十条规定：中国人民银行不得向地方政府、各级政府部门提供贷款。这样，就在法律上限制了政府向中国人民银行借款的行为。

4. 其他放款

其他放款主要有两类：一是对非金融部门发放的贷款，这类贷款一般都有特定的目的和用途，贷款对象的范围比较窄，各国中央银行都有事先确定的特定对象。中国人民银行为支持老少边穷地区的经济开发所发放的“安定团结贷款”即属此类。二是中央银行对外国政府和国外金融机构发放的贷款，如与外国政府或国际货币基金组织签订的货币互换协议等，这部分贷款一般被放在“国外资产”项下。

（二）中国人民银行再贷款业务

中国人民银行的再贷款对象是经过中国人民银行批准，持有金融业务许可证，在中国人民银行开立独立的往来账户，按规定向中国人民银行交纳存款准备金的商业银行和其他金融机构。再贷款方式有信用放款、抵押放款和票据再贴现等三种。贷款期限有20天以内、3个月以内、6个月以内和1年期四个档次。申请中国人民银行再贷款的金融机构必须具备三个条件：一是属于中国人民银行的再贷款对象；二是信贷资金营运基本正常；三是还款资金来源有保障。

第二节　中央银行的证券买卖业务

证券买卖业务作为中央银行的资产业务，随着证券市场的发展，在中央银行资产业务中的比重不断提高。

中央银行证券买卖业务是指中央银行在公开市场上进行证券的买卖。中央银行用自己发行的货币买入证券实际上是通过市场向社会投放货币；反之，卖出证券等于将流通中的货币收回。

一、中央银行买卖证券的意义

中央银行买卖证券的目的在于调节和控制货币供应量或者市场利率，不以营利为目的。这主要通过两个途径进行：其一，中央银行在公开市场上买进证券就是直接投放了基础货币，而卖出证券则是直接回笼了基础货币；其二，中央银行通过买卖不同期限的有价证券来影响利率的水平和结构，进而影响对不同利率有不同敏感性的贷款与投资，达到调控货币供应量或市场利率的目的。

中央银行在证券的买卖过程中会获得一些证券买进或卖出的价差收益，但就中央银行自身的行为而言，目的在于通过对货币量的调节来影响整个宏观经济，而不是为了营利。

二、中央银行证券买卖业务与再贷款业务的异同

中央银行的证券买卖业务与再贷款业务既有相同之处，也有不同之处。

（一）中央银行的证券买卖业务与再贷款业务的相同之处

（1）二者都是中央银行调节和控制货币供应量的工具。

（2）就对货币供应量的影响而言，中央银行买进证券同发放贷款一样，实际上都会引起社会的基础货币量增加，通过货币乘数的作用，从而引起货币供应量的多倍扩张；相反，中央银行卖出证券同收回贷款一样，实际上都会引起社会的基础货币量减少，在货币乘数的作用下引起货币供应量的多倍收缩。

（3）就其融资效果而言，中央银行买进证券实际上是以自己创造的负债去扩大资产，这相当于中央银行的贷款，而卖出证券，则相当于贷款的收回，其融资效果都是相同的。

（二）中央银行的证券买卖业务与再贷款业务的不同之处

（1）资金的流动性不同。中央银行的贷款尽管大都是短期的，但是由于受贷款合同的约束，必须到期才能收回；而证券买卖业务则因证券可以随时买卖，不存在到期问题。因此，证券买卖业务的资金流动性高于再贷款业务的资金流动性，中央银行可根据情况随时买卖证券，具有一定的主动性和灵活性。

（2）收益的表现形式不同。对中央银行而言，贷款有利息收取问题，通过再贷款业务，可以获得一定的利息收入；而未到期的证券买卖则没有利息收取问题，只有买进或卖出的价差收益，因此证券买卖有盈有亏。

（3）对金融环境的要求不同。证券买卖业务对经济、金融环境的要求较高，一般都以该国有发达的金融市场为前提；而再贷款业务则对经济金融环境的要求较低，一般国家的中央银行都可以从事再贷款业务。

（4）信用的依据不同。证券买卖是以证券的质量为依据；贷款则以商业银行的信用为依据。

三、中央银行买卖证券的种类及业务操作

中央银行的证券买卖业务一般都是通过公开市场进行的。中央银行在公开市场上买卖的证券主要是流动性非常高、随时都可以销售的有价证券，如政府公债、短期国债以及其他流动性很高的有价证券。这一点是由中央银行资产必须保持高度的流动性这一业务原则决定的。在具体的有价证券种类上，各国存在着一些差别，如有的国家只允许中央银行买卖政府公债，而有些国家的中央银行还可以买卖在证券交易所正式挂牌的上市债券。另外，中央银行买卖证券一般只能在证券的交易市场上，即在二级市场上购买有价证券，这是保持中央银行相对独立性的客观要求。

☞阅读延伸 5-2

美国联邦储备体系公开市场业务运作

美国联邦公开市场委员会由美国联邦储备理事会的七位成员、纽约联邦储备银行行长和另外四位联邦储备银行行长组成。尽管只有五家联邦储备银行的行长在该委员会中拥有表决权，但另外七位地区联邦储备银行行长也列席会议并参加讨论，所以他们对委员会的决定也有些影响。由于公开市场操作是联邦储备体系用以控制货币供应量的最重要的政策工具，因此联邦公开市场委员会必然成为联邦储备体系内决策的焦点。虽然法定准备金率和贴现率并非由联邦公开市场委员会直接决定，但同这些政策工具有关的政策实际上还是在这里制定的。联邦公开市场委员会不直接从事证券买卖，它只是向纽约联邦储备银行交易部发出指令，在那里，负责国内公开操作的经理则指挥人数众多的下属人员，实际操作政府或机构证券的买卖活动。该经理每天向联邦公开市场委员会成员及其参谋人员通报交易部活动的情况。

公开市场操作可以分为两类：能动性的公开市场操作和保卫性的公开市场操作。前者旨在改变准备金水平和基础货币；后者旨在抵消影响货币基数的其他因素的变动（如在美联储的财政部存款和在途资金的变动）。美联储公开市场操作的对象是美国财政部证券和政府机构证券，特别是美国国债。

国内业务操作经理监督交易员进行证券买卖。我们假定这位经理为吉姆。他的工作从阅读一份估计昨天晚上银行系统准备金总量的报告开始，这份关于准备金的报告有助于他确定需要多大规模的准备金变动才能达到令人满意的货币供应量水平。他也检查当时的联邦基金利率——它可以提供有关银行系统准备金数量的信息：如果银行系统拥有可贷放给其他银行的超额准备金，联邦基金利率便可能下降；如果银行系统准备金水平低，几乎没有银行拥有可以用于贷放的超额准备金，那么联邦基金利率便可能上升。

上午9时，吉姆同几位政府证券交易商（他们为私人公司或商业银行工作）进行讨论，以便对当天交易过程中这些证券价格的走势有所感觉。同这些交易商见面之后，大约在上午10点，他收到研究人员提交的报告，附有关于可能影响基础货币的一些短期因素的详细预测。例如，如果预测结算在途资金将因全国范围内的天气晴好使支票交付加快而减少，那么吉姆将知道，他必须运用保卫性的公开市场购买（购买证券）来抵消在途资金减少所预期带来的基础货币减少。然而，如果预测在美联储的财政部存款或外国存款会减少，便有必要运用保卫性的公开市场出售来抵消预期的基础货币扩大。这份报告也对公众持有的通货情况作出预测。如果预期通货持有量上升，那么，运用公开市场购买以增加基础货币，从而防止货币供应量下降，便是必须做的事情了。

上午10点15分，吉姆或其手下的一名工作人员打电话给财政部，了解财政部对财政部存款这些项目的预测。通过与财政部的通话，也能获得其他方面的有用信息，例如将来财政部出售债券的时间安排，它可以提供有关债券市场走势的线索。

在取得了所有这些信息以后，吉姆查看他从联邦公开市场委员会收到的指令。这个指令告诉他，联邦公开市场委员会欲实现的几种货币总量指标的增长率（用幅度表示，比如说年增长率为4%～6%）和联邦基金利率的变动幅度（比如说10%～14%）是多少。然后，他规划好为实现联邦公开市场委员会的指令所需进行的能动性的公开市场操作。把必要的保卫性的公开市场操作同所需进行的能动性的公开市场操作结合在一起，该经理便作出了当天公开市场操作的“行动计划”。

整个过程到上午11点15分完成，这时，吉姆同联邦公开市场委员会的几位成员举行每天例行的电话会议，扼要报告他的战略。计划得到同意以后，通常在上午11点30分稍后一些，他让交易部的交易员打电话给政府证券一级交易商（私人债券交易商，人数在40人左右），询问出售报价（如果拟作公开市场购买）。举例来说，如果吉姆为增加基础货币而打算购买2.5亿美元的国债，交易员便将交易商在不同报价水平上所愿出售的国债数额写在一块大黑板上，报价从低价到高价依次排列。由于美联储欲得到尽可能有利的价格，因此它便由低到高依次购买国债，直到打算购买的2.5亿美元都已买到为止。

收集报价和着手交易大约在12点15分完成。交易部随即平静下来，但是交易员仍要继续监视货币市场和银行系统准备金的动向，在极少数情况下，吉姆还可能决定有必要继续进行交易。

有时，公开市场操作是以直截了当地买入或卖出证券的方式进行的。不过，交易部市场采取另外两种交易方式。在回购协议方式（常被称作回购）下，美联储与出售者订立协议，规定出售者要在短时期内（一般不超过一星期）再将这些证券购回。一份回购协议实际上就是一次暂时的公开市场购买。当美联储打算实施暂时性的公开市场出售时，它可以进行一售一购配对交易（有时被称作反回购）。在这种方式下，美联储出售证券，但买主同意在不久的将来再把这笔证券卖回给美联储。

资料来源：米什金．货币银行与金融市场．3版．北京：机械工业出版社，1999.

第三节　中央银行的黄金外汇储备业务

世界各国之间商品和劳务的进出口、资本借贷以及各种赠与和援助都会产生相互之间的债权债务关系。在一定时期内，这种债权债务需要使用外汇或黄金进行清算。绝大多数国家都将外汇和黄金以及其他国际清算手段作为储备资产委托中央银行保管和经营，这便形成了中央银行的储备资产业务。

一、中央银行保管和经营黄金外汇储备的目的及意义

（一）中央银行保管和经营黄金外汇储备的目的

各国中央银行从国家利益角度考虑，从稳定本国货币出发，从加强国际经济往来着

想，都要保留一定数量的黄金和外汇储备。在金本位制条件下，保留黄金外汇储备主要是出于银行券兑付的需要；在不兑现信用货币条件下，中央银行保留黄金外汇储备主要是将其作为国际支付的保证金，并且黄金外汇储备成为一国对外经济交往实力的象征。由于黄金和外汇是国际支付手段，所以各国都把它们作为储备资产，由中央银行保管和经营，以便在国际收支发生逆差时，用来清偿债务。

（二）中央银行保管和经营黄金外汇储备的意义

（1）稳定币值。币值稳定是中央银行的一个主要货币政策目标，为此，许多国家的中央银行都保留一定数量的黄金外汇储备。当国内商品供给不足、物价呈上涨趋势时，就利用持有的黄金外汇储备从国外进口商品或直接向社会售出上述国际通货，以回笼本国货币，平抑物价，使币值保持稳定。

（2）稳定汇价。在实行浮动汇率制度的条件下，一国货币的对外价值会经常发生变动。汇率的变动对该国的国际收支乃至经济发展会产生重大影响。为了稳定本国货币的对外价值，中央银行会通过买卖国际通货，使汇率保持在合理的水平上。

（3）调节国际收支。当国际收支发生逆差时，就可以动用黄金外汇储备补充所需外汇的不足，以保持国际收支的平衡。从结构看，当国际收支经常项目出现顺差、黄金外汇储备充足有余时，中央银行就可以用其清偿外债，减少外国资本流入。

二、国际储备的构成及特点

（一）国际储备及其构成

国际储备是指一国货币当局能随时用来干预外汇市场、支付国际收支差额的资产。构成国际储备的资产主要是黄金、外汇和在国际货币基金组织的储备头寸及未动用的特别提款权。作为国际支付手段，国际储备必须具备安全性、收益性和流动性。因此，一个国家在保有上述国际储备时一般都要根据各种国际储备资产的特点考虑它们的构成比例问题。

（二）主要国际储备资产的特点

（1）黄金储备的特点。由于黄金产量有限，跟不上需求的增长，所以，从长期趋势来看，黄金是保值的最好手段，具有安全可靠的特点。但是，黄金不如外汇和特别提款权那样便于支付使用。同时，保存黄金也没有收益，管理成本比较高。因此，目前各国的国际储备中，黄金所占的比重正日益下降。

（2）外汇储备的特点。外汇资产的流动性是毋庸置疑的，而且管理成本低廉，有收益。但其风险性较其他国际储备资产大，因为汇率的变动可能带来外汇贬值的损失，从而降低储备资产的实际价值，削弱本国的支付能力。

（3）在国际货币基金组织的储备头寸及特别提款权的特点。在国际货币基金组织的储备头寸及特别提款权，这类由国际货币基金组织于 1970 年初创设的国际储备，与黄金、外汇资产相比是比较完美的，既安全可靠又可灵活兑现。但其不足之处是，目前各国还不能随意购入，不能成为主要国际储备资产。

从以上分析可知，三类国际储备资产各有优缺点，各国中央银行在保有国际储备时，必须从安全性、收益性和流动性这三个方面考虑其构成比例问题，其中，流动性问题最为重要。从现实来看，外汇是国际储备中最主要的资产。为了合理解决构成问题，目前各国中央银行普遍的做法是：努力优化国际储备构成，尤其是注重实现外汇资产的多样化，以争取分散风险，增加收益，同时获得最大的流动性。

三、保管和经营黄金外汇储备应考虑的两个问题

1. 确定合理的黄金外汇储备数量

国际储备过多是对资源的浪费，过少则可能导致国际支付能力不足，因此，确定合理的持有水平是一个十分重要的问题。保有多少国际储备并没有统一的固定不变的标准，而是受到众多因素的影响，主要有以下几个方面需要加以考虑。

首先，要从国家支付债务和商品进口方面考虑，满足其周转需要，防止出现支付困难。从发达国家的经验看，外汇储备的数量一般相当于2～3个月的进口额。同时，从债务偿还角度看，如果长期债务构成比重大，外汇储备可偏低一些；如果短期债务多，则需保有较多的外汇储备。其次，要考虑货币政策方面的需要。国际储备在许多国家也是货币发行准备金，它对于调节货币发行、稳定对内对外币值有着重要的作用。因此，一国保有国际储备还要考虑货币政策的需要，根据需要来干预外汇市场。最后，要考虑一国经济的对外依存度。一般而言，对外依存度越高，所需要的国际储备就越多，反之亦然。此外，外汇管制、国际金融市场环境等都会对国际储备数量的确定产生影响。

2. 保持合理的外汇币种构成

在布雷顿森林体系崩溃之后，国际货币体系进入了浮动汇率时代，储备货币也从单一的美元转变为美元、欧元、日元、英镑等多种储备货币并存的局面。不同储备货币的汇率、利率波动也不尽相同，给国际储备业务的管理带来了很大的不确定性。在黄金与外汇比例短期内难以大幅改变的条件下，目前各国在国际储备上主要是从外汇资产多元化入手，争取分散风险，增加收益，获得最大的流动性，通过一篮子货币来解决外汇资产多元化问题。

四、我国的国际储备管理

（一）我国国际储备的构成及管理概况

1. 我国国际储备的构成

1985年至2000年底，我国的黄金储备一直保持1 270万盎司不变。2001年，我国开始增加黄金储备数量，2009年我国宣布持有黄金储备1 054.1吨，之后中国官方未对该数据作出修正。根据国家外汇管理局公布的《中国国际投资头寸表》，我国2017年末储备资产总额为32 359亿美元，其中货币黄金为765亿美元，特别提款权为110亿美元，在国际货币基金组织的储备头寸为79亿美元，外汇储备为31 399亿美元，其他储备资产为5亿美元。因此，从我国国际储备的构成来看，对国际储备的管理主要表现在中央银行对外汇储备的管理方面。我国历年外汇储备详见表5-1。

表 5-1 我国历年外汇储备 单位：亿美元

年份	储备	年份	储备	年份	储备	年份	储备
1950	1.57	1967	2.15	1984	82.20	2001	2 121.65
1951	0.45	1968	2.46	1985	26.44	2002	2 864.07
1952	1.08	1969	4.83	1986	20.72	2003	4 032.51
1953	0.90	1970	0.88	1987	29.23	2004	6 099.32
1954	0.88	1971	0.37	1988	33.72	2005	8 188.72
1955	1.80	1972	2.36	1989	55.50	2006	10 663.44
1956	1.17	1973	−0.81	1990	110.93	2007	15 282.49
1957	1.23	1974	0	1991	217.12	2008	19 460.30
1958	0.70	1975	1.83	1992	194.43	2009	23 991.52
1959	1.05	1976	5.81	1993	211.99	2010	28 473.38
1960	0.46	1977	9.52	1994	516.20	2011	31 811.48
1961	0.89	1978	1.67	1995	735.97	2012	33 115.89
1962	0.81	1979	8.40	1996	1 050.49	2013	38 213.15
1963	1.19	1980	−12.96	1997	1 398.90	2014	38 430.18
1964	1.66	1981	27.08	1998	1 449.59	2015	33 303.62
1965	1.05	1982	69.86	1999	1 546.75	2016	30 105.17
1966	2.11	1983	89.01	2000	1 655.74	2017	31 399.49

资料来源：国家外汇管理局网站。

2. 我国外汇储备管理现状

改革开放以来，中国人民银行有步骤地推进外汇体制改革。从 1994 年起实行新的外汇管理体制，与此同时，建立了中国人民银行集中管理外汇储备的新型体系，取消了外汇移存业务，中国人民银行直接在外汇交易市场上吞吐外汇，购买了大量的外汇资金纳入储备。国家外汇管理局作为中国人民银行管理外汇储备的专门机构，依法进行外汇管理，国家外汇管理局下设储备管理司，具体实施外汇储备的管理和经营。在新的外汇体制下，外汇储备的职能发生了变化。过去其职能主要是单一地进行经常项目下和部分资本项目下的日常支付，现在外汇储备在稳定人民币汇率方面起着重要作用。我国的外汇储备主要由国家外汇管理局直接经营，同时对部分储备资金实行委托管理。

（二）我国外汇储备的规模管理

确定外汇储备的适度水平是外汇储备管理的一项重要内容。国际上一般认为，一国外汇储备持有量应该保持在该国 3～4 个月的进口用汇水平上，并且不少于该国外债余额的 30%。我国习惯上也经常采用这个标准来维持储备规模。但在实际操作中，作为发展中国家，我国需要保持较大的外汇储备规模。这主要是因为：

1. 国际收支对外汇储备的影响

从经常项目看，我国自改革开放以来，大部分年份经常项目均为顺差，1994 年之后更是年年顺差，经常项目的顺差减轻了外汇储备的压力。但若经常项目中贸易外汇及非贸易外汇出现逆差，而且在内部调节后仍出现逆差，就需要通过外汇储备进行弥补。从资本项目看，改革开放以来，我国长期保持资本净流入的势头。20 世纪 90 年代以后，我国已经开始步入偿债高峰期，偿还外债将会对我国外汇储备产生更大的需求。因此，我国需要积累充足的外汇储备资金。

2. 人民币实现可兑换对外汇储备的要求

1996 年，我国实现了人民币经常项目可兑换，在一定程度上放松了对外汇使用方面的管制。并且，我国还把实现人民币资本项目可兑换作为下一个目标。这就要求我国必须有充足的外汇储备，以便在外汇供求不能自行平衡时进行必要的弥补。因此，我国需要保持一个中等偏高的外汇储备规模，以保证国家经济持续、快速、健康地发展。

（三）我国外汇储备资产经营管理的原则与目标

当前，对外汇储备资产的经营遵循安全性第一、流动性第二、增值性第三的原则，即在保证外汇资金安全性和流动性的基础上，达到有所增值。因此，管理外汇储备资产，就是要根据我国国民经济发展的实际需要和对外经济发展的具体情况，合理安排外汇储备资产的各种结构关系，适时调整货币结构和外汇投资结构，规避外汇资产风险，使之达到最优组合，以体现储备经营的原则。

我国外汇储备经营的具体目标包括：

（1）采取科学的管理和经营手段，保证中国人民银行调整外汇供求、平衡外汇市场等宏观控制目标的实现。

（2）加强风险防范，确保外汇资金安全，保证外汇资金的及时调拨和运用。

（3）建立科学的储备资产结构，提高储备经营水平，增加资产回报。

（4）合理安排投资，有重点地支持国内建设项目。

（四）我国外汇储备的经营管理模式

为了实现我国外汇储备的经营目标，必须建立起适合我国国情的外汇储备经营管理模式。

1. 建立严密的风险管理制度

中央银行在外汇储备经营中主要面临三种风险：主权风险、商业信用风险和市场风险。主权风险主要指因国家间关系恶化或对方国发生政治经济混乱而冻结我方资产或使我方资产难以调回所带来的风险。针对主权风险，要尽量多持有一些硬通货，如美元、欧元、英镑等。在外汇交易和投资过程中，因发债主体破产而无法清偿债务或者因代理行经营不善或倒闭所可能带来的风险被称为商业信用风险。针对商业信用风险，应选择主要发达国家中信用等级在 A 级以上的跨国银行和国际清算银行作代理行，投资国际市场上 AA 级以上的金融工具。市场风险则是指汇率变动导致外汇资产投资出现损失的风险。为防范市场风险，一是要使币种多元化，以分散风险。根据我国进出口的币种比例和外债的币种比例，综合考虑我国实际经济发展状况和国际金融市场的变化情况来确定币种结构，实行以比较坚挺的货币为主的储备币种多元结构，保持外汇储备购买力相对稳定，以分散风险。二是合理安排储备资产，确保流动性需要。根据储备资产各组成部分的不同用途和一定时期的不同需要安排储备资产结构，保证外汇资产的充分流动性。三是合理安排储备期限结构，在保证安全性和流动性的前提下，根据市场发展情况安排各种投资期限结构，实现合理的收益性。四是建立储备资产的基准结构，参照国际市场上的一些通用的指数建立和完善储备资产的基准结构，以提高储备业务的经营效益。

2. 建立外汇储备风险管理制度

随着金融自由化和外汇管制的趋于放松，中国的货币管理当局应当注重对外汇储备的风险管理，在外汇储备管理过程中建立和完善风险管理框架。该框架应当包括运用先进的风险控制手段、建立完善的内部管理制度和风险披露制度等。同时应增强中国外汇储备管理的透明度，及时披露外汇储备的投资损益状况，进一步提高中国外汇储备管理的效率，确保储备资产的安全。

3. 合理划分经常性储备和战略性储备

我国是发展中国家，正处于经济高速发展时期，在外汇储备经营中应选择符合经济发展要求的经营模式，将实际储备分为经常性储备和战略性储备两个组成部分，从而实现流动性和盈利性的统一。经常性储备主要用于干预外汇市场，稳定人民币汇率，保持必要的对外支付能力。因此，经常性储备宜采取短期性运用和投资的做法，提高外汇储备的流动性。战略性储备则主要用于满足国家较长期限的资金需求，可用于进行中长期资产投资，在必要时经政府特批也可动用一部分战略性储备用于国家重点建设项目，以提高外汇储备的收益。建立经常性储备和战略性储备要注意以下两个问题：一是要合理划分二者的比例，在保证经常性储备充足的基础上安排战略性储备；二是战略性储备中用于国内重点建设项目的部分应建立严格的审批制度，不能轻易动用，在建设项目投产后应尽快收回所投外汇资金并退还于储备。

☞阅读延伸 5－3

特别提款权货币篮子

特别提款权（SDR）是国际货币基金组织根据成员认缴份额进行分配的、可用于偿还国际货币基金组织债务、弥补成员政府之间国际收支失衡的一种账面资产。人民币于 2015 年 11 月获准加入 SDR 货币篮子并成为第三大货币，2016 年 10 月 1 日正式实施。人民币加入 SDR 货币篮子整体上有利于提高我国在国际货币体系中的话语权，有利于统筹国内外经济两个大局，有利于深化我国经济转型发展和金融体系改革。普通居民亦将由于人民币更加国际化而享受更多的使用和服务便利，有利于促进我国居民的对外交流。理论上，国际储备货币应该具有三个基础条件：一是币值具有稳定的基准及明确的发行规则；二是供给总量可以根据需求的变化及时、灵活调节；三是供给规模的调整基于全球经济，超脱了单一经济体的基础和利益。SDR 货币篮子及其权重每 5 年审议一次。2001 年、2006 年以及 2011 年的三次调整仅涉及货币篮子的权重。2011 年 1 月 1 日进行调整后，美元、欧元、日元和英镑的占比分别由 2006 年的 44%、34%、11%和 11%调整为 41.9%、37.4%、9.4%和 11.3%，但 SDR 货币篮子币种及数量的调整一直没有进展，直到 2015 年人民币获准加入。各种货币的权重在人民币加入后发生了新的调整，美元、欧元、人民币、日元、英镑的占比分别为 41.73%、30.93%、10.92%、8.33%、8.09%。人民币加入 SDR 货币篮子将提升人民币的使用范围。一是官方储备带来的直接运用规模大致是 310 亿美元。截至 2016 年 3 月底，所有 SDR 的价值约为 2 850 亿美元，人民币的权重为 10.92%，这意味着人民币加入 SDR 可能使得各国央行累计持有人民币资产规模达到 310 亿美元。二是人民币成为重要国际货币，将会明显提升人民币在跨境贸易结算、外商直接投资以及海外直接投资中的应用。三是人民币资产扩张将迎来重大的历史机遇，债券或将成为人民币国际化最为重要的核心资产品种。

本章小结

中央银行的资产业务主要包括再贴现业务、再贷款业务、证券买卖业务、黄金外汇储备业务及其他一些资产业务。

再贴现业务是中央银行主要的资产业务之一，是指中央银行以贴现的方式向商业银行融资。中央银行的再贴现业务主要包括：规定业务对象；审查再贴现申请；确定再贴现金额和利率；规定可贴现票据的条件；规定各金融机构的再贴现额度；到期收回资金；等等。

再贷款业务是中央银行主要的资产业务之一，在金融市场不发达的国家里，再贷款是中央银行最为重要的资产业务。中央银行的再贷款业务主要有对商业银行等金融机构的放款、对非货币金融机构的放款、对政府的放款和对非金融部门及国外发放的贷款等几种。

证券买卖业务是中央银行主要的资产业务之一。中央银行证券买卖业务的主要意义是直接调控货币供应量。中央银行的证券买卖业务与再贷款业务存在着异同点。中央银行的证券买卖一般在二级货币市场进行，买卖的证券主要是政府债券。中央银行的证券买卖业务是金融市场发达的国家重要的货币政策宏观调控工具。

现代各国中央银行都负有保管和经营黄金外汇储备的职责。中央银行保管和经营黄金外汇储备的主要目的是稳定币值与汇价，调节国际收支。因此，中央银行在保管和经营黄金外汇储备时必须考虑两个问题：一是确定合理的黄金外汇储备数量；二是保持合理的外汇币种构成。

我国作为一个发展中国家，需要保持一个中等偏高的黄金外汇储备规模水平。我国黄金外汇储备资产的经营遵循安全性、流动性、增值性原则。管理黄金外汇储备资产应根据我国国民经济发展的实际需要和对外经济发展的具体情况，统一安排黄金外汇储备资产的规模，调节好黄金外汇储备资产的结构。

练 习 题

一、术语解释

1. 再贴现
2. 再贷款业务

3. 国际储备

4. 再贴现金额

5. 经常性储备

二、填空题

1. 中央银行的资产业务，主要由________、________、________、________及其他一些资产业务构成。

2. 保管和经营黄金外汇储备应考虑________和________两个问题。

3. 构成国际储备的资产主要是________、________和在国际货币基金组织的储备头寸及未动用的特别提款权。

4. 中央银行的证券买卖业务一般都是通过________进行的。

5. 按再贷款对象划分，中央银行再贷款可以分为对________的放款、对非货币金融机构的放款、对________的放款以及其他放款等。

三、判断题

1. 大多数国家的再贴现率是一种基准的官定利率。（　　）

2. 再贴现和再贷款业务也是中央银行投放基础货币的重要途径。（　　）

3. 在货币供应量增长过多的时期，提高再贴现率可以抑制存款机构向中央银行借款的势头，从而减少货币和信贷增加额。（　　）

4. 作为国际支付手段，国际储备必须具备安全性、收益性和流动性。（　　）

5. 中央银行用自己发行的货币买入证券实际上是通过市场向社会投放货币；反之，卖出证券等于将流通中的货币收回。（　　）

四、不定项选择题

1. 中央银行在外汇储备经营中，主要面临（　　）三种风险。

A. 市场风险　　B. 商业信用风险

C. 主权风险　　D. 流动性风险

2. 国际上一般认为，一国外汇储备持有量应该保持在该国（　　）个月的进口用汇水平上，并且不少于该国外债余额的30%。

A. 1～2　　B. 3～4

C. 5～6　　D. 7～8

3. 再贴现率是一种（　　）利率。

A. 基准　　B. 短期市场

C. 官定　　D. 长期市场

4. 一张票据面额为10 000元，离到期还有30天，在年贴现率为7.2%时，再贴现实付金额为（　　）元。

A. 10 000　　B. 9 928

C. 9 940　　D. 9 820

5. 中央银行也可以通过（　　）增加商业银行等金融机构的筹资成本，达到减少货币供应量的目的。

A. 降低再贴现率　　B. 提高再贷款利率

C. 提高再贴现率　　D. 降低再贷款利率

五、简答题

1. 试述再贴现和再贷款业务的重要性。
2. 试述中央银行买卖证券的意义。
3. 试述中央银行证券买卖业务与再贷款业务的异同。
4. 试述中央银行保管和经营黄金外汇储备的意义。
5. 试述主要国际储备资产的特点。

第6章 中央银行的支付清算业务

⊙本章目标⊙

- 掌握中央银行支付清算服务的含义、实时全额清算系统的运行原理。
- 掌握中央银行支付清算服务的主要内容以及跨国支付清算的特征、支付清算系统的风险类型。
- 熟悉中央银行的支付清算体系、支付系统的种类与运行。
- 熟悉中央银行支付清算服务的重要性、跨国交往与跨国支付清算和中央银行对支付系统风险的防范与控制。
- 了解支付清算系统的现代化、中国支付清算体系的发展和主要国际性支付清算系统。

中央银行的支付清算服务是指中央银行以一国支付清算体系的管理者和重要的参与者的身份出现，通过一定的方式、途径，使金融机构之间的债权债务清偿及资金转移顺利完成。一国的支付清算体系由清算机构、清算工具、支付清算系统、支付清算制度构成。支付清算系统运作有差额清算和全额清算两种方式，中央银行在支付清算体系中发挥着不可替代的重要作用。支付清算系统由于多种因素的影响可能产生各种风险，中央银行必须采取切实可行的措施加以防范。

第一节　中央银行支付清算概述

一、中央银行支付清算服务的含义

结算与清算是存在于经济社会中的两种实现债权债务清偿和货币资金转移的行为。

清算源于“结算”。结算是指由商品交易、劳务供应、金融活动等经济往来引起的债权债务清偿所引发的货币收付，是货币发挥流通手段和支付手段职能的具体表现。结算当事人通常包括收款人、付款人和金融机构。随着商品经济活动规模的不断扩大，结算业务日益成为商业银行的重要服务项目。银行运用信用功能和遍布城乡的机构网络及其技术设施办理支付结算，成为商品交易的媒介和连接社会资金与国民经济各部门、各单位及个人经济活动的纽带。

结算存在多种具体的形式，可以从不同的角度加以区分。从支付媒介的角度看，结算可分为现金结算和转账结算。现金结算是指以现金为媒介实现的经济交易或消费支付。转账结算又称为非现金结算，一般需要通过银行间的账户设置和一定的结算方式来实现各种经济行为依法的债权债务清偿和资金的划转。在通常情况下，一国的经济和金融产业越发达，该国的现金结算的比重就越低，非现金结算的比重就越高。随着货币信用制度的发展和金融信息技术的不断进步，转账结算在社会结算体系中扮演着越来越重要的角色。结算还可以从地域的角度划分，分为国内结算和国际结算。国内结算处理一国境内的相关结算事项；而国际结算则主要办理跨国间由经济交往或者非经济活动导致的货币资金的转移。一般而言，一国经济开放程度越高，国际结算的规模就越大。

从商业银行的结算业务流程来看，商业银行在提供结算服务的过程中，除了必须采取相应的结算工具、结算方式之外，还需要借助其他银行的协作，才能最终实现客户委办的结算业务。此外，出于银行开展其他业务的需要，银行也会与其他金融机构产生大量的业务往来。为此，需要通过一定的清算机构和支付系统，进行支付指令的发送与接收、对账与确认、收付数额的统计轧差、全额或净额清偿等一系列业务操作，即所谓的“清算”。

最初的清算安排是商业银行之间自发形成的双边清算制度，在参与者众多、功能日益复杂的现代金融体系下，双边清算制度难以适应规模庞大的资金清算需求，这种制度的最大缺陷是运转效率低下，而且在清算过程中各种利益矛盾也亟须一个权威的机构加以协调规范。在这种情况下，就需要中央银行出面提供必要的支付清算服务，以适应经济和金融产业发展的客观需要。中央银行作为金融机构，在其资产负债业务进行中，也必然会发生与其业务对象之间债权债务关系的清算。同时，由于中央银行的非营利性质和垄断货币发行的特殊地位，中央银行不存在信用风险和流动性风险。中央银行还接受商业银行的法定存款准备金，金融机构都愿意在中央银行开设账户，这就为金融机构间的清算创造了便利。尽管各国的支付清算制度不完全相同，但银行同业间的资金转移一般都是通过中央银行的最终清算来实现的。中央银行义不容辞地承担着提供支付清算服务的责任，在此过程中，中央银行以一国支付清算体系的管理者和重要的参与者的身份出现，通过一定的方式、途径，使金融机构之间的债权债务清偿及资金转移顺利完成，维护支付系统的平稳运行，从而保证经济活动和社会活动的正常进行。

二、中央银行的支付清算体系

支付清算体系是指中央银行对商业银行等金融机构的社会经济往来提供各种清算服务的综合安排，它主要由清算机构、清算工具、支付清算系统、支付清算制度构成。一般情况下，各国支付清算制度的建立是在中央银行的统一领导下进行的，中央银行居于清算中心的地位。

（一）清算机构

清算机构是为金融机构提供资金清算服务的中介组织，在支付清算体系中占有重要位置。票据交换所是最传统和最典型的清算机构，此外还可以采取清算中心和清算协会等组织形式。从经营形态来看，清算机构既有私营的，也有政府主办的。从业务的地域范围来看，既有地区性的，也有全国性的，甚至还有国际性的。清算机构一般实行会员制，会员必须遵守组织章程和操作规则，交纳会费。在很多国家，中央银行也作为会员，参加清算机构，直接参与清算活动。而在一些国家，中央银行不直接加入清算机构，但对其实行监督、审计，并为金融机构提供清算服务。一般来说，清算机构通常同时经营支付系统，通过支付系统的运行实现清算。

清算机构的义务是：

（1）向中央银行缴存交换保证金，并有一定比率的控制，通常保证金是按清算银行的存款额乘以一定比率确定的。

（2）在中央银行开立往来账户，以供交换差额的转账结算。

（3）指派经审查合格的交换员（清算员）。

（4）承担和交纳应负担的一切费用。

（二）支付清算系统

支付清算系统（也称支付系统、清算系统）是由提供支付清算服务的中介机构和实现支付指令传送及资金清算的专业技术手段共同组成的，其职能是实现债权债务清偿及资金转移。由于债权债务清偿及资金转移关系到经济活动能否顺利进行，因此，支付系统的任务是快速、有序、安全地实现货币所有权在经济活动参与者之间的转移。同时，支付系统的运行关系货币政策的实施，对稳定货币、稳定金融与稳定市场具有至关重要的影响。因此，为了防止各种突发事件对支付系统造成的风险，一方面，各国中央银行对支付系统的建立和运行过程实行监督，例如对私营清算机构的开业进行审批，对操作规程进行审核等；另一方面，中央银行直接拥有和经营大额实时支付系统，保障支付的安全性。

支付系统的构造及其运行取决于多种因素，这些因素使得不同国家的支付系统总体构成、一国内不同支付系统之间均存在差异。这些因素主要有：

（1）一国金融产业的整体水平和科技实力，直接决定支付系统的硬件环境、软件水平，进而影响着支付系统的服务质量和风险控制能力。

（2）稳定的宏观经济环境，尤其是一国的价格水平状况，直接影响到公众对本币及支付系统的信心，影响着以本币为计值单位的支付系统的有序运行。

（3）一国的货币制度对支付系统的设计及其运行效率具有关键的影响，它决定着支付清算体系的整体结构和支付系统的规模与范围。

（4）支付系统的法律框架和操作规程越完备，将越有助于系统运行效率的提高，对维护系统用户的合法权益也具有积极作用。

（三）支付清算制度

支付清算制度是关于结算活动的规章政策、操作程序、实施范围等的规定和安排。中央银行作为货币当局有义务根据国家经济发展状况、金融体系构成、金融基础设施及银行业务能力等，与有关部门共同制定支付清算制度。金融机构之间为办理客户委托的业务和为了自身的债权债务清偿而进行的资金划转的同业清算业务，已经在社会支付清算业务中占据极大的部分，同业间一旦出现清算障碍，将危及金融稳定。

（四）同业间清算制度与操作

同业间清算（亦称行间清算或联行清算）是金融机构之间为实现客户委办业务和满足自身需要所进行的债权债务清偿和资金划转。同业间清算制度则是为实现金融机构间的清算而制定的规则、程序与清算安排。在一国支付清算体系中，除了现金结算和金融机构为客户提供的结算服务之外，行间清算占有重要地位。由于清算金额巨大，一旦出现支付障碍，将会危及金融稳定，所以各国政府对行间清算的制度建设、系统设计、操作规则等予以高度重视，并赋予中央银行管理监督行间清算的职权。此外，很多国家的中央银行不仅主持制定行间清算制度、设计行间支付系统与运行模式、审核支付系统操作规程，还直接提供清算服务，并对有关清算机构及系统运行实施政策指导与监督。

三、支付清算系统的发展

支付清算系统对经济、社会生活具有重要意义，其高效运行与现代科技在金融领域的广泛应用密不可分。在20世纪70年代以前，包括发达国家在内的支付清算均以手工操作为主，效率低下，造成物质财富和人力资源的巨大浪费。随着票据交换业务量的急剧增长和电子技术的进步，美国纽约清算所协会于1970年和1975年相继开通了两个电子清算网络：纽约清算所同业银行支付系统（CHIPS）和纽约自动清算所（ACH）系统。电子计算机和自动化技术的应用，极大地提高了支付清算效率，加速了社会资金流转，便利了经济、金融活动的参与者。随着国际经济活动往来的增多，跨国支付清算业务量迅速扩大，提高了跨国支付系统的运行能力与效率，成为许多国家商业银行和中央银行关注的重大问题。1973年5月，北美和欧洲的大银行共同组建了环球银行金融电信协会（Society for World Interbank Financial Telecommunication，SWIFT），总部设于比利时。目前，SWIFT可为遍布全球的数千家金融机构提供通信网络信息传送服务，极大地便利了跨国交易的支付清算。随着现代信息的飞速发展，由电子支付工具、数据通信和数据处理技术组成的支付方式已成为现代金融运行体系的主流趋势。如在零售支付领域，以银行信用卡为代表的各种卡类、ATM（自动柜员机）和POS（销售终端机）网络、企业银行、家庭（电话）银行、电子数据交换（EDI）等现代支付媒介和支付系统为社会提供着快捷、高效、安全的服务。在行间清算领域，信息技术的应用更为广泛，支付系统用户的计算机设备与支付系统操作者的计算机系统相连接，通过地面线路和卫星通信网在系统用户之间传送信息，从而完成支付指令的传输和资金清算。近年来，迅速兴起的电子商务已成为互联网应用的最大热点，各国政府对电子商务及相关设施的建设给予了高度重视和支持。电子商务是知识经济的产物，其运用往往和计算机技术联系在一起，在信息开放的互联网上完成商务交易行为。电子商务将深刻地改变传统的商业观念及交易模式，促进地区间的经济交流，进一步推动经济一体化进程。电子商务的快速发展带动了网上银行业务的兴起，网上银行既是电子商务的支撑备件，又是金融发展新的增长点。据不完全统计，目前世界范围内网上银行已达 180 多家，中国银行也于 1998 年 3 月 6 日在互联网上办理了中国第一笔网上银行业务。

支付系统现代化建设的快速发展，也带来了一些新的问题和矛盾。如以信息和电子计算机技术为支持的支付系统的运行加速了金融市场一体化进程，市场参与者之间的相互信赖进一步增强，风险传播更为快速；相关法规和惯例建设滞后于支付系统的发展，影响对支付系统运行的有效约束和当事人合法权益的保障；信息资料的安全保密和防止高科技犯罪等技术和法律问题有待解决；等等。更为重要的是，支付系统建设的快速发展使得中央银行对支付系统的监管及有关的国际合作变得更为迫切和必要。①

第二节　中央银行的支付清算运作原理

一、中央银行支付清算运作的基本原理

（一）中央银行在银行间清算中的地位

为利用中央银行的支付清算服务，金融机构需要在中央银行开立账户（存款账户或清算账户）。由于中央银行不会对账户开立者构成任何信用风险和流动性风险，故其拥有国家最终清算机构的特殊地位。中央银行通常要求金融机构在账户中保持一定的备付金，以保证清偿的顺利进行，金融机构之间的债权债务和应收应付款项，通过其在中央银行账户的借、贷记载进行划转清算。很多国家的中央银行账户是集中的，即银行只能在中央银行的一家分支机构开立账户，以利于流动性管理；而有些国家允许商业银行在中央银行的多家分支机构开立账户。在实行法定存款准备金制度的国家，通常允许商业银行将法定存款准备金用于履行同业支付义务，由于所有银行都直接在中央银行或在拥有中央银行清算账户的银行设置了账户，所以通过收付款项的转账划拨，即可完成同业间的清算。

清算参与银行的资金来源通常由以下几项组成：

（1）在中央银行储备账户内的存款金额，是清算资金的主要来源，一些国家允许将法定准备金作为该项来源之一。

（2）中央银行信贷。在账户余额不足时，银行可利用中央银行提供的信贷来保证按时支付。

（3）通过货币市场借入的临时性资金。

---

① 王广谦. 中央银行学. 北京：高等教育出版社，2003.

（4）由于支付时间间隔而产生的在途资金。随着支付系统设计程序的不断改进，利用在途资金的可靠性与稳定性越来越低。

为了保证银行同业清算持续、有序地进行，中央银行通常对银行的流动性管理有所要求。有些中央银行通过监测支付系统的总流动性、总转账清算规模、总清算交易规模等指标，掌握支付系统运行的整体状况；有些中央银行则对每家银行的流动性状况进行监测。中央银行通过组织全国银行系统的清算，一方面为各家银行提供服务，提高资金效率；另一方面有利于其加强对商业银行等金融机构的资金情况和全国金融情况的了解，有助于其履行监督、管理职责。

（二）行间支付系统

银行同业间清算需通过行间支付系统进行，行间支付系统为银行自身和客户委办的结算事项提供资金清算服务。资金清算过程包括两个基本程序：一是付款行通过支付系统向收款行发出支付信息（指令）；二是付款行和收款行之间实现资金划转。按照对转账资金的不同处理方式，银行同业间清算可通过差额清算系统与实时全额清算系统两种形式进行。

1. 差额清算系统

差额清算系统把在一定时点（通常为营业日结束时）上收到的各金融机构的转账金额总数减去发出的转账金额总数，得出净余额（贷方或借方），即净结算头寸。支付系统对金融机构的净结算头寸通过中央银行或清算机构进行划转，从而实现清算，这一过程可以是双边或多边的。基于差额清算（又称净额清算）原理，在整个营业日内，参加清算的所有净债权银行向所有净债务银行实际上提供了日间信贷，从而产生了信用风险和流动性风险隐患。在清算时刻，若净债务银行没有足够的资金头寸来清偿债务，差额清算系统将无法完成清算。此时可供采取的措施有：（1）中央银行向净债务银行提供透支便利；（2）根据清算紧急安排由参加清算的各银行共同分担净债务银行的债务头寸；（3）取消所有与净债务银行有关的支付指令，其余银行重新计算转账金额及净头寸。尽管上述措施可以暂时化解支付系统的债务清偿危机，但并未从根本上解决问题，且引发了新的风险隐患，将危及支付系统的安全运行及有关当事人的利益。由此可见，差额清算系统具有明显的缺陷和弊端。

2. 实时全额清算系统

实时全额清算系统对各金融机构的每笔转账业务进行一一对应清算，而不是在指定时点进行总的借、贷方差额清算。按清算发生的时间不同，全额清算又分为：（1）定时（延时）清算。支付清算集中在营业日系统运行期间的一个指定时刻，如果这一时刻为日终，则称为日终清算系统。（2）实时（连续）清算。支付清算在营业日系统运行期间的任何时刻都可进行。支付指令随时发送随时处理，属于资金转账指令处理和资金清算同步、持续进行的实时全额清算。

（三）实时全额清算系统的运行原理

20 世纪 90 年代左右，多数发达国家纷纷采用实时全额清算系统，主要原因在于系统设计原理比较先进，它能够有效地防范与控制系统运行中的各种风险。实时全额清算系统的名称充分显示了其固有的特征，实时的意思是清算在营业日清算期间内非间断、非定期地持续进行；全额的意思是每笔业务单独进行、全额清算，而非在指定时点进行借贷双方总额轧差处理。该系统还有一个重要特征，系统处理过的所有支付清算都是不可变更和无条件的终局性清算。系统的运行要求以现代通信信息技术为支持手段，故它在世界各国还不十分普及。

在实时全额清算系统的运行中，支付间隔（从支付信息的发出到资金最终清算之间的时间差）越长，所蕴含的风险就越大。实时全额清算系统设计了四种支付信息发送和资金清算流程，各种流程对支付间隔的长度及支付风险控制有不同的影响。

1. V 形结构

付款行首先将完整的支付信息发送给中央银行，中央银行完成资金汇划后，再将完整的支付信息发送给收款行。工作流程如图 6－1 所示。

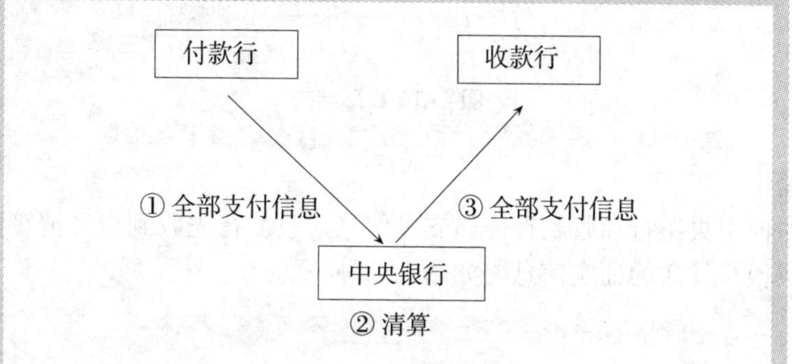

图 6–1　V 形结构

2. Y 形结构

Y 形结构可以看作 V 形结构的改进，它与 V 形结构的主要不同表现为在支付信息的传递流程中加入了中央处理器这个中间环节，如图 6－2 所示。中央银行在得到付款行的信息后，需要确认付款行账户上有无足够的资金用于清算。如果付款行资金充足，则马上进行清算；如果付款行资金不足，则将其置于排队状态，直至其资金足够时再进行清算。有些国家的中央银行可以对付款行提供不超过一个交易日的日内透支。在清算完成后，中央银行将已经清算的信息传回中央处理器，再由中央处理器把完整的信息发送给收款行。

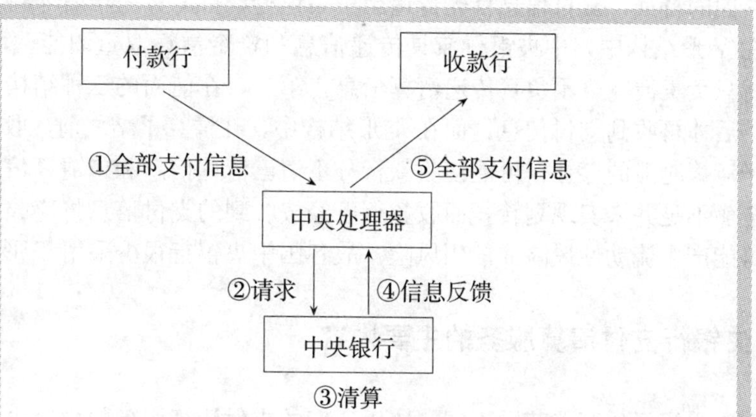

图 6–2　Y形结构

3. L 形结构

付款行向中央银行传递完整的支付信息，中央银行核实付款行账户上的资金并且作出清算或排队等决定后，向付款行传回信息，再由付款行将其传至收款行，如图 6 - 3 所示。

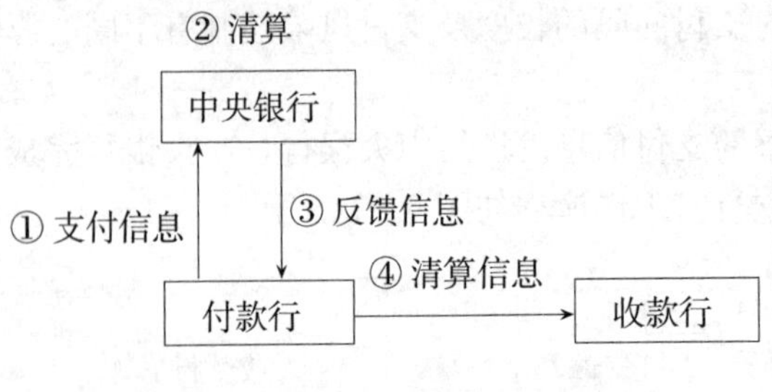

图 6–3　L 形结构

4. T 形结构

付款行同时向中央银行和收款行传递支付信息，收款行先收到未经清算的信息，其后才可能收到中央银行发送的证实信息，如图 6 - 4 所示。

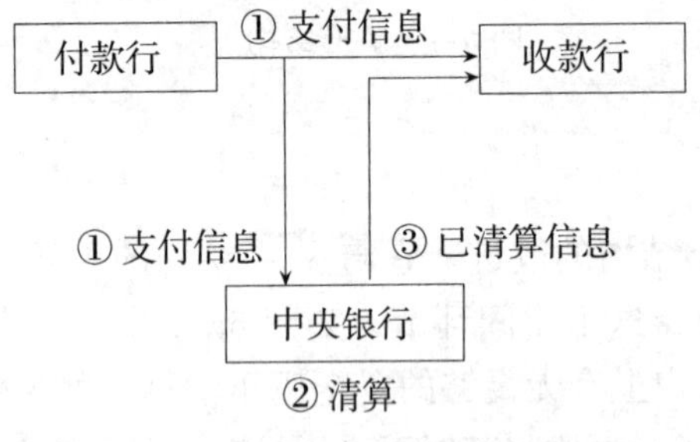

图 6–4　T 形结构

通过对以上各种实时全额清算系统的运行流程进行比较，可以发现：第一，V 形和 Y 形结构具有共同的特征，支付信息首先传递至中央银行，待清算完毕后才将信息传至收款行。第二，在 V 形结构中，中央银行兼具传递信息和资金清算双重职能，而在 L 形结构中，中央银行只负责清算，不负责传递清算信息。第三，在前面的三种结构中，收款行只有在清算了结后才可收到支付信息，而在 T 形结构中，在清算了结之前，收款行就可以得到信息。由于清算时滞的存在，可能使收款行分不清已清算信息和未清算信息，一旦付款行因备付金金额不足并未实现划转，而收款行已经按收到的支付信息将应收资金贷记其客户账户，就可能产生流动性风险或信用风险。故各国中央银行很少采用 T 形结构。

二、中央银行支付清算服务的主要内容

由于各国中央银行的职能范围不同，所以它们的支付清算服务的内容也有所差异，归纳起来主要有以下几点。

（一）组织票据交换清算

中央银行票据清算制度是在商业银行代客收付资金时具有相互收付特征的基础上产生的。商业银行就收取的客户的票据（如支票）向出票人的开户行索款（由于支票的签发是以客户在银行有存款为前提的，因此，支票授受双方的债权债务关系就转化为双方开户银行间的债权债务关系），早期的结清方法是每天派人持客户交来的收款票据前往各应付款银行收取款项（现金），这种方法费时费力又不安全。18 世纪英国伦敦的伦巴第街是金融业集中的地区，1773 年那里诞生了世界上第一家票据交换所，开创了票据集中清算的先河。1853 年，美国纽约市成立了美国第一家票据交换所。不久，波士顿等城市也成立了这样的机构，票据交换制度在全世界发展起来了。1854 年，英格兰银行实行了票据清算制度，其他各国中央银行也纷纷仿效建立这种制度。

票据交换的基本程序有下面三步：

第一步，入场前，各银行先将应收票据按付款行分别归类整理，并计算出向各付款行分别应收的款项金额及汇总金额，填票据交换结算表。

第二步，入场后，各银行一方面将应收票据分别送交各有关付款行，另一方面接收他行交来的本行应付款票据，核对、计算应付各行款项金额及应付总金额，填交换票据计算表。

第三步，各银行根据交换票据计算表比较本行应收、应付款总额，计算出应收应付净额后，填具交换差额报告单，并凭报告单与交换所的总结算员办理最后款项支付。

（二）办理异地跨行清算

各银行间的异地债权债务形成了各银行间的异地汇兑，会引起资金头寸的跨银行、跨地区划转，各国中央银行通过各种方式为异地跨行清算提供服务。票据交换所的业务是指中央银行通过其分支机构组织同城票据交换与清算。而各银行之间的异地汇兑形成的异地银行间的债权债务，则是依靠全国性的清算中心提供服务，在全国范围内办理异地资金汇兑，这是中央银行资金清算业务的主要部分。办理异地跨行清算一般有两种办法：一是先在各金融机构内组成联行系统，最后各金融机构的清算中心通过中央银行办理转账结算；二是将异地票据统一集中传送至中央银行总行，办理轧差头寸的划拨。大部分中央银行拥有并且经营国家主要的大额实时支付系统，直接参与异地清算。像美联储的联邦电子资金系统（FEDWIRE）、日本银行的日银网络系统就是如此。

通过在全国范围内办理异地资金清算，中央银行不仅为全国各地的众多银行提供清算服务，而且通过资金清算对全国的资金供求状况加以了解，从而对货币资金供求状况和市场货币流通量进行合理的控制与调节。

（三）为私营清算机构提供差额清算服务

在许多发达国家，私营性质的清算机构已经成为清算制度的主要组成部分。这些清算组织为经济交易提供各种形式的清算服务，为了实现清算机构参加者间的差额头寸清算，很多私营清算机构都乐于利用中央银行提供的差额清算服务。

美国的私营清算机构众多，在其支付清算体系中发挥着重要作用。目前，美联储为约 150 家私营清算机构提供差额清算服务，这些私营清算机构包括 CHIPS、支票清算所、区域性自动清算所、自动柜员机及信用卡网络等。

为利用在美联储设立的账户进行差额头寸的清算，私营清算机构首先在一个营业日中将各清算参加者的净债务或净债权头寸计算出来，然后将各参加者的头寸情况提交美联储，由美联储借记或贷记各参加者在美联储的账户来完成资金的清算。此外，清算机构也可以在美联储建立一个专门账户，在一个营业日结束后，该清算机构通知各产生净债务头寸的参加者通过联邦电子资金系统将资金转入该专门账户，在所有净债务头寸收清后，由清算机构将账户资金转移到产生净债权头寸的参加者的账户上。

中央银行对私营清算机构提供的服务还体现在：为私营清算机构尤其是经营大额实时支付系统的私营机构制定清算原则并对这些私营机构进行监管；对私营清算机构的组织结构、清算安排、操作规则等加以审查与批准；对私营清算机构达成诸如双边信贷额度、多方信贷额度、担保、损失分担原则等有关安排加以监管，以保证当日清算活动能及时、最终完成。

（四）提供证券和金融衍生工具交易清算服务

因为证券和金融衍生工具交易所产生的债权债务清算不同于一般经济活动所产生的债权债务清算，故不少发达国家都设立了专门为证券和金融衍生工具交易提供清算服务的支付系统。比如英格兰银行提供中央金边证券系统（CGO）和中央货币市场系统（CMO）的支付与清算服务。由于证券交易金额大，不确定因素多，易引发支付系统风险，尤其是政府证券交易直接关系到中央银行公开市场操作的效果，所以中央银行对其格外关注。

（五）提供跨国支付服务

在国家的对外支付清算和跨国支付系统网络建设中，中央银行也发挥着不可替代的作用。中央银行作为政府的银行，负有代表国家发展对外金融关系、参与国际金融活动、管理官方储备、监督外汇收支和资本流动等重要职责，而国际结算面临对方毁约、银行资信等信用风险和汇率、利率波动等市场风险，因此，中央银行会利用其特殊身份对国际结算活动施加影响，并直接或间接进行干预。跨国清算通常是通过各国的指定银行分别向本国的中央银行办理，由两国中央银行集中两国之间的债权债务直接进行抵销，完成清算工作。

三、支付系统的种类与运行

在不同的国家，为服务于不同的支付清算领域，设立了不同类型的支付系统，中央银行对这些支付系统的参与程度及监管方式也各不相同。

（一）按经营者身份的不同划分

1. 由中央银行拥有并经营的支付系统

由于支付系统对国家经济、金融及社会生活的影响重大，因此各国政府对支付系统特别是主干支付系统的建设与运行极为重视，很多国家的中央银行直接拥有并经营支付系统，像美国联邦储备体系、中国人民银行、日本银行、瑞士银行、德意志联邦银行等，都通过其拥有的支付系统，干预和影响社会整体的支付清算活动。

2. 由私营清算机构拥有并经营的支付系统

像纽约清算所协会的CHIPS、英国的伦敦自动化清算所支付系统（CHAPS）、日本东京银行家协会的全银数据通信系统等由私营清算机构拥有并经营。CHAPS是英国的大额英镑清算系统，于1984年投入运行。在CHAPS运行高峰时期的1992年，每七天通过该系统支付的英镑金额与英国当年的GDP旗鼓相当，最高时日交易量相当于英国全年GDP的25%。

3. 各银行拥有并经营的行内支付系统

商业银行往来处理各分支机构间的汇兑往来和资金清算，一般都建立自己的行内支付系统。通过该系统的运行，银行可以为客户提供更加快捷的支付清算服务。

（二）按支付系统的服务对象及每笔业务量划分

1. 大额实时支付系统（资金转账系统）

大额实时支付系统（简称大额支付系统）是一国支付系统的主干线，其运行对金融市场及金融体系效率产生重大影响。大额支付对系统用户的准入资格有严格要求，一般采用电子资金转账系统。根据系统服务的提供者、时间安排及透支与否等不同，大额支付系统可以进一步划分为：

（1）中央银行运行的实时全额、无透支系统。

（2）中央银行运行的实时全额、有限透支系统。

（3）中央银行运行的定时、差额清算系统。

（4）私营多方差额清算系统。

2. 小额批量支付系统（零售支付系统）

小额批量支付系统（简称小额支付系统）与社会经济和消费活动紧密交融，其服务对象主要是工商企业、个人消费者、其他小型经济交易的参与者。小额支付系统一般由各国的银行系统、私营清算机构经营，大部分采用批量处理、差额清算方式。该系统的运行效率反映了一个国家的金融基础设施状况，其服务质量影响着公众对金融业的评价与信心。

（三）按支付系统服务的地区范围划分

1. 境内支付系统

境内支付系统是整个支付系统的主要构成部分，主要处理一国境内各种经济和消费活动所产生的本币支付与清算，运行的质量对一国经济和金融活动的效率具有重大的影响。

2. 国际性支付系统

国际性支付系统主要处理国际各种往来所产生的债权债务清偿和资金的转移，一般可分为两种类型：

（1）由某国清算机构建立并运行，由于该国金融及货币在世界经济中居于领先地位，境内支付系统逐步扩展至国际支付清算领域，比如美国的CHIPS、英国的CHAPS以及日本的外汇日元清算系统等，国际金融领域的大部分交易都借助于这些系统进行处理。

（2）由不同国家共同组建的区域性支付系统。如由欧洲中央银行建立的“欧洲间实时全额自动清算系统”（TARGET），处理欧元区国家间大额欧元交易的支付清算。

四、中国支付清算体系

（一）中国支付清算体系的发展

改革开放之后，中国的国民经济快速发展，社会消费水平迅速提高，对外交往扩大，对金融服务的需求日益增大，原有的支付清算体系已经无法适应经济的需要，因而需要对金融体制和支付清算体系进行全方位的改革，以保证其适应需要。

1. 中国人民银行在国家支付清算体系中法律地位的确立

改革开放之前，中国人民银行兼具中央银行和商业银行的双重属性，其在国家支付清算体系中的核心地位基于计划经济体制和“大一统”的银行体制。改革开放之后，中国人民银行在支付清算体系中的核心地位的基础是中央银行制度安排以及法律赋予的职责权力。1984 年，中国人民银行开始专门行使中央银行职能。1995 年《中国人民银行法》的出台，标志着中国人民银行的支付清算服务由执行国家行政指令转变为依法履行职责。

2. 支付清算体系的变革

改革开放以后，原有的全国大联行支付清算体系已无法适应经济建设的需要，因此中国人民银行对其进行了一系列改革。1980 年，中国人民银行在全国推行了异地委托收款结算方式和限额结算方式。1985 年，中国人民银行开始在全国推行商业汇票承兑、贴现业务和中央银行再贴现业务。1986 年，为适应多种经济形式的出现及结算需要，中国人民银行批准开办了个体经济和个人使用支票业务，结束了银行只为国有经济和集体经济提供转账结算服务的历史，同时加强对票据使用的管理及清算设施的建设。同年 4 月，中国人民银行颁发了《再贴现试行办法》，从而使商业承兑汇票、贴现业务在全国范围内逐步展开，重新确立了票据结算的重要地位。1988 年，国务院批准了中国人民银行《关于改革银行结算的报告》，启动了我国结算制度的重大改革。其基本内容为：明确银行与客户的平等信用关系；强调结算工具的“方便、通用、迅速、安全”功能；坚持“恪守信用，履约付款；谁的钱进谁的账，由谁支配；银行不垫款”的原则。此次改革确立了票据在结算中的主导地位，开始向国际通行的做法靠拢，实现了我国结算制度的重大突破。1996 年 1 月 1 日《中华人民共和国票据法》正式实施，中国人民银行相继颁布了《票据管理实施办法》《中国人民银行支付结算办法》等规章制度，标志着我国将票据融资与结算管理逐步纳入了法制化轨道。1996 年 11 月中国现代化支付系统进入工程实施阶段。2002 年 10 月 8 日，该系统正式在中国人民银行清算总中心上线运行。

3. 联行清算体系的变革

1985 年，为适应银行信贷资金管理，推行“统一计划、划分资金、实贷实存、相互融通”的管理模式，全国联行清算体系也随之进行重大变革，将“大联行”改革为各专业银行自成联行系统、跨行直接通汇清算，将中国人民银行和专业银行的资金分开管理，以利于资金的清算和划拨转移。1987 年 4 月 1 日，中国人民银行再次改革了联行资金清算办法，以分清中国人民银行和专业银行之间的资金以及专业银行之间的资金，旨在改变资金相互占用的状况。

4. 建立支付清算管理体制

1995 年，我国开始实行支付清算会员制管理试点工作；在此基础上，1997 年底，中国人民银行联合各商业银行和政策性银行，成立了国家金融清算中心，其担负着维护支付系统正常运行的重要职能。中国人民银行负责组织和协助金融机构之间的支付系统的建设，协调金融机构之间的清算事项，在支付清算管理体制中起主导作用。

(二) 支付清算体系和支付系统的现代化改革与建设

1991年我国开始规划建设中国现代化支付系统（China National Advanced Payment System，CNAPS），1996年开始动工建设。该系统涉及中国人民银行清算总公司和各家商业银行、政策性银行、股份制银行、外资银行及其他金融机构。它将覆盖全国324个城市处理中心，预计达到8 964个商业银行网点；采用大额实时、小额批量的处理模式，主要用于解决各家商业银行间的跨行资金支付清算及结算问题。它包括中国人民银行统一运行管理的大额支付系统（HVPS）、中国人民银行和商业银行及其他金融机构共建共有共用的小额批量支付系统（BFPS）、中央银行账户管理系统（SAPS）、支付银行卡授信系统（BCAS）、政府债券簿记系统（CSES）、同城票据交换所（LCH）和金融管理信息传输服务（FITS）等。

1. 同城票据交换所

本地或同城支付是通过约2 500个分布在中心城市和县城的同城票据交换所进行处理的。“同城”系按行政区划划分，包括市辖郊县范围。所有同城跨行支付和大部分行内支付交易都是通过同城票据交换所进行交换和结算的。另外，异地跨行支付在送交商业银行内联行系统处理之前，首先经同城票据交换所进行跨行交换和结算。

中国人民银行拥有和运行同城票据交换所，对参与票据交换的成员进行监督和提供结算服务。在支付业务量大的地方，一天进行两次交换，一般每天上午交换一次。余额结算采取净额方式，资金次日抵用。

20世纪80年代，中国同城票据交换所主要采取手工处理方式，其缺陷是效率低、劳动强度大、错误率高。自80年代中期以来，中国启动了同城清算的电子化和自动化改革。部分同城交换开始采用磁介质交换信息，一些大城市的同城交换开始采用票据清分机或用网络交换支付信息。目前，这些同城票据交换所的自动化和网络程度在迅速提高。

2. 全国电子联行系统

全国电子联行系统（EIS）是中国人民银行在支付系统现代化建设中的第一次尝试，其主要设计思想是要克服纸票据传递迟缓和清算流程过分烦琐造成大量在途资金的问题，从而加速资金周转，减少支付风险。全国电子联行系统采用VSAT卫星通信技术，在位于北京的中国人民银行清算总中心主站和中国人民银行各地分/支行的小站之间传递支付指令。中国人民银行于1989年开始建立处理跨行异地支付的全国电子联行系统，1991年正式运行，专门处理银行业异地资金的汇划业务。2002年该系统平均每天处理电子联行业务15万笔左右，金额达1 500多亿元，是我国异地资金汇划调拨的主渠道。该系统对加快我国的资金周转、提高社会资金的运用效率、促进国民经济的发展，发挥了重要的作用。

全国电子联行系统的业务流程可以概括如下：

(1) 汇出行（商业银行分/支行）把支付指令（以手工或电子方式）提交到当地发报行（中国人民银行分/支行）。

(2) 发报行将支付指令经账务处理（借记汇出行账户）后送入系统，经卫星通信网络传输到全国清算总中心。

(3) 全国清算总中心（实际作为信息交换中心）将支付指令按收报行分类后，经卫星通信网络发送到收报行。

(4) 收报行接收到支付指令后，按汇入行分类。

(5) 收报行为每一家汇入行生成支付凭证和清单，送汇入行。

EIS 的设计使异地支付（包括商业银行内各分行之间的支付和异地跨行支付）的处理流程更加合理，从而大大加快了异地支付的清算和结算过程。但是由于中国人民银行清算账户的开设和管理方式仍然没有改变，所有账务处理仍然分散在中国人民银行各分行完成，所以 EIS 只不过是把支付工具交换路程最远的一段“电子化”了。

近年来，无论是中央银行还是商业银行，都对银行电子化进行了大量投资，取得了显著的效果。中央银行和各大商业银行基本上都建立起了全国范围的通信网络和各级支付清算中心。

3. 中国现代化支付系统

中国现代化支付系统（见阅读延伸 6－1）是在国家级金融通信网（CNFN）上运行的我国国家级的现代化支付系统，是集金融支付服务、支付资金清算、金融经营管理和货币政策职能为一体的综合性金融服务系统。它集全国电子联行系统、商业银行电子汇总系统等于一身，是中国人民银行建设运行的核心支付系统，是连接各银行资金运行的枢纽和桥梁，是社会经济活动的重要金融基础设施。该支付系统为各银行机构和广大企事业单位以及金融市场提供快速、安全、可靠的支付清算服务，支撑多种支付工具的运用，满足社会经济活动的需要。CNAPS 试点工程自 1997 年 6 月正式启动以来，已取得了重大的进展。CNAPS 的运行使我国的电子与网络支付体系建设迈入世界先进行列，为我国跨区域的电子商务网络支付提供了强有力的支撑。

☞**阅读延伸 6－1**

中国现代化支付系统

（一）体系结构

中国现代化支付系统是中国人民银行按照我国支付清算的需要，利用现代计算机技术和通信网络自主开发建设的，能够高效、安全地处理各银行办理的同城、异地各种支付业务及其资金清算和货币市场交易的资金清算的应用系统。它是各银行和货币市场的公共支付清算平台，是中国人民银行发挥其金融服务职能的重要的核心支持系统。中国人民银行通过建设现代化支付系统，逐步形成了一个以中国现代化支付系统为核心、以商业银行行内系统为基础、各地同城票据交换所并存、支撑多种支付工具的满足社会各种经济活动支付需要的中国支付清算体系。

中国现代化支付系统建有两级处理中心，即国家处理中心（NPC）和城市处理中心（CCPC）。国家处理中心分别与各城市处理中心连接，其通信网络采用专用网络，以地面通信为主，卫星通信备份。

政策性银行和商业银行是支付系统的重要参与者。各政策性银行、商业银行可利用行内系统通过省会（首府）城市的分支行与所在地的支付系统 CCPC 连接，也可由其总行与所在地的支付系统 CCPC 连接。同时，为解决中小型金融机构结算和通汇难问题，允许农村信用社自建通汇系统，比照商业银行与支付系统的连接方式处理；城市商业银行汇票业务的处理，由其按照支付系统的要求自行开发城市商业银行汇票处理中心，依托支付系统办理其银行汇票资金的移存和兑付的资金清算。

中央银行会计核算系统（ABS）是现代化支付系统运行的重要基础。为有效支持支付系统的建设和运行，并有利于加强会计管理，提高会计核算质量和效率，中央银行会计核算也逐步集中：首先将县支行的会计核算集中到地市中心支行，并将地市中心支行的会计集中核算系统与支付系统 CCPC 远程连接。地市级（含）以上国库部门的国库核算系统（TBS）可以直接接入 CCPC，通过支付系统办理国库业务资金的汇划。

为有效支持公开市场操作、债券发行及兑付、债券交易的资金清算，公开市场操作系统、债券发行系统、中央债券簿记系统在物理上通过一个接口与支付系统 NPC 连接，处理其交易的人民币资金清算。为保障外汇交易资金的及时清算，外汇交易中心与支付系统上海 CCPC 连接，处理外汇交易人民币资金清算，并下载全国银行间资金拆借和归还业务数据，供中央银行对同业拆借业务的配对管理。

为适应各类支付业务处理的需要，现代化支付系统包括了大额实时支付系统和小额批量支付系统两个应用系统。

大额实时支付系统实行逐笔实时处理，全额清算资金。建设大额实时支付系统，就是为了给各银行和广大企业单位以及金融市场提供快速、高效、安全、可靠的支付清算服务，防范支付风险。同时，该系统对中央银行更加灵活、有效地实施货币政策具有重要作用。该系统处理同城和异地、商业银行之间的和行内的大额贷记及紧急的小额贷记支付业务，处理中国人民银行系统的贷记支付业务。

小额批量支付系统在一定时间内对多笔支付业务进行轧差处理，净额清算资金。建设小额批量支付系统的目的，是为社会提供低成本、大业务量的支付清算服务，支撑各种支付业务的使用，满足社会各种经济活动的需要。该系统处理同城和异地纸凭证截留的商业银行之间的定期借记和定期贷记支付业务、中央银行会计和国库部门办理的借记支付业务，以及每笔金额在规定起点以下的小额贷记支付业务。小额批量支付系统实行批量发送支付指令，轧差净额清算资金。

（二）发展动态

2002 年 10 月 8 日，大额实时支付系统首先在北京、武汉投产试运行成功，标志着中国现代化支付系统建设取得了突破性进展。2003 年 4 月 14 日和 4 月 21

日，大额实时支付系统先后在上海、西安、天津、广州、南京、济南、沈阳、成都、重庆、海口、深圳等11个城市投产试运行成功。2003年12月1日，大额实时支付系统在石家庄、太原、呼和浩特、哈尔滨、长春、杭州、福州、郑州、合肥、长沙、南昌、南宁、贵阳、昆明、拉萨、兰州、银川、西宁、乌鲁木齐等19个城市投产试运行成功。至2003年底，大额实时支付系统已成功推广到全国所有省会（首府）城市、直辖市和深圳等32个城市，初步形成了支付系统的基本构架。

2005年11月28日，小额批量支付系统在天津市、福建省成功试点运行之后，分别于2006年2月20日在北京、甘肃、海南三省市，3月27日在江苏、湖北、重庆、河北、江西、新疆六省区市，4月24日在山东、四川、陕西、黑龙江、安徽、湖南六省，5月29日在广东、山西、吉林、浙江、河南、广西、云南七省区，6月26日在上海、辽宁、内蒙古、贵州、西藏、青海、宁夏、深圳八省区市成功上线运行。

2002—2006年期间，大额实时支付系统、小额批量支付系统陆续建成，标志着以现代化支付系统为核心、以商业银行行内系统为基础、各地同城票据交换系统和卡基支付系统并存的支付清算体系初步形成，我国金融基础设施进一步完善，银行业整体服务水平显著提高。

2006年12月18日，支票影像交换系统（CIS）在中国人民银行清算总中心和北京、上海、天津、广州、石家庄、深圳分中心成功试点运行。支票影像交换系统成功试点上线，是中国人民银行继大额实时支付系统、小额批量支付系统后支付清算系统建设的又一重要里程碑。

2007年6月25日，支票影像交换系统在其他26个支票影像交换系统分中心同时上线运行，至此，支票影像交换系统的全国推广完成。

中国人民银行逐步建设了更加统一、安全、高效的第二代支付系统和中央银行会计核算数据集中系统（ACS），目的是进一步提高中央银行的履职能力，提供强有力的基础设施服务，有效满足社会经济的支付需求，促进金融机构改善经营管理，支持经济金融又好又快发展。按照系统建设实施计划，第二代支付系统的网银互联应用系统先行建设，已于2011年1月完成了全国推广，第二代支付系统的其他应用系统和ACS也于2012年10月上线运行。

2013年支付业务统计数据显示，支付系统安全、稳定运行，社会资金交易规模进一步扩大，支付业务和工具不断创新，零售支付服务市场持续改善，对提高资金使用效率、夯实支付服务实体经济基础、满足社会公众日益增长的支付服务需求发挥了积极作用。

1. 非现金支付工具

2016年，全国共办理非现金支付业务1 251.11亿笔，金额为3 687.24万亿元，同比分别增长32.64%和6.91%。

（1）票据。票据业务量持续下降。2016年，全国共发生票据业务2.93亿笔，金额为187.79万亿元。其中，支票业务2.73亿笔，金额为165.80万亿元；实际结算商业汇票业务 1 656.45 万笔，金额为 18.95 万亿元；银行汇票业务 153.01 万笔，金额为 9 504.63 亿元；银行本票业务 234.52 万笔，金额为 2.09 万亿元。电子商业汇票系统运行平稳，业务量继续保持快速增长趋势。2016 年全年电子商业汇票系统出票 230.47 万笔，金额为 8 344 399 亿元；承兑 237.75 万笔，金额为 85 818.25 亿元；贴现 8 377 万笔，金额为 5 770 163 亿元；转贴现 325.08 万笔，金额为 491 822.12 亿元。截至 2016 年末，电子商业汇票系统参与者共计 426 家，较上年末增加 30 家。

(2) 银行卡。截至 2016 年末，全国银行卡在用发卡数量为 61.25 亿张，同比增长 12.54%，增速比上年提高 2.28 个百分点。其中，借记卡在用发卡数量为 56.60 亿张，同比增长 12.96%，增速比上年提高 1.15 个百分点；信用卡和借贷合一卡在用发卡数量共计 4.65 亿张，同比增长 7.60%，增速比上年提高 12.69 个百分点。借记卡在用发卡数量与信用卡在用发卡数量之间的比例约为 13.46∶1，比上年有所上升。截至 2016 年末，全国人均持有银行卡 4.47 张。其中，人均持有信用卡 0.31 张。从全国各行政区信用卡分布情况来看，北京市信用卡人均持有量远高于全国平均水平，达到 1.35 张。

截至 2016 年末，中国银联银行卡跨行交易清算系统联网商户有 2 067.20 万户、联网 POS 机具有 2 453.50 万台、ATM 有 92.42 万台。每台 ATM 对应的银行卡数量为 6 627 张，每台 POS 机具对应的银行卡数量为 250 张。

从银行卡交易量来看，2016 年，全国共发生银行卡交易 1 154.74 亿笔，同比增长 35.49%，金额为 741.81 万亿元；日均 3.16 亿笔，金额为 2.03 万亿元。其中，银行卡存现 104.74 亿笔，金额为 77.17 万亿元；取现 179.98 亿笔，金额为 65.50 万亿元；转账业务 486.73 亿笔，金额为 542.64 万亿元；消费业务 383.29 亿笔，金额为 56.50 万亿元。消费业务平稳发展。2016 年，全国银行卡卡均消费金额为 9 593 元；笔均消费金额为 1 474 元；银行卡跨行消费业务 202.43 亿笔，金额为 49.07 万亿元，分别占银行卡消费业务量的 52.81%和 86.85%。

从银行卡信贷规模来看，截至 2016 年末，银行卡授信总额为 9.14 万亿元；银行卡应偿信贷余额为 4.06 万亿元；银行卡卡均授信额度为 1.96 万元，授信使用率为 44.45%。信用卡逾期半年未偿信贷总额为 535.68 亿元；信用卡逾期半年未偿信贷总额占信用卡应偿信贷余额的 1.40%。

(3) 其他结算方式。2016 年，全国共发生贷记转账、直接借记、托收承付、国内信用证等其他业务 93.44 亿笔，金额为 2 757.63 万亿元。其中，贷记转账业务 79.00 亿笔，金额为 2 675.18 万亿元。

(4) 网络支付。网络支付业务增长迅速。2016 年，银行共发生网上支付业务 461.78 亿笔，金额为 2 084.95 万亿元；共发生电话支付业务 2.79 亿笔，金额为 17.06 万亿元；共发生移动支付业务 257.10 亿笔，金额为 157.55 万亿元。2016 年，支付机构累计发生网络支付业务 1 639.02 亿笔，金额为 99.27 万亿元。

2. 支付系统

2016 年，支付系统业务量继续稳步增长。各类支付系统共处理人民币支付业务626.37亿笔，金额为5 120.33万亿元。中国人民银行大额支付系统和银行业金融机构行内支付系统资金交易规模继续占据主导地位。

(1) 中国人民银行支付系统。2016年，全年共处理支付业务31.74亿笔，金额为3 647.21万亿元。

2016年，大额支付系统业务量按照支付业务往账口径统计，全年共处理支付业务8.26亿笔，金额为3 616.30万亿元；平均每笔为437.98万元；日均处理支付业务328.95万笔，金额为14.41万亿元。

2016年，小额支付系统按照支付业务往账口径统计共处理支付业务23.48亿笔，金额为30.91万亿元；平均每笔为1.31万元；日均处理支付业务646.91万笔，金额为851.60亿元。

2016年，网上支付跨行清算系统全年共处理支付业务44.53亿笔，金额为37.46万亿元；平均每笔为0.84万元；日均处理支付业务1 226.76万笔，金额为1 031.98亿元。截至2016年末，共有195家机构接入网上支付跨行清算系统。

2016年，全国支票影像交换系统业务量较上年小幅下降。按照支付业务往账口径统计，全年共处理业务791.67万笔，金额为4 100.83亿元；平均每笔为5.18万元；日均处理业务2.18万笔，金额为11.30亿元。

2016年，同城票据交换系统全年共处理业务3.72亿笔，金额为130.80万亿元，笔数同比减少5.74%，金额同比增长5.20%。日均处理业务148.39万笔，金额为5 211.35亿元。

(2) 其他机构支付系统。2016年，银行业金融机构行内支付系统全年共处理业务258.30亿笔，金额为1 215.47万亿元，分别占支付系统业务量的41.24%和23.74%；日均处理业务7 057.47万笔，金额为3.32万亿元。

2016年，中国银联银行卡跨行交易清算系统累计实现成功交易笔数271.07亿笔，金额为72.89万亿元，同比分别增长16.75%和35.16%，分别占支付系统业务量的43.28%和1.42%；日均处理业务7 426.58万笔，金额为1 996.99亿元。

2016年，城市商业银行资金清算中心支付清算系统接入行有137家，当年新增37家。全年共处理支付业务882.73万笔，清算资金7 963.02亿元。其中，汇兑业务353.83万笔，清算资金7 318.14亿元；通存通兑业务30.94万笔，清算资金604.59亿元；实时代收付业务497.96万笔，清算资金40.28亿元。

2016年，城市商业银行汇票处理系统全年累计签发银行汇票2.82万笔，金额为328.55亿元；累计兑付银行汇票0.86万笔，金额为188.39亿元。

3. 人民币银行结算账户

截至2016年末，全国共开立人民币银行结算账户83.53亿户，同比增长13.34%，增速上升0.17个百分点。

(1) 单位银行结算账户。单位银行结算账户数量平稳增长，基本存款账户数量在单位银行结算账户中的占比小幅上升，临时存款账户数量呈现持续减少趋势。截至 2016 年末，全国共开立单位银行结算账户 4 939.47 万户，同比增长 11.27%。其中，基本存款账户为 3 282.67 万户，同比增长 15.77%。分省（自治区、直辖市）来看，江苏省、广东省（不含深圳）、浙江省、山东省、上海市单位银行结算账户数量居全国前五位。分行别来看，中国工商银行、中国建设银行、中国农业银行、农村信用社、城市商业银行单位银行结算账户数量居各行前五位。

（2）个人银行结算账户。个人银行结算账户数量延续增长态势，人均拥有个人银行结算账户量稳步上升。截至 2016 年末，全国共开立个人银行结算账户 83.03 亿户，同比增长 13.35%。分省（自治区、直辖市）来看，山东省、广东省（不含深圳）、江苏省、浙江省、上海市个人银行结算账户数量居全国前五位。

资料来源：中国人民银行网站。

五、中央银行支付清算服务的重要性

（一）支付系统运行是经济和社会生活正常运转的重要保障

大多数国家的中央银行在支付清算体系中占有支配地位，为商业银行等金融机构和各类重要的大额交易提供最后的清算支付服务，使同城、异地及跨国交易所引起的债权债务以及衍生金融工具交易得以实现最终划拨清偿，避免商业银行等金融机构占用大量汇差资金，减少在途资金，对于优化资源配置、提高劳动生产率、保障经济健康有序发展以及社会生活正常运转具有极为重要的意义。

（二）支付系统的运行效率对中央银行货币政策的实施具有重要影响

（1）中央银行通过提供清算服务，掌握全社会的金融状况和资金运动趋势，有助于正确制定货币政策、增强货币政策实施效果。

（2）公开市场操作手段有效发挥作用的前提是灵活高效的清算体系。因为中央银行在公开市场买卖证券并不是为了赚取价差，而是为了调节货币供应量，一旦买卖行为实施，就要求马上完成有关资金的收付，否则就会妨碍政策的效果，也使中央银行难以对是否继续进行操作作出正确判断。

（3）灵活高效的清算体系有助于增强货币市场的流动性，从而使中央银行更直接准确地进行货币操作，使操作信息更快速地传递至市场参与者并快速反馈至中央银行，加强中央银行货币操作的效果。

（4）当清算过程中支付指令的传送和支付资金的清算转移不同步而产生在途资金时，将增加银行流动性管理的难度。中央银行可通过提供高效率的清算服务，减少在途资金。

（5）中央银行在提供清算服务的同时，还往往提供透支便利，以维持清算系统的正常运作。当发生如金融机构倒闭、计算机故障或其他不可预测的突发事件导致的金融机构流动性风险时，由中央银行提供临时性信贷，以防止“多米诺骨牌”效应引发的清算系统瘫痪的发生。

（三）与金融稳定具有密切的相关性

随着金融日益成为现代市场经济的核心，各国中央银行逐步认识到建立、完善支付清算系统，也是保障金融稳健运行、保障正常的交易与支付秩序、防范金融危机的重要措施，因为支付系统是金融政策信息和金融危机的主要传递渠道之一。如果金融体系中一家银行不能履行支付义务，则债权银行及该银行的客户也会对其他银行和交易主体拒绝转账划拨，从而发生连锁效应，在经济金融一体化发展和信息快速传播的情况下，整个国家乃至跨国支付系统都将面临极大威胁，这些直接危及整个社会金融体系的稳定。中央银行通过提供支付清算服务，可以及时了解支付清算系统的运行状况，从而进一步判断整个金融体系的运行状况。在这个过程中，中央银行通过制定支付清算系统的相关规章制度（实际上也是其履行金融监管职能的体现），来实现金融监管的目标——金融稳定。

第三节　跨国支付清算服务

一、跨国交往与跨国支付清算

随着跨国经贸、金融、投资的快速增长，国际债权债务清偿和跨国支付清算活动逐步扩大。从一个国家的角度来看，其所有对外债权债务清偿及资金流动均需要借助本国银行提供的国际结算服务加以实现，现代国际结算业务已经发展成为集支付、融资、担保及相关配套服务于一体的综合性跨国银行业务。而对一国的银行来说，要实现本国客户委托的对外结算业务，必须依靠其他银行的协作，所以不同国家银行间的业务往来即构成了跨国清算的重要内容。因此，按照一定的规则、程序并借助结算工具和支付系统，清偿国际债权债务和实现资金跨国转移的行为就是跨国支付清算。

跨国支付清算既是一项银行业务，也是一种跨国经济行为，在世界经济活动中占有重要的地位。跨国支付清算使国际资金流动得以顺利进行，债权债务得以按期清偿，货币收付得以及时实现，从而保证各国对外交往的正常开展以及国际社会的正常运转。尤其是在世界经济一体化的发展进程中，国际分工格局以及国际经贸关系在不断发生变化，国际经济、贸易、投资、金融活动愈加活跃，国家、区域、集团间的合作更加密切，作为实现国际往来的桥梁，跨国支付清算的重要作用愈加突出。

二、跨国支付清算的特征

（一）具有全局性与世界性的特点

由于跨国支付清算解决的是国际资金转移与债权债务清偿，因此，对一国的银行而言，其国际清算业务具有涉外性；而就世界范围而言，跨国支付清算又是一种超越国界的跨国金融活动。鉴于此，跨国支付清算涉及诸多与“国际”或“涉外”有关的事项和因素，其效率不仅取决于各国银行的业务水平，也取决于各国银行的合作程度及跨国支付系统完善与否。另外，跨国支付的质量不仅事关本国利益，还涉及其他当事国。鉴于跨国支付清算的上述特征，其运作、创新与发展必须注重全局性与世界性。

（二）涉及不同国家的货币

货币支付既可使用出口国货币，也可使用进口国货币，还可使用第三国货币，选择结果须以合同形式加以确定；国际结算中使用的票据、单据、凭证及各种商务、金融文件中的金额价值通常以不同货币表示；各国出于保值、获利、投机等目的而进行的跨国金融活动，使得全球不同种货币之间的兑换与收付极为频繁，且涉及的交易金额巨大。因此，跨国支付清算的基本任务就是通过各种货币之间的兑付与转账划拨，实现国际债权债务的清偿与资金的正常流动。基于各种因素的促成，一些国家的货币，如美元、日元、英镑等逐步演化为世界主要支付与储备货币，在跨国支付清算中占有重要位置。欧元启动后，其在欧洲及至世界支付系统中的地位已引起广泛关注。

（三）涉及不同的支付清算安排

跨国支付不仅跨越国界，还根据交易方式及参与者的不同，有相应的清算安排。例如，在现汇贸易领域，一般以自由的多边结算制度为主，即国际货物购销所产生的债权债务利用自由兑换货币通过银行间的转账结算加以抵销清偿；而在记账贸易领域，则以政府管制下的双边结算制度为主，即由两国政府签订支付协定，指定清算银行并开立清算账户，使用指定的清算货币以记账方式反映及清偿两国贸易往来所产生的债权债务；集团内部的贸易往来多采用多边国际结算安排，旨在便利交易，减少贸易壁垒，以利于区域内生产要素的自由流动和资源配置，从而降低成本，提高效率。

（四）需要借助跨国支付系统及银行往来账户实现跨国银行间清算

由于跨国支付处理的是国际资金转移与债权债务清偿，所以为了提高运作效率和安全程度，必须借助现代化跨国支付系统实现跨国银行间清算。此外，两国（多国）银行间设置的往来账户也是跨国支付清算所必需的。银行的国际往来账户主要有：中央银行往来、国际同业银行往来、国际联行往来和代理行往来等。每笔跨国支付清算业务都与相关的往来账户有关，且一笔跨国支付往往涉及当事国的国际结算业务。其中的风险防范是所有参与者及跨国金融业监管所面临的重要课题。实践表明，随着全球范围内风险意识的普遍增强，不仅交易者处理对外商务时采取了更为谨慎、稳健的经营原则，商业银行也更加注重客户资信与市场调研，各国金融监管当局对国际支付活动的监管与它们之间的合作力度也有所加强。

三、主要国际性支付清算系统

（一）欧洲支付系统及欧元清算系统

在欧洲统一货币的发展进程中，欧洲支付系统建设一直处于重要位置，欧盟各国中央银行为此付出了巨大努力并积极合作。欧盟各国创造、设计了多种支付工具和支付系统，极大地便利了各国间的要素和人员流动，促进了市场统一。如由欧洲银行卡国际组织、欧洲支票国际组织等欧洲支付组织于 1992 年 9 月 1 日在比利时联合成立的欧洲支付国际组织，拥有和管理着跨国零售支付系统，提供欧洲支票、旅行支票、各种卡类支付等欧洲内和跨洲服务。另外，为了降低跨国小额支付成本，欧盟各国建立了 ACH 联网系统，集中处理跨国小额零星支付。而欧盟各国跨国行间大额支付系统的建立与运行，更是为欧洲实现货币统一目标发挥了巨大作用。

主要的欧洲跨国行间支付系统有：

1. EBA 清算系统

EBA 清算系统属欧洲银行协会（European Bank Association，EBA）所有，专门用于欧洲银行间欧洲货币单位（ECU）的清算。欧洲银行协会成立于 1985 年，总部设在巴黎。其组织章程规定，凡是在欧盟国家设有总部或分支机构的商业银行均可申请成为 EBA 的成员银行；获得成员银行资格两年以后，在符合 EBA 清算规则的基础上，可进一步申请成为 EBA 的清算银行。国际清算银行是 EBA 各清算银行的代理机构，每个清算成员银行需在国际清算银行开立 ECU 活期账户和清算账户，以实现日终轧差的净额清算。1999 年 1 月 1 日欧元启动后，EBA 清算系统以 1∶1 的汇兑率将 ECU 转换成欧元，从而成为一个新的欧元清算系统。其清算成本较低，主要用于小额欧元零售交易的支付清算。

2. EAF 清算系统

欧洲法兰克福清算系统（Euro Access Frankfurt National Cleaning System，EAF 清算系统）曾经是一个德国马克清算系统，建于德国法兰克福，由德国中央银行——德意志联邦银行负责经营管理。该清算系统向所有欧洲银行开放，在特殊情况下其他国家的银行也可参加。EAF 清算系统主要适用于大额外汇交易、银行间资金收付、贸易与非贸易收付等。随着欧元的启动，EAF 清算系统已由以德国马克为清算货币转换为以欧元为清算货币。由于 EAF 清算系统有众多的外国银行参与，因此德意志联邦银行积极致力于该系统在欧元区的业务拓展，法兰克福已成为欧洲重要的支付清算中心。

3. TARGET 系统

欧盟统一货币计划的实施，需首先解决欧元区内多国、多币种清算系统并存的问题。为保证欧元的启动及贯彻实施欧洲中央银行体系的单一货币政策，需要构建一个在任何情况下都能保证在当天进行大额资金收付的泛欧支付系统。为此，欧洲货币局于 1995 年 5 月宣布拟建立一个跨国界的大额欧元支付系统 TARGET。1999 年 1 月 1 日起，建在德国法兰克福的 TARGET 系统正式启动。TARGET 系统的成员为欧元区内各国的中央银行，任何一家金融机构只要在欧元区内所在国家的中央银行开立汇划账户，即可通过其所在国中央银行运行的本国实时全额清算系统（RTGS）与 TARGET 系统相连接，进行欧元的跨国清算。欧洲中央银行及参与国中央银行共同监督 TARGET 系统的运营状况，并作为清算代理人直接参与 TARGET 系统的运行，各国原有的中央银行支付系统并不取消。TARGET 系统的运行效率高于原有的跨国资金转账安排，欧元资金可以实时、全额地从欧盟一国银行划拨到另一国银行，而不必经过原有的货币汇兑程序，从而减少了资金占用，改进了效率和安全系统，对欧洲中央银行实施货币政策操作具有重要作用。TARGET 系统的业务范围包括：与贯彻欧洲中央银行统一货币政策有关的业务、银行间的大额欧元清算、银行客户间的欧元收付结算等。

（二）纽约清算所同业银行支付系统

1. CHIPS 介绍

CHIPS 是一个国际大额美元支付清算系统，也是世界上最大的私营支付清算系统，由纽约清算所协会所有并经营。其参加成员可以是纽约清算所协会会员、纽约市的商业银行、外国银行在纽约的分支机构、符合纽约州银行法规定的投资公司等，非 CHIPS 成员可通过 CHIPS 成员的代理而通过 CHIPS 转账。中国银行于 1986 年加入了 CHIPS，是我国首家加入 CHIPS 的银行。CHIPS 提供的服务包括：由国际贸易、外汇买卖、国际信贷、欧洲美元交易、欧洲证券交易、短期金融工具交易等引起的美元资金支付与清算。此外，CHIPS 成员还可通过该系统进行美国国内贸易及证券交易资金清算、代理行间的资金划转、对美国其他支付系统的头寸调拨等。CHIPS 通过纽约清算所协会租用的电话公司高速数据传输线路运行，包括一个主处理中心和一个备份处理中心，成员直接与 CHIPS 的通信网络连通。CHIPS 的运行功能是，作为成员之间的支付指令交换和记账中心，在营业日开始时成员的清算余额均为零，当资金发送方将支付命令传送至 CHIPS 时，CHIPS 对支付命令进行真伪辨别后，就随即分别对资金发送方与资金接受方进行相应的借记或贷记记录，并连续不断地计算每一个成员的净头寸。下午 4 时 30 分以后，纽约清算所协会分别向每一成员告知其当日的净头寸，向清算成员告知其所代理的非清算成员的总净头寸。清算成员间的净差额通过美联储的联邦电子资金系统（FEDWIRE）及纽约清算所协会在纽约联邦储备银行开设的清算账户进行最终清算，非清算成员与清算成员之间的清算则通过前者在后者开立的代理行账户实现。纽约清算所协会在下午 6 时之前通知所有成员当日清算已经完成。

2. 美联储与 CHIPS

美联储在 CHIPS 运行中的作用主要体现在以下两个方面。

（1）提供支付清算服务。

每个营业日 CHIPS 运行所产生的收付差额须通过美联储的 FEDWIRE 实现最终清算。为此，纽约清算所协会在纽约联邦储备银行建立清算账户，清算成员之间的每日净差额头寸的清算通过该清算账户进行。每日下午 4 时 30 分以后，当日产生负数净额的所有清算成员，须在下午 5 时 45 分之前通过 FEDWIRE 将净差额资金转入清算所在纽约联邦储备银行开立的清算账户，再由纽约联邦储备银行将转入的资金通过 FEDWIRE 向所有当日产生正值净额的清算成员划拨，从而实现最终清算。

（2）风险管理。

由于 CHIPS 是在营业日结束时完成资金最终清算的，所以资金的接收者在接到资金发送者的支付命令后，实际上并未得到该笔资金。为维持 CHIPS 的运行，净债权成员实际上向净债务成员提供了一个营业日的信贷。基于这一运行原理，若在营业日终了进入资金净差额清算阶段时，债务银行仍无法补足头寸，则信用风险随即会发生，这将使债权银行面临流动性风险。信用风险及流动性风险将严重威胁 CHIPS 的正常运转，如果引发系统风险，那么将进一步危及美国的支付系统和金融市场、全球美元交易的正常进行及美国的金融声誉。为加强风险控制，除 CHIPS 自身采取了当日清算、双边信用限额、多边信用限额、损失分担及抵押协议等措施之外，美联储也参与了对包括 CHIPS 在内的大额多边差额清算系统的风险管理。除于 1985 年颁布了“支付系统风险控制计划”外，1994 年 8 月美联储对其关于私营大额资金转移网络和离岸美元差额清算系统的政策进行了重新修订，颁布了针对私营大额多边差额清算系统的政策，对支付系统的设计与操作进一步提出要求，旨在更有效地控制风险。

（三）伦敦自动化清算所支付系统

1. CHAPS 介绍

CHAPS 是英国的大额英镑清算系统，于 1984 年投入运行。CHAPS 目前有包括英格兰银行在内的 14 家成员银行，成员之间通过分组交换服务发送和接受 CHAPS 的支付指令。成员银行在英国共有上万家分支机构，它们都可利用 CHAPS。CHAPS 以电子信息技术作为系统运行的基础，1995 年底以前采用差额清算方式，即在每日 15 时 30 分系统关闭之后，所有成员银行都需向英格兰银行报告与其他成员银行当日收付交换的金额数目，英格兰银行在核对并确认后，以差额清算方式进行最后清算。国际上的大额英镑交易支付清算绝大部分通过 CHAPS 进行。由于 CHAPS 对交易类型不加以限制，所以伦敦金融市场、国际金融市场及任何当日大额英镑支付交易均可通过 CHAPS 进行。在 CHAPS 运行高峰时期的 1992 年，最高的每日交易量相当于英国全年 GDP 的 25%。

2. 英格兰银行与 CHAPS

尽管根据英国法律，英格兰银行并没有法律义务直接经营支付系统，但英格兰银行在 CHAPS 中发挥着重要作用。

（1）英格兰银行作为 CHAPS 的结算成员，直接参与 CHAPS 的运行，其他成员需经英格兰银行批准才可获得结算成员资格。

（2）英格兰银行为 CHAPS 成员提供并管理清算账户，实现每日各成员间的最终清算。

（3）作为中央银行和主要参与者，英格兰银行对包括 CHAPS 在内的英国大额支付系统的风险控制极为关注。如在英格兰银行的支持下，CHAPS 于 1995 年底开始提供全额实时清算，以规避多边差额清算所产生的风险。

（4）英格兰银行还通过参加英国清算组织的有关活动，引导和帮助有关支付系统操作规程的建立和修订。

尽管英国并未加入欧元区国家行列，但英国政府及英格兰银行对欧元启动后对欧洲支付系统的影响格外关注。为巩固英国的国际金融中心地位，保持与欧元国家间的顺利支付，英国银行界开通了 CHAPS - EURO 实时欧元清算系统，并与欧洲中央银行建在德国法兰克福的 TARGET 系统联网，与原有 CHAPS 并行运行。

（四）环球外汇交易清算所（ECHO）

降低国际金融市场上广泛存在的外汇交易结算风险，避免跨时区信用危机引发的国际外汇交易的连锁性支付风险，是各国中央银行及商业银行共同关注的问题。1995 年 8 月，第一家环球外汇交易清算所在伦敦成立，向全球所有主要外汇交易中心的 ECHO 成员提供多边外汇交易轧差清算服务，旨在降低位于不同时区的用户承担的外汇结算风险。目前，ECHO 的成员分布在欧洲、北美洲和亚洲，ECHO 提供 14 个币种的清算服务。ECHO 的运作可有效地防范赫斯塔特（Herstatt）风险，使用户面临的跨国货币结算风险的时间少于一天甚至为零。

第四节　支付清算系统的风险管理

一、支付清算系统的风险类型

支付清算系统是整个经济大系统和金融系统的一个子系统，系统外部环境的变化或者系统内部因素的变动都有可能引发各种风险，危及支付清算系统的安全。中央银行支付清算系统的风险主要有以下五类。

（一）信用风险

信用风险是支付过程中一方拒绝或者无法履行债务，从而给另外一方或其他当事人带来一定损失的可能。信用风险的发生源于支付过程的一方陷入清偿力危机，即资不抵债。在支付清算系统的任何一个环节都存在着发生信用风险的可能性。在非现金结算的商品交易中，卖方承担着买方拒付或者无力支付货款的风险，买方承担着卖方不能如期交货的风险。当商业银行向客户提供信贷时，银行承担着客户借款无法偿还的风险，而银行的存款人则承担着银行倒闭从而存款收不回的风险；中央银行在向商业银行提供透支便利时，面临着透支额不能弥补的风险。

在国际结算中，一方违约将导致另外一方不能在交割日收到交易货币进而会影响到对其他到期应付债务的清偿，加上时区因素的影响，潜在的风险隐患会更大。20 世纪 70 年代发生的赫斯塔特事件就是国际范围内的信用风险的典型案例。1974 年德国的赫斯塔特银行与美国的一些银行进行美元与德国马克交易，赫斯塔特银行买入德国马克卖出美元，交易支付需通过货币发行国的国内支付系统进行，由于时差原因，美国银行比赫斯塔特银行提前 1 个营业日交割德国马克。在美国银行完成交割后，德国赫斯塔特银行宣布倒闭，使美国银行蒙受了损失，对支付系统的运行秩序产生了严重的负面影响。

（二）流动性风险

流动性风险是指在支付过程中一方无法如期履行合同的风险。流动性风险仅仅指在合同规定的时间内无法如期如数履行债务，并不意味着债务人的清偿力一定发生危机，如果给予其足够的时间，该方可以通过变卖资产筹措相应资金来满足清算的要求。这种延期付款可能迫使对方为弥补资金缺口而另辟其他融资渠道。如果融资失败，将引起收款行或客户对自己的债权人延期支付。如果这种连锁的延期支付愈演愈烈，并且扩大到整个支付清算体系，那么极易引起金融体系的混乱。

（三）系统风险

系统风险指支付过程中一方无法履行债务合同造成其他各方陷入无法履约的困境。系统风险的发生与流动性风险和信用风险的存在有密切的关系，流动性风险和信用风险发生所造成的后果将导致系统风险的产生。系统风险是支付系统中各国货币当局最为关注的问题。由于支付系统的运转直接支撑着一国金融市场的运作以及经济活动的进行，因此支付系统的中断必然造成整个金融市场秩序紊乱，经济活动停顿，可能产生多米诺骨牌效应，引发整个国家的经济陷入危机。

（四）法律风险

法律风险指由于缺乏支付法或法律的不完善，造成支付各方的权利与责任的不确定性，从而妨碍支付系统功能的正常发挥。尽管各国已经在支付清算方面制定了一些法律规章制度，但还不能适应科学技术在金融领域的广泛应用所产生的新问题，比如电子支付和电子凭证的有效性、数字签名的合法性以及与电子支付有关的纠纷、索赔、保险等。此外，随着经济全球化程度的加深，跨国支付的交易额大幅度上升，由于系统的运行覆盖到不同的国家，所以建立统一的法规成为各国中央银行面临的共同课题。

（五）其他风险

除上述风险之外，中央银行的支付系统还存在着非法风险和操作风险等其他风险。

1. 非法风险

非法风险指人为的非法活动如假冒、伪造、盗窃活动对支付系统带来的风险。人类对支付工具的非法使用自古就存在，这些非法活动严重损害了人们对支付系统的信心，阻碍了经济活动的正常开展。在现代大额支付系统借助电子通信的时代，在支付数据处理、传输过程中进行非法发送命令、窃取数据等一系列非法活动，对一国的支付系统形成了严重的威胁，如何有效地防止金融犯罪是各国在支付系统设计中要考虑的重要问题。

2. 操作风险

操作风险指在现代化支付系统运用的电子数据处理设备及通信系统出现技术性故障时，整个支付系统的运行陷入瘫痪的潜在风险。现代化支付系统对技术的依赖程度与日俱增，有关人员的错误操作或违法操作以及系统外部的黑客和花样繁多的病毒，甚至恐怖主义的袭击，都使得支付系统发生操作风险的概率大大增加。

二、中央银行对支付系统风险的防范与控制

（一）对大额支付系统透支进行限制

中央银行为了保持大额支付系统用户的流动性水平，往往为其提供透支便利，但随之产生了透支用户在规定期限内不能补足透支头寸而造成的信用风险。因此，一些国家的中央银行对透支采取限制措施，如规定最大透支额度；对平均每日透支金额收取费用；对经营不善或没有遵守风险管理政策的金融机构不给予透支便利；要求对超过透支额度的部分提供透支抵押担保，否则就不提供透支便利。

（二）对大额支付系统进行管理

当大额支付系统是由私人经营时，中央银行利用其为私人大额支付系统提供差额清算服务以实现资金最终划转的地位，要求支付系统必须建立风险防范和控制机制，保证清算参加者的差额头寸清算在规定时间内完成。中央银行还对私人清算系统经营者及系统运营状况实行审计、监督，对系统用户进行监管。

（三）对银行支付结算活动进行监督

商业银行为客户提供的结算服务是一国支付清算活动的重要组成部分，任何环节出现

问题，均有可能引发支付系统风险。因此对银行结算业务实行严格监督，有助于维护支付系统的安全。中央银行通过制定结算制度、颁布结算办法、监督结算活动，来促进商业银行加强内部管理、有序开展业务竞争、有效维持结算秩序。

（四）发展实时全额清算系统

通过实行实时全额清算系统，实时清算、连续进行，可使清算参与银行有足够的时间来解决头寸不足问题。收款行是在清算完成后才能得到支付信息，使在途资金降至最低甚至为零，可规避信用风险和流动性风险，进而降低支付系统的系统风险。

（五）加强支付清算领域的法规建设

为防范与控制支付系统风险，许多国家加强了相关立法工作，旨在通过法律手段强化对支付系统建设及运营的监管，解决信息技术广泛应用所产生的支付系统法律问题。中央银行也负有支付清算领域的规则建设及监督执行的责任。

（六）加强支付系统的现代化建设与改造

完备的运行设施和技术保障是防范支付系统风险的重要基础。各国对支付系统的现代化建设予以高度的重视，中央银行通常直接干预国家主要支付系统的建设与运行，以提高支付系统的整体能力。面对日益严峻的信息安全问题，支付系统的安全防护与改造已经成为支付系统现代化建设的重中之重。除了必要的金融业务信息安全建设以外，中央银行与其他相关机构在法律及制度基础上的共同干预、协防与改造，是保证支付系统安全的重要措施。此外，完善的应急方案和系统备份、训练有素的专业人员以及有效的危机处理能力不可或缺，其核心作用在于在危机事件发生后能够快速恢复系统运行并保护业务信息的完整性。

总而言之，支付系统风险既是金融风险的组成部分，又是金融危机的诱因之一，对一国的金融稳定构成重大威胁。一旦发生支付系统风险，其危害将难以估量。鉴于此，加强对支付系统的风险控制，确保其高效、有序、稳定地运行，越来越受到各国政府的高度重视，这同时也成为中央银行的重要职责。

☞**阅读延伸** 6-2

美联储对支付系统风险的管理内容

（一）对大额清算系统当日透支的收费

当日透支是指一个金融机构在一个营业日中其储备账户余额为负。当日透支的存在使美联储面临巨大的信用风险。为了控制金融机构在美联储账户上的当日透支，从 1994 年 4 月开始，美联储对金融机构平均每日透支进行收费。收费的平均每日透支包括由 FEDWIRE 资金转移及记账证券转移两部分产生的合并透支额（在此以前，美联储对记账证券产生的透支不予管理）。其计算方法是对 FEDWIRE 营业时间内（目前正常营业时间为 10 小时）每分钟的最后时间金融机构储备账户的负值加以总计（正值不予计算），再将总透支额除以当日 FEDWIRE 运行的总分钟数，得到金融机构每日平均透支额。美联储对每日平均透支额减去相当于银行合格资本的10%的部分征收费用，但美联储保留根据市场反映情况对征收标准进行修改的权力，美联储有权加速对金融机构当日透支征收费用，也可以改变费用征收标准。

（二）最大透支量

为限制金融机构在储备账户上当日透支的总量，美联储对产生储备账户透支的各金融机构分别制定最大透支额，即一个金融机构在一定时间内可以产生的净借记头寸总量。一个金融机构的最大透支额的计算等于该机构的资本金乘以一个透支类别乘数。美联储为各金融机构设定了五个透支类别，其类别乘数如下表所示：

美联储透支额有关规定

透支类型	两周平均乘数	单日乘数
高	1.5	2.25
较高	1.125	1.875
一般	0.75	1.125
低	0.20	0.20
零	0.00	0.00

美联储在设定透支类别乘数时，可以给金融机构两种选择：一是两周平均乘数，二是单日乘数。美联储认为，由于金融机构的支付活动每天都可能发生波动，因此设定两周平均乘数将为金融机构提供较大的灵活性。两周平均透支额的计算方法为，把金融机构在两周时间内每天在储备账户产生的最大透支额加总后除以计算周期内美联储的实际营业天数。如果在计算周期中某天金融机构的储备为贷记头寸，则该天金融机构的透支额视同为零。金融机构在两周内的最大透支额则等于两周平均透支额乘以透支类别乘数。单日乘数要高于两周平均乘数，主要是为了控制金融机构在某天中产生过大的透支，迫使金融机构完善内部控制手段，加强对每日信用量的管理。

美联储规定，如果一个金融机构在一个营业日中所产生的当日透支基本上不超过1 000万美元或相当于资本的10%两个数字中较小的一个，则认为该金融机构对美联储造成的风险较小，无须向美联储提交其自我评定的最大透支上限保证，从而减轻金融机构进行自我评定的负担。

（三）记账证券交易抵押

美联储对金融机构当日透支的计算是对金融机构的资金转移透支和记账证券转移透支合并计算。对一些财务状况比较健康，但却由于记账证券转移而超过最大透支额的金融机构，美联储要求该金融机构对所有的证券转移透支提供担保。美联储对抵押品的种类没有特别的要求，但抵押品必须能够被美联储接受。

经营状况健康、没有超过最大透支额的金融机构也可以对其部分或全部证券转移透支提供抵押品，但提供抵押品并不能提高它们的最大透支额。

(四) 记账证券转移限额

美联储对金融机构通过FEDWIRE进行的二级市场记账证券转移限额规定不能超过5 000万美元，以减少证券交易商因积累头寸而造成的记账证券转移透支。证券交易商积累头寸是造成记账证券转移透支的重要原因。

(五) 对金融机构支付活动的监测

美联储对金融机构支付活动的监测一般在事后进行。如果一个金融机构当日净借记头寸超过其最大透支额，美联储要把该金融机构的负责人召到美联储，与其讨论该金融机构降低当日透支的措施。美联储有权单方面降低该机构的最大透支额，要求金融机构提供抵押或维持一定的清算余额。对于美联储认为不健康并在美联储产生超乎正常的透支的金融机构，美联储对其头寸情况进行现时跟踪。如果该机构的账户余额超过美联储认为的正常水平，那么美联储可以拒绝或延迟对该机构支付命令的处理。

本章小结

中央银行的支付清算服务是指中央银行作为一国支付清算体系的参与者和管理者，通过一定的方式和途径使金融机构之间的债权债务清偿及资金转移顺利完成，并维护支付系统的平稳运行，从而保证经济活动和社会生活的正常进行。

支付清算体系是指中央银行对商业银行等金融机构的社会经济往来提供各种清算服务的综合安排，它主要由清算机构、清算工具、支付清算系统、支付清算制度构成。银行间清算需通过行间支付系统进行，行间支付系统为银行自身和客户委办的结算事项提供资金清算服务。资金清算过程包括两个基本程序：一是付款行通过支付系统向收款行发出支付信息（指令），二是付款行和收款行之间实现资金划转。按照对转账资金的不同处理方式，银行同业间清算可通过差额清算系统与实时全额清算系统两种形式进行。实时全额清算系统的设计原理比较先进，它能够有效地防范与控制系统运行中的各种风险。该系统还有一个重要特征，系统处理过的所有支付清算都是不可变更和无条件的终局性清算。实时全额清算系统设计了四种支付信息发送和资金清算流程，各种流程对支付间隔的长度及支付风险控制有不同的影响。

中央银行支付清算服务的内容主要包括：组织票据交换清算、办理异地跨行清算、为私营清算机构提供差额清算服务、提供证券和金融衍生工具交易清算服务、提供跨国支付服务等。支付系统可按经营者身份的不同划分，可按支付系统的服务对象及每笔业务量划分，还可按支付系统服务的地区范围划分。中国现代化支付系统是中国人民银行按照我国支付清算的需要，利用现代计算机技术和通信网络自主开发建设的，能够高效、安全地处理各银行办理的同城、异地各种支付业务及其资金清算和货币市场交易的资金清算的应用系统。它是各银行和货币市场的公共支付清算平台，是中国人民银行发挥其金融服务职能的重要的核心支持系统。

中央银行支付清算服务的重要性主要体现在支付系统运行是经济和社会生活正常运转的重要保障、支付系统的运行效率对中央银行货币政策的实施具有重要影响以及与金融稳定具有密切的相关性等几个方面。

随着跨国经贸、金融、投资的快速增长，国际债权债务清偿不断增加；世界经济一体化促进了跨国支付清算的发展。跨国支付清算的特征为：具有全局性与世界性的特点，涉及不同国家的货币，涉及不同的支付清算安排，需要借助跨国支付系统及银行往来账户实现跨国行间清算。

中央银行支付清算系统在运行过程中存在信用风险、流动性风险、系统风险、法律风险和其他风险。这些风险会对其运行产生重要影响，因此需要中央银行对支付系统的风险进行防范与控制。

练习题

一、术语解释

1. 结算
2. 清算
3. 支付清算服务
4. 票据交换所
5. 差额清算系统
6. 实时全额清算系统
7. 赫斯塔特事件
8. 大额支付系统
9. 支付系统风险

二、填空题

1. 结算与清算是存在于经济社会中的两种实现________和________的行为。

2. 清算机构是为金融机构提供资金清算服务的中介组织，在支付清算体系中占有重要位置，________是最传统和最典型的清算机构。

3. 按照对转账资金的不同处理方式，银行同业间清算可通过________与________两种形式进行。

4. 1773 年在________诞生了世界上第一家票据交换所，开创了票据集中清算的先河。________年，纽约市成立了美国第一家票据交换所。

5. 中国现代化支付系统是在国家级金融通信网上运行的我国国家级的现代化支付系统，是集________、________、金融经营管理和货币政策职能为一体的综合性金融服务系统。

6. 跨国支付清算解决的是国际资金转移与债权债务清偿。跨国支付的质量不仅事关本国利益，也涉及其他当事国，因此跨国支付具有________与________的特点。

7. 支付系统风险既是________的组成部分，又是________的诱因之一，对一国的金融稳定构成重大威胁，一旦发生支付系统风险，其危害将难以估量。

8. 从支付工具的角度划分，结算可分为________和________两大类；从地域的角度划分，结算又分为________和________两大类。

9. 支付系统按服务对象及单笔业务支付金额可以划分为________与________两类。

10. 按照一定的规则、程序并借助结算工具和支付系统，清偿国际债权债务和实现资金跨国转移的行为是________。

三、判断题

1. 中国现代化支付系统采用大额实时、大批量的处理模式，主要用于解决各家商业银行间的跨行资金支付清算及结算问题。（　　）

2. 公开市场操作手段有效发挥作用的前提是灵活高效的清算体系。（　　）

3. 完善支付清算系统，也是保障金融稳健运行、保障正常的交易与支付秩序、防范金融危机的重要措施。（　　）

4. 一国的对外支付是其全部支付清算活动的重要构成，事关国家利益与金融安全，中央银行往往通过直接或间接方式介入或进行干预。（　　）

5. 凡是在欧盟国家设有总部或分支机构的商业银行均可申请成为 EBA 的成员银行，在符合 EBA 清算规则的基础上，可进一步申请成为 EBA 的清算银行。（　　）

6. 流动性风险是支付过程中一方拒绝或者无法履行债务，从而给另外一方或其他当事人带来一定损失的可能。（　　）

7. 法律风险指人为的非法活动如假冒、伪造、盗窃活动给支付系统带来的风险。（　　）

8. 英国的 CHAPS 和中国现代化支付系统都属于中央银行直接拥有并经营的支付系统。（　　）

9. RTGS 的一个重要特征是：系统处理过的所有支付清算都是不可变更和无条件的终局性清算。（　　）

10. 一般情况下，各国清算制度的建立都是在中央银行的统一领导下进行的，中央银行居于清算中心的地位。（　　）

11. 一般而言，一个国家的经济和金融产业越发达，其现金结算的比重就越高，范围就越广。（　　）

12. 较之差额清算，实时全额清算具有明显的效率和安全优势。（　　）

13. 小额支付系统多采用批量处理、全额清算方式。（　　）

14. CHIPS 是由美联储所有并经营的大额美元支付系统。（　　）

15. 系统风险一旦发生，就有可能导致整个金融体系的混乱与瘫痪，因此中央银行对系统风险最为关注。（　　）

四、单项选择题

1. 支付系统对各金融机构的每笔转账业务进行一一对应清算是指何种清算方式？（　　）

A. 差额清算　　B. 全额清算

C. 定时清算　　D. 实时清算

2. 中国现代化支付系统于哪年动工建设？（　　）

A. 1994 年　　B. 1995 年

C. 1996 年　　D. 1998 年

3. CHIPS 的结算币种是（　　）。

A. 日元　　B. 英镑

C. 欧元　　D. 美元

4. 1999 年 1 月 1 日启动的跨国界大额欧元支付系统是（　　）。

A. EBA　　B. EAF

C. CHAPS　　D. TARGET

5. 在支付过程中，因一方拒绝或无力清偿债务而使另一方或其他当事者蒙受损失的可能性被称为（　　）。

A. 信用风险　　B. 流动性风险

C. 系统风险　　D. 法律风险

6. 为了保证银行同业清算持续、有序地进行，中央银行通常对银行的（　　）管理有所要求。

A. 安全性　　B. 流动性

C. 收益性　　D. 创新性

7. 付款行首先将完整的支付信息发送给中央银行，中央银行完成资金汇划后，再将完整的支付信息发送给收款行，这属于（　　）。

A. V 形结构　　B. Y 形结构

C. L 形结构　　D. T 形结构

8. 在现代化支付系统运用的电子数据处理设备及通信系统出现技术性故障或操作失误时，整个支付系统运行陷入瘫痪的潜在风险属于（　　）。

A. 信用风险　　B. 流动性风险

C. 法律风险　　D. 操作风险

9. 中央银行（　　）是现代化支付系统运行的重要基础。

A. 实时支付系统　　B. 小额支付系统

C. 会计核算系统　　D. 大额支付系统

五、不定项选择题

1. 支付清算体系是指中央银行对商业银行等金融机构的社会经济往来提供各种清算服务的综合安排，它主要由（　　）构成。

A. 清算机构　　B. 清算工具

C. 支付清算系统　　D. 支付清算制度

2. 中央银行支付清算服务的主要内容包括（　　）。

A. 组织票据交换清算

B. 办理异地跨行清算

C. 不为私营清算机构提供差额清算服务

D. 提供证券和金融衍生工具交易清算服务

3. 跨国支付清算的特征包括（　　）。

A. 具有全局性与世界性的特点

B. 涉及不同国家的货币和不同的支付清算安排

C. 需要借助跨国支付系统及银行往来账户实现跨国银行间清算

D. 中央银行在跨国支付清算活动中具有重要地位

4. 美联储在CHIPS运行中的主要作用是（　　）。

A. 提供支付清算服务　　B. 经营管理

C. 提供资金支持　　D. 风险管理

5. 清算参与银行的资金来源通常由以下哪几项组成？（　　）

A. 在中央银行储备账户内的存款余额

B. 中央银行信贷

C. 通过货币市场借入的临时性资金

D. 居民储蓄存款

6. 由私营清算机构所有并运行的支付系统有（　　）。

A. CHIPS

B. CHAPS

C. FEDWIRE

D. 日本东京银行家协会的全银数据通信系统

7. 大额支付系统主要处理哪些资金结算？（　　）

A. 行间清算　　B. 证券和金融衍生工具交易

C. 黄金和外汇交易　　D. 货币市场交易

8. 能够进行欧元结算的支付系统有（　　）。

A. CHIPS　　B. EBA

C. EAF　　D. CHAPS

9. 支付系统的风险主要包括（　　）。

A. 信用风险　　B. 流动性风险

C. 系统风险　　D. 法律风险

六、简答题

1. 支付清算体系包括哪些内容？

2. 为什么说实时全额清算有利于规避支付系统风险？

3. 中央银行的支付清算服务包括哪些内容？

4. 跨国支付清算有哪些特征？

七、论述题

1. 如何理解支付清算服务的重要性？

2. 支付系统风险有哪些？如何防范和控制支付系统风险？

第7章 中央银行的其他业务

⊙本章目标⊙

- 掌握国库的概念、两种基本的国库制度、中央银行经理国库的重要意义。
- 掌握中央银行会计的对象、中央银行会计的特点、中央银行会计的职能。
- 掌握金融统计的含义和金融统计的基本原则。
- 熟悉国库的职责与权限、中央银行会计的任务和中央银行会计报表的作用。
- 熟悉金融统计对象的具体内容、金融统计的业务程序。
- 了解我国国库制度的确立与发展，年终决算日的工作，会计决算报表的编制、汇总与上报，中央银行会计报表的编制要求及种类，金融统计的主要内容。

负债、资产和支付清算业务是中央银行的三大基本业务，它们是中央银行活动的集中体现。而经理国库、会计和调查统计业务以及反洗钱工作属于中央银行活动的延伸和拓展，是重要的附属业务。国库为政府保管资金，负责办理国家预算资金的收纳和库款的支拨。国家的全部预算收入须由国库收纳入库，一切预算支出须由国库拨付。经理国库业务关系到国家预算的执行顺利与否，是国家预算执行工作的重要组成部分和基础。中央银行的会计活动是针对中央银行行使的职能和业务活动，按照会计的基本原理，制定核算形式和核算方法。而中央银行的会计业务是体现和反映中央银行履行职能、监督管理和核算财务这些活动的一种会计业务，它是加强金融管理和中央银行发挥职能作用的重要基础工作，是银行全部业务活动的出发点和归宿。中央银行的调查统计是观察、分析和研究一国经济金融状况的重要途径。反洗钱，是指为了预防通过各种方式掩饰和隐瞒毒品犯罪、黑社会性质的组织犯罪、恐怖活动犯罪、走私犯罪、贪污贿赂犯罪、破坏金融管理秩序犯罪、金融诈骗犯罪等犯罪的所得及其收益的来源和性质的洗钱活动，依照法律规定采取相关措施的行为。

第一节 中央银行的经理国库业务

一、国库制度

(一) 国库

国库是国家金库的简称，是负责办理国家财政收支的机关，担负着国家预算资金的收纳和库款的支拨、代理政府债券的发行与兑付、反映国家预算执行情况的重任。作为政府的银行，中央银行经理国库的业务实质上就是接受政府的委托，代表国家管理财政的收入和支出。

国库制度系指国家预算资金的保管、出纳及相关事项的组织管理与业务程序安排。一般而言，国家根据其财政预算管理体制和金融体制，确立和实施相应的制度。

(二) 两种基本的国库制度

世界各国对国家财政预算收支保管一般有两种基本的制度：独立国库制和代理国库制。

(1) 独立国库制。所谓独立国库制，是指国家特设经管国家财政预算的专门机构，负责办理国家财政预算收支的保管和出纳工作。目前世界上仅有少数国家采用独立国库制。

(2) 代理国库制。代理国库制又称委托国库制，是指国家不单独设立经管国家财政预算的专门机构，而是委托银行（主要是中央银行）代理国库业务，接受委托的银行根据国家的法规条例，负责国库的组织建制、业务操作和管理监督。目前，世界上大多数国家都实行代理国库制，如英国、中国等国家。

(三) 我国国库制度的确立与发展

中国早在周朝就出现了国库的雏形。在漫长的发展进程中，我国的国库发展大体上经历了两个阶段：一是以实物形式为主的国库，从周朝一直延续到 1908 年的清朝；二是银行代理国库，始于清朝末年，1908 年原户部银行改为大清银行，由大清银行代理国库之职。

在我国，国家通常以颁布法令、条例的形式规定国库的职责与权限。履行国库职责和在权限范围内行使权力，是做好国库经理业务的重要保障。新中国成立后，先后颁布了三个法律文件，分别是 1950 年的《中央金库条例》、1985 年的《中华人民共和国国家金库条例》和 1995 年的《中国人民银行法》，确立了由中国人民银行经理国库。1994 年，全国实行分税制，划分了中央与地方的事权和收入。中国人民银行经理国库的工作也随之作了相应的调整：国家金库分别设立了中央国库和地方金库两个工作机构。中央国库实行业务上垂直领导的管理体制，地方金库实行中国人民银行与地方政府双重领导的体制。

随着我国市场经济的发展，国库建设需要从以下几个方面进行变革以适应经济发展的需要。

1. 变革和创新国库管理新理念

要从社会主义市场经济发展和经济全球化的高度来认识变革和创新政府公共管理理念

的必要性和紧迫性，牢固树立与市场经济相适应的法制观念、市场观念、效益观念、效率观念和系统控制等国库管理新理念，全面加强财政管理。

2. 健全法制，强化国库职能

制定新的国库管理法及与之相关的法律法规；依法强化国库的管理职能和监督职能；建立以独立金库制为特征、以财政管理为核心的国库管理新模式。

3. 建立国库集中收付制度

根据我国的具体国情并借鉴国际成功经验，尽快建立具有中国特色的、以国库单一账户体系为基础、资金缴拨以国库集中收付为主要形式的现代国库管理制度。在制度设计过程中，要特别注意账户之间的匹配和收付程序的科学性。

4. 完善监督控制系统

加强预算收支执行系统各行为主体之间的协调和国库系统内部的制度性管理控制；建立独立的审计监督系统。

5. 实现国库信息化管理

加快国库管理信息系统建设，实现财政管理现代化，实现财、税、关、库、行之间的联网，以达到信息互通、资源共享、提高效率。

（四）中央银行经理国库的重要意义

从实行委托国库制国家的国库管理体制来看，政府一般是将国库委托给本国的中央银行经营和管理。这是因为，中央银行作为政府的银行，由其经理国库符合其自身的特殊身份；作为银行，它又具备货币保管、收付和经营的便利条件。中央银行经理国库的重要意义表现为以下几点：

1. 满足了国家对财富运用、保管及监督的特殊需要

国库资金是国家行使各项权力及管理职能的物质保障，国库的工作效率事关国家预算执行、财政收支平衡、国民经济发展及社会安定之大局，政府需要一个可以代表国家管理国家财政收支、贯彻执行财政金融政策，并为国家提供各种金融服务的职能机构，专门经理国家金库。由中央银行经理国库，可充分利用银行与社会各部门、企业、个人之间密切的账户往来及金融服务关系，便利国家预算收入的及时入库和预算支出的按时拨付。财政部门可直接通过银行的联行往来系统，加速税款收缴和库款调拨，便捷、灵活地调动和运用国家预算资金，提高财政预算资金的集中和分配效率，保障经济和社会发展的资金需求。因此，作为政府的银行，中央银行最具资格经理国库。

2. 有利于财政部门和金融部门协调配合

财政和金融都是处于国民经济核心地位的宏观调控部门，两者的收支均是货币收支，调控对象是共同的，两者之间的货币资金联系是错综复杂的，其与国民经济的各项活动和各个微观经济主体有密切关系。由于经济生活中的任何一项变动均会引起财政收支和银行信贷收支的相应变化，故宏观经济政策的制定必须注重财政与金融的综合平衡。实行委托国库制，由中央银行经理国库业务，可使财政部门和金融部门相互衔接、相互制约及相互监督，有利于在政府资金和银行资金之间提供一个可行的协调机制，促进财政政策和货币政策的协调。通过经理国库，中央银行还可及时了解、掌握国家财政的现状与发展动态，更好地把握社会资金的流动趋向，为制定和实施货币政策提供重要依据。同时，中央银行

通过办理和监督国家预算收支，可以及时、全面地向政府提供库款缴拨和预算执行情况，便于财政部门及时掌握来自金融部门的各种信息，有利于财政政策的制定及其与货币政策的协调呼应。

3. 有利于扩大中央银行的信贷资金来源

若由中央银行经理国库，则国库预算收入款和盈余款在财政部门拨付使用之前，会形成存放于中央银行的财政存款，这扩大了中央银行的信贷资金来源，对其控制货币供应量和信贷规模、加强金融宏观调控力度具有十分重要的意义。

4. 有利于保证国库资金安全，确保国库资金及时、准确地解缴入库

中央银行通过规范各级国库、征收机关的业务操作程序，对国库的日常收付及预算资金转移进行逐笔监督。装备先进的国库储藏和保管的安全设施，能有效地保证国库资金的安全，确保国库资金及时、准确地解缴入库。

5. 可充分发挥中央银行的优势，提高国库经营管理效率

中央银行经理国库，可利用其具有专业特色的组织体系、机构的内部组合以及电子化操作的优点和完备的信息传输网络，更有效率地执行国家预算收支及相关事项，从而降低成本，节约人力、物力和财力。

二、国库的职责与权限

（一）国库职责

根据《中华人民共和国国家金库条例实施细则》的规定，国库的基本职责如下：

（1）准确及时地收纳各项国家预算收入。根据国家财政管理体制规定的预算收入级次和上级财政机关确定的分成留解比例或确定的定额上解数额、期限，正确、及时地办理各级财政库款的划分和留解，以保证各级财政预算资金的运用。

（2）按照财政制度的有关规定和银行的开户管理办法，为各级财政机关开立账户。根据财政机关填发的拨款凭证，办理同级财政库款的支拨。

（3）对各级财政库款和预算收支进行会计账务核算。按期向上级国库和同级财政、征收机关报送日报、旬报、月报和年度决算报表，定期同财政、征收机关对账，以保证数字准确一致。

（4）协助财政、征收机关组织预算收入及时缴库；根据征收机关填发的凭证核收滞纳金；根据国家税法协助财税机关扣收个别单位屡催不缴的应缴预算收入；按照国家财政制度的规定办理库款的退付。

（5）组织管理和检查指导下级国库和国库经收处的工作，总结交流经验，及时解决存在的问题。

（6）办理国家交办的与国库有关的其他工作，如代理国家进行国债和其他政府债券的发行与兑付。

（二）国库权限

根据《中华人民共和国国家金库条例实施细则》的规定，国库的主要权限如下：

（1）各级国库有权监督检查国库经收处和其他征收机关所收款项是否按规定及时全部

缴入国库。发现拖延或违法不缴的，应及时查究处理。

（2）各级财政机关要正确执行国家财政管理体制规定的预算收入划分办法和分成留解比例。对于擅自变更上级财政机关规定的分成留解比例的，国库有权拒绝执行。

（3）各级财政、征收机关应按照国家统一规定的退库范围、项目和审批程序办理退库。对不符合规定的，国库有权拒绝执行。

（4）监督财政存款的开户和财政库款的支拨，对违反财政制度规定的，国库有权拒绝执行。

（5）任何单位和个人强令国库办理违反国家规定的事项，国库有权拒绝执行，并及时向上级报告。

（6）国库的各种缴库、退库凭证的格式、尺寸，各联的颜色、用途以及填写内容，按照《中华人民共和国国家金库条例实施细则》的规定办理，对不符合规定的缴退库凭证或填写不准确、不完整的凭证，国库有权拒绝受理。

第二节　中央银行的会计业务

一、中央银行会计的对象与特点

（一）中央银行会计的对象

一般而言，会计核算的对象即经济活动中的资金和资金运动。中央银行会计的对象是中央银行行使职能、办理各项业务、进行金融宏观调控等活动所引起的资金变化与运动的过程和结果。

（二）中央银行会计的特点

由于中央银行行使的职能和其业务活动的特殊性，中央银行会计不同于其他行业会计，也不同于金融企业会计，有其自身的特点。

1. 会计核算形式与核算方法的特殊性

中央银行作为国家的金融权力机关，负责制定和执行货币政策，为政府和其他金融机构提供诸如支付清算、经理国库、代理国家发行和兑付国债、金融统计与分析等各种服务，由此产生的资金变化和财务活动，需要有适应中央银行职能和业务特征的会计核算形式与核算方法进行连续、系统、全面的反映和监督。

2. 会计核算内容、科目、报表、凭证的特殊性

中央银行的货币发行与回笼、存贷款的增减变化以及其他资金变动，都必须通过会计核算来完成，如货币政策实施业务的核算、联行往来及联行资金清算核算、货币发行与现金出纳业务核算、金银业务核算、外汇业务核算、经理国家金库及代理发行和兑付国家债券业务核算、内部资金和损益核算等。因此中央银行会计从核算内容到会计科目、会计报表乃至会计凭证的设置，均不同于金融企业会计，体现着金融宏观管理的职能特征。

3. 具有核算管理、预测分析和参与决策的特点

中央银行除承担自身会计核算任务以外，还担负着指导、管理、监督商业银行及其他

金融机构会计核算的职责，需要按照金融宏观调控和金融监管的需要，建立体现中央银行职能的会计体系。另外，中央银行还需对银行间的资金清算进行管理，对金融机构信贷资金活动进行综合分析与监测，需要全面、系统地掌握银行资产负债结构和资金流量变化；各类金融机构均须按期向中央银行呈报规定的会计、财务报表。因此，中央银行的会计活动既可揭示商业银行和其他金融机构的经营活动与资金变化，又综合反映了国家的金融、货币状况。

二、中央银行会计的任务与职能

（一）中央银行会计的任务

会计任务，是指会计在经济管理中所具有的功能。中央银行的会计工作，是其行使中央银行职能的重要工具和手段，既具有核算作用，又具有管理职能。

1. 正确组织会计核算

中央银行会计根据国家的经济方针、政策、法令以及银行的规章制度和办法，通过建立中央银行会计核算体系和组织会计核算，高效地处理各项银行业务，真实、准确、完整、及时地记录计算和综合反映金融活动所产生的财务收支情况，为贯彻有关国家政策、考核国民经济发展情况、履行中央银行职能和制定国家宏观经济决策提供准确的信息与依据。

2. 加强服务与监督

中央银行会计通过办理资金收付与划拨清算，掌握金融机构的经营状况和资金变化，督促其严格遵守会计制度和会计原则，促进和监督各单位认真执行国家财经纪律，改善经营管理，加速资金周转，提高经济效益。

3. 加强财务管理

中央银行会计通过正确核算成本，有效地管理银行内部资金和财务收支，努力增收节支，以提高效益，维护资金、财产安全。

4. 开展会计检查与分析

中央银行会计必须对会计数据和会计资料进行检查、考核、分析和判断，充分发挥会计反映和监督的重要作用，促进中央银行提高会计工作的质量与效率，有效地实行金融宏观调控。

5. 防范会计风险

任何一项金融活动都须经过会计核算过程。金融风险的产生与蔓延可能与会计不当核算密切相关，因此，有必要强化中央银行会计的内部控制和制度建设，防范其自身会计风险，指导和督促各类金融机构健全会计风险防范机制。

（二）中央银行会计的职能

1. 反映职能

中央银行行使职能的一切活动最终都表现为货币资金收付，而一切货币资金收付又必须通过会计核算过程才可实现。这样，中央银行会计部门便可以通过对会计科目的设置和运用、对会计报表的制作与分析，进行为商业银行和政府财政部门开立账户、办理资金的划拨与清算等会计活动，综合反映国民经济金融动态、金融机构存贷款的变化、货币流通状况、国家财政收支及预算执行情况，为调整、制定货币和金融监管政策提供重要依据。

2. 分析职能

会计分析是会计核算的继续和发展。中央银行对自身及金融机构的财务收支和经营管理进行综合分析，将为数众多的业务数据转化为充分反映金融系统和全社会资金运动状况与变化趋势的会计信息资料，掌握金融机构的运营状况乃至宏观经济状况，评价与考核金融系统的安全性、流动性及盈利性水平，这些为加强金融监管和制定经济金融决策提供了依据，有助于强化中央银行职能。

3. 管理职能

中央银行作为国家的金融管理机构，通过会计活动可以在一定程度上实现其相应的管理职能。中央银行会计业务的管理职能表现在两个方面。

（1）制定统一的会计制度和政策。

中央银行要制定统一的金融会计制度和政策、设计统一的会计科目、健全内部控制机制、建立会计电算化系统、建立中央银行会计核算体系、管理中央银行系统内的会计工作等，以确保会计信息及时、准确、客观地反映中央银行的业务活动。

（2）管理金融机构的会计活动。

中央银行会计根据国家的会计立法，制定金融会计准则，规范金融会计工作，审批和修改金融机构的会计制度和会计科目，促使其符合国际通行做法。

4. 监督职能

中央银行会计的监督职能是指通过会计核算、会计分析和会计检查的综合运用，监督金融机构的经营和资金活动，督促其认真遵守财经纪律，保证国家金融政策与制度的贯彻执行；监督中央银行系统内部的财务收支和预算执行情况，保证财务收支计划的完成；监督内部控制机制的运作，保证中央银行资产的安全。因此，发挥中央银行会计的监督职能，对维护国家经济与金融安全具有特殊意义。

三、中央银行的年度决算

中央银行的年度决算是中央银行会计工作的重要内容，是中央银行会计部门运用会计核算资料，对会计年度内各项业务、财务、账务的动态和状况进行全面概括的数字总结。通过年度决算，中央银行对资金、财务及账务进行全面、系统的清理、盘点和核对，并在此基础上结算损益（利润），编制决算报表，为总结和评价年度工作状况、调整和制定金融货币决策提供真实、准确的会计信息。

中央银行的会计年度是每年公历1月1日到12月31日，每年的12月31日为年度决算日。年度决算一般采取逐级汇总上报决算报表的形式，进行全行的汇总决算。中央银行的年度决算是总结银行全年情况的一项综合性工作。年度决算做得好，对于有效地发挥中央银行职能、考核其经济调控职能的发挥情况，都具有重要的意义。因此各国中央银行都对年度决算工作极为重视，通常以颁布条例的形式对年终决算进行规范要求。如中国人民银行总行为了确保年度决算的质量与效率，根据《中国人民银行法》及《中国人民银行会计制度》制定了《中国人民银行会计年终决算实施办法》，对年终决算作了全面、周密、具体的规定，以促使年终决算实现规范化、标准化和科学化。

（一）年度决算的准备工作

做好年度决算准备工作是确保年度决算质量与效率的先决条件，各级银行会计部门应在会计年度末期严格按照年度决算工作的要求，开始认真进行年度决算的准备工作。主要包括：

（1）清理资金，核对账务。

（2）清查资产，核实收支和损益。

（3）办理发行基金的年终核对工作。

（4）编制年度试算平衡表。

（5）完成与年终决算有关的其他准备工作。

（二）年终决算日的工作

（1）及时办理和核对决算日的账务。

（2）做好 12 月份的月结工作，并结转损益。

（3）编写会计决算报表和决算说明书。

（三）会计决算报表的编制、汇总与上报

会计决算报表是反映中央银行全年业务及财务收支状况的数字总结与说明，认真编制会计决算报表是确保会计信息客观、公正、准确的重要条件。会计决算报表相关工作由以下五个部分组成。

（1）编制基本报表。基本报表主要有资产负债表、损益明细表、各种货币汇兑业务状况报告表、各种货币业务状况报告表等。

（2）编制附表。附表包括暂收与暂付款项科目分户明细表、固定资产明细表、年终盘存统计表、机构与人员情况报告表、业务量情况报告表以及缴存款、利息差错统计表等。

（3）编写决算说明书。决算说明书是对决算报表的文字说明。

（4）结转新旧科目及新旧账簿，整理装订旧账表。

（5）会计决算报表的审查、核对、汇总与上报。会计决算编写完毕后，应严格审查、核对会计决算报表的各项数据，对报表本身及报表之间、有关科目之间的数据关系进行重点审查。审查无误后，逐级汇总上报。

四、中央银行的会计报表

中央银行的会计报表是定期对会计核算资料进行归类、整理和汇总，综合反映中央银行各项业务、财务收支和各项计划执行情况的数字信息总括，也是平衡账务的工具。

中央银行定期编制会计报表，能够综合反映其各项业务活动和财务收支情况，为国家宏观经济政策决策部门提供大量数字和信息，也为分析考核货币信贷政策执行情况、检查中央银行的各项业务工作提供重要依据。

（一）中央银行会计报表的作用

（1）综合反映了中央银行的业务活动。由于中央银行会计报表系在既定日期，根据各种会计记录归类、整理、汇总而成，集中反映了中央银行资产、负债及财务收支的增减变化，因此对评价与分析中央银行的职能与业务活动具有重要的参考价值。

（2）对中央银行制定货币政策、加强金融宏观调控具有积极意义。由于中央银行的会计报表综合、全面地揭示了国民经济及其资金活动情况，因此，可为中央银行调整、制定货币政策提供重要帮助。

（3）为检查和考核金融机构各项业务活动是否符合国家金融政策和法规、财务收支状况是否合理、经济效益状况等提供了重要的数据资料。

（4）中央银行的会计报表根据一定时期的会计资料编制而成，反映了中央银行的业务和财务现状，有助于决策者对未来进行预测和决策。以前不同时期的会计报表数据，也可以成为富有价值的历史资料。

（二）中央银行会计报表的编制要求及种类

1. 中央银行会计报表的编制要求

（1）数字必须真实、正确。

数字真实、正确，这是编制会计报表的基本要求和保证会计报表客观、公正的基础。因此，在编制报表之前，要认真核对账务，做到账账、账款、账据、账实、账表、内外账务完全相符，保证真实、正确、如实反映情况，不得弄虚作假。在完成报表编制以后，还须对各种报表间的数字进行核对、检查，保证报表与报表之间的有关数字衔接一致。

（2）内容必须完整简要。

会计报表都具有一套完整、科学的指标体系，每一报表的内容、报表之间的相互关系均有严密的结构设计和既定的用途，都是反映业务和财务活动、考核计划、检查政策执行情况和管理国民经济的依据。这就要求会计报表填制的内容必须完整、准确，不得漏填、漏编、漏报或任意取舍。同时，在编写决算说明书时，要求文字精练、简要，抓住实质。

（3）编制报表必须及时迅速。

会计报表反映了既定时期内的会计信息，为了便于报表的使用者尽快分析、评价、预测相关事项并及时掌握情况、指导工作以及充分发挥报表的作用，会计报表必须按时编报。

2. 中央银行会计报表的种类

中央银行的会计报表，按编制的时期划分为日计表、月计表、决算表和全国银行统一报表四种。

（1）日计表。

日计表是按日编制的会计报表。各级中央银行填列时要根据各科目总账当日发生额和当日余额填报。这种报表全面反映了中央银行当日资金来源和资金运用以及各项业务动态和状况，也是平衡当日账务的工具。此种报表由本单位留存，不必上报。

（2）月计表。

月计表是按月编制的会计报表，中央银行的各级分支行填列时是根据各科目总账的上月月末余额、本月发生额和本月月末余额分别结出会计数填列。这种报表全面反映了当月的业务、财务动态和状况，反映了综合信贷计划的执行情况，供上级行凭以指导工作。因此，月计表必须按月及时上报。

（3）决算表。

决算表是按年编制的会计报表，反映中央银行全年的业务情况和财务成果，是检查中央银行会计工作的依据。

（4）全国银行统一报表。

全国银行统一报表分季报和年报两种，根据每季度末月的月计表和年终决算表，按全国银行统一会计科目进行归类编报。为充分发挥报表的作用，加快编报速度，季报只反映余额，不反映发生额。年报按决算报表编制，中央银行各分支行统一汇总各商业银行的会计报表，逐级报送中央银行总行。年报与季报的汇总和报送方法相同。

第三节 中央银行的调查统计业务

调查统计是中央银行获取金融信息的基本渠道，在中央银行的业务活动和履行职能的过程中发挥着非常重要的信息支撑作用。同时，由于中央银行的权威性和其信息来源的可靠性、准确性，中央银行的调查统计也是观察、分析和研究一国经济金融状况的重要途径。中央银行的调查统计包括金融统计和经济调查统计，其中金融统计处于核心地位，是中央银行调查统计业务的主要内容。

一、金融统计的含义和对象

（一）金融统计的含义

金融统计是按照规定的统计制度，根据统计的一般原理，运用科学的统计方法，对金融活动现象的数量信息进行搜集、整理、分析，从而为经济和金融决策提供依据及政策建议的过程。

金融统计是对金融活动以及相关现象的系统记录和整理，包括：（1）各级金融机构根据统一规定进行的金融统计。（2）各级金融机构对金融活动的某一领域进行的专项调查。（3）各级金融机构逐次上报的金融运行中的突发事件和金融动态等。

中央银行通过金融统计工作，对错综复杂、纷乱零散的信息资料进行科学处理，来揭示微观和宏观金融运行的规律、特征、存在的问题以及整个社会的资金流动总量和结构变化，为经济金融决策、金融监管、金融机构的经营管理提供科学依据。

（二）金融统计对象的具体内容

金融统计的对象是以货币和资金运动为核心的金融活动。它由金融活动的主体（金融机构）、金融活动的内容（金融业务）和金融活动的场所（金融市场）构成。

1. 金融机构

金融机构是专门从事各种金融活动的金融组织，是金融活动的主体，在不同的金融体制下，金融机构的组成也不相同。在我国现阶段，金融机构主要由下列机构组成：

(1) 中央银行，即中国人民银行。(2) 商业银行。根据《中华人民共和国商业银行法》的规定，商业银行是指吸收存款、发放贷款、办理结算等业务，以营利为目的的企业法人。包括国有独资商业银行、其他商业银行和城市商业银行等。(3) 政策性银行。政策性银行是不以营利为目的、专门为贯彻配合政府的社会经济政策和意图，在特定业务领域内直接或间接从事政策性融资活动的金融机构。政策性银行共有三家：国家开发银行、中国进出口银行和中国农业发展银行。(4) 合作制金融机构。合作制金融机构是指采取合作制形式的金融机构，包括农村信用社。(5) 其他金融机构。其他金融机构是指非银行金融机构，包括财务公司、金融租赁公司、证券公司、保险公司、金融信托投资公司和邮政储汇局。

2. 金融业务

金融业务是指金融机构从事的金融活动的内容。在不同的金融体制下，金融机构的组成体系不同，金融业务的范围和内容也有差异。在我国现阶段，金融业务主要有：(1) 中央银行业务。主要包括：货币发行业务、存款业务、再贴现业务、再贷款业务、证券买卖业务、黄金外汇储备业务和经理国库业务等。(2) 商业银行业务。主要包括：存款业务、贷款业务、结算业务和外汇业务等。(3) 其他金融业务。主要包括：保险业务、证券业务、信托业务和金融租赁业务等。

3. 金融市场

金融市场是进行金融活动的场所。依据不同的标准，可进行不同的划分。通常按照金融市场的职能，划分为货币市场和资本市场；按照金融业务的内容，划分为存贷款市场、债券市场、股票市场、外汇市场等；也可以按照地域范围，划分为国内金融市场和国际金融市场。

二、金融统计的基本原则

为确保统计质量与统计数据的准确度，金融统计工作必须遵循以下五项原则：

1. 客观性原则

统计数据资料的真实、正确，是统计价值的根本所在。金融统计人员在统计调查过程中，必须尊重客观事实，按原始资料如实进行统计操作，不得有主观倾向，不能受外力影响和制约，要如实准确地反映实际情况、问题和矛盾。

2. 科学性原则

金融统计是对金融活动的反映与揭示，为制定政策、考核业绩、揭露矛盾提供重要依据。因此，金融统计活动必须坚持科学性原则，科学、合理地设置统计报表、统计指标及计算方法，严格遵守统计业务操作程序，确保统计资料准确、及时、全面、系统地反映经济与金融现象。

3. 统一性原则

金融统计部门必须按照统计的一般原理及统计对象的特性，建立科学、统一、有效的统计制度，各级金融统计部门须按照统一的统计指标、统计方法、统计口径及统计时间实施统计程序。

4. 及时性原则

由于金融统计具有很强的时效性，过期、滞后的统计资料将失去信息价值，因此，各级金融统计部门必须在规定的时间内编制及上报统计报表，便于报表的使用者及时掌握各方面信息。

5. 保密性原则

金融统计数据涉及宏观经济的重要信息及商业性金融机构的商业机密，事关重大，统计部门及统计工作人员必须遵守保密制度，不得泄露信息。

三、金融统计的业务程序

金融统计是金融信息资料的搜集、整理与分析过程，金融统计部门既要遵循统计工作的一般业务程序，又要针对金融统计对象的活动规律与特点，设计科学、合理、有效的业务程序，严格按照规定的业务程序进行操作。

（一）统计设计

统计设计是根据金融统计对象的性质与研究目的，对统计过程的通盘考虑与全面安排。主要包括：确定统计目的和任务；设计统计指标及体系、调查表式样，确定调查方法、统计资料整理程序，选择数据处理及分析软件；确定各阶段、各环节的工作进度；等等。统计设计的核心是指标体系的正确设计。根据不同的统计对象、目的及阶段要求，统计设计可分为：整体设计和专项设计、全阶段设计和单阶段设计等。

（二）统计调查

统计调查是根据金融统计对象、研究目的及统计设计的要求，有组织、有计划地搜集各类金融活动数据资料的业务过程。准确、及时、完整地搜集统计资料，是科学地整理、分析与研究统计资料的先决条件。金融活动的数据资料包括会计报表、原始业务凭证等，其中会计报表具有重要价值，因为会计核算是金融统计的重要基础之一，金融统计报表数据主要来源于会计报表。所以中央银行和其他金融机构的会计核算，与金融统计调查具有密切的相关性。统计调查的方式可以分为：统计报表和专门调查、全面调查和非全面调查、经常性调查和一次性调查等。其中专门调查又包括普查、重点调查和抽样调查等。

（三）统计整理

统计整理是根据金融统计调研的目的及需要，对统计调查所获得的大量原始资料进行科学分类、汇总，对已经加工的综合资料进行再加工，制成为统计分析服务的条理化、系统化的综合资料，即统计报表。统计整理是从对金融个体现象的观察到对总体经济金融现象的认识的连接点，在金融统计中具有承上启下的重要功能。

（四）统计分析

统计分析是对经统计整理而成的统计报表数据进行研究、分析的过程，是实现统计目的的重要环节。金融统计分析应根据统计研究的需要，运用适当的统计分析方法，对统计报表所显示的数据进行实事求是的定性、定量分析，剖析各种指标间的相互联系，从而揭示经济、金融运行的总体特征、相关性及动态趋势，作出实事求是的结论和推断，提出有助于决策、规划、管理的政策建议。

四、金融统计的主要内容

金融统计涉及面广、层次多、内容丰富，是一个庞大的体系，主要包括货币供应量统计、信贷统计、现金统计、对外金融统计、金融市场统计、保险统计以及资金流量统计。

（一）货币供应量统计

货币供应量统计是金融统计的首要任务，提供关于货币供应的基本数据。根据国际货币基金组织编制的《国际金融统计》，各成员的货币供应量统计采用三级汇总形式，货币和金融资料分为三级并进行汇总。其框架结构如图 7-1 所示。

第一级是将金融机构划分成货币当局、存款货币银行和非货币金融机构三个部门，并分别形成各部门的资产负债表。

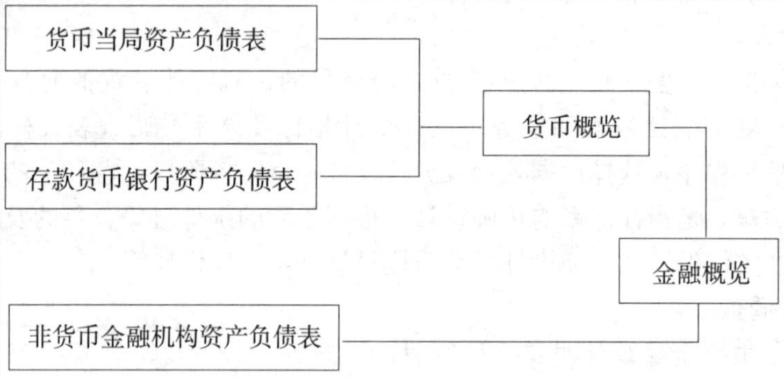

图 7-1　金融统计资料三级汇总的框架结构图

第二级是将货币当局和存款货币银行的资产负债表合并成货币概览（或称货币统计表），提供关于货币和信贷的统计方法及数据资料。货币概览是对资产负债表的一些项目进行合并、轧抵而形成的货币概要展示，是为中央银行执行管理货币职能而建立的货币运行监测报表。它描绘了货币供应总量与构成、货币与信贷以及货币与宏观经济的内在联系，主要用于分析受货币当局影响最大、对其他国民经济总量最有影响的金融总量状况。

第三级是将非货币金融机构资产负债表与货币概览合并成金融概览，记录一国金融活动的整体状况，描述整个金融体系与其他经济部门之间的经济联系信息，便于中央银行分析整体金融活动。

目前，我国尚未进行第三级汇总，但编制了以货币概览和特定存款机构的资产负债表合并而成的“银行概览”，特定存款机构包括金融信托投资公司、租赁公司、国家开发银行、中国进出口银行等。

（二）信贷统计

信贷统计是反映与分析金融机构以信用方式集中和调剂的资金数量的专门统计。它综合反映了金融机构的全部资产和负债状况，是金融机构的主要业务统计。信贷统计是以报表的形式表现出来的。信贷统计报表一般分为旬报、月报、季报和年报，以信贷资金收支余额表的表式编制，由资金来源和资金运用两部分组成。

（三）现金统计

现金统计是商业银行根据中央银行统一规定的项目归属指标，对通过银行的一切现金收支数量进行的业务统计。一方面，由于现金收支是商业银行的重要业务活动，是国民经济中现金活动的中心，因此现金收支统计是商业银行金融统计的一项重要内容。另一方面，由于控制现金投放是中央银行的重要任务，所以现金统计也是中央银行金融统计的重要组成部分，对中央银行分析现金流通状况具有重要的信息价值。现金统计一般是通过定期编制现金收支报表来取得统计资料。

（四）对外金融统计

对外金融统计是对与涉外金融活动有关的信息资料进行搜集、整理、分析并以此作出判断与结论的过程。它包括：反映银行外汇存、贷款业务的银行外汇信贷业务统计；反映外汇收支、储存情况的国家外汇收支统计；反映国家外债的规模、使用效益、偿还状况的国家外债统计；反映一国一定时期内全部对外交往所产生的外汇资金来源与运用全貌的国际收支统计，它以国际收支平衡表表示。

（五）金融市场统计

金融市场统计一般以金融市场类型划分统计范围，包括货币市场统计、资本市场统计、外汇市场统计、黄金市场统计。

（1）货币市场统计。主要是对货币市场各子市场的交易主体、交易工具种类、交易规模、资金流向和利率水平等信息资料进行搜集、整理、分析。

（2）资本市场统计。主要是对股票、债券等有价证券的发行和交易规模及相关市场活动进行数据统计，用以分析长期投资的规模和结构变动、利息和收益率水平以及资金的供求状况等。

（3）外汇市场统计。主要是对外汇市场交易主体、交易规模及交易价格（汇率）等的记录及相关信息资料的搜集、整理及汇总过程，是国家对外汇市场进行调控的重要依据。

（4）黄金市场统计。它是对与黄金市场交易有关的信息的反映。

（六）保险统计

保险统计是通过各种调查、统计，对保险相关信息及数据资料进行整理和分析，以反映保险及相关经济活动的规模、程度、市场结构、承保水平、保费收入、理赔支出和盈利状况的过程。它是加强保险监管、规范保险市场、完善保险运作机制的重要工具。

（七）资金流量统计

资金流量统计是从国民经济各机构部门的收入和分配社会资金的角度来描述各类交易活动的一种统计核算方法，是国民经济核算体系的重要组成部分。根据国际统一标准，国民经济的机构部门通常被划分为非金融私人企业、金融机构、政府、私人非营利机构和居民部门五类。

资金流量核算的内容包括实物部分的资金流量核算和金融交易部分的资金流量核算。

国际上对资金流量的统计有三种不同的统计范围：（1）只包括金融交易；（2）包括金融交易、总储蓄和实物投资；（3）包括金融交易、收入、分配、再分配、消费和投资。

第四节 反洗钱

洗钱就是通过隐瞒、掩饰非法资金的来源和性质，借助某种手法把它变成看似合法资金的行为和过程。主要包括提供资金账户、协助转换财产形式、协助转移资金或汇往境外等。近年来，由于走私、毒品、贪污贿赂等犯罪的发生，出现了不少非法转移资金活动，我国的洗钱问题凸显。加强对洗钱行为的预防监控措施，有利于及早发现犯罪线索，进而追查、打击洗钱犯罪及其上游犯罪和追缴犯罪所得。政府和社会各界关于完善反洗钱法律制度的呼声越来越高。

一、反洗钱的概念和意义

（一）反洗钱的概念

反洗钱，是指为了预防通过各种方式掩饰和隐瞒毒品犯罪、黑社会性质的组织犯罪、恐怖活动犯罪、走私犯罪、贪污贿赂犯罪、破坏金融管理秩序犯罪、金融诈骗犯罪等犯罪所得及其收益的来源和性质的洗钱活动，依照法律规定采取相关措施的行为。常见的洗钱途径广泛涉及银行、保险、证券、房地产等各种领域。反洗钱是政府动用立法、司法力量，调动有关的组织和商业机构对可能的洗钱活动予以识别，对有关款项予以处置，对相关机构和人士予以惩罚，从而达到阻止犯罪活动目的的一项系统工程。

中美战略与经济对话第五次反洗钱与反恐融资研讨会 2014 年 12 月 3 日至 5 日在杭州召开，中美双方就双边反洗钱监管合作备忘录、犯罪资产没收及追回的国际合作、刑事司法合作、打击恐怖融资等进行了交流。

（二）反洗钱的意义

反洗钱对维护金融体系的稳健运行、维护社会公正和市场竞争、打击腐败等经济犯罪具有重大的意义。洗钱是严重的经济犯罪行为，不仅破坏经济活动的公平公正原则，破坏市场经济有序竞争，损害金融机构的声誉和正常运行，威胁金融体系的安全稳定，而且与贩毒、走私、恐怖活动、贪污腐败和偷税漏税等严重刑事犯罪相联系，已对一个国家的政治稳定、社会安定、经济安全以及国际政治经济体系的安全构成严重威胁。

“9・11”事件之后，国际社会更加深了对洗钱犯罪危害的认识，并把打击资助恐怖活动也纳入打击洗钱犯罪的总体框架之中。针对国内国际反洗钱和打击恐怖主义活动所面临的形势，中国政府在 2013 年加大了反洗钱的工作力度。中国人民银行也从组织机构和制度建设以及加强监管方面加强了反洗钱工作。

二、反洗钱的基本制度

（一）客户身份识别制度

客户身份识别制度是指反洗钱义务主体在与客户建立业务关系或者与其进行交易时，应当根据真实有效的身份证件或者其他身份证明文件，核实和记录其客户的身份，并在业务关系存续期间及时更新客户的身份信息资料。客户身份识别制度是防范洗钱活动的基础性工作。借鉴有关客户身份识别的国际标准，结合我国的实践，《中华人民共和国反洗钱法》第十六条对金融机构建立客户身份识别制度的义务作了较为详细的规定。同时第十七条还规定，金融机构在一定情况下可以委托第三方识别客户身份。为保障金融机构履行客户身份识别的反洗钱义务，《中华人民共和国反洗钱法》第十八条赋予了金融机构进行客户身份识别，认为必要时，可以向公安、工商行政管理等部门核实客户有关身份信息的职权。

（二）报告制度

非法资金流动一般具有数额巨大、交易异常等特点，因此，法律规定了大额和可疑交易报告制度，要求金融机构、特定非金融机构对数额达到一定标准、缺乏明显经济和合法目的的异常交易应当及时向反洗钱行政主管部门报告，以作为发现和追查违法犯罪行为的线索。其中，大额交易报告是指金融机构对规定金额以上的资金交易依法向反洗钱行政主管部门报告。可疑交易报告是指金融机构怀疑或有理由怀疑某项资金属于犯罪活动的收益或者与恐怖分子筹资有关，应当按照要求向反洗钱行政主管部门报告。《中华人民共和国反洗钱法》第二十条规定，金融机构应当执行大额交易和可疑交易报告制度，金融机构办理的单笔交易或在规定期限内的累计交易超过规定金额或者发现可疑交易的，应当及时向反洗钱信息中心报告，以作为发现和追查洗钱行为的线索。

（三）保存制度

客户身份资料和交易记录保存，是指金融机构依法采取必要措施将客户身份资料和交易信息保存一定期限。设立该制度的主要目的有三个：一是作为金融机构履行客户身份识别和交易报告义务的记录和证明；二是可以为掌握客户真实身份、再现客户资金交易过程、发现可疑交易提供依据；三是为对违法犯罪活动的调查、侦查、起诉、审判提供证据。对此项制度的具体内容，《中华人民共和国反洗钱法》第十九条作了明确规定，参照国际通行规则，规定客户身份资料自业务关系结束后，客户交易信息自交易结束后，应当至少保存五年。

（四）调查制度

国务院反洗钱行政主管部门或者其省一级派出机构发现可疑交易活动，需要调查核实的，可以向金融机构进行调查，金融机构应当予以配合，如实提供有关文件和资料。

调查可疑交易活动时，调查人员不得少于两人，并出示合法证件和国务院反洗钱行政主管部门或者其省一级派出机构出具的调查通知书。调查人员少于两人或者未出示合法证件和调查通知书的，金融机构有权拒绝调查。

调查可疑交易活动，可以询问金融机构有关人员，要求其说明情况。

询问应当制作询问笔录。询问笔录应当交被询问人核对。记载有遗漏或者差错的，被询问人可以要求补充或者更正。被询问人确认笔录无误后，应当签名或者盖章；调查人员也应当在笔录上签名。

调查中需要进一步核查的，经国务院反洗钱行政主管部门或者其省一级派出机构的负责人批准，可以查阅、复制被调查对象的账户信息、交易记录和其他有关资料；对可能被转移、隐藏、篡改或者毁损的文件、资料，可以予以封存。

调查人员封存文件、资料，应当会同在场的金融机构工作人员查点清楚，当场开列清单一式二份，由调查人员和在场的金融机构工作人员签名或者盖章，一份交金融机构，另一份附卷备查。

经调查仍不能排除洗钱嫌疑的，应当立即向有管辖权的侦查机关报案。客户要求将调查所涉及的账户资金转往境外的，经国务院反洗钱行政主管部门负责人批准，可以采取临时冻结措施。

侦查机关接到报案后，对已依照前面的规定临时冻结的资金，应当及时决定是否继续冻结。侦查机关认为需要继续冻结的，依照刑事诉讼法的规定采取冻结措施；认为不需要继续冻结的，应当立即通知国务院反洗钱行政主管部门，国务院反洗钱行政主管部门应当立即通知金融机构解除冻结。

临时冻结不得超过四十八小时。金融机构在按照国务院反洗钱行政主管部门的要求采取临时冻结措施后四十八小时内，未接到侦查机关继续冻结通知的，应当立即解除冻结。

三、反洗钱的发展历程

（一）反洗钱的国际发展

反洗钱作为一个法律概念最早正式出现在 1988 年 12 月 19 日《联合国反对非法交易麻醉药品和精神病药物公约》里。该公约把洗钱定义为：“为隐瞒或掩饰因制造、贩卖、运输任何麻醉药品或精神药物所得之非法财产的来源，而将该财产转换或转移。”

2000 年 10 月，加拿大皇家骑警和美国海关在加拿大温哥华共同主办召开了“太平洋周边地区打击洗钱及金融犯罪会议”。这次会议对于什么是反洗钱这一问题，表现出以下趋向，即把反洗钱犯罪涉及的非法所得来源不断扩大，并且把从犯罪收益洗为合法收入这一模式扩大到：（1）把合法资金洗成黑钱以用于非法用途，如把银行贷款通过洗钱变为某人在赌场的资金（即所谓白钱洗黑）。（2）把一种合法的资金洗成另一种表面也合法的资金，如把国有资产通过洗钱转移到个人账户上以达到侵占的目的（即洗钱本身就成为犯罪过程）。（3）把非法收入通过洗钱合法化，如企业把偷漏税款通过洗钱转移到境外（即所谓黑钱洗白）。

尽管对反洗钱有不同的定义，但各国和国际组织在对洗钱活动本质的理解上基本达成了共识，即洗钱是将非法收入合法化的过程。综合来看，洗钱作为一种犯罪，是指隐瞒或掩饰犯罪收益并将该收益伪装起来使之看起来合法的一种活动和过程。作为一项罪名，洗钱罪是对隐瞒或掩饰犯罪收益的各式各样犯罪活动的总称。通常犯罪收益被称为“赃钱”“黑钱”，所以对犯罪收益进行清洗使之披上合法外衣的活动就被形象地称为“洗钱”。而“反洗钱”则是政府动用立法、司法力量，调动有关的组织和商业机构对可能的洗钱予以识别，对有关款项予以处置，对相关机构和人士予以惩罚，从而达到阻止犯罪活动目的的一项系统工程。

（二）反洗钱在中国的发展

1990 年全国人大常委会通过的《关于禁毒的决定》第四条规定，包庇走私、贩卖、运输、制造毒品的犯罪分子的，为犯罪分子窝藏、转移、隐瞒毒品或者犯罪所得的财物的，掩饰、隐瞒出售毒品获得财物的非法性质和来源的，处七年以下有期徒刑、拘役或者管制，可以并处罚金。这一规定是我国关于反洗钱方面的第一个法律规定，成为我国打击洗钱犯罪活动最主要的法律武器。

1997年修订后的《中华人民共和国刑法》（简称《刑法》）在反洗钱刑事立法方面有了重要进展。第一次专门规定了洗钱罪。根据该法第一百九十一条的规定，明知是毒品犯罪、黑社会性质的组织犯罪、走私犯罪的违法所得及其产生的收益，而掩饰、隐瞒其来源和性质的，属于洗钱罪。关于洗钱的具体行为方式，主要包括：提供资金账户；协助将财产转换为现金或者金融票据；通过转账或者其他结算方式协助资金转移；协助将资金汇往境外；以其他方法掩饰、隐瞒犯罪的违法所得及其收益的性质和来源。同时，对《刑法》规定的窝赃罪作了修改，将过去规定的窝赃罪的客观表现形式由窝藏、代为销售，改为窝藏、转移、收购、代为销售。由此确定了我国《刑法》根据不同犯罪的洗钱活动，予以分别打击的立法模式，即：对涉毒品犯罪、黑社会性质的组织犯罪、走私犯罪等严重犯罪的洗钱犯罪活动，适用关于洗钱罪的规定，予以较为严厉的惩罚；对涉其他犯罪活动的洗钱犯罪活动，依据《刑法》关于窝赃罪的规定处罚。

2001年12月，为适应打击恐怖活动犯罪的需要，全国人大常委会通过了《刑法修正案（三）》，其中对反洗钱的刑事法律又作了进一步的完善。在《刑法》第一百九十一条规定的洗钱罪的上游犯罪中增加了恐怖活动犯罪。同时，将资助恐怖活动组织或者实施恐怖活动的个人的行为，也增加规定为犯罪。

2006年8月，根据反洗钱实际工作的需要，加强反洗钱国际合作。全国人大常委会通过了《刑法修正案（六）》，对《刑法》第一百九十一条规定的洗钱罪上游犯罪的范围又作了进一步的扩大，将贪污贿赂犯罪、破坏金融管理秩序犯罪、金融诈骗犯罪作为洗钱罪的上游犯罪。同时，对《刑法》第三百一十二条规定的窝赃罪又作了进一步的修改完善。

2007年5月中国人民银行印发了《中国人民银行反洗钱调查实施细则（试行）》的通知，以规范反洗钱调查程序，依法履行反洗钱调查职责，维护公民、法人和其他组织的合法权益。

2014年11月中国人民银行印发了《金融机构反洗钱监督管理办法（试行）》的通知，加强了对金融机构反洗钱的监管力度，明确了对金融机构反洗钱监管的细则。

四、反洗钱的主体

（一）反洗钱的监管机构

《中国人民银行法》第四条规定中国人民银行负有“指导、部署金融业反洗钱工作，负责反洗钱的资金监测”的职责。

《中华人民共和国反洗钱法》第四条规定：“国务院反洗钱行政主管部门负责全国的反洗钱监督管理工作。国务院有关部门、机构在各自的职责范围内履行反洗钱监督管理职责。”

《金融机构反洗钱规定》第三条规定：“中国人民银行是国务院反洗钱行政主管部门，依法对金融机构的反洗钱工作进行监督管理。中国银行业监督管理委员会、中国证券监督管理委员会、中国保险监督管理委员会在各自的职责范围内履行反洗钱监督管理职责。”

中国人民银行制定了专门的规章，当金融交易达到一定金额或符合某种可疑特征时，金融机构应向中国反洗钱监测分析中心提交大额和可疑交易报告。例如单笔或当日累计20万元以上的现金存取、现金兑换、现金汇款等，或者银行账户资金短期内分散转入、集中转出且与客户身份或经营业务明显不符。金融机构还可根据具体情况判断出涉嫌洗钱的可疑交易并上报。

（二）履行反洗钱义务的机构

一是在中华人民共和国境内设立的金融机构，包括依法设立的从事金融业务的政策性银行、商业银行、信用社、邮政储汇机构、信托投资公司、证券公司、期货经纪公司、保险公司以及国务院反洗钱行政主管部门确定并公布的从事金融业务的其他机构。

二是按照规定应当履行反洗钱义务的特定非金融机构。特定非金融机构的范围由国务院反洗钱行政主管部门会同国务院有关部门另行制定。同时，金融机构在反洗钱实际工作中还必须坚持三项基本原则，即合法审慎原则、保密原则和与司法机关、行政执法机关全面合作原则。

（三）社会公众

反洗钱工作离不开社会公众的理解和支持。社会公众应该关注和了解反洗钱的知识，遵守反洗钱的法律法规，配合金融机构的反洗钱工作。同时可以对下列行为进行举报：

（1）有关通过金融机构洗钱犯罪的线索。

（2）金融机构不履行反洗钱义务。

（3）金融机构及其工作人员涉嫌协助洗钱行为。

（4）金融机构工作人员随意泄露反洗钱信息资料等。

本章小结

经理国库、会计和调查统计业务以及反洗钱工作在中央银行的业务活动中占有重要位置，是中央银行行使职能的具体体现。

国库制度主要有独立国库制和代理国库制两种形式。

中央银行会计的对象是中央银行行使职能、办理各项业务、进行金融宏观调控等活动所引起的资金变化的过程和结果。中央银行会计的任务包括正确组织会计核算、加强服务与监督、加强财务管理、加强会计检查与分析以及防范会计风险。中央银行会计的职能包括反映职能、分析职能、管理职能和监督职能。中央银行的年度决算可为总结和评价年度工作状况、调整和制定金融货币政策提供真实、准确的会计信息。

中央银行的调查统计活动是其获取经济金融信息的基本渠道，其中金融统计处于核心地位。金融统计的对象是以货币和资金运动为核心的金融活动。金融统计业务必须遵循客观性、科学性、统一性、及时性和保密性原则。金融统计的业务程序包括统计设计、统计调查、统计整理和统计分析等几个步骤。金融统计的主要内容包括货币供应量统计、信贷统计、现金统计、对外金融统计、金融市场统计、保险统计及资金流量统计。

反洗钱，是指为了预防通过各种方式掩饰和隐瞒毒品犯罪、黑社会性质的组织犯罪、恐怖活动犯罪、走私犯罪、贪污贿赂犯罪、破坏金融管理秩序犯罪、金融诈骗犯罪等犯罪所得及其收益的来源和性质的洗钱活动，依照法律规定采取相关措施的行为。常见的洗钱途径广泛涉及银行、保险、证券、房地产等各种领域。反洗钱是政府动用立法、司法力量，调动有关的组织和商业机构对可能的洗钱活动予以识别，对有关款项予以处置，对相关机构和人士予以惩罚，从而达到阻止犯罪活动目的的一项系统工程。

练习题

一、术语解释

1. 国库制度
2. 独立国库制
3. 代理国库制
4. 中央银行会计
5. 金融统计
6. 信贷统计
7. 现金统计
8. 反洗钱

二、填空题

1. 世界各国对国家财政预算收支保管一般有两种基本的制度：________和________。

2. 中央银行经理国库有利于________和________协调配合。

3. 我国中央国库实行了业务上________的管理体制，地方金库实行中国人民银行与地方政府________的体制。

4. 中央银行会计具有________、预测分析和________的特点。

5. 中央银行会计业务的管理职能表现在两个方面：________和________。

6. 会计决算报表是反映中央银行________总结与说明。

7. 金融统计的对象是以货币和资金运动为核心的金融活动。它由________、________和________构成。

8. 现金统计是商业银行根据中央银行统一规定的项目归属指标，对通过银行的一切________进行的业务统计。

9. ________是根据金融统计对象的性质与研究目的，对统计过程的通盘考虑与全面安排。

10. 洗钱就是通过隐瞒、掩饰非法资金的来源和性质，借助某种手法把它变成________资金的行为和过程。

三、判断题

1. 我国设经管国家财政预算的专门机构，负责办理国家财政预算收支的保管和出纳工作。（　　）

2. 我国国库可以监督财政存款的开户和财政库款的支拨，但对违反财政制度规定的，国库不能拒绝执行。（　　）

3. 中央银行会计从核算内容到会计科目、会计报表乃至会计凭证的设置，均体现着金融宏观管理的职能特征。（　　）

4. 中央银行行使职能的一切活动，最终表现为货币资金收付，而一切货币资金收付

又必须通过会计核算过程才可实现。（　）

5. 对外金融统计是对外汇市场交易主体、交易规模及交易价格（汇率）等的记录及相关信息资料的搜集、整理及汇总过程。（　）

6. 统计调查是对经统计整理而成的统计报表数据进行研究、分析的过程，是实现统计目的的重要环节。（　）

7. 中央银行会计的对象是中央银行行使职能、办理各项业务、进行金融宏观调控等活动所引起的资金变化与运动的过程和结果。（　）

8. 在中央银行的统计信息体系中，经济调查统计处于核心位置，是中央银行调查统计活动的最主要内容。（　）

9. 我国的基础货币由金融机构库存现金、流通中货币、金融机构特种存款、金融机构缴存准备金和邮政储蓄转存款构成。（　）

10. 在明确金融机构分类的基础上，根据各层次金融机构资产负债表的汇总数据，我国中央银行编制了货币概览、银行概览和金融概览。（　）

11. 客户身份识别制度是防范洗钱活动的基础性工作。（　）

12. 只有交易达到50万元以上时，金融机构才需要向监测分析中心提交大额和可疑交易报告。（　）

四、单项选择题

1. 1995年颁布的（　）首次以立法形式明确了“经理国库”是中国人民银行的职责之一。

A.《中华人民共和国商业银行法》　B.《中华人民共和国证券法》

C.《中华人民共和国中国人民银行法》　D.《中华人民共和国宪法》

2. 关于中央银行会计报表的编制要求表述正确的是（　）。

A. 数字必须真实、正确　B. 内容必须完整

C. 编报必须及时　D. 以上表述均正确

3. 将汇总的货币当局资产负债表与汇总的存款货币银行的资产负债表合并可以编制出（　）。

A. 货币概览　B. 金融概览

C. 银行概览　D. 国际收支平衡表

4.（　）是国务院反洗钱行政主管部门，依法对金融机构的反洗钱工作进行监督管理。

A. 中国银保监会　B. 中国人民银行

C. 国家外汇管理局　D. 中国证监会

5. 金融机构依法采取必要措施将客户身份资料和交易信息保存至少（　）的期限。

A. 3年　B. 4年

C. 5年　D. 6年

6. 中央银行会计的特点有（　）。

A. 会计核算形式的大众性

B. 不具有核算管理、预测分析和参与决策的特点

C. 会计核算内容、科目、报表、凭证的特殊性

D. 会计核算方法的一般性

7. 金融统计工作必须遵循的原则有（　　）。

A. 主观性　　B. 差别性

C. 公开性　　D. 科学性

8.（　　）是根据金融统计对象、研究目的及统计设计的要求，有组织、有计划地搜集各类金融活动数据资料的业务过程。

A. 统计设计　　B. 统计调查

C. 统计整理　　D. 统计分析

五、不定项选择题

1. 中央银行经理国库的重要意义表现为（　　）。

A. 有利于财政部门和金融部门协调配合

B. 有利于扩大中央银行的信贷资金来源

C. 有利于保证国库资金安全，确保国库资金及时、准确地解缴入库

D. 可充分发挥中央银行的优势，提高国库经营管理效率

2. 中央银行的会计报表，按编制的时期划分为（　　）。

A. 日计表　　B. 月计表

C. 决算表　　D. 全国银行统一报表

3. 根据《中华人民共和国国家金库条例实施细则》的规定，国库职责包括（　　）。

A. 准确、及时地收纳各项国家预算收入

B. 为各级财政机关开立账户，审查并办理国家预算支出的拨付

C. 对各级财政库款和预算收支进行会计账务核算，正确反映财政收支执行情况

D. 协助财政税务部门组织预算收入及时缴库，按照国家财政制度的规定办理库款退付

4. 根据《中国人民银行会计制度》，中国人民银行会计的任务主要包括（　　）。

A. 正确组织会计核算　　B. 加强服务与监督

C. 加强财务管理　　D. 加强会计检查与分析

5. 中央银行会计的职能是指会计工作在中央银行行使职能、加强金融管理活动中所发挥的功能和作用，主要包括（　　）。

A. 反映职能　　B. 监督职能

C. 管理职能　　D. 分析职能

6. 中央银行会计报表的作用主要有（　　）。

A. 综合反映了中央银行的业务活动

B. 对中央银行制定货币政策、加强金融宏观调控具有积极意义

C. 为检查和考核金融机构各项业务活动是否符合国家金融政策和法规、财务收支状况是否合理、经济效益状况等提供了重要的数据资料

D. 反映了中央银行的业务和财务现状，有助于决策者对未来进行预测和决策

7. 编制货币概览和金融概览的前提是明确金融机构的分类。按照货币统计的要求，

我国的金融机构分为哪几个层次？（　　）

A. 货币当局　　　　B. 存款货币银行

C. 外资银行　　　　D. 特定存款机构

8. 金融机构在反洗钱实际工作中还必须坚持（　　）等基本原则。

A. 严密监控原则

B. 合法审慎原则

C. 保密原则

D. 与司法机关、行政执法机关全面合作原则

六、简答题

1. 中央银行经理国库业务的主要内容有哪些？

2. 中央银行会计有何特点？

3. 中央银行会计的任务包括哪些内容？

4. 金融统计须遵循哪些原则？

七、论述题

1. 如何理解中央银行经理国库的重要意义？

2. 如何理解中央银行会计的职能？

第8章 中央银行的货币政策目标

⊙本章目标⊙

- 理解和掌握货币政策的概念、主要内容和主要功能。
- 了解货币政策对经济运行的影响。
- 理解和把握货币政策最终目标之间的关系。
- 理解和把握货币政策中介指标及其选择标准。
- 了解货币政策的决策程序及其决策依据。

本章主要介绍了货币政策的概念、内容、功能及其对经济运行的影响，说明货币政策最终目标及诸目标之间的一致性、矛盾性，系统详细地探讨了货币政策目标的选择，对货币政策中介指标和操作指标进行了分析和比较，并通过对发达国家货币政策委员会会议制度和决策程序的比较，介绍了货币政策的决策与程序及其决策依据。

第一节　货币政策概述

一、货币政策的内涵

（一）货币政策的定义

货币政策是指中央银行为实现一定的经济目标，运用各种工具调节和控制货币供给量，进而影响宏观经济的方针和措施的总和。货币政策作为一种宏观经济政策，是实现中央银行金融宏观调控目标的核心所在。货币政策发挥作用的特点在于它不是仅仅影响国民经济的某个方面，而是作用于整个社会经济。通常由一国的中央银行来制定和实施货币政策，国家可以通过中央银行的特殊地位和金融机制来采取措施，影响市场信用量和货币供给量，以实现国家管理和干预经济的目的。例如，中央银行增加或减少货币供给量，提高或降低金融机构存贷款利率，放宽或限制贷款条件，制定货币制度的规定，以及政府借款、国债管理、财政收支等可能影响货币数量的行为，都属于货币政策的范畴。

（二）货币政策的内容与特征

1. 货币政策的内容

一个完整的货币政策体系包括政策目标、实现目标的政策工具、监测和控制目标实现的各种操作指标和中介指标、政策传递机制和政策效果等基本内容，并通过逐级传递关系，由相应的经济变量相互作用，实现最终目标。

2. 货币政策的特征

（1）货币政策是一项总量经济政策和宏观经济政策。在市场经济条件下，结构调整主要由产业政策等来完成，而货币政策则主要通过对货币的调控来实现对社会总需求的调控，从而对市场产生影响，实现国家对经济的干预及对其方向的引导。

（2）货币政策是调节社会总需求的政策。货币的供给形成对商品和劳务的购买能力，货币对商品和劳务的追逐形成社会总需求；利率水平的变化将通过对进出口贸易、国际资本流动的影响，形成对社会总需求的调节。

（3）货币政策调节机制的间接性。货币政策并不直接作用于市场主体、干预经济主体行为，而主要是通过货币供给量、信用总量、利率水平等市场机制的作用对经济行为主体产生间接作用。

（4）货币政策目标的长期性。一国在一定时期内要实现的货币政策目标是稳定的，以保证其经济金融的稳定，若非受其他重大因素影响，不会轻易改变其最终目标，故从这方面来说，它是具有长期性的。因此，货币政策是一种结合短期性与长期性、运用短期性的政策调节措施来达到长期目的的工具。

（三）货币政策的功能

在开放经济条件下，宏观经济调控应以经济手段和法律手段为主，辅之以行政手段。货币政策作为重要的宏观调控工具之一，在国家宏观经济调控过程中起着不可替代的作用，其主要功能有：

1. 保持币值稳定

物价水平反映货币价值，社会总供给和总需求决定物价水平，因此中央银行通过货币政策的实施，调节货币供给量，影响货币总需求，促进总需求和总供给的平衡，达到维持物价水平和稳定币值的目的。

2. 促进经济的稳定增长

经济的稳定增长有利于一国的长治久安、繁荣发展，因此各国政府都竭尽全力采取各种措施促进本国经济增长，然而在实际经济运行中，由于受各种因素影响，经济波动频繁，波幅或大或小，造成了社会经济福利损失。中央银行可以通过实施货币政策，反向操作，改变货币供给量来影响总需求。当遇到经济过热出现通货膨胀时，中央银行通过实施紧缩性货币政策，收缩货币供给量，有利于抑制总需求的过度膨胀和价格总水平的急剧上升，维护社会经济稳定；当遇到经济衰退或萧条时，中央银行通过实施扩张性货币政策，增加货币供给量，刺激消费和投资，促进资源的优化配置和经济的稳定增长。

3. 促进充分就业

促进充分就业，维护社会稳定是国家宏观经济政策的目标之一。受经济规模、结构和发展速度的影响，就业水平也会有所不同，一般性货币政策工具的运用可以影响货币供给总量、经济规模和速度，从而对就业水平产生影响，提高就业率，维护社会稳定。

4. 促进国际收支平衡，保持汇率相对稳定

随着经济全球化和金融自由化浪潮的高涨，汇率稳定与否是一国经济是否稳定的必要条件之一。货币政策通过协调外币政策、控制本币供给、适时调整利率和汇率等手段，能促进国际收支平衡，保持汇率的相对稳定。货币政策能够调节一国的汇率水平，对进出口和资本流动产生影响。例如，扩张性货币政策使利率下降，引起资本外流；而紧缩性货币政策则导致资本流入。因此，货币政策对保持汇率相对稳定具有重要的调节作用。

5. 保持金融稳定，防范金融危机

中央银行通过及时、适度地使用一般性货币政策工具和选择性货币政策工具，调控社会信用总量，有利于抑制金融泡沫和经济泡沫的形成，避免泡沫对经济尤其是金融部门的冲击，保持金融稳定和防范金融危机。

二、货币供求与社会总供求

如果从市场的角度来研究货币供求与社会总供求之间的关系，可以用图 8－1 来表示。

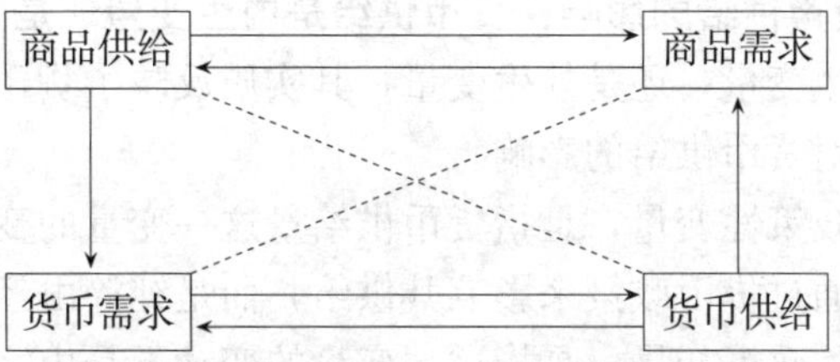

图 8–1　货币供求与社会总供求之间的关系

1. 货币供给促使社会总需求形成

任何需求都是有货币支付能力的需求，只有通过货币的供给，需求才得以实现。因此，在一定时期内，社会的货币收支流量构成了当期的社会总需求。货币政策对宏观经济的调控是通过调节社会总需求而实现的；它通过对社会总需求的调节间接影响到社会总供给的变化，实现社会总需求和社会总供给之间的平衡。一般来说，货币供求量的变化会引起社会总需求的变化。传统经济理论认为货币供给量与货币流通速度的乘积形成社会总需求，一定量的货币供给量变化以后，能否引起社会总需求量的变化，主要取决于两个因素：一是货币供给量中潜在性货币和流通性货币的比例，流通性货币所占比例越高，引起

社会总需求的变化就越大，反之就越小；二是货币流通速度的变化，货币流通速度越快，引起社会总需求的变化就越大，反之就越小。但由于经济活动受多种因素的制约和影响，货币供给量变动与社会总需求量变动在实践上也会出现不一致，而且会存在时滞。弗里德曼基于美国实际情况的研究表明，货币供给量变动以后，一般要经过 6～9 个月才会引起社会总需求的变动，而引起实际经济情况的变动，则需要 18 个月左右的时间。[①]

2. 社会总需求影响社会总供给

在现代商品经济条件下，市场总体上来说属于买方市场，不再是过去由供给决定需求，社会的需求倾向越来越影响着社会供给方向，企业提供的产品和服务必须以顾客需求为取向。社会总需求对总供给的作用是通过其自身总量和结构的变动实现的。价格是受供求关系的影响而发生波动的，社会总供给与社会总需求的平衡是保证物价基本稳定的前提。

3. 社会总供给决定了真实货币需求

因为在商品经济条件下，任何商品都需要用货币来表现或衡量其价值量的大小，并通过与货币的交换实现其价值，因此，有多少社会总供给，必然就需要相应的货币量与之对应。

4. 货币需求决定货币供给

就货币的供求关系而言，客观经济过程中的货币需求是基本的前提条件，货币的供给必须以货币的需求为基础，中央银行控制货币供给量的目的，就是要使货币供给与货币需求相适应，以维持货币的均衡。

三、货币政策对经济运行的影响

（一）货币政策对货币供给的影响：货币供给是内生变量还是外生变量

货币供给究竟是内生变量，还是外生变量，其实质反映了货币当局与货币供给变量之间的关系，即货币政策对货币供给的影响。

内生变量，又称非政策性变量，是指货币供给量这一变量的变动不是由货币当局或中央银行决定的，即无法通过货币政策来影响其供给，而是纯粹由经济机制内部的经济因素决定的。外生变量，又称政策变量，是指这一变量的变动不是由客观经济条件决定的，而是由货币当局或中央银行的货币政策决定的。货币供给量首先应该是一个外生变量。这是因为，当今世界各国无不建立起独享货币发行权的中央银行体制，中央银行既是信用货币的发行者，又是货币供给量的调解者。它能够保证货币稳定并支持经济发展的意图，它运用货币信用调节手段，通过对社会信用活动扩张和收缩的调节来改变货币数量。因此，流通中的货币数量及其结构在很大程度上受到中央银行货币政策的左右，货币政策实施的成功与否会对经济产生很大的影响。

同时，货币供给量又是一个内生变量，因为它还受制于客观经济过程，即受经济社会中其他经济主体的货币收付行为的控制。正是由于货币供给量的这种内生性质，中央银行

① 秦艳梅，刘肖原. 金融学. 北京：经济科学出版社，2006：265.

对货币供给量的控制和调节才存在很多障碍，货币政策的实施效果也相应地会大打折扣。

（二）货币政策对经济的影响

1. 货币政策对产出、就业和通货膨胀的影响

货币金融是国家经济的重中之重，因此货币政策的调整对产出、就业和通货膨胀的影响是显著的。以利率为例，当中央银行降低利率时，意味着实施宽松的货币政策，银根较松，市场资金充足，会刺激投资需求，社会产出增加，相应地就业率上升，根据菲利普斯曲线，可以得出通货膨胀率也会随之上升；反之，当中央银行提高利率时，银根紧缩，产出减少，就业率下降，通货膨胀率较低。

2. 货币政策对经济波动的影响

由于对价格调节机制的观念不同，不同经济学流派对于货币政策对经济波动的影响及其程度的认识有所不同。总体来说，对价格黏性的理解不同，古典和新古典经济学家们认为货币政策是无效的；凯恩斯主义者和新凯恩斯主义者则坚持认为至少在短期内，货币政策是有效的，货币政策能够影响实际产出，能够熨平经济波动；而货币主义者则认为货币政策是重要的，因为有规则的、固定的货币增长率能够稳定经济人的预期，因此经济波动是可以预测的。简而言之，由于经济人对货币政策的理解、预期和反应速度不同，所以货币政策对经济波动的影响程度与影响速度也有大小与快慢之分，同时采用不同的货币政策对经济波动的影响也会有所侧重。

（三）有关货币政策效应的理论分歧

1. 古典学派的货币中性论

古典学派是货币中性论的倡导者。该学派认为，“货币经济”实质上仍然不过是实物与实物相互交换的“实物经济”，货币仅仅是笼罩于实物经济之上的一层“面纱”，货币对经济并不发生任何实质性的影响。实物经济可以自行其是，与“面纱”多大全然无关。用宏观经济模型来概括，即不管货币如何变动，经济始终处于充分就业状态，因此货币政策是完全无效的。

古典学派认为，假如货币当局增加名义货币供给量，则会导致利率下降，刺激投资，造成需求过剩，由于经济活动始终处于充分就业水平，总供给曲线是垂直的，在垂直的总供给曲线上，总需求无论怎样变化，都不会改变收入水平。同时，需求增加造成价格上涨，最初会降低实际工资，这样会造成过量劳动需求，使实际工资又回到原来水平，结果使就业和产量水平都不会改变。实际上扩张性货币政策也不会改变总需求。起初，名义货币供给的增加会使利率降低，但价格上升后，货币供给的实际价值会减少，直至利率回升到初始水平，投资不会受到刺激，从而总需求也不会发生变化。所以，在古典学派看来，货币政策的实施，除了引起价格水平变化以外，对收入、就业、总需求、投资、实际工资及利率等变量都无影响，货币必然是中性的。

2. 早期凯恩斯主义者的货币政策“非危机时期的有效论”

凯恩斯从货币供给对利率的影响以及利率变动对总需求的影响出发，论证了货币政策在危机时期无效，而在非危机时期却不同程度地有效。

凯恩斯认为，货币是外生的，货币供给是由中央银行控制的外生变量，它的变化影响着经济运行，但其自身却不受经济因素的影响。货币供给量变动对经济的影响是通过利率

来实现的。通常，在货币供给量增加时，各个经济实体会产生超额货币持有，这会使部分货币从货币市场流向债券市场，增加对债券的购买，结果债券价格上升，利率下降，利率下降又使更多的投资项目有利可图，从而刺激投资，这样就扩大了总需求，最终使总产出、就业和物价水平有所上涨。货币供给减少则带来相反的效果。而在经济危机时期，资本的边际效率极低，利率降到很低的程度，债券价格也会相应达到顶点，此时货币的投机需求无穷大，货币供给的增加将陷入流动性陷阱。因为利率不会进一步下降，所以投资和消费都不会相应增加，这意味着货币供给的增加无助于经济走出萧条。后来凯恩斯的追随者提出了 *IS-LM* 模型来阐释凯恩斯理论，使之易于量化，说明货币政策的有效性是有条件的。

3. 弗里德曼附加预期的菲利普斯曲线

弗里德曼采用“附加预期的菲利普斯曲线”来阐明在适应性预期下货币供给量的变动效应。适应性预期是指经济主体根据自己过去的预期来调整其对未来的预期。在适应性预期、自然率假说和黏性价格的基础上，弗里德曼建立附加预期的菲利普斯曲线，并将其区分为短期和长期的菲利普斯曲线。他认为长期的菲利普斯曲线是一条垂直于自然失业率水平的曲线，而短期的菲利普斯曲线则是一条向右下方倾斜的曲线。

附加预期的菲利普斯曲线的政策含义在于：货币政策在短期内是有效的，但从长期来看，旨在降低失业率的扩张性货币政策，由于公众适应性预期的存在，只能使通货膨胀率一步一步地上升，而不能使失业率降到自然失业率以下。

4. 卢卡斯的货币政策无效性命题

以卢卡斯为代表的理性预期学派认为，理性预期使中央银行不能达到预期目标，扩张性政策只会带来通货膨胀而非经济增长，货币政策在长期与短期均是无效的。

理性预期学派假定，人都是理性的经济人，价格具有完全弹性，人们能充分利用其所掌握的知识和信息作出切合未来实际的最佳预期。人一旦获得新的信息，就会立即调整其预期并采取明智的行动。在合理预期的条件下，由于经济行为者已经将政府的宏观政策的变动趋势和规律纳入了其预期之中，对于政府宏观经济政策的变化，经济行为者已经设想了相应的对策措施，因此，宏观政策的预期效果总是被经济行为者的合理预期作用所抵消，政府的货币政策是无效的。由于理性预期比货币主义的适应性预期要精确得多，因此货币政策不仅在长期内是中性的，而且在短期内呈非中性的概率也大大小于适应性预期下短期有效的概率。正因为如此，理性预期学派认为货币政策在总体上是无效的。

5. 新凯恩斯主义者的货币政策有效论

新凯恩斯主义者从工资和价格黏性、企业利润最大化和消费者效用最大化以及理性预期这三大假设前提出发，认为市场不能出清，宏观经济处于非瓦尔拉斯均衡状态，货币等名义变量的变动会导致实际产出和就业等实际变量的波动。他们以实际中信息的不完全和不对称、价格黏性为假设前提得出结论：即使公众完全预期到货币政策的变动，价格也不能完全调整，货币政策仍然能影响实际产出，货币政策依然有效。

四、货币政策在宏观调控中的地位

从理论上看，货币政策是宏观经济调控的重要手段之一，它与财政政策被并列为国家宏观经济调控的两大最重要、运用最多的调控手段。货币政策是一种总量调控手段，作为重要的间接宏观经济调控手段，货币政策在保持币值稳定、金融经济稳定和总量平衡、促进充分就业、保持社会稳定、促进国际收支平衡等方面发挥着重要作用。从实践上讲，国家宏观经济调控主要通过国家计划、财政政策、对外经济政策等与货币政策的相互配合来实现。但由于货币是现代市场经济的基础，货币及货币体系如同一张巨网，将其触角伸到世界的每一个角落，关系国计民生，任何社会活动都无一不与货币相关，因此，在宏观经济调控中，货币政策较其他调控手段来说，是一种更基础、影响力更大、影响范围更大的调控手段。说及货币政策在国家宏观经济调控中的地位，就不能不提及其职能部门即中央银行发挥着关键作用，因为中央银行掌握着调控宏观经济的重要手段即货币手段，而且中央银行的调控手段大都是间接的，更加符合市场经济发展的要求。中央银行通过贷款限额、存款准备金率、再贴现率和公开市场操作等手段调控金融市场上的货币流通量和货币流通速度，从而对社会生产和流通进行有效的调控，影响宏观经济方针和政策总和。

货币政策是发达国家间接调控经济的主要手段之一。货币当局可以通过货币政策的实施，保持币值稳定，在通货膨胀与就业之间找到一个平衡点，为经济快速稳健发展找到一个着力点，促进国际收支平衡，维持外汇稳定，保持金融稳定，防范金融危机的产生。

多年来我国针对宏观经济运行状况，灵活采取宽松或紧缩的货币政策，运用多种货币政策工具，通过信贷、利率、汇率、资产价格等渠道，影响企业和居民的生产、投资、消费等行为，既成功地治理了通货膨胀，又有效地防止了通货紧缩，为国民经济的稳定健康发展创造了良好的宏观经济环境。例如，1997 年受亚洲金融危机的冲击，我国出口需求减少，同时国内供给能力提高，部分商品供大于求，国民经济出现通货紧缩迹象。根据扩大内需的方针，中国人民银行执行稳健的货币政策，适当增加货币供给量，引导贷款投向，促进经济结构调整，为实施积极的财政政策创造了良好条件。2007 年国内经济出现过热苗头，全年 10 次上调存款准备金率，采取从紧的货币政策；2008 年受国际金融危机的影响，转而实行适度宽松的货币政策配合积极的财政政策，通过下调存款准备金率和基准利率等方式，保证流动性供给，释放保增长的信号，稳定经济发展。

2011 年中国人民银行进行了 10 次宏观调控，同时连续九次紧缩货币供应量。

2015—2018 年全球经济逐渐走弱，全球经济不景气，导致国内投资市场的热情也因受到国际市场的影响而渐渐退散，为此中央银行多次实行了适度宽松的货币政策，并通过下调法定存款准备金率和逆回购来释放货币资金，刺激投资。

货币政策在宏观调控中发挥作用离不开财政政策等其他经济政策的配合，在市场经济条件下，进行宏观调控时必须根据经济运行情况有针对性地采用适当的政策搭配，加强货币政策与产业政策、财政政策的协调，综合运用多种货币政策工具，适度控制货币信贷规模，充分发挥货币政策在宏观调控中的作用，在促进经济发展的同时，防止通货膨胀和金融风险。

第二节　货币政策的目标选择

一、货币政策目标体系

货币政策目标是指中央银行采取调节货币和信用的措施所要达到的目的。中央银行在制定和实施货币政策时，首先要有货币政策目标，确立了目标才能选择和运用合适的操作指标和政策工具，进而建立货币政策体系，运用货币来调控经济。

按照中央银行对货币政策目标的影响程度、速度及施加影响的方式，货币政策目标体系可以划分为操作指标、中介指标和最终目标三个层次，这三个层次有机地组成货币政策目标体系。

操作指标是指中央银行选定的能被货币政策工具直接作用又与中介指标联系紧密的金融变量，如银行准备金、基础货币等。这些变量对货币政策反应灵敏，直接受货币政策工具的影响，便于中央银行及时跟踪货币政策的效果。

中央银行的货币政策不能对最终目标产生直接作用，为此，中央银行需要选定一些能够以一定的精度达到的变量作为观测指标，这些变量就被称为中介指标，如货币供给量、利率、银行信贷规模等。中央银行通过货币政策工具间接作用于中介指标，使得其变动能较好地预告最终目标可能出现的变动，但这种间接作用的发挥所经历的时间较长。

最终目标，一般也称货币政策目标，是指中央银行通过货币政策的操作在较长一段时期内所要达到的最终宏观经济目标。中央银行不能对最终目标实施直接控制，必须建立一套便于作出决策和便于控制的操作指标和中介指标，将货币政策工具的操作和最终目标联系起来，通过货币政策工具的运用，间接地对最终目标施加影响。货币政策目标的具体内容因国家、各个时期的经济状况不同而有所不同。

操作指标、中介指标和最终目标三者构成了一个有机的货币政策目标体系。其相互关系如图 8-2 所示。

二、货币政策目标

（一）币值稳定

币值稳定，就是将一般物价水平控制在一段合理的区间内，使之在短期内不发生显著的或急剧的波动，呈现基本稳定的状态。从定义看，币值稳定的含义丰富。首先，这里的物价指的是一般物价水平，而非个别商品或劳务的价格。其次，定义中“在短期内不发生显著的或急剧的波动”，说明币值不是绝对静止的，可以有一定的波动，但波动不能过大，应该控制在合理的区间内，所以货币政策目标不是简单地通过抑制物价上升来解决问题，而是应该以保持物价水平在一定时期内相对稳定为目标，物价上涨率并非越低越好，因为负通货膨胀率往往会带来通货紧缩，同样也会制约经济增长。最后，币值稳定包含一定程度的物价变动，但变动的幅度究竟有多大才可以被视为币值稳定，超过什么样的上限才是币值不稳，则是一个因时因地因人而有所不同的问题。由于人们对物价上涨的承受能力不

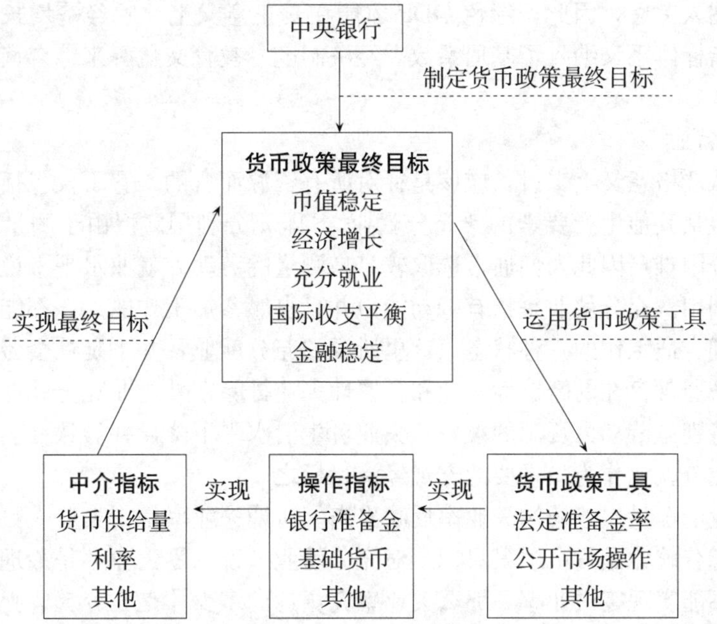

图 8–2　货币政策目标体系

同，国家经济发展战略所追求的目标不一，所以中央银行货币政策的币值稳定目标，没有一个统一的标准。

在实际应用中，衡量物价的指标主要有三个：一是 GDP（国内生产总值）平减指数，它以构成国内生产总值的最终产品和劳务为对象，反映最终产品和劳务价格的变化情况；二是 CPI（消费价格指数），它以消费者的日常消费支出为对象，能较准确地反映消费物价水平的变化情况；三是 PPI（批发价格指数），以批发交易为对象，能较准确地反映大宗批发交易的物价变动情况。这三个指标包含的商品范围不同，反映的物价变化也有一定的局限性，但它们在变化趋势上应当是一致的。

总之，币值稳定的实质就是要控制通货膨胀，防止物价普遍地、持续地、大幅度地上涨。为此各国中央银行在制定货币政策时，都力求抑制通货膨胀，保持物价的基本稳定。

（二）经济增长

一国经济增长既是可以提高人民生活水平的物质保障，也是衡量一国经济实力和国际市场竞争力的重要因素，有利于增强中央银行政策调节的经济承受能力，使货币增长调节拥有更广阔的回旋余地，因此各国都把经济增长作为货币政策的重要目标。

关于经济增长的定义通常有两种观点。一种观点认为，经济增长就是指国内生产总值的增加，即一国在一定时期内生产的商品和劳务总量的增加，或者是人均国内生产总值的增加。另一种观点认为，经济增长就是指一国生产商品和劳务能力的增长，或者说，经济增长代表一国生产可能性边界的扩展。经济增长的速度通常用国内生产总值增长率表示，但用这种指标来衡量经济增长的速度也存在一些不足。一是价格上涨也会引起国内生产总值增加，只有排除价格上涨因素的实际国内生产总值的增长率才能在一定程度上反映经济增长速度。二是就目前的统计口径来看，这种指标的统计数据没有将资源浪费和环境污染等引起的成本纳入考虑，因此，绿色 GDP 才能在真正意义上反映经济增长速度。目前衡量经济增长的指标体系又纳入了基尼系数、经济制度、教育文化等来综合衡量一国经济增长的水平。

(三) 充分就业

充分就业从严格意义上来讲，应该是针对所有资源而言的，它不仅包括劳动力资源的充分就业，还包括其他生产要素的“充分就业”，即充分利用。但由于测量各种经济资源的利用程度十分困难，因此人们通常选取较容易测量的劳动力就业水平来说明社会经济资源是否被充分利用。充分就业是指有劳动能力并且自愿参加工作的人，都能在比较合理的条件下随时找到合适工作的一种状态。这里所说的充分就业，并不是社会劳动力百分之百地就业，而是把通常存在的摩擦性失业和自愿性失业排除在外。非充分就业，表明存在社会资源的闲置特别是劳动力资源的浪费，失业者生活水平下降，并导致社会的不稳定。因此许多国家将充分就业作为最重要的宏观经济目标之一。

对充分就业的衡量一般通过失业率反映出来。所谓失业率是指失业人数与愿意就业的劳动力之比。充分就业是货币政策目标，对充分就业来说，零失业率是最理想的水平，但正常情况下并不能实现零失业率，那么失业率究竟达到多少才是充分就业呢？很多经济学家认为，失业率为 3%是充分就业；但也有经济学家认为，失业率长期控制在 4%～5%为佳；美国多数经济学家认为，充分就业水平应该是失业率在 5%左右。因此，各国的社会经济状况不同，民族文化和历史传统迥异，其充分就业条件下允许的失业率高低也就不一样。总之，失业率越高，距离充分就业就越远，反之则越接近充分就业。同时劳动力的就业状况还与土地、资本、自然资源等其他生产要素的“就业”状况保持着同向关系，即劳动力越接近充分就业，其他生产要素的利用程度就越高，反之则越低。

导致失业上升的原因有很多，既有结构和技术上的，又有季节性的，但中央银行可以通过货币政策来调节和控制失业率，增加货币供给，达到扩大社会总需求的目的。

☞**阅读延伸** 8－1

美国对失业的定义以及其失业原因

美国劳工统计局对失业的定义是：凡年满 16 周岁、在一星期内没有工作因而没有工资或利润收入而又积极寻找工作的人，均应被列为失业。

自愿性失业（voluntary unemployment），是指劳动者不愿意接受现行的货币工资水平和现行的工作条件而自愿放弃工作所引起的失业。

摩擦性失业（frictional unemployment），是指由季节性、技术性及经济结构的变化等原因造成的临时性失业。如转换工作需要一定的时间才能完成，许多工人在找到新工作之前总是处于失业状态。

资料来源：曹龙骐. 金融学. 北京：高等教育出版社，2003；秦艳梅，刘肖原. 金融学. 北京：经济科学出版社，2006.

（四）国际收支平衡

国际收支平衡是指一国在一定时期内对其他国家的全部货币收入和货币支出相抵后基本平衡，即略有顺差或略有逆差。一个国家国际收支失衡，无论是过多的逆差还是过多的顺差，都会给该国经济带来不利影响。巨额的国际收支逆差可能导致外汇市场对本币的信心急剧下降，资本大量外流，外汇储备急剧减少，本币大幅贬值，并导致严重的货币和金融危机。长期巨额顺差，会形成外汇闲置，还会造成国内的通货膨胀压力。因此各国中央银行历年来都十分重视对国际收支平衡的研究，并将其纳入货币政策目标。

（五）金融稳定

"金融稳定"一词，目前国内外没有统一、准确的理解和概括，大多是从"金融不稳定""金融脆弱"等方面展开对金融稳定及其重要性来进行判断分析的。

欧洲中央银行认为金融稳定是指金融机构、金融市场和市场基础设施运行良好，能抵御各种冲击而不会降低储蓄向投资转化的效率的一种状态。美国经济学家米什金认为，金融稳定源于建立在稳固的基础上的、能有效提供储蓄向投资转化的机会而不会产生大的动荡的金融体系。国际清算银行前总经理克罗克特认为，金融稳定可包括：（1）金融体系中关键性的金融机构保持稳定，因为公众有充分的信心认为这些机构能履行合同义务而无须干预或外部支持；（2）关键性的市场保持稳定，因为经济主体能以反映市场基本因素的价格进行交易，并且该价格在基本面没有变化时短期内不会大幅波动。

金融稳定是一个具有丰富内涵的、动态的概念，它反映的是一种金融运行的状态，体现了资源配置不断优化的要求，服务于金融发展的根本目标。20世纪90年代以来经济金融全球化进程的加快，给各国的金融体系带来了巨大的挑战和风险，促使各国政府及国际机构高度重视维护金融体系的整体稳定。近年来，部分发达国家出现了中央银行货币政策职能和金融监管职能分离的情形，公众越发关注中央银行在维护经济金融体系稳定中的重要地位和作用。同时一些西方经济学家也提出了相关理论（如泰勒的"双峰论"等）来划分金融业的宏观金融监管和微观审慎监管的不同目标函数与实施机制，启迪了人们对防范金融风险的系统、深入思考。2008年金融危机爆发以来，旨在支持复苏的宽松货币政策促使全球经济实体在更大程度上承担金融风险，流动性结构脆弱，加大了全球金融稳定风险。因此，维护本国金融稳定和金融安全越来越受到各国中央银行的重视，成为其政策目标之一。

（六）我国货币政策目标的演变

在我国经济发展的不同时期货币政策最终目标有所不同。改革开放以前，中国经济运行的特征集中体现在"计划"二字上，因此该时期货币政策的最终目标就是实现国民经济发展计划。随着从1978年开始的经济体制改革的不断深入，经济中市场调节的成分越来越大，货币政策的最终目标不再是"实现国民经济发展计划"，稳定货币渐渐挤入货币政策目标的行列，在此后的很长一段时期内货币政策目标被概括为"发展经济、稳定货币"。进入20世纪90年代后，以稳定货币为货币政策目标的思想开始在我国获得了生命力。1990年10月，当时的中国人民银行行长李贵鲜公开宣称："银行，特别是中央银行必须保卫货币、保卫币值，这是第一位的职能。"[①] 1993年11月，党的十四届三中全会作出了关

① 丁鹄．我的反通货膨胀观．金融研究，1991（11）．

于货币政策的重大转变的决定，强调货币政策应以保持币值稳定为主要目标。1995 年 3 月颁布的《中国人民银行法》则明确规定我国“货币政策目标是保持货币币值的稳定，并以此促进经济增长”，把稳定币值作为中央银行的首要目标，以预防和治理通货膨胀。

2003 年修订后的《中国人民银行法》第二条明确规定，中国人民银行具有维护金融稳定的职责。这是中国人民银行在分离主要的监管职能之后承担的一项重要责任。正确认识并认真履行维护金融稳定的职能，成为中国人民银行在经济金融工作中需要高度关注的重要问题。

三、货币政策目标的统一性与矛盾性

货币政策最终目标与宏观经济稳定关系重大，但要同时实现这些目标是不可能的。因为诸目标之间既有统一的一面也有矛盾的一面，一个目标的实现往往制约着另一个目标的实现。因此，中央银行在实施货币政策时往往是选择一两个目标作为一定时期内的政策重心。要理解其中的原因，则应从货币政策目标之间的统一性与矛盾性说起。

（一）充分就业与经济增长的关系

就业和经济增长本来是经济发展中两个紧密联系的方面。一般说来，经济增长与充分就业是相互促进的，就业人数越多，经济增长速度就越快，而经济增长速度越快，相应地为劳动者提供的劳动机会也就越多。因此，在大多数市场经济国家，对失业的治理和对经济增长的刺激其实就是一个事物的两个方面，刺激经济增长就意味着扩大就业，遏制过热就意味着增加失业。宏观经济政策决策者的反周期调控实际上要解决的问题就是，通过对经济增长的调控来解决就业问题。这是它们统一的地方，但在这种统一背后还存在其矛盾的一面。如果就业增加带来经济增长，但社会平均劳动生产率下降了，那么就说明经济增长是以投入产出的比例上升为代价的，这就没有达到我们预期的目的，只有两者都相应提高才是我们期望得到的结果。

（二）币值稳定与经济增长和充分就业的关系

关于币值稳定与经济增长之间的关系，从理论上讲，这两者是可以相辅相成的。币值稳定，就能为经济发展提供一个稳定的金融环境，从而促进经济稳定增长；同时，若经济能够保持稳定增长，那么保持币值稳定也就有了雄厚的物质基础。对此，西方经济学界主要有三种观点：一种观点认为只有币值稳定，经济才能保持正常增长；另一种观点则认为，较微弱的物价上涨能刺激经济增长；还有一种观点认为，经济增长才能使币值稳定。然而现代经济发展史证明，经济增长的同时往往伴随着物价上涨，过多强调币值稳定则又会抑制经济增长。因此，中央银行在追求这两个目标时，要充分考虑到两者之间的关系。

著名的菲利普斯曲线说明的就是币值稳定和充分就业之间的交互变化。币值稳定和充分就业存在此消彼长的关系，若中央银行推行扩张性货币政策，则会导致利率下降，刺激消费和投资，增加社会总需求，扩大生产规模，增加就业机会，即以牺牲币值稳定为代价来换取充分就业。反之，若推行紧缩性货币政策，则会导致利率上升，物价下降，就业相应减少，即以牺牲充分就业为代价来换取币值稳定的目标。

（三）币值稳定与国际收支平衡和金融稳定的关系

一国物价不稳定，国际收支就难以平衡。当一国出现通货膨胀时，国内价格高于国外价格，必然导致进口增加，出口减少，从而出现贸易赤字。国家为了抑制通货膨胀，稳定物价，就需要提高利率，这样就会带来国际资本的流入，使本币升值，从而使逆差加大，国际收支失衡更趋严重。因此，一国在币值稳定和充分就业之间发生矛盾的情况下，常常要根据不同需要对不同目标进行权衡，有侧重地进行选择。

币值稳定是金融稳定的重要条件，但是币值稳定并非实现金融稳定的充分条件。相对较低且稳定的通货膨胀率可以给市场主体以稳定的预期，保持实体经济的正常运转，为经济的持续增长创造良好的条件。在币值不稳定的情况下，市场主体面临的不确定性增加，金融交易及金融制度运行的成本升高，交易过程易受阻碍，增加金融体系的不稳定性。同时，金融失衡或不稳定的情形在币值稳定的环境下有时也会累积和发生。例如，20 世纪 80 年代后期日本的物价水平相当稳定，但其后不久资产市场崩溃，金融机构积累了巨额不良资产直至倒闭，日本进入了长达 10 年的衰退期。

四、货币政策目标的选择

由于货币政策目标之间存在着矛盾，所以一国在选择货币政策目标时就不能不有所侧重，具体的目标选择依赖于各国特定的经济发展状况和实际国情。

（一）货币政策目标选择的理论

1. 单一目标论

单一目标论分为两种观点。一种观点强调保持币值稳定的单一目标，认为在双重目标下，经济增长的目标会淹没币值稳定的目标。另一种观点则强调经济增长的单一目标，以我国为例，这种观点认为我国经济增长正处于起飞时期，应该将保持经济的稳定增长、促进经济起飞作为我国宏观经济政策的首要目标，当经济增长的目标和币值稳定的目标发生冲突时，币值稳定的目标要服从于经济增长的目标。

2. 双重目标论

双重目标论认为币值稳定和经济增长是一种相辅相成的关系。经济增长是币值稳定的物质基础，经济发展能促进有效供给的增加，从而保持币值的持久稳定；反过来，币值稳定是经济增长的前提条件，因为币值不稳会制约经济的发展。因此主张中央银行货币政策要兼顾币值稳定和经济增长的双重目标。

3. 多重目标论

多重目标论认为货币政策作为国家的宏观经济调控手段之一，其制定不应该仅仅局限于币值稳定、经济增长等一个或两个目标，而应该在总体上兼顾充分就业和国际收支平衡等多重目标，不同时期以不同的目标作为相对重点。

20 世纪 90 年代以前，西方经济学界大多主张中央银行应同时选择多个不同的目标，以其中的某一个目标为主要目标，而以其他目标为辅助目标。如新凯恩斯经济学派提出了经济增长、币值稳定、国际收支平衡等作为凯恩斯的充分就业战略目标的补充。

在过去的许多年内，我国一直是以双重目标为主流，但两者存在较严重的冲突，往往顾此失彼，以牺牲币值稳定为代价求得经济增长，结果不仅币值无法稳定，经济也难以充分发展。鉴于以上经验和教训，1995年3月18日第八届全国人民代表大会第三次会议通过的《中国人民银行法》明确规定：中国人民银行货币政策的目标是保持货币币值的稳定，并以此促进经济增长。这就从法律上明确了我国中央银行货币政策的首要目标是币值稳定，然后在币值稳定的基础上促进我国经济的健康稳定发展。在我国经济体制转换时期确定这样的货币政策目标是符合科学和我国实际情况的。其一，明确了币值稳定的第一属性，克服了单一目标的片面性和局限性；其二，纠正了双重目标的相互冲突，也理顺了保持币值稳定和促进经济增长的主辅地位和内在联系；其三，适应了大力发展社会主义市场经济的内在要求，符合我国国情。

(二) 货币政策目标的选择方法

由于最终目标之间存在矛盾，因此，在货币政策的实践中，同时实现数个目标是不可能的，各国中央银行可以根据本国经济金融环境及发展方向，从中选择一至两个作为某一特定时期的中心目标来实现自己的货币政策目标。协调不同目标之间矛盾的方法主要有以下四种。

1. 相机抉择法

不同国家在不同时期、不同经济发展阶段及不同经济金融环境下，货币政策的最终目标是不同的。在调节经济时，货币政策模式不应该是一成不变的。货币政策的取向主要取决于当时的经济状况，究竟采取何种货币政策目标以及不同政策目标之间怎么搭配，应该以相机抉择为上。通常，在一个时期里，一国可以根据本国的经济状况和政治策略需要，选择一到两个目标作为优先目标。

2. 逆经济风向抉择法

这是一种依经济周期变动而确定货币供给量的方法，也是当前采用的较为普遍的方法。一般而言，采用这种方法的国家，在经济衰退时期，把刺激经济增长、维持充分就业作为主要目标；在经济高涨时期，则把稳定币值和平衡国际收支作为主要目标。为实现货币政策目标，中央银行在调节经济时只有两种方法：一是扩大信用规模，即执行扩张性货币政策；二是缩小信用规模，即执行紧缩性货币政策。其优点是可以灵活调节货币供给量。然而这两种措施对经济运行产生的影响是相互矛盾的。因此，中央银行只能根据不同经济时期的特征，交替使用这两种措施。

3. 简单规则抉择法

与相机抉择法和逆经济风向抉择法不同，简单规则抉择法主张不以主观判断为准，而是按一套既定的简单规则来行事，这是货币主义学派的代表弗里德曼提出来的。他认为保持一种稳定的货币供给增长率比选择其他方法来执行货币政策更为重要，因为当今资本主义国家货币政策追求的目标大都是多重的，包括经济增长、币值稳定、充分就业和国际收支平衡等。同一政策很难同时实现两个或两个以上的目标，但其最终目标都是稳定物价，因此主张“立法机关制定规则，指令货币管理当局使货币数量按照具体的比例增长”[①]。根据弗里德曼的测算，美国货币供给的年增长率可定为4%～5%。选择“简单规则”的理由是：(1) 中央银行对经济状况不可能作出完全准确的估计；(2) 货币政策效应存在时滞，大约为16

① 米尔顿·弗里德曼. 资本主义与自由. 北京：商务印书馆，1986：53.

个月；(3) 对货币政策的测算不可能很精确。

4. 临界点抉择法

临界点抉择法的理论依据是菲利普斯曲线所揭示的通货膨胀率与失业率之间的负值关系。即失业率越低，通货膨胀率就越高；反之，失业率越高，通货膨胀率就越低。这种观点主张根据社会承受能力确定一个安全区，若在安全区内，政府不必采取任何措施，若超过安全区的界限，则政府需要采取相关的政策措施，使菲利普斯曲线通过安全区（见图 8-3)。假如通货膨胀率（VP/P）和失业率（U）的安全临界点为 4%，而失业率和通货膨胀率都低于这一临界点，如图中阴影部分中的任何一点，则政府不必采取干预措施；但当经济处于阴影区域之外时，政府就应该采取措施进行干预。

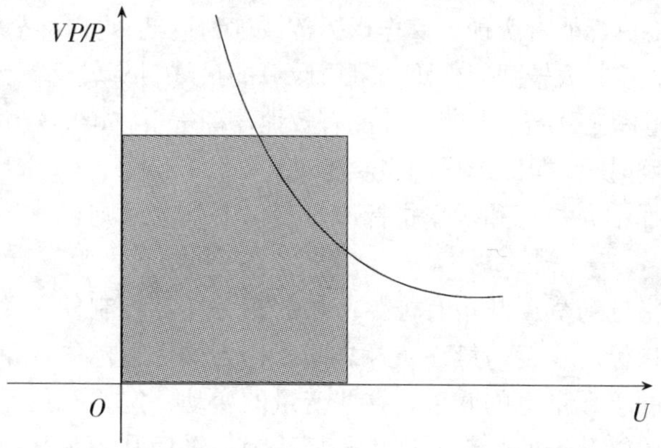

图 8-3　根据菲利普斯曲线确定的安全区

(三) 主要发达国家货币政策最终目标的比较

不同国家的历史背景、现实矛盾、经济发展状况以及所奉行的货币政策理论依据不同，第二次世界大战后各国中央银行在不同的历史时期对货币政策最终目标的选择也不尽相同，详情见表 8-1。

表 8-1　主要发达国家货币政策最终目标的演变与比较

年代 / 国家	20 世纪 50—60 年代	20 世纪 70—80 年代	20 世纪 90 年代至今
美国	以充分就业为主	以币值稳定为主	以反通货膨胀为唯一目标
英国	充分就业兼顾国际收支平衡	以币值稳定为主	以反通货膨胀为唯一目标
加拿大	充分就业，经济增长	以币值稳定为主	以反通货膨胀为唯一目标
日本	国际收支平衡，币值稳定	币值稳定，国际收支平衡	币值稳定，国际收支平衡
意大利	经济增长，充分就业	币值稳定，兼顾国际收支平衡	币值稳定，兼顾国际收支平衡
德国*	币值稳定，兼顾国际收支平衡	币值稳定，兼顾国际收支平衡	币值稳定，兼顾国际收支平衡

* 1990 年之前指联邦德国，1990 年之后指德国，余同。

第三节　货币政策的中介指标和操作指标

一、选择中介指标和操作指标的主要标准与客观条件

中央银行不能直接控制和实现货币政策的最终目标，而只能借助于货币政策工具，通过对与最终目标紧密相关的中介指标和操作指标的调节与控制来实现最终目标。中介指标又称远期目标，是为达到货币政策的最终目标，中央银行采取的更直接、更具体并有数量界限的调控指标，它是终极政策目标的过渡性或传导性指标。中介指标是货币政策作用过程中一个十分重要的中间环节，对它们的选择是否正确以及选定后能否达到预期的调节效果，关系到货币政策最终目标能否实现。操作指标常被称为近期目标，是货币政策直接作用的对象，中央银行对它的控制力较强，但距离货币政策的最终目标较远。因此，只有将中介指标和操作指标这两类指标充分结合起来，才能有效地发挥货币政策的效力，实现最终目标。

（一）中介指标和操作指标选择的主要标准

一般而言，选择中介指标和操作指标应具备以下基本原则。

1. 相关性

相关性是指该指标与货币政策有极为密切的相关性，控制住这些指标就能基本实现政策目标。作为中介指标的变量与最终目标之间、作为操作指标的变量与中介指标之间都有紧密的、稳定的和同级数量上的联系，这些变量的变动一定要对最终目标产生可预测的影响，这样这些变量才能被选取。趋同理论分析认为，采用利率水平还是采用货币供给量作为中介指标，主要取决于这些变量与最终目标之间的相关关系。所以相关性的研究至关重要，在很大程度上决定了我们最后的抉择。

2. 可测性

可测性是指中央银行能够迅速获得这些指标的准确数据资料，并且这些资料便于观察、分析、判断和监测。例如，利率资料很容易获取并且能够进行汇集，中央银行能在任意时点对市场利率水平和结构进行观察和分析。就货币供给量而言，由于我国目前的金融对外开放及金融自由化仍处于初始阶段，因而货币供给量各层次定义的内涵和外延较为明确、稳定，且中央银行能及时准确地获取有关M0和M1的资料，但M2的可测性比较差。

3. 可控性

可控性是指选取的金融指标能在足够短的时间内受到货币政策工具的影响，中央银行能有效地控制和调节其变动状况和发展趋势。这里必须强调的是，被选作操作指标和中介指标的变量必须是中央银行运用货币政策工具就可以对其进行有效控制的金融指标，否则就无法取得货币政策预期的效果。

4. 抗干扰性

抗干扰性是指所选取的指标必须是那些受外力干扰程度较低的金融指标。因为货币政策在实施过程当中常常会受到一些外来因素或非政策因素的干扰，以致降低了政策的执行力度和实施效果。

总之，作为中央银行货币政策中介指标和操作指标的金融变量，必须同时满足上述基

本原则，缺一不可。

（二）客观条件

除上述基本标准之外，在选取这些指标时，还要充分考虑一国的客观现实条件，指标的选取要能较好地适应一国金融经济的发展阶段、历史传统及其特殊国情，同经济体制、金融体制有良好的适应性，它们必须与某一特定条件下的经济金融环境相适应。因为各国的经济和金融环境、经济管理体系、金融市场的完善程度、中央银行实施货币政策的工具不同，所以中央银行选取的作为中央银行货币政策中介指标和操作指标的金融变量也不同。以中介指标为例：在经济转轨国家，金融市场的发育相对落后，微观经济基础不够健全，因此所选择的中介指标必须适应这种情况，以便于中央银行对金融系统进行监控。而在发达国家，中央银行完全有能力选择那些操作效率较高的金融变量作为货币政策的中介指标。同一国家在不同的历史阶段，要实现的货币政策目标也不同，因此选择的中介指标也是不一样的。20 世纪 30 年代之后，许多西方国家为了克服经济危机，普遍选择利率作为货币政策的中介指标；到了七八十年代，各国政府面对日益严峻的“滞胀”局面，纷纷选择货币供给量作为中介指标；而 80 年代以后，随着金融创新的日益发展，货币供给量的概念越来越模糊，许多国家又选择利率作为货币政策的中介指标。总之，一个国家选择什么样的变量作为货币政策的中介指标是适合的，主要取决于该国的经济运行环境、特征和金融发展状况、条件。对中介指标的选择必须根据经济运行特征和金融条件的新变化及时作出调整。

二、可供选择的中介指标分析

根据上述选择条件，被选作中介指标的金融指标一般有货币供给量、利率、银行信贷规模、股票价格和名义汇率等。但由于中央银行本身不能左右股票价格，而银行信贷规模又属于货币供给量的范畴，控制了货币供给量，就意味着基本控制了银行信贷规模，因此，中央银行实质上只能运用利率和货币供给量。这里我们也主要对货币供给量和利率这两个指标进行详细分析比较。

（一）货币供给量

根据货币的流动性的大小及货币性的强弱，大多数国家都将货币供给量划分为 M0、M1、M2、M3、M4、M5、M6 几个层次，货币供给量通常指 M0、M1、M2、M3 等，由于各国商品范围、金融机构、货币概念有所不同，以及中央银行的调控能力有差异，所以观察和控制的重点也不完全一致。从可测性看，根据货币的流动性的差别和货币性的强弱，M0、M1、M2、M3 等指标均有很明确的定义，反映在中央银行、商业银行及其他金融机构的资产负债表内，可以方便地进行测算和分析，因此可测性较强。就可控性而言，货币供给量等于基础货币与货币乘数的乘积，货币供给量的可控性取决于基础货币和货币乘数的可控性。M0 是直接由中央银行创造并注入流通领域的，从逻辑上讲，只要中央银行能控制货币供给量，同时货币乘数相对稳定，中央银行就能通过基础货币间接地控制货币供给量；反之，若中央银行对基础货币的控制力较弱，货币乘数缺乏稳定性，则货币供给量控制起来就相对比较困难。因此，货币供给量的可控性在很大程度上取决于特定的货币制度、金融环境和经济发展阶段。从相关性看，货币供给量代表了一定时期的社会总需求量，代表了整个社会的购买力。所以，一定时期的货币供给量状况就直接决定和影响着社会总需求与总供给的平衡。如果货币供给量不足，社会总需求小于总供给，那么就会使社会资源闲置，抑制经济的发展速度。如果货币供给量过多，社会总需求大于总供给，那么就最终会引发通货膨胀，破坏经济的正常发展。因此中央银行在M0、M1、M2、M3这几个层次的货币供给量之间进行选择时，主要考察的是哪一个指标更代表当期的社会总需求和购买力以及与最终目标有更强的相关性。

弗里德曼等货币主义者在分析了货币供给对利率和物价水平产生影响的全过程的基础上，认为利率不适宜作为货币政策的中介指标，主张把货币供给量作为货币政策的中介指标，并提出4%的货币供给量增长率规则。该理论认为，中央银行能够控制货币供给量，并且货币供给量能正确地反映货币政策的意向：要实施扩张性货币政策，可以增加货币供给量；反之，要实施紧缩性货币政策，只需减少货币供给量即可。其理由主要有：(1) 货币供给量能够直接影响人们的收入和支出，并由此影响经济社会的总供给和总需求，对经济活动产生较为直接的影响；(2) 只有稳定货币供给，才能有力地消除通货膨胀；(3) 中央银行能够控制货币供给量及其增减变化。总之，货币主义者认为造成经济波动的根源在于货币供给方面，而经济中的货币需求是稳定的，加之货币供给量又是外生的、可控的金融变量，因此，中央银行只要坚持按货币供给量与经济增长之间的固定比例来供给货币，而不是权变地供给货币，就能形成和保持公众对货币政策的信心，使公众形成稳定的预期。这样，就能在低通货膨胀的条件下使经济稳定增长。

（二）利率

金融市场上的利率种类有很多，变化频繁。以利率为中介指标即是通过货币政策工具来调节和监控市场利率水平。具体操作原理是，根据经济金融环境和金融市场状况提出预期的理想利率基准水平，若偏离这一水平，则中央银行就要进行调节。如果法定利率水平低于预期理想水平，那么就意味着货币供给大于货币需求，货币供给过多，中央银行可以用缩减货币供给的方法使利率上升至预期理想水平；反之，如果法定利率水平高于预期理想水平，那么就意味着货币供给小于货币需求，货币供给不足，中央银行可以利用扩张货币供给的方法使利率降至预期理想水平。

凯恩斯主义者认为，利率是影响总需求的关键变量，而且中央银行能够采取有效措施调控利率，所以他们主张将中长期利率作为货币政策的中介指标。货币政策在引起社会总支出变动之前，首先引起利率的变动。因为中长期利率对投资的影响很大，尤其是对房屋、建筑与机器设备投资的影响很大，因此中长期利率与整个社会的收入水平有着密切的联系。根据流动性偏好理论，货币供给量增加使利率下降，会刺激投资，并通过流动性效应和财富效应影响实际经济活动和收入水平。同时，他们还认为，中央银行可以通过再贴现和公开市场操作来调控利率，利率的高低反映出中央银行的政策意图，利率上升表示中央银行收紧银根，下降就意味着中央银行放松银根。因此，利率基本上符合相关性、可测性和可控性的条件，可以作为货币政策中介指标。

由于“凯恩斯革命”的深刻影响和第二次世界大战后资本主义国家迫于发展经济、解决就业问题的压力，自20世纪30年代开始，主要的西方资本主义国家在运用货币政策时，把利率作为货币政策的中介指标，当市场利率上升时，增加银行放贷，在利率下跌时，则紧缩信用供应。把利率作为中介指标的理由是：(1) 利率不仅能够反映货币与银行信用供给量，同时也能反映货币资金供给与需求的相对数量。(2) 利率是货币当局能迅速施加影响、控制的金融变量之一。中央银行如果采取措施促使短期利率上升，使借款需求和信用可供量减少，即采取紧缩性货币政策，那么就能控制社会总需求。反之，如果用一定的措施促使短期利率下降，即采取宽松的货币政策，那么就会出现相反的情况而达到扩张社会总需求的效果。但中央银行只能控制名义利率，而不能完全控制实际利率。

☞阅读延伸 8－2

美联储 21 世纪初调整联邦基金利率情况

在美国经历次贷危机后，为促进经济发展，美联储连续 10 次降息，2008 年 12 月 16 日，更将其降至历史最低点 0～0.25%，然后随着经济的复苏，美国经济渐渐走上正轨。2017 年 11 月以来的信息显示美国经济保持稳健增长，就业市场继续表现强劲，失业率进一步下降；家庭消费保持温和增长，企业固定资产投资回升。但这也使得美国的通货膨胀有明显的上升，核心个人消费支出指数在 2016 年 12 月及 2017 年 1 月的同比增长浮动都达到了 1.7%，为此 2017 年 12 月 14 日，美联储宣布加息 25 个基点，将联邦基金利率上调至 1.25%～1.5%，这是美联储主席耶伦 2015 年 12 月结束零利率政策以来第 5 次加息。通过美联储的一系列刺激措施，美国经济逐步复苏，创造出了足够的就业机会，雇员薪资和商品价格全面提升。

（三）货币供给量和利率能否同时作为一个国家货币政策的中介指标

选择货币供给量作为中介指标与选择利率作为中介指标在调控方向上可以是一致的。如果将货币供给量作为中介指标，则把货币供给量增长率定得高一些，就意味着执行宽松的货币政策，这也可以通过调低利率来实现，也就是说，如果将利率作为中介指标，则调低利率也会达到相应的目的；把货币供给量增长率定得低一些，则意味着执行紧缩性货币政策，这也可以通过调高利率来实现政策目的，也就是说，如果将利率作为中介指标，则将利率目标调高一些就可以了。因此货币供给量和利率可以同时作为一个国家货币政策的中介指标，但要注意两者的协调配合。

（四）货币供给量和利率作为中介指标孰优孰劣

1. 以货币供给量为中介指标的优缺点分析

(1) 以货币供给量为货币政策中介指标的优点。

1) 其可测性强。货币供给量数据按月统计，中央银行在月末几天后即可得到其统计数据。

2) 其可控性强。货币供给量可以表示为基础货币和货币乘数的乘积。货币乘数由存款与准备金比率 D/R 和存款与通货比率 D/C 决定，而这两个比率相对稳定。因此中央银行只要控制住了基础货币，就能较好地控制货币供给量。基础货币可直接在中央银行的资产负债表中反映出来，中央银行只要调整它自身的资产就能达到调节基础货币的目的。在经济繁荣时，中央银行为防止通货膨胀而压缩货币供给量，反之则扩张货币供给量，复兴经济。

3）其与最终目标（特别是名义国民收入）的相关性高。货币供给量的变动能直接影响经济活动，货币供给量与经济的运动方向是一致的，即经济繁荣时货币供给量会增加，经济萧条时货币供给量会自动收缩。只要货币流通速度稳定，货币供给量的增加（减少）就能导致名义收入的相应增加（减少）。

4）其与货币政策意图联系紧密，而且不易将政策性效果与非政策性效果相混淆。货币供给量增加表明采取的是扩张性货币政策，货币供给量减少则表明采取的是紧缩性货币政策。

（2）以货币供给量为货币政策中介指标的缺点。

1）货币供给量是一个多层次概念，将其作为货币政策的中介指标就存在将哪一层次的货币供给量作为指标的问题，而中央银行很难在短期内控制货币在现金与活期存款和定期存款之间的移动。从 M0、M1、M2 到 M3，它们的相关性渐趋增强，而可控性则渐次减弱。

2）中央银行对货币供给量的控制并不是绝对的。货币供给量的变动既取决于基础货币的变动，又取决于货币乘数的变动，而后者受多种非中央银行可完全控制的因素的影响，同时中央银行运用货币政策工具来控制货币供给量存在一定的时滞。

2. 以利率为中介指标的优缺点分析

（1）以利率为中介指标的优点。

1）可测性强。中央银行在任何时候都能观察到市场利率的水平及结构，数据易于及时搜集。

2）可控性强。中央银行可直接控制再贴现率，且中央银行通过公开市场业务，也能调节市场利率的走向；同时中央银行运用一些选择性货币政策工具，如再贴现政策、优惠利率、利率限制、间接信用指导等可以调节利率的结构。

3）利率作用力大，影响面广，与货币政策诸目标间的相关性高。一方面，利率不仅能够反映货币与信用的供给状态，而且能够表现供求状况的相对变化，利率上升表明银根趋紧，反之则表明银根趋松。另一方面，中央银行能够通过利率影响投资和消费支出，从而调节总供求。

（2）以利率为中介指标的缺点。

1）把利率作为货币政策的中介指标，由于资本收益率、企业对经营前景的预期等因素都可以成为市场利率变动的引发因素，因此，往往使人们难以在货币政策变动时准确地区分货币政策效果和偶发性的外生效果。比如在总需求随经济的上升而扩张时，货币需求增加，市场利率会出现上涨，这时如果中央银行把利率作为中介指标，那么就会产生信号接收失误，看到市场利率上升就采取降低利率的办法，结果会助长需求的进一步扩张，实际上，这时要求的不是降低利率，而恰恰是提高利率以抑制需求。

2）中央银行能够控制的是名义利率，而对经济运行产生实质影响的是实际利率，实际利率等于名义利率减去通货膨胀预期。由于没有计量通货膨胀预期的直接手段，因此实际利率是很难准确计量的，这样中央银行对实际利率就很难准确控制。在存在通货膨胀的条件下，货币需求者即借款者所受到的根本影响是实际资本损益，而不是市场名义利率变动带给他们的那些表面的影响。也就是说，无论对中央银行还是对一般商业银行和借款者来说，重要的、有实际制约意义的是实际利率而不是名义利率。

3）利率对经济活动的影响更多地依赖于市场主体对经济效益变动的敏感性，即货币需求的利率弹性。货币需求的利率弹性大，则利率变动对经济活动的影响就大；反之则小。而货币需求的利率弹性既受经济体制的影响，也受金融市场发育程度和经济运行状况等的影响。

通过对以货币供给量为中介指标和以利率为中介指标的优缺点进行分析比较，可以得出如下结论，即中介指标的设置依赖于一国经济发展阶段、历史传统以及政治需要等因素，也就是说，无论把哪种金融变量作为中介指标都没有绝对的优势，指标的选取因时、因国、因势而有所侧重。20 世纪 80 年代，西方各国为了适应开放型经济的发展、金融创新、金融市场国际化、国际性的货币替代等要求，纷纷放宽甚至放弃传统的货币总量目标，转而更为重视一些市场化的指标，例如利率、汇率等，其中利率是最主要的中介指标。因此，根据国际经验，应当把我国的货币政策中介指标从货币供给量逐步转向市场利率。但由于我国利率市场化程度依然不高，短期仍需要把货币供给量作为主要中介指标，而将市场利率作为辅助的中介指标加以调控。我国货币政策中介指标的选择也经历了从信贷规模控制、货币供给量调节到引入通货膨胀目标的渐进式改革过程。造成这种选择变迁的因素主要有制度变迁的因素、金融深化的因素和经济前景预期的因素等。

（五）其他可作为中介指标的指标

除了货币供给量和利率之外，另外还有一些指标能充当中介指标，主要有银行信贷规模、股票价格和名义汇率等。

1. 银行信贷规模

银行信贷规模是指银行体系对社会大众及各经济单位的存贷款总额。其规模适度与否对货币供给量以及国民经济的正常运转有直接的影响。银行信贷规模过大，社会存贷款总量过多，会导致货币供给量过多，造成社会总需求增加过快，于是会出现通货膨胀的苗头，进而影响和阻碍中央银行货币政策目标的实现；反之，银行信贷规模过小，社会总需求不足，也会影响货币政策目标的实现。总体而言，银行信贷规模具有较好的相关性、可测性和可控性，但规定银行信贷规模属于行政手段，而非经济手段，在一定程度上会限制市场机制作用的发挥，而且当一国金融市场和直接融资较发达时，贷款规模控制与最终目标的相关性会减弱。

2. 股票价格

以托宾为代表的耶鲁学派主张将股票价格作为货币政策的中介指标。托宾认为中央银行无法直接干预实物资本的供求，只能运用货币政策影响利率结构，并通过利率结构的变动影响实物资本的供求及整个经济活动。而股票价格却可以较好地反映资本市场的态势和货币政策的意图，因为股票是实物资本的要求权，其价格反映实物资本的供求状况，所以，货币政策的效果必须通过股票价格来衡量。实物资本的需求增大，股票价格就会上涨，这就意味着生产活动有扩大的趋势，说明货币政策是扩张性的；反之则说明货币政策是紧缩性的。同时，托宾还认为中央银行能有效地调节股票价格，中央银行可以通过调节资产的规模、结构、收益率来完全有效地调控股票价格，也能够通过适当的货币政策来影响或改变人们的预期以及承受风险的意愿，引导社会公众对金融资产的适当需求，以使股票价格保持在货币政策目标所要求的水平上。

3. 名义汇率

以名义汇率为中介指标指的是本币钉住某一国的货币或货币篮子，贸易的价格随即被固定下来，本国的通货膨胀率被置于直接控制之下。近年来，以汇率为中介指标表现为两种方式：一种方式是固定汇率制度，固定汇率制度包括将本国货币的价值与较大的、通货膨胀率低的国家如美国（称为核心国）的货币的价值固定在一起；另一种方式是爬行钉住汇率制度，即允许货币以稳定的速率贬值，以使钉住国的通货膨胀率能够高于核心国的通货膨胀率。汇率指标提供了自动调节功能，当本币有贬值趋势时，汇率指标会促使中央银行推行紧缩的货币政策，当货币有升值趋势时，汇率指标会促使中央银行推行宽松的货币政策，而且该指标简单明晰，易于为公众所理解。

☞阅读延伸 8－3

西方主要国家货币政策中介指标的演变与比较

由于各个指标各有优劣，哪个指标更适合作为货币政策的中介指标，理论上有很多争论，目前尚无定论。下表列出了几个主要国家货币政策中介指标的演变情况以作参考。

西方主要资本主义国家货币政策中介指标的演变与比较

国家＼年代	20 世纪 50—60 年代	20 世纪 70—80 年代	20 世纪 90 年代至今
美国	以利率为主	先以 M1 为主，后以 M2 为主	以利率、汇率等价格型变量为主
英国	以利率为主	货币供给量	同上
加拿大	先以信用总量为主，后改以信用调节为主	先以 M1 为主，后以 M2 和 M2＋为主	同上
日本	民间金融体系的贷款增加额	M2 和 CD（大额可转让定期存单）	同上
德国	商业银行的自由流动储备	先以货币供给量为主，后以 M3 为主	同上
意大利	以利率为主	国内信用总量	同上

资料来源：陈燕．中央银行理论与实务．北京：北京大学出版社，2005.

三、可供选择的操作指标分析

从货币政策作用的全过程来看，操作指标距离中央银行的政策工具最近，是中央银行能直接调控的对象，可控性极强，中央银行可借助政策工具作用于操作指标，进而影响到中介指标，最终实现最终目标。从发达国家中央银行的操作实践来看，可供选择的操作指标主要有银行准备金、基础货币和货币市场短期利率等，这里主要介绍银行准备金和基础货币两种。

（一）银行准备金

银行准备金是指商业银行和其他存款机构在中央银行的存款余额及其持有的库存现金，其主要特点是不生息或利息很少。中央银行有多项工具可用于调整准备金，因此银行准备金的可调控性极强。从准备金的供给来看，银行准备金又可以分为借入准备金和非借入准备金。借入准备金是指中央银行通过再贴现窗口提供的临时性贷款，其在使用额度、频率和使用理由上都有明确的限制。非借入准备金是指银行通过再贴现窗口之外的其他渠道所获得的准备金。中央银行通过公开市场操作买进政府债券，是非借入准备金供应的一个最主要的渠道。从准备金的需求看，银行准备金主要分为法定存款准备金和超额存款准备金，存款准备金总额是法定存款准备金和超额存款准备金之和。法定存款准备金的多少取决于法定存款准备金率，但因为法定存款准备金率的调整影响太大，一般不宜作经常性调整，因此中央银行将超额存款准备金作为直接的经常性指标。中央银行通过对商业银行超额准备金的调节和监控、通过商业银行和其他金融机构超额准备金的变化来观察市场银根的松紧，及时了解货币政策工具的调控效果。该项指标过高说明金融机构资金宽裕，货币供给量过多，此时中央银行应该采取措施使金融机构的超额准备金达到理想水平，反之亦然。但是把准备金作为货币政策的操作指标也有一定的局限性，因为金融机构持有超额准备金的多少，并不是中央银行所能决定的，而是由商业银行和其他金融机构根据其资产负债比例、结构以及对经济形势的估计和判断自主决定的。因此，在采用这个指标进行操作时，需要辅之以其他手段，并且需要金融机构的协调与配合。

（二）基础货币

基础货币是流通中的现金和商业银行的存款准备金的总和，它构成了货币供给量倍数伸缩的基础。基础货币是中央银行的负债，中央银行是能够通过扩张或收缩自己的资产总量来决定自己的负债总量的特殊金融机构。正因为如此，中央银行才有能力控制基础货币的数量。基础货币满足可测性、可控性和相关性等要求，其数据简单易得，数量也容易调控，不少国家把它当作较理想的操作指标。其理由是：(1) 根据货币乘数理论，货币供给量等于基础货币与货币乘数的乘积，只要中央银行控制住基础货币的投放，也就间接地控制住了货币供给量，进而可以影响到利率、价格及国民收入，实现最终目标。(2) 基础货币表现为中央银行的负债，其数额随时反映在中央银行的资产负债表上，容易为中央银行掌控。(3) 基础货币中的通货可以由中央银行直接控制。通过公开市场操作，中央银行可以随意控制非借入准备金，中央银行还可以通过再贴现窗口的目标设定，部分控制借入准备金。简言之，在经济机制充分发挥作用和货币乘数稳定的情况下，调控基础货币量可直接实现对货币总供求的调节。然而该项指标对中央银行来说虽极易监控和操作，但离货币政策最终目标较远。

（三）其他指标

在实践中，除了银行准备金和基础货币常被选作操作指标外，其他常用的指标主要有同业拆借利率、回购协议市场利率、票据市场贴现率等，这些指标都属于货币市场短期利率，在操作上有某些相似的地方，而在这些指标当中最经常运用的当属同业拆借利率。同业拆借利率是指银行及非银行金融机构之间的短期资金借贷利率，主要用于弥补临时头寸不足，期限较短，最短只有半天，有1～5天的，也有几个月的，但最长不超过1年。同业拆借利率是由拆借市场的资金供求关系决定的，它能比较灵敏地反映资金供求的变化情况，是短期金融市场中具有代表性的利率，其他短期借贷利率通常是比照同业拆借利率加一定的幅度来确定的。因此，同业拆借利率作为货币市场的基础，是整个货币市场的基准利率，中央银行通过调控同业拆借利率就可以改变货币供给量，影响长期利率。

短期利率作为操作指标有利也有弊。其优点是：(1) 中央银行可以很容易获得短期利率水平及变动的数据。(2) 这些指标具有较好的可测性，同时市场利率又是经济的一个内生因素，因此在与最终目标的关系上，这些指标也具有较好的相关性。(3) 操作便捷，可控性强。例如，当中央银行认为有必要维持或改变现有的利率水平和利率结构时，可以通过公开市场操作及对再贴现窗口借款量和贴现率的具体规定，调控同业拆借利率，这些途径都是中央银行可以直接利用的，而且市场反应迅速，效果明显。把短期利率作为操作指标固然有上述优点，但其自身也存在缺陷：首先，其最大问题是利率对经济产生作用存有时滞，同时因为是顺经济周期的，容易形成货币供给的周期性膨胀和紧缩。其次，利率容易受通货膨胀、市场供求、心理预期等非货币因素的影响，不利于中央银行作出正确判断并采取正确的行动。例如，加拿大在很长时间内都是以短期利率为操作指标，但由于在浮动汇率制下汇率受外部冲击对总需求的影响很大以及受国内经济发展状况等因素的影响，近年来，加拿大银行用MCI（货币状况指数）替代短期利率作为中央银行货币政策的操作指标。

第四节　货币政策的决策与程序

一、货币政策决策权的配置与权威性

货币政策决策权的配置与权威性，简言之就是指货币政策的决策权力的归属，以及货币政策在制定和执行上是否具有独立性，不受其他短期政治利益的驱动和影响以及不受其他部门的干扰，实现金融对经济的贡献的最大化及经济的可持续发展。显而易见，货币政策决策权的配置与权威性依赖于中央银行独立性程度的高低。

中央银行独立性问题的提出最初旨在使中央银行与商业银行相脱离，不以营利为目的，而专注于中央银行业务。但随着国家对中央银行的影响和干预，中央银行日益沦为政策的工具，政府往往为了政治需要而牺牲货币政策。因此，目前在讨论中央银行独立性问题时，主要是相对于政府而言的。简言之，中央银行的独立性是指中央银行在履行其职能时受制于其他法律主体（主要是政府）的程度。

20世纪90年代以来，中央银行制定货币政策的决策权和执行货币政策的自主权日益增强，并成为一种世界性趋势，无论是西方市场经济发达的国家，还是发展中国家，都在积

极探索强化中央银行独立性、提高货币政策有效性的措施，并以此来指导实践，这也是中央银行独立性增强的主要表现。越来越多的国家尤其是那些经历了重大金融事件和金融危机的国家纷纷采取央行分拆的模式，并且银行监管职能的分离与中央银行的独立往往同步进行，比如英国、日本和韩国就是如此，它们将加强中央银行的独立性放在改革的首位。

中央银行不具有独立性，意味着币值稳定就不可能成为中央银行货币政策的首要目标，经济运行面临不确定因素的干扰。即使再独立、再审慎的金融监管，也难以避免金融机构受到系统风险的冲击。因此，货币政策决策权的配置及其权威性依赖于中央银行独立性程度的高低。

一般而言，在中央银行具有高度独立性的国家，如美国、德国、瑞典等，这些国家的中央银行直接向国会负责，货币政策的决策权集中在中央银行的最高管理层手中，由中央银行根据宏观经济发展状况，独立承担货币政策的制定和执行，中央银行拥有可独立支配的财源，在执行货币政策的过程中不受政府干预。例如，美国联邦储备体系的独立性一直很强，其最高权力部门为联邦储备委员会。委员会负责制定并协调货币政策，核定联邦储备银行的贴现率，确定会员银行的法定准备金率，以及对 12 家联邦储备银行和会员银行等金融机构进行监督管理。联邦储备委员会的决策不需要经过总统或者其他政府官员批示，一经多数通过即可执行。根据有关法律规定，联邦储备体系是一个独立的系统，它通过制定和实施货币政策来促使美国经济保持强劲态势。美联储的主要职责是制定争取充分就业和物价稳定的货币政策，监督管理金融机构，确保国家金融体系的安全，保护消费者的权益等。再如，欧洲中央银行是一家新兴的跨国中央银行。欧洲中央银行管理委员会（也称行长理事会）和执行委员会（也称执行董事会）是欧洲中央银行的两个主要权力机构。欧洲中央银行管理委员会负责制定欧元区的货币政策和实施货币政策的指导纲要，其主要职责是确定欧元区的货币政策目标、主要利率水平和中央银行体系准备金率等。执行委员会主要负责货币政策的实施。在欧洲中央银行的组建过程中，其独立性是最受关注的问题之一。《马斯特里赫特条约》从立法上明确规定了欧洲中央银行是一个独立的机构，在财政上欧洲中央银行对成员国的财政赤字和公共债务不予担保。《关于欧洲中央银行体系及欧洲中央银行立法的协定》第七条规定，欧洲中央银行及其决策机构的成员在行使权力、履行职责和承担义务的过程中，均不得寻求或接受欧盟各组织和机构、任何成员国政府或任何其他团体的指示。《马斯特里赫特条约》也规定任何政府和机构有义务尊重欧洲中央银行的独立性，不得干预欧洲中央银行货币政策的制定和实施。这表明，欧洲中央银行体系在维护和增强其货币政策制定和执行的独立性上达到了一个很高的层次。①

而在中央银行独立性较弱的国家，货币政策的决策权由中央政府和中央银行最高管理层分担，往往会因为政治需要而牺牲货币政策。例如在一些多党执政的国家，由于多党执政的政治体制和各党派政治利益的驱动，执政党为了获取连任，往往采取增加货币供给的手段来刺激经济增长和缓解失业压力，而不顾及长期可能造成的恶果。执政党连任成功或新党上台执政后，为了治理货币供给过多所造成的通货膨胀，又要实施紧缩性财政和货币政策，因而人为地造成了经济的震荡。

① 秦菊香，尹继志．发达国家货币政策制定和实施的变化和演进．浙江金融，2005（4）．

二、决策机构与程序

（一）决策机构

一般来说，货币政策的决策机构就是各国的中央银行，货币政策的制定和实施都由中央银行下属的货币政策委员会来执行。英格兰银行的中央银行研究中心曾作过一项调查，发现在调查的88家国家和地区的中央银行中，有79家中央银行是由货币政策委员会或类似的机构来制定货币政策。比较有代表性的是美国联邦公开市场委员会、欧洲中央银行管理委员会、英格兰银行货币政策委员会和日本银行政策委员会等。①

就我国而言，我国货币政策的决策机构是中国人民银行货币政策委员会。其职责是：在综合分析宏观经济形势的基础上，依据国家的宏观调控目标，讨论货币政策的制定和调整、一定时期内的货币政策控制目标、货币政策工具的运用、有关货币政策的重要措施、货币政策与其他宏观经济政策的协调等涉及货币政策的重大事项，并提出建议。② 根据2018年6月《国务院办公厅关于调整中国人民银行货币政策委员会组成人员的通知》，货币政策委员会由下列单位的人员组成：中国人民银行行长、国务院副秘书长1人、国家发展和改革委员会副主任1人、财政部副部长1人、中国人民银行副行长1人、中国人民银行行长助理1人、国家外汇管理局局长、国家统计局局长、中国银行保险监督管理委员会主席、中国证券监督管理委员会主席、中国银行业协会会长、金融专家3人。

☞**阅读延伸** 8－4

中国人民银行货币政策委员会

《中国人民银行法》第十二条规定："中国人民银行设立货币政策委员会。货币政策委员会的职责、组成和工作程序，由国务院规定，报全国人民代表大会常务委员会备案。中国人民银行货币政策委员会应当在国家宏观调控、货币政策制定和调整中，发挥重要作用。"

《中国人民银行货币政策委员会条例》第三条规定：货币政策委员会的职责是，在综合分析宏观经济形势的基础上，依据国家的宏观经济调控目标，讨论下列货币政策事项，并提出建议：

（一）货币政策的制定、调整；

（二）一定时期内的货币政策控制目标；

（三）货币政策工具的运用；

（四）有关货币政策的重要措施；

（五）货币政策与其他宏观经济政策的协调。

① 中国人民银行网站，主要国家和地区中央银行货币政策委员会制度。

② 中国人民银行网站。

（二）决策程序

各国货币政策决策程序基本相同，只是在某些具体细节上有些许出入。以美国为例，其货币政策体系是以公开市场为主的，所以货币政策的制定和实施过程主要包括以下三个过程：一是联邦公开市场委员会根据政府的经济政策以及实际经济活动来确立中介指标的过程；二是纽约联邦储备银行交易部制定操作指标的过程；三是纽约联邦储备银行交易部具体执行的过程。从表 8－2 中可以详细了解发达国家货币政策委员会的会议制度和决策程序。

表 8－2　　发达国家货币政策委员会的会议制度和决策程序

决策机构	会议制度和决策程序
美国联邦公开市场委员会	美国联邦公开市场委员会每年召开 8 次例会，一般在 2 月和 7 月的会议上重点分析货币信贷总量的增长情况，预测实际国内生产总值、通货膨胀、就业率等指标的变化区间。在其他 6 次会议中，要对长期的货币信贷目标进行回顾。每次会议的具体议程如下： 1. 批准上一次例会的会议记录。 2. 外币操作评价，包括上次会议后的操作情况报告、批准上次会议结束后的交易情况。 3. 国内公开市场操作评价，包括上次会议后的操作情况报告、批准上次会议结束后的交易情况。 4. 经济形势评价，包括工作人员关于经济形势的报告、委员会讨论。 5. 货币政策长期目标（2 月和 7 月会议）评价，包括工作人员评论、委员会对长期目标及行动方案的讨论。 6. 当前货币政策和国内政策指令，包括工作人员评述、委员会讨论和制定指令。 7. 确定下次会议的日期。
欧洲中央银行管理委员会	每两周召开一次会议，但隔一次才讨论利率，会后管理委员会的主席立即召开新闻发布会解释管理委员会决策的缘由。管理委员会对经济状况和价格发展态势的看法发布在《欧洲中央银行月报》上，该月报以欧盟的 11 种官方语言发表。
英格兰银行货币政策委员会	每月举行一次会议。一般在每个月第一个整周的周三、周四举行。会议日期安排提前一年公布，但也可以根据需要召开临时会议。具体程序为： 1. 准备会议。 一般在例会前一个周五召开。由英格兰银行的高层官员向委员汇报上一个月的主要经济金融情况，使委员会能有机会了解上个月的经济运行情况，并提出问题。在此之前，委员们已经得到了许多相关书面资料，包括图表。汇报的内容主要包括：国际环境、货币和金融情况、需求和产出、劳动力市场、英格兰银行分支机构专题汇报、分支机构情况、市场信息、通货膨胀预测。

续前表

决策机构	会议制度和决策程序
	2. 委员会例会。 周三下午： 总经济师阐述准备会议后得到的新数据和研究结果。委员们回顾上个月的消息，并讨论这些消息对未来可能产生的影响。主管货币政策的副行长发给委员一张重点讨论问题表，使讨论比较集中。但所有委员都可以自由地提出他们认为与当月决策相关的问题进行讨论。财政部的代表提供政府的有关信息。由英格兰银行的五位高层官员组成的货币政策委员会秘书处在力所能及的情况下可以回答问题，并对有关数据进行说明和分析，但不参与全体讨论。 周四上午： 英格兰银行行长总结前一天的讨论，并指出在分析和重点问题上的所有不同意见。委员们对总结进行评论和补充。 行长就货币政策措施依次征求委员的意见。主管货币政策的副行长最先发言，行长最后发言，但其他委员的发言次序不确定。委员们可以对特定的政策措施表示明确的赞成态度，也可以另外提出参考意见供其他委员讨论，其他委员可能会对发言者提出问题。所有委员发言完毕、所有提议经讨论定下来后，行长向委员陈述他认为多数委员均赞同的提议，然后进行正式投票。所有投少数票的委员都会被要求陈述其倾向的利率水平是多少。决策完成后，委员会讨论是否希望在公布委员会决策的同时发布新闻稿。中午12时，向金融市场和媒体公布决策和新闻稿。
日本银行政策委员会	政策委员会每月召开一次会议，并且只有在三分之二的成员出席的情况下才能开会和投票。政策委员会决策采取投票表决的形式，一项决定只有在获得参加会议的成员一半以上的票数时才算通过；当支持票数和反对票数相同时，主席有最后决定权。财务大臣（或其代表）、经济财政政策担当大臣（或其代表）可以参加日本银行政策委员会会议并就货币调控的有关问题提交意见，他们没有投票权，但是可以要求政策委员会推迟表决有关货币调控问题的决议。一旦财务大臣（或其代表）、经济财政政策担当大臣（或其代表）提出推迟表决的意见，政策委员会就可以就此意见进行投票决定是否采纳，投票程序和票数要求如上。政策委员会会议程序具体为： 1. 日本银行货币政策部门作《经济与金融发展工作报告》，报告内容包括货币市场操作、金融市场最近的发展、海外经济和金融发展、日本的经济和金融发展等。 2. 政策委员会讨论经济和金融发展。 3. 政策委员会讨论近期货币政策。 4. 政府代表对《经济与金融发展工作报告》和讨论进行评价与提出建议。 5. 政策委员会委员进行投票。 6. 对上次会议的会议记录进行批准并规定其发布时间。

资料来源：中国人民银行网站，主要国家和地区中央银行货币政策委员会制度。

三、决策的依据与分析判断

（一）国内宏观和微观经济运行状况分析与预测

国内宏观经济运行状况反映一国总体经济形势的好坏，货币政策作为宏观经济调控的重要手段之一，与宏观经济运行状况联系十分密切。国内宏观经济运行状况分析是货币政策决策的基础，货币政策决策者只有在总体上对宏观经济有一个正确、全面和系统的把握与分析，才能在决策时对货币政策方向有一个准确的判断。

企业和居民是国家宏观调控的最终作用对象，是国民经济的基础。企业的自我约束程度和管理水平决定了金融调控政策的有效程度。在货币政策的决策过程中，货币政策委员会必须对微观经济运行状况进行充分的分析，深入了解其运行状态及产生的问题，并在此基础上对未来微观经济主体的发展趋势作出准确的预测，这样货币政策委员会在决策时才不会偏离正确的方向。

（二）世界经济、金融形势变化及其对国内经济影响的预测分析

随着经济全球化、金融自由化浪潮的高涨，世界各国经济已经连成一个联系密切的整体，一国尤其是国际影响力大的国家的重大经济或政治变故，都会在全球范围内产生重大影响，甚至引起全球经济波动。例如，美联储的利率政策走向就牵动着世界各国货币当局的眼球，因为很多国家都实行钉住美元的外汇政策，美联储的每次利率调整，都会对世界经济波动产生重要影响，各国货币政策也会因此而进行调整，以保护国内经济的健康稳定发展。因此，货币政策委员会在作出货币政策决策时，应对世界经济、金融形势变化作出准确的分析和判断，充分考虑其对国内经济的影响，确保货币政策的正确制定和实施。

（三）国内货币金融形势预测分析

货币政策的决策还在很大程度上取决于一国国内货币金融形势的预测分析。当期国内货币金融形势分析是货币政策委员会制定货币政策信息的直接来源，货币政策委员会从货币的角度，通过对银行系统的货币供给量增长速度、货币流动性、存贷款增长速度和存贷差等指标以及其他非银行金融机构金融变量的考察和分析，来评价当前的货币金融形势。在此基础上预测其未来发展趋势，然后再决定有无实施货币政策的必要以及货币政策的方向及采取何种货币政策工具、操作方法和程序。

本章小结

货币政策是指中央银行为实现一定的经济目标，运用各种工具调节和控制货币供给量，进而影响宏观经济的方针和措施的总和。货币政策作为一种宏观经济政策，是实现中央银行金融宏观调控目标的核心所在。货币政策能促进社会总需求与总供给的平衡，保持币值稳定；促进经济的稳定增长；促进充分就业，维护社会稳定；促进国际收支平衡，保持汇率相对稳定；保持金融稳定，防范金融危机。通常，国家可以通过中央银行的特殊地位和金融机制来采取措施，影响市场信用量和货币供给量，以实现国家管理和干预经济的要求。

货币政策目标是由操作指标、中介指标和最终目标三个层次有机组成的目标体系。货

币政策的最终目标主要有币值稳定、经济增长、充分就业、国际收支平衡和金融稳定，这些目标有其统一的一面，但其内在的矛盾冲突又使得中央银行在制定和执行货币政策时不能统筹兼顾。因此，不同时期、不同国家、不同经济发展阶段的货币政策最终目标的侧重点也就有所差异，业界学者和专家对各国货币政策最终目标的选择也各有主张，其主要理论依据主要有单一目标论、双重目标论和多重目标论。

选择货币政策中介指标和操作指标的基本原则是被选择的金融指标必须满足相关性、可测性、可控性和抗干扰性的要求。可供选择的中介指标和操作指标主要有货币供给量、利率、银行信贷规模、股票价格、名义汇率和银行准备金、基础货币、货币市场短期利率等。

货币政策决策权的配置及其权威性依赖于中央银行独立性程度的高低。一般而言，在中央银行具有高度独立性的国家，货币政策的决策权集中在中央银行的最高管理层手中；在中央银行独立性较弱的国家，货币政策的决策权由中央政府和中央银行最高管理层分担。

练习题

一、术语解释

1. 货币政策
2. 最终目标
3. 中介指标
4. 操作指标
5. 币值稳定
6. 失业率
7. 充分就业
8. 国际收支平衡
9. 金融稳定
10. 单一目标论
11. 双重目标论
12. 多重目标论

二、填空题

1. ________学派认为不管货币如何变动，经济始终处于充分就业状态，因此货币政策是完全无效的；________学派从货币供给对利率的影响以及利率变动对总需求的影响出发，论证了货币政策在危机时期无效，而在非危机时期却不同程度地有效。弗里德曼采用________来阐明在适应性预期下货币供给量的变动效应，说明货币政策在短期内是有效的，但在长期内无效的观点；以________为代表的理性预期学派认为，________使中央银行不能达到预期目标，扩张性政策只会带来通货膨胀而非经济增长，货币政策在长期与短期均是无效的。

2. 货币政策目标可以划分为________、________和________三个层次，这三个层次有机地组成货币政策目标体系。

3. 在实际应用中，衡量物价的指标主要有三个：________、________和________。

4. 经济增长的速度通常用________表示。

5. 社会就业充分与否是针对________而言的，这里所说的充分就业，并不是社会劳动力百分之百地就业，而是把通常存在的________和________排除在外。

6.1995 年 3 月颁布的《中国人民银行法》明确规定我国“货币政策目标是保持________，并以此促进________”。

7. 五大货币政策目标是指________、________、________、________和金融稳定。

8. 由于最终目标之间存在矛盾，因此，在货币政策的实践中，同时实现数个目标是不可能的，协调不同目标之间矛盾的方法主要有________、逆经济风向抉择法、________和________。

9. 菲利普斯曲线揭示的是通货膨胀率与失业率之间的________关系，即失业率越低，通货膨胀率________；反之，失业率越高，通货膨胀率________。

10. 趋同理论分析认为，采用利率水平还是采用货币供给量作为中介指标，主要取决于这些变量与最终目标之间的________。

11. 货币政策决策权的配置及其权威性依赖于________的高低。

12. 我国货币政策的决策机构是________。

三、判断题

1. 货币政策是实现中央银行金融宏观调控目标的核心所在。（　）

2. 货币政策主要调节的是总需求，而非总供给。（　）

3. 调整经济结构是货币政策的主要功能。（　）

4. 货币供给促使社会总需求的形成，社会总需求影响社会总供给，社会总供给决定了真实货币需求，货币供给决定货币需求。（　）

5. 内生变量，又称政策性变量，所以货币供给量首先应该是一个内生变量。（　）

6. 货币政策的调整对产出、就业和通货膨胀的影响显著。如当中央银行降低利率时，银根紧缩，产出减少，就业率下降，通货膨胀率较低；反之，当中央银行提高利率时，银根较松，社会产出增加，就业率上升，通货膨胀率也会随之上升。（　）

7. 新凯恩斯学派认为，即便是公众完全预期到货币政策的变动，价格也不能完全调整，因此货币政策不能影响实际产出，货币政策是无效的。（　）

8. 影响经济增长的主要因素在短期内是比较稳定的。（　）

9. 货币政策应该不断调整最终目标和灵活选择政策工具。（　）

10. 货币政策是国家直接调控宏观经济的主要手段之一。（　）

11. 货币政策目标是指中央银行采取调节货币和信用的措施所要达到的目的。（　）

12. 按照中央银行对货币政策目标的影响程度及施加影响的方式，货币政策目标可以被划分为操作指标、中间指标和最终目标三个层次。（　）

13. 操作指标是指中央银行选定的能被货币政策工具直接作用又与中介指标联系紧密的金融变量，如银行准备金、基础货币、银行信贷规模等。（　）

14. 最终目标、中介指标和操作指标受中央银行控制的程度从弱到强，与宏观经济的相关程度也是从弱到强，三者构成了一个有机的货币政策目标体系。（　）

15. 在各类物价指数中，物价平减指数范围最广，因而成为经济形势变化的先行指标。（ ）

16. 摩擦性失业主要是由有效需求不足造成的。（ ）

17. 经济增长速度可以用人均国民收入增长率来衡量。（ ）

18. 菲利普斯曲线的斜率是负的。（ ）

19. 中介指标和操作指标的选取一般要满足相关性、可测性、可控性、抗干扰性和互补性的基本原则。（ ）

四、不定项选择题

1. 中央银行实施货币政策首先会影响到（ ）。

A. 最终目标　　B. 中介指标

C. 操作指标　　D. 中间目标

2. 作为反映经济形势变化的先行指标的物价指数是（ ）。

A. 物价平减指数　　B. 批发价格指数

C. 零售价格指数　　D. 消费价格指数

3. 认为货币政策的实施除了引起价格水平变化以外，对收入、就业、总需求、投资、实际工资及利率等变量都无影响。持这一观点的是（ ）。

A. 古典学派　　B. 凯恩斯主义

C. 货币主义　　D. 理性预期学派

4. 我国通过法律的形式规定的货币政策目标是（ ）。

A. 经济增长

B. 在实现经济增长的前提下，保持币值稳定

C. 稳定物价

D. 保持货币币值的稳定，并以此促进经济增长

5. 依据经济发展状况来协调货币政策目标的方法属于下列方法中的（ ）。

A. 相机抉择法　　B. 逆经济风向抉择法

C. 简单规则抉择法　　D. 临界点抉择法

6. 下列选项中不作为货币政策中介指标的是（ ）。

A. 货币供给量　　B. 利率

C. 银行信贷规模　　D. 基础货币

7. 下列选项中属于货币政策的主要特征的有（ ）。

A. 货币政策是一项总量经济政策和宏观经济政策

B. 货币政策是调节社会总需求的政策

C. 货币政策调节机制的间接性

D. 货币政策目标的短期性

8. 下列选项中关于货币供求与社会总供求之间关系的描述正确的有（ ）。

A. 货币供给促使社会总需求的形成，社会总需求影响社会总供给

B. 商品供给决定货币供给

C. 社会总供给决定了真实货币需求

D. 货币需求决定货币供给，货币需求影响社会总供给

9. 下列关于货币政策的命题正确的有（　　）。

A. 它是以总量调节为主的政策

B. 它是以结构调节为主的政策

C. 它是调节总需求的政策

D. 它通过调节总供给而间接影响总需求

10. 按照中央银行对货币政策目标的影响程度、速度及施加影响的方式，货币政策目标可以划分为（　　）。

A. 最终目标　　B. 中介指标

C. 操作指标　　D. 中间目标

11. 下列选项中可选作货币政策目标的有（　　）。

A. 币值稳定　　B. 经济增长，金融稳定

C. 充分就业　　D. 国际收支平衡

12. 货币政策目标之一——币值稳定的含义是（　　）。

A. 其中的物价是指一般物价水平，而非个别商品或劳务的价格

B. 币值不是绝对静止的，可以有一定的波动，但波动不能过大

C. 币值稳定包含一定程度的物价变动

D. 当物价波动过大时，可以通过抑制物价上升来解决

13. 金融稳定是指（　　）。

A. 金融机构、金融市场和市场基础设施运行良好，能抵御各种冲击而不会降低储蓄向投资转化的效率的一种状态

B. 反映的是一种金融运行的状态，体现了资源配置不断优化的要求，服务于金融发展的根本目标

C. 源于建立在稳固的基础上、能有效提供储蓄向投资转化的机会而不会产生大的动荡的金融体系

D. 包括金融体系中关键性的金融机构保持稳定和关键性的市场保持稳定

14. 货币政策要兼顾两个目标存在困难，下列选项中符合这种情况的有（　　）。

A. 币值稳定与充分就业

B. 币值稳定与经济增长

C. 经济增长与国际收支平衡

D. 经济增长与充分就业

15. 目前我国理论界关于货币政策目标选择的理论主要有（　　）。

A. 单一目标论　　B. 双重目标论

C. 三重目标论　　D. 多重目标论

16. 货币政策决策的主要依据有（　　）。

A. 对国家产业政策的分析和预测

B. 国内宏观和微观经济运行状况分析与预测

C. 世界经济、金融形势变化及其对国内经济影响的预测分析

D. 国内货币金融形势预测分析

五、简答题

1. 简述货币政策的主要特征。

2. 货币政策的主要功能有哪些？

3. 简述货币政策对经济的影响。

4. 简述理论界对货币政策效应的不同观点。

5. 我国的货币政策目标是什么？如何评价这一观点？

六、论述题

1. 试分析币值稳定、经济增长、充分就业、国际收支平衡、金融稳定等货币政策目标之间的关系。

2. 货币供给量和利率作为中介指标孰优孰劣？

第9章

中央银行的货币政策工具

⊙本章目标⊙

- 掌握法定存款准备金政策、再贴现政策和公开市场业务等一般性货币政策工具的含义、特点及作用。
- 掌握选择性货币政策工具的含义及作用。
- 了解其他货币政策工具的含义。
- 了解我国货币政策工具的发展情况。

中央银行的货币政策目标是通过调节货币供给量和控制信贷规模来实现的。中央银行借助什么手段、采用什么方式去控制和调节货币供给量和信贷规模，并通过货币政策的中介指标去实现其最终目标，这是本章要介绍的货币政策工具方面的主要问题。中央银行通过使用货币政策工具并利用货币政策工具与货币政策目标之间的传导机制，实现稳定或调节经济的目的。这里所指的货币政策工具是指中央银行直接控制的、能够通过金融途径影响经济单位的经济活动，进而影响货币政策目标的经济手段。目前，可供中央银行运用的政策工具可分为一般性货币政策工具、选择性货币政策工具和其他货币政策工具三类。

第一节　一般性货币政策工具

所谓一般性货币政策工具是指对货币供给量进行调节和控制的政策工具，主要包括法定存款准备金政策、再贴现政策和公开市场业务。一般性货币政策工具的特点是对总量而不具体针对各种资金的特殊用途进行调节和控制。

一、法定存款准备金政策

（一）法定存款准备金政策的含义和作用

1. 法定存款准备金政策的含义

法定存款准备金政策是中央银行在法律所赋予的权力范围内，通过规定或调整商业银行等存款货币机构缴存中央银行的存款准备金的比率，以改变货币乘数，控制和改变商业银行等存款货币机构的信用创造能力，间接调控社会货币供给量的政策措施。目前大部分国家都在法律上规定存款准备金率，并赋予中央银行调整法定存款准备金率的权限，因此，我们把这样的制度安排统称为法定存款准备金制度。

虽然各国由于社会经济与制度环境的不同，政策内容及其业务操作也不尽相同，但法定存款准备金制度的主要内容基本一致，通常包括以下几个方面：(1) 存款准备金政策的实施对象。(2) 存款准备金率。(3) 存款准备金计提基础。(4) 存款准备金计算方法。(5) 存款准备金构成。(6) 存款准备金制度的执行。(7) 存款准备金法则。一般来讲，中央银行对存款准备金政策的调整，通常是对存款准备金率进行调整，通过存款准备金率与存款货币扩张乘数的反向变动关系（即存款准备金率越高，货币乘数就越小，银行体系创造派生存款的能力就越小，整个信用规模相应地就越小，货币供给量就越小）来间接地控制货币供给量。

2. 法定存款准备金政策的作用

(1) 保证商业银行等存款货币机构资金的流动性。

商业银行等存款货币机构为了应付客户的提现需要，都保持一定的现金准备。但是，保持现金准备对存款货币机构来说是一种负担。因为保持现金准备没有利息收入，还要为此支付保管费用、存款利息和员工的工资等，所以对以营利为目的的金融机构来说，理性的行动是尽量减少现金准备，特别是当存在良好的投资机会的时候更是如此。在没有法定存款准备金制度的情况下，存款货币机构可能受较好的贷款条件的诱惑而将大量资金贷出，从而影响银行资金的流动性和清偿能力。因此，各国普遍建立了法定存款准备金制度，强制存款货币机构将准备金存入中央银行，保证存款货币机构资金的流动性和清偿能力。

(2) 集中一部分信贷资金。

强制规定商业银行等存款货币机构将所吸收存款的一部分作为准备金缴存中央银行，使中央银行可以集中一部分信贷资金，用以履行中央银行职能，办理银行同业间的清算，向金融机构提供信用贷款和再贴现贷款，以调剂不同地区和不同银行间短期资金的余缺。

(3) 调节货币供给总量。

法定存款准备金制度的建立为商业银行等存款货币机构的派生存款规定了一个量的界限。对法定存款准备金率的调整可以从两个方面影响货币供给量的变动：一是影响基础货币的数量进而影响商业银行所能用于投资和放款的超额准备金的变动；二是影响货币乘数，改变信用创造能力。例如，当调高法定存款准备金率时，商业银行的法定准备金增加，超额准备金减少，从而商业银行的信用创造能力降低。如果法定准备金率的调高使法定准备金的增加超过商业银行超额准备金的数量，那么这将迫使商业银行等存款货币机构迅速收回其已贷出的款项或投资，补充超额准备金，银行的信贷开始收缩，从而实现减少货币供给量的目的。

（二）法定存款准备金政策工具的优缺点

1. 法定存款准备金政策作为一种货币政策工具之优点

首先，对货币供给量具有极强的影响力，力度大，速度快，效果明显，是中央银行收缩和放松银根的有效工具。其次，对所有存款货币银行的影响是均等的。这不像公开市场业务或再贴现政策，只对参与公开市场业务或申请中央银行贷款的银行发生作用。最后，中央银行对法定存款准备金政策具有完全的自主权，它是三大货币政策工具中最容易实施的手段。

2. 法定存款准备金政策的不足之处

（1）法定存款准备金政策缺乏弹性。由于整个银行存款规模巨大，加上乘数的多倍扩张和收缩作用，存款准备金率的轻微变动将会带来货币供给量的巨大波动，同时，中央银行难以确定调整准备金率的时机和调整的幅度，从而可能会对经济产生难以预期的冲击，因而法定存款准备金率不宜随时调整，不宜作为中央银行日常控制货币供给量的工具。

（2）法定存款准备金政策工具只能影响一般利率水平，无法影响利率结构。

（3）法定存款准备金率的提高，可能使超额准备金率较低的银行立即陷入流动性困境，被迫出售其流动性资产，或增加向中央银行的借款。为了减少这种冲击力，中央银行将被迫通过公开市场业务或再贴现窗口向急需流动性的银行提供流动性支持。

（4）法定存款准备金制度导致各类金融机构竞争基础的不平等。法定存款准备金制度从诞生之日起，就仅适用于存款金融机构，其中主要是商业银行。由于法定存款准备金制度不适用于所有的金融机构，因此必然造成各类金融机构竞争基础的不平等，使得金融市场的有效性下降。由于通常被作为无利息的资金持有，准备金成了商业银行负担的额外的“税”，增加了商业银行的经营成本。

（5）法定存款准备金政策对各类银行和各地区银行的影响也不尽相同。超额准备金并不是等额地分布在各家银行，因各地区的经济发展程度不同，银行规模大小有差异，所以各家银行在某一时点上所持有的超额准备金也参差不齐。因此，中央银行调整准备金率时，对各家银行的影响也不一样，往往对大银行有利，对小银行不利，甚至导致小银行的破产。

（6）中央银行存款准备金率的频繁调整会扰乱存款机构正常的现金管理和财务计划。

（7）由于法定存款准备金政策对商业银行的超额准备金、货币乘数及货币供给量均有较强烈的影响，法定存款准备金率的调整对整个经济和社会大众的心理预期等都会产生显著的影响，带有很强的宣示效应，不利于金融稳定，因而法定存款准备金率出现了固定化倾向。

（三）法定存款准备金政策的调整趋势

近年来，存款准备金的降低或取消，已成为法定存款准备金政策的改革方向。首先，

20世纪80年代中期后，金融管制放松和金融创新不断涌现，使得货币定义变得模糊不清，难以对货币供给量进行准确计量；货币流通速度大幅波动，导致传统货币需求函数失效，货币需求量难以预测，从而货币供给量作为货币政策的中介指标失去了意义，因此，以控制货币供给量为己任的法定存款准备金政策失去了意义。其次，法定存款准备金政策影响商业银行竞争力的问题，正日益引起世界各国的重视。

20世纪90年代以来，法定存款准备金政策开始弱化。德国、法国、日本和美国等都大幅度降低法定存款准备金率。美联储分别于1990年12月和1992年4月将定期存款的法定准备金率调至0，并将可签发支票存款的法定准备金率从12%降至10%。加拿大1992年也把2年以上期限存款的法定准备金率调至0。瑞士、新西兰、澳大利亚的中央银行也采取类似的措施。比利时、挪威、英国等国家则先后实行了零准备金制度。

☞阅读延伸9－1

差别存款准备金率制度

差别存款准备金率制度是基于我国金融运行实际情况作出的制度安排，主要包括以下四个方面的内容。一是确定差别存款准备金率的主要依据。包括：金融机构资本充足率，金融机构不良贷款比率，金融机构的内控机制状况、发生的重大违规及风险情况，金融机构支付能力明显恶化及发生可能危害支付系统安全的风险情况。二是差别存款准备金率制度的实施对象。差别存款准备金率制度采取统一框架设计和分类标准，实施对象为存款类金融机构。考虑到我国各类金融机构改革进程的差异，尚未进行股份制改革的农村信用社暂缓执行差别存款准备金率制度。随着这些金融机构改革的深入和取得阶段性成果，它们都要被纳入差别存款准备金率制度的实施范围。三是确定差别存款准备金率的方法。根据资本充足率等指标对金融机构质量状况进行分类；根据宏观调控的需要，在一定区间内设若干档次，确定各类金融机构所适用的差别存款准备金率。四是调整存款准备金率的操作。中国人民银行定期根据国务院银行业监督管理机构统计的金融机构法人资本充足率和不良贷款比率等指标，对金融机构存款准备金率进行调整。在个别金融机构出现重大违规、风险问题以及支付清算问题时，中国人民银行将会商国务院银行业监督管理机构，及时调整其存款准备金率。

实行差别存款准备金率制度，有利于促进我国金融平稳运行和健康发展。差别存款准备金率制度的整体框架和扶优限劣的激励机制将为金融企业改革提出明确的方向和可操作的标准，金融机构特别是实行较高存款准备金率的机构将在此制度约束下保持不断改进的动力。同时，实行差别存款准备金率制度也为完善货币政策传导机制、提高货币政策的有效性奠定了基础。有评论认为，逐步取消金融机构存款准备金制度已成为一种国际趋势，但事实是存款准备金制度和资本充足率要求是多数国家中央银行和金融监管当局对金融机构普遍实施的金融制度。存款准备金率是中央银行调节货币供给总量的工具，也是促进金融机构稳健运行、防范支付风险的有效手段。目前只有部分国家如英国、加拿大等不对金融机构的存款准备金率作强制性规定，但包括美国、日本、欧洲的中央银行在内的大多数中央银行，仍实行非常有效的存款准备金制度。

从当前我国宏观经济和金融的运行状况来看，在未来一段时期内还需要充分发挥存款准备金政策的作用。此外，目前绝大多数国家的金融当局都规定存款类金融机构严格遵守最低资本充足率8%的要求。对资本充足率低于8%的金融机构，金融当局会及时指出，要求其补充资本金，或实行兼并，甚至强制清算。在这种激励机制下，资产负债状况良好的金融机构资产扩张较快，而资产负债状况较差的金融机构的扩张将受到限制。

资料来源：摘自中国人民银行的《货币政策执行报告》。

二、再贴现政策

（一）再贴现政策的含义

再贴现是指商业银行或其他金融机构将贴现所获得的未到期票据，转让给中央银行。对中央银行来说，再贴现是买进商业银行持有的票据，使现实货币流出，扩大货币供给量；对商业银行来说，再贴现是出让已贴现的票据，解决临时资金短缺困难。整个再贴现过程，实际上就是商业银行等金融机构与中央银行之间的票据买卖和资金让渡的过程。

再贴现政策是中央银行最早拥有的一般性货币政策工具。所谓再贴现政策是中央银行通过改变再贴现率的办法，影响商业银行等金融机构从中央银行获得的再贴现贷款和持有超额准备金的成本，达到增加或减少货币供给量、实现货币政策目标的一种政策措施，包括对再贴现率和申请再贴现金融机构资格的调整。

（二）再贴现政策的作用

(1) 再贴现率的升降会影响商业银行等存款货币机构的准备金和资金成本，从而影响它们的放款量和货币供给量。再贴现率的变化，即从中央银行获得的再贴现贷款的成本的变化，引起准备金的增减，继而影响商业银行的放款和投资能力，最终导致货币供给量的变化。同时，随着货币供给量的变化，市场利率和货币需求也会相应变化。

(2) 再贴现政策对调整信贷结构有一定的效果。中央银行通过再贴现政策不仅能够影响货币供给量的增减，而且还可以调整信贷结构，使之与产业政策相适应。其方法有两种：一是中央银行可以规定再贴现票据的种类，决定何种票据具有再贴现资格，从而影响商业银行等存款货币机构的资金投向；二是对再贴现的票据实行差别再贴现率，如中央银行对再贴现的票据按国家政策进行分组，对各种票据制定不同的再贴现率，从而影响各种再贴现票据的再贴现数量，使货币供给结构符合中央银行的政策意图。

(3) 再贴现率的升降可产生货币政策变动方向和力度的宣示作用，从而影响商业银行等存款货币机构和社会公众的预期。因为再贴现率的变动会向全社会宣示中央银行的政策意图，因此它的提高表明中央银行采取的是紧缩性货币政策；反之，则表明中央银行将放松银根，从而能通过人们的预期成本和利益的变化，调整对信用的需求，进而影响国民经济。

(4) 防止金融危机的发生和进一步蔓延。再贴现是中央银行作为最后贷款人而发挥作用的主要形式。由于银行体系的固有特点，个别银行发生危机，很容易传染给其他经营正常的银行，造成金融恐慌和银行业的危机。在发生银行危机时，再贴现是中央银行向银行系统提供准备金的一种特别有效的办法。通过该渠道，资金可以立即被送到急需资金的银行，从而发挥中央银行的最后贷款人的作用，防止金融危机的发生和蔓延。

(三) 再贴现政策的优缺点

再贴现政策最大的优点是中央银行可利用它来履行最后贷款人的职责，并在一定程度上体现中央银行的政策意图，这样做既可以调节货币供给总量，又可以调节信贷结构。另外，再贴现政策通过改变再贴现率引导市场利率发生变化，符合市场经济的基本规律。因此，再贴现政策成为中央银行最早和最基本的调控手段，而且实践证明这项政策在大多数情况下是有效的。但它也存在一定的局限性，主要表现为：

(1) 从控制货币供给量来看，再贴现政策并不是一种理想的控制工具。首先，主动权并不完全掌握在中央银行手里，中央银行能够调整再贴现率，但不能强迫商业银行贴现，同时，中央银行难以控制经过贴现柜台所产生的货币数量；其次，再贴现率的变动所引起的贴现额的变动很难预测，由此而影响到的货币数量的变动更难预测，从而影响了政策的效果。

(2) 当中央银行把再贴现率定在一个特定水平时，市场利率与再贴现率之间的利差将随着市场利率的变化而发生较大的波动。这些波动可能导致再贴现贷款规模乃至货币供给量发生非政策意图的较大波动。

(3) 调整再贴现率的宣示效应是相对的，有时并不能准确反映中央银行货币政策的取向。如果市场利率相对于再贴现率正在上升，则再贴现贷款将增加，这时即使中央银行并无紧缩银根的意图，但为了控制再贴现贷款规模和调节基础货币的结构，它也会提高再贴现率以使其保持与市场利率联动，但这可能被公众误认为是中央银行正在转向紧缩性货币政策的信号。这时，宣示效应传递的可能并非中央银行的真实意图。

(4) 从对利率的影响看，调整再贴现率，通常不能改变利率的结构，只能影响利率水平。即使影响利率水平，也必须具备两个假定条件：一是中央银行能随时准备按其规定的再贴现率自由提供贷款，以此来调整对商业银行的放款量；二是商业银行为了增加利润，愿意从中央银行借款。当市场利率高于再贴现率，而利差足以弥补承担风险和放款管理费用时，商业银行就向中央银行借款，然后再贷出去；当市场利率高于再贴现率的利差不足以弥补上述费用时，商业银行就会从市场上收回放款，偿还其中向中央银行的借款。只有在这样的条件下，中央银行的再贴现率才能支配市场利率。

(5) 再贴现率政策受到银行对利率的预期的影响。在银行对市场利率的预期与再贴现率出现反向变动时，再贴现率无论高低都无法限制或鼓励商业银行向中央银行再贴现或借款，如银行预期市场利率进一步提高，即使再贴现率很低，银行也不会马上增加贷款。

(6) 再贴现政策缺乏弹性。一方面，再贴现率随时调整，通常会引起市场利率的经常性波动，这就会使企业或商业银行无所适从；另一方面，再贴现率不随时调整，又不利于中央银行灵活地调节货币供给量，因此，再贴现政策的弹性是很小的。

由于再贴现政策存在上述不足，因此不少经济学家提出改革再贴现政策甚至放弃再贴现政策的建议。如货币学派的代表人物弗里德曼认为，再贴现政策是一项在技术机制上无效的货币政策工具，而再贴现政策所拥有的一切效果，都可以通过公开市场业务来取得，因此，可以放弃此项政策工具。进入20世纪70年代以来，随着再贴现率的变动对市场利率的影响变小，其作为货币政策工具的重要性已经退让给其他间接货币政策工具。如在美国目前的再贴现政策已经演变成银行系统的安全阀门，而不是金融宏观调控的手段。因为美国政府规定商业银行只有在没有其他资金来源的情况下，才能向中央银行贴现，而且再贴现资金不能用于营利的目的，从而再贴现率的调控功能大为减弱，仅仅成为中央银行履行最后贷款人职责的一项辅助性工具。

三、公开市场业务

（一）公开市场业务的含义及模式

中央银行的公开市场业务起源很早，19世纪初，英格兰银行便把公开市场业务当作维持国债价格的手段。以后，公开市场业务又被用来辅助再贴现政策。而到了20世纪30年代，公开市场业务才真正被当作控制和调整货币供给量的工具开始加以使用。1935年，美国国会颁布《银行法》，正式建立联邦公开市场委员会，以协调和指导公开市场业务。现在，公开市场业务已经成为一国中央银行企图操纵金融市场、调节货币供给量、控制信用规模、干预本国经济活动的一种政策工具和执行货币政策的主要工具。

所谓公开市场业务，又被称为公开市场政策或公开市场操作，是指中央银行在金融市场上买进或卖出有价证券，借以改变商业银行的准备金，调控信用规模和货币供给量，从而实现其货币政策目标的一种政策措施。它是货币政策最有力的因而也是最重要的工具。

根据中央银行在金融市场上买卖证券的差异，可将公开市场业务分为广义的公开市场业务和狭义的公开市场业务。所谓广义的公开市场业务，是指在一些金融市场不发达的国家，政府公债和短期国债的数量有限，中央银行除了买进或卖出政府公债之外，还买卖地方政府债券、政府担保的证券以及银行承兑汇票等，以达到调节信用和控制货币供给量的目的。所谓狭义的公开市场业务，是指在一些发达国家，政府公债和短期国债的数量多，且流通的范围广泛，中央银行在公开市场上只需要买进或卖出政府公债和短期国债，就可以达到调节信用、控制货币供给量的目的。

根据中央银行实施公开市场业务的目的，又可将公开市场业务分为主动性的公开市场业务、防御性的公开市场业务和混合性的公开市场业务三种模式。主动性的公开市场业务旨在改变准备金水平和基础货币；防御性的公开市场业务则是为了抵消影响货币乘数的其他因素的变动；混合性的公开市场业务则是两个方面的目的都存在。公开市场业务无论是主动性的、防御性的还是混合性的，都是要达到影响货币供给的目的。若货币当局购入债券，则基础货币供给增加，通过货币乘数的放大作用，流通中的货币得到多倍增加；而当货币当局出售债券时，一部分货币就会退出流通领域，造成基础货币的减少，从而流通中的货币量多倍减少。

(二) 公开市场业务的内容

公开市场业务的内容主要包括以下四个方面：第一，确定买卖证券的品种和数量，制定操作的计划。通常，各国中央银行的公开市场业务以交易本国中央政府债券（俗称“金边债券”）为主。第二，决定操作方式的长期性和临时性。长期性是为了保证存款货币银行的流动性，临时性则是为了消除比如季节性的原因导致突然大量提现或存款增加而造成存款货币银行流动性不足或过剩的波动。第三，选取操作机构。中央银行的公开市场业务往往是通过中介商进行的，选取中介商的依据是资金实力、业务规模和管理能力。第四，确定交易方式。交易方式主要有现券交易和回购交易两种。回购交易是指卖（买）方在卖出（买入）证券的同时，与买（卖）方约定在某个时间按照某个价格买入（卖出）相同数量的同品种证券的交易。卖出并约定将来买入的交易，被称为正回购。买入并约定将来卖出的交易，被称为逆回购。

(三) 公开市场业务的作用

1. 调控存款货币机构的准备金和货币供给量

中央银行在金融市场上买入有价证券，实际上是向经济体系注入基础货币，增加存款货币机构的准备金，从而提高商业银行等存款货币机构创造信用的能力；相反，中央银行卖出各种证券，则是收回原已注入经济体系的基础货币，减少存款货币机构的准备金，从而削弱商业银行创造信用的能力。

2. 影响利率水平和利率结构

中央银行在公开市场买卖证券使证券需求发生变化，首先，引起证券价格和证券市场利率的变化。其次，引起存款货币机构准备金数量的变化，并通过乘数作用导致货币供给变化，而且也影响市场利率。最后，中央银行通过买卖不同期限的证券，也可以改变市场对不同期限证券的需求，使利率结构发生变化。

3. 与再贴现政策配合使用，可以提高货币政策效果

当中央银行提高再贴现率时，如果商业银行持有较多超额准备金而不依赖中央银行贷款，则紧缩性货币政策就难以奏效。此时，中央银行若以公开市场业务相配合，在金融市场上卖出证券，则商业银行的准备金必然减少，紧缩政策目标得以实现。

4. 降低货币流通量的波动幅度

假定其他条件不变，则货币供给量决定货币流通量，但是，有时货币供给量的决定是被动的。第一，政府财政的收入和支出在季节上有高峰和低谷，在税收高峰期买入债券，增加市场资金，在财政支出高峰期卖出债券，回笼资金，可以达到稳定金融市场的目的。第二，政府发行新债时，中央银行不能直接承购新债。但是，仍然可以通过买入旧债，向市场供应资金和压低市场利率，保证新债的顺利发行和降低政府发债的成本。第三，抵消因外汇储备流出流入引起的金融市场波动。在外汇储备流出多于流入时，应买入债券，增加货币供给；反之，则卖出债券，回笼货币。

(四) 公开市场业务发挥作用的条件

在西方各国，公开市场业务是中央银行管制信用、调节金融最有效的办法。但是，任

何一种货币政策工具要正常地发挥作用，都必须有适当的经济及金融环境。运用公开市场业务，并使其有效地发挥作用，至少应该具备以下几个条件。

（1）中央银行必须具备强大的、足以干预和控制整个金融市场的资金实力，这是中央银行运用公开市场业务的重要前提。如果中央银行缺乏足以控制全国金融市场的资金实力，那么公开市场业务就不能正常发挥作用，相反还会造成金融市场的紊乱。

（2）中央银行对公开市场业务应具有弹性操纵权力。也就是说，政府对中央银行在金融市场上买卖证券的种类和数量，以及买卖的时间等，都不应有严格的限制，而应由中央银行根据客观经济需要和货币政策目标的要求来自行决定。

（3）国内金融市场机制应完善。一方面，金融市场范围应扩大，应具有全国性，这样才有利于信息的传递，全国金融市场的价格才趋于一致，中央银行在各金融中心所采取的金融措施才能迅速地影响到全国；另一方面，国内金融市场应具有完整的独立性，不受外国金融中心的制约，这样便于中央银行独立地执行货币政策，以免国际金融中心的行情波动抵消本国中央银行实行货币政策的效果。

（4）金融市场上的证券种类和数量要适当。也就是说，一方面，作为中央银行进行公开市场业务的对象的证券种类，要长、中、短期各类齐备，以便中央银行根据所要实现的不同目标进行选择性的证券买卖；另一方面，市场上的主要证券，比如短期国债或政府公债，其数量应相当庞大，处于举足轻重的地位，这样中央银行就可以通过此类证券的买卖来控制和调节全国的信用状况。

（5）信用制度要相当发达。其一，人们要有普遍使用支票等票据的习惯，这样中央银行的公开市场活动才能通过银行信用的方式奏效；其二，各家商业银行应重视存款准备金率，并根据存款准备金率的升降来调整放款、贴现及投资的规模，这样中央银行的公开市场活动才能通过对商业银行准备金的影响而有效地发挥作用。

（6）利率市场化程度要高。利率市场化程度高有利于增强公开市场业务传导的有效性。

综上所述，公开市场业务最大的不足是缺乏上述条件的国家不能有效地运用这个政策手段。此外，公开市场业务需要其他政策工具的配合。如果没有法定存款准备金制度，那么就不能通过改变商业银行的超额准备金来影响货币供给量。

（五）公开市场业务的优缺点

与法定存款准备金政策相比，公开市场业务具有弹性，可以随时进行操作；与再贴现政策相比，公开市场业务的主动权完全掌握在中央银行手中，其效果比较确实可靠。具体来说，由于具备如下这些优点，它已经成为发达国家的主要政策工具。

1. 公开市场业务的主要优点

（1）公开市场业务的操作时机、规模和方向以及实施的步骤都比较灵活，可以比较准确地达到政策目标。

（2）公开市场业务的主动权完全掌握在中央银行手中，操作规模的大小完全受中央银行控制。

（3）中央银行可以通过公开市场业务对货币供给量进行微调，而不像法定存款准备金政策那样，会对货币供给量及经济产生震动性的影响。

(4) 因公开市场业务的“宣示效应”较弱，不会引起社会公众对货币政策意向的误解，也不存在经济主体的适应性调整问题，因而不会造成经济运行的紊乱。即使中央银行出现政策失误，也可以及时进行修正。

(5) 中央银行可以运用公开市场业务，进行经常性、连续性的操作，具有较强的伸缩性，因而公开市场业务是中央银行进行日常调整的比较理想的工具。

(6) 公开市场业务具有很强的逆转性，一旦金融市场的情况发生变化，中央银行能够迅速地改变其操作方向，灵活地调节市场货币供给量。

2. 公开市场业务存在一定的局限性

(1) 公开市场业务较为细微，技术性较强，同时，中央银行是作为市场的一员参与交易的，因此，政策意图的宣示效应较弱。

(2) 公开市场业务要产生预期的效果，前提条件是必须有一个高度发达的金融市场，并且这个市场具有相当的深度、广度和弹性，中央银行也必须持有相当的库存证券才能开展业务。

(3) 国内外资本的流动、国际收支变化、金融机构和社会公众对经济前景的预期及社会公众的行为以及货币流通速度的变化仍然可能抵消公开市场业务的作用。

(4) 中央银行在公开市场上买卖债券时，商业银行的行动并不一定符合中央银行的意愿。如在经济萧条时期，尽管中央银行可以买进债券，扩张信用，促使利率下降，但信用需求并不会随利率下降而增长。因为在经济萧条时，借款风险增大，借款人一般不愿借款，这样，中央银行购进债券，就不一定能产生预期的信用扩张效果。

(5) 公开市场业务受货币流通速度变化的影响。一般来说，在经济繁荣时期，货币流通速度加快，而在经济萧条时期，货币流通速度减慢。货币流通速度快慢的作用与货币供给量增减的作用可能是一致的，也可能是相悖的。因此，货币流通速度的变化也会影响到中央银行公开市场业务的效果。

☞阅读延伸 9－2

美联储的公开市场业务

在美国，公开市场业务由联邦储备体系中的联邦公开市场委员会来决定，由纽约联邦储备银行交易部具体实施。政府债券是政府为筹措弥补财政赤字的资金而发行的支付利息的国库券或债券。这些被初次卖出的债券在普通居民、厂商、银行、养老基金等手中反复不断地被买卖。美联储通过金融机构参与这种交易，借以扩大和收缩货币供给。

当美联储在公开市场上购买政府债券时，商业银行和其他存款机构的准备金就会以两种方式增加：如果美联储向个人或公司等非银行机构买进债券，则会开出支票，债券出售者将该支票存入自己的银行账户，该银行则将支票交给美联储，作为自己在美联储账户上增加的准备金存款；如果美联储直接从各银行买进债券，则可直接按债券金额增加各银行在美联储的准备金存款。当美联储售出政府债券时，情况则相反。准备金的变动会引起货币供给按乘数发生变动。准备金变动了，银行客户取得信贷变得容易或困难了，这本身就会影响经济。同时，美联储买卖政府债券的行为，也会引起债券市场上需求和供给的变动，因而影响到债券价格以及市场利率。有价债券的市场是一个竞争性的市场，其债券价格由供求关系决定。当美联储购买债券时，对有价债券的市场需求就增加，债券价格会上升，从而利率下降；反之亦然。因此，美联储有可能根据自己的意愿增加或减少货币供给量。公开市场业务已经成为美联储日常操作的货币政策工具。

四、三大货币政策工具的配合

中央银行的一般性货币政策工具既可以单独使用，也可以按各种组合方式来运用，它们可能会相互补充，也可能会相互抵消。因此，在使用时要注意它们之间的协调配合，从而实现复杂多样的政策目标。

法定存款准备金政策是中央银行调节货币供给量的手段之一。由于法定存款准备金政策的威力巨大，因此中央银行通常采取公开市场反向操作来降低它的影响。虽然法定存款准备金政策不是中央银行主要的货币政策工具，但它在配合公开市场操作方面具有重要意义，这主要表现在存款准备金为中央银行提供了一个稳定的、可预测的储备需求量，大大便利了中央银行的公开市场操作和对短期利率的控制。

再贴现政策虽然可以配合其他政策工具用于经济结构的调整，但它的主要作用却是作为公开市场业务的辅助手段。首先，再贴现窗口的借款量经常作为公开市场业务的操作指标；其次，中央银行进行公开市场操作以后，对银行的准备金总是会产生收缩或扩张的效应。这种效应对不同银行的影响不同，大银行对政策变化的承受能力较强，但许多小银行由于资金融通渠道有限，受冲击较大。因此，中央银行常常通过再贴现窗口为小银行提供资金支持，以抵消公开市场操作带来的副作用，保证金融体系的稳定。

从未来的发展趋势看，公开市场业务将成为最主要的货币政策工具，法定存款准备金政策和再贴现政策在创造信用方面的职能将逐步萎缩。但无论如何，公开市场业务不能脱离法定存款准备金政策和再贴现政策而单独存在，这三者仍是一个不可分割的综合操作体系。

第二节　选择性货币政策工具

一般性货币政策工具侧重于从总量上对货币供给量和信贷规模进行调节，虽然总量操作能够影响银行体系的准备金数量和资金成本，但不能影响商业银行的资金投向和不同信用方式的资金成本。因此，中央银行在运用一般性货币政策工具进行总量调整的同时，还需要运用选择性货币政策工具进行结构调整，以弥补一般性货币政策工具的不足。

选择性货币政策工具主要包括消费者信用控制、证券市场信用控制、不动产信用控制和优惠利率等。

一、消费者信用控制

消费者信用是由商业银行或企业提供给消费者的信用。商业银行提供给消费者的信用，采取的是消费贷款的方式；企业提供给消费者的信用，一般则是采取提前交货、分期付款的方式。在西方国家，不论哪种形式的消费者信用，都是在消费者暂时没有足够的购买力购买商品时，对其提供信用以扩大商品销路的一种手段，这实际上是使消费者把未来的收入提前到当前来使用。这种消费者信用既可通过刺激消费者的需求起到刺激生产的作用，又会加剧通货膨胀，造成虚假的社会需求。为了不致使这种需求过大和通货膨胀加剧，中央银行对消费者信用也要加以控制。

所谓消费者信用控制，是指中央银行对不动产以外的各种耐用消费品的销售融资予以控制的政策措施，其目的在于影响消费者对耐用消费品有支付能力的需求。消费者信用控制的主要内容包括：第一，规定用分期付款等消费信贷购买各种耐用消费品时第一次付款的最低限额，如果提高首付限额，则会降低该类商品信贷的最高贷款额，同时也限制了那些缺乏现金来支付首期款的消费者的购买。第二，规定用分期付款等消费信贷购买各种耐用消费品的借款的最长期限，如果缩短消费信贷的最长期限，则相应地提高了每期还款金额，限制了平均收入较低的消费者的购买。第三，规定用分期付款等消费信贷方式购买的耐用消费品的种类。第四，在以分期付款等消费信贷方式购买耐用消费品方面，对不同的耐用消费品规定不同的放款期限。

中央银行对消费者信用加以控制的最终目的是调控社会总需求。而中央银行控制消费者信用的主要原因在于消费者信用非常庞大，在一些特殊情况下，有可能成为影响宏观经济稳定的因素。耐用消费品需求具有随经济周期变动而变动的倾向，消费信贷的变动往往会加剧经济的周期性不稳定。在经济繁荣时期，消费者信用大量增加，会使消费需求上升，从而会导致经济过热；在经济衰退时期，由于压缩消费性贷款，消费者购买力下降，耐用消费品滞销，因此会使经济更加萧条。一旦出现了这种情况，中央银行使用一般性货币政策工具就很难奏效，这时便可使用消费者信用控制的方法。

一般说来，在需求过大和通货膨胀时，中央银行要加强对消费信贷的控制，适当的消费者信用控制对于熨平由耐用消费品周期性需求带来的经济波动具有重大作用，同时也有助于引导社会消费，改进资源配置效率。其办法是：提高首期付款的额度，缩短分期付款的期限；反之，在需求不足和经济衰退时，中央银行要放宽对消费信贷的控制，以提高消费者对耐用消费品的购买力，促使经济回升。其办法是：降低首期付款的额度，适当延长分期付款的期限，以促进消费量的增加，刺激生产。由于大部分消费信贷是直接或间接来自各金融机构的，因而中央银行对消费者信用的控制，不但会影响企业的销售，而且会直接对银行存款和货币数量的增减产生重大影响。

许多国家消费者信用控制措施的实施结果表明，消费者信用控制措施是中央银行控制货币供给量、控制信用规模、调节宏观经济的一个有效的辅助性工具，在消费者信用过度使用和通货膨胀时期更是如此。总之，中央银行采取消费者信用控制措施，对经济的稳定发展、平息经济的周期性波动等都有较大的作用。

二、证券市场信用控制

有价证券是一种将资本投入企业或者把资本贷给企业或国家并能转让所有权或债权的证书。它包括股票、公司债券、国家公债和不动产抵押证券等。

所谓证券市场信用控制是指中央银行通过规定或调整法定保证金比率或证券抵押贷款保证金比率，对使用贷款进行有价证券交易的活动加以控制，以限制对证券市场的放款规模。

有效的证券市场信用控制对中央银行实施宏观调控来说是十分有必要的。一方面，中央银行能控制证券市场的信贷资金的供求，平抑证券市场价格，防止过度投机，稳定金融市场。另一方面，中央银行通过这种限制来增加其他资金市场的资金供给，调节信贷资金流向，使信贷资金得到优化配置。除此之外，信用控制直接、灵活的特点避免了对其他领域的负面影响。

最先实施证券市场信用控制的国家是美国。20 世纪 20 年代，美国股票市场空前繁荣，美联储无力控制流入股票市场的信用数量，以股票担保的放款大量增加，促成股票价格的急剧上升，对此美联储无计可施。当时整个美国经济并不是处于过度繁荣阶段，物价水平也比较稳定，如果贸然采取一般性的信用控制措施来收缩银根，则必然会造成经济的萧条。果然，美联储于 1929 年 9 月将再贴现率由 1927 年的 3.5%提高到 6%，结果是股票市场崩溃，经济衰退。在此之后，美联储检讨过去的得失，认识到如果没有若干其他的信用控制措施，只是运用一般性货币政策工具，则在控制信用时，有用力过猛的危险。于是，1934 年美国制定了《证券交易法》，授权中央银行选择性地控制有价证券信用。根据这个法案，美联储设置了 T、U、G、X 四条规则，实施法定保证金比率，加强对有价证券信用的控制，并且收到了缓和本国股价剧烈变动和抑制证券投机的效果。

证券市场信用控制的基本内容概括起来有以下三点：

(1) 以信用方式购买证券时，规定第一次支付款项的比率，即规定法定保证金比率。法定保证金比率，又称保证金比率，指证券购买者的首次支付占证券交易价款的最低比率。为了防止信用膨胀和证券投机活动，中央银行对商业银行所办理的有价证券交易放款，一般会规定法定保证金比率。中央银行对有价证券交易放款实施管制，实际上是要对以信用方式购买有价证券的第一次付款实施管制。如果法定保证金比率为 100%，则表示证券的购买者自己必须以现金方式支付购买证券金额的 100%；如果保证金比率为 80%，则表示有价证券的购买者自己必须以现金方式支付购买金额的 80%，只能从银行借入购买金额的 20%；如果保证金比率为 60%，则表示有价证券的购买者自己必须以现金方式支付购买金额的 60%，只能从银行借入购买金额的 40%。这种保证金比率的规定，既适用于证券交易所所列的各种证券交易的放款（当然其中也有例外），又适用于所有对证券交易进行放款的银行等金融机构。

(2) 中央银行可根据金融市场状况，随时调高或调低法定保证金比率。保证金比率越高，现金支付的比重就越大，以信用方式购买有价证券的比重就越小。这一比例根据证券市场的状况随时调整，以控制信贷资金流入证券市场的规模，抑制过度投机。比如美国最初规定的法定保证金比率为40%，1958年股票价格急剧上升，美联储认为是投机所致，于是将保证金比率由1958年初的50%提高到70%，继而又提高到90%，从而把股票投机抑制下来。

(3) 规定有价证券抵押放款的保证金比率。所谓有价证券抵押放款，就是借款人以股票或其他债券作为抵押产品而向银行取得的贷款。这种抵押放款一方面使有价证券提前转化为货币现款，对加速资本周转、刺激扩大再生产会起到一定的作用；另一方面，它又容易造成虚假的社会需求，使信用膨胀，助长投机活动。中央银行对商业银行所办理的以有价证券为抵押的放款，一般要规定法定保证金比率，只能借到抵押证券价款一定比率的资金。中央银行可以通过调整这个比率，影响这种放款的规模。

中央银行通过证券市场信用控制措施可以达到以下几个目的：

首先，中央银行规定和调整保证金比率，可以间接地控制流入证券市场的信用数量，这主要是通过控制运用于证券交易的贷款的最高额度实现的。保证金比率的高低直接影响商业银行对证券交易的贷款的最高额度的大小，即：

贷款最高额度=(1−保证金比率)×证券交易额

其次，中央银行通过规定和调整保证金比率，能够控制证券市场的信贷资金供求，平抑证券市场的价格，促进证券市场稳定。比如，当证券市场价格下跌的时候，证券持有人会被迫出售其证券，这样便会加剧证券行市的滑落，这时中央银行降低保证金比率，会使商业银行对证券市场的信用量增加，这样就会刺激对证券的需求，从而使急剧滑落的证券市场趋于稳定并有所回升。

最后，这种信用管制措施既限制了证券市场上资金的供给者，也限制了资金的需求者，有利于中央银行控制证券市场的信用活动。

三、不动产信用控制

不动产信用控制，是指中央银行根据商业银行对客户的新购买住房或商品用房贷款所规定的限制措施。一般来讲，房地产及其他不动产的交易带有一定的投机性，并不完全是实际需求的反映。对不动产信用施以控制，实际上是中央银行就商业银行对不动产的贷款额度和分期付款的期限等规定的限制性措施。

对不动产信用实施控制，最先是美联储采用的，后来发展到其他国家。20世纪50年代，朝鲜战争开始后，根据所谓的《国防生产法案》(Defense Production Act)，美联储制定了“X规则”(Regulation X) 对不动产信用进行控制。美国之所以要对不动产信用加以控制，还因为：第一，不动产，特别是房屋建筑业，在美国的国民经济中占有十分重要的地位，房屋支出约占民间总支出的三分之一。第二，不动产市场是一个很大的市场，如果控制了这个市场，其他市场也就好控制了。第三，不动产对货币政策相当敏感，只要信用情况稍加紧缩，房屋建筑的数字马上就会下降；反之，只要信用稍有放松，房屋建筑的数字就会立即上升。

一般说来，不动产信用控制主要包括以下内容：

（1）对银行的不动产贷款规定最高限额，即对一笔不动产贷款的最高金额予以限制。

（2）对银行的不动产贷款规定贷款到期的最长期限，即所允许的商业银行一笔不动产贷款的最长期限（3～5年）。

（3）规定购买不动产第一次付款的最低金额。比如，有的国家规定第一次付款的最低金额为所购不动产应付款的三分之一等，并根据经济形势和政策需要调整最低金额或最低金额比例。

（4）规定分期付款的最低金额，即规定贷款每天偿还的最低金额等。若要扩张信用，则降低最低金额，延长分期付款的期限；反之，则提高最低金额，缩短分期付款的期限。

由于不动产需求特别是住房消费具有投资额大、期限长等特点，不动产对货币政策相当敏感，它的投资对经济增长具有乘数作用，与宏观经济走势紧密相关，因此，实施不动产信用控制能控制不动产信贷规模，抑制过度投机，避免经济波动。

四、优惠利率

优惠利率是指中央银行对国家拟重点发展的某些部门、行业和产品规定较低贷款利率，目的在于刺激这些部门及行业的生产，调动它们的积极性，以实现产业结构和产品结构的调整和优化。

优惠利率主要用于配合国民经济产业政策，对亟须发展的基础产业、能源产业、新技术、新材料的生产实行贷款优惠利率，以提供资金方面的支持。

中央银行实行优惠利率政策有两种方式：一是中央银行对需要重点发展的部门、行业和产品制定较低的贷款利率，由商业银行具体执行；二是中央银行对这些行业和企业的票据规定较低的再贴现率，以引导商业银行的资金投向和规模。

第三节　其他货币政策工具

一、直接信用控制

直接信用控制，是指中央银行从质和量两个方面以行政命令或其他方式对金融机构尤其是商业银行的信用活动进行直接控制，而不是通过市场供求关系或资产组合的调整进行调控。其手段包括利率最高限额、信用配额管理、流动性比率管理和直接干预、贷款的最高限额以及特种存款等。

（一）利率最高限额

利率最高限额又称利率管制，是指中央银行依法直接对商业银行的存、贷款利率水平实行限制，防止商业银行把利率作为竞争手段而扰乱金融秩序。西方经济学家大都认为利率管制只能在特殊情况下采用，如果在平时长期使用该工具，会使金融体系的效率受到损害，迫使受到干预的银行和其他金融机构寻求其他手段来阻碍或规避这些行政管制，从而降低金融体系动员和分配资源的效率。

利率最高限额政策的具体内容包括：中央银行规定商业银行吸收存款的利率上限和发放贷款的利率下限，或者对定期和储蓄利率的最高限度实施控制。如美国在 1980 年《存款机构放松管制与货币控制法》颁布之前，其 Q 条例和 M 条例规定对活期存款不准付息，定期存款及储蓄存款的利率不得超过最高利率限额等。实行利率管制虽然能使中央银行直接调控利率，但计划利率不能反映资金供求变化，从而使利率的调节机制受阻。随着利率市场化成为必然趋势，中央银行应通过调节货币供给量来影响利率水平，对利率进行弹性管理。目前，各国中央银行对利率的直接限制都有所放松。

（二）信用配额管理

所谓信用配额管理（信用分配）是指中央银行根据经济形势，对商业银行资金投向进行合理分配和限制，以实现信贷资金的最优配置。中央银行这样做是为了合理地分配信贷资金，使有限的信贷资金被用于最急需的地方。信用配额管理最早始于 18 世纪的英格兰银行，目前这种手段被资金供求不平衡的发展中国家广泛采用。一般发展中国家由于亟待投资的项目有很多，投资需求很大，而资金供给有限，为了解决资金供需的矛盾，这些国家的中央银行大都采用了这种信用分配的办法，按对资金需要的缓急程度，将有限的信贷资金合理分配给商业银行，并通过它们分配给不同的产业甚至不同等级的厂商，以满足生产建设对资金的需要。

（三）流动性比率管理和直接干预

流动性比率管理是指中央银行规定商业银行全部资产中流动性资产所占的比重，以限制商业银行的信用能力。一般来讲，流动性比例越高，商业银行能够发放的贷款特别是长期贷款的数量就会越少，从而会限制信用的扩张。商业银行为了保持中央银行规定的流动性比率，一方面必须缩减长期性放款所占的比重，而扩大短期性放款的比重；另一方面还必须持有一部分可用于随时应付提现的资产。商业银行在这些直接控制措施之下，不能任意把一些流动性资产用于长期性的商业贷款，从而中央银行就达到了限制信用扩张的目的。流动性比率管理可以限制信用过度扩张，保证商业银行的支付能力，降低其经营风险。

所谓直接干预，是指中央银行依据有关法定的授权，以“银行的银行”的身份，直接对商业银行的授信业务进行干预，这种直接干预，有时又被称为直接行动，其目的是使商业银行在业务经营中遵循国家的信用政策。中央银行进行直接干预的方法有：（1）直接规定各商业银行业务经营的方针、放款与投资范围，限制其放款额度；（2）直接干预银行对活期存款的吸收；（3）拒绝业务不当的商业银行的再贴现要求，或采取高于一般利率的惩罚性利率予以融资。

（四）贷款的最高限额

所谓贷款的最高限额，就是指中央银行对商业银行贷款的最高限额进行控制。中央银行对商业银行的贷款规模实行这种限额管制，是为了控制信用规模和货币供给量，使有限的信贷资金得到合理的使用，促进经济结构的调整。

中央银行对商业银行贷款的最高限额控制，主要通过以下方式进行：一是规定商业银行贷款的最高限额，以控制信贷规模和货币供给量；二是规定商业银行某一贷款的最高限额，以防止某一部门发展过快，使国民经济的比例关系不致过分失调；三是对贷款进行边际控制，即控制贷款增长的最高比率。

（五）特种存款

所谓特种存款是指在银行体系中出现过剩超额储备时，中央银行要求商业银行等金融机构按一定比例把这种超额储备缴存中央银行冻结起来的一种存款方式。其目的在于限制商业银行的信用扩张能力，紧缩货币供给量。当发生较为剧烈的膨胀时，中央银行可以运用这种方式压缩银行体系的放款规模，从而减少货币供给量。特种存款不支付利息且一般发生在高通货膨胀时期。

二、间接信用控制

间接信用控制是指中央银行通过道义劝告、窗口指导、公开宣传和金融检查等方式，对信用变动方向和重点实施间接指导。

（一）道义劝告

道义劝告是指中央银行利用其在金融体系中的特殊地位和声望，对商业银行及其他金融机构的业务活动提供指导、发表看法和提出某种劝告，以影响商业银行的贷款数量和贷款方向，从而达到控制和调节信用的目的。如英格兰银行遇到政策改变时，常侧重幕后劝告，邀请商业银行的负责人交换意见，取得各银行的自愿合作。道义劝告之所以能够在现行的金融体制下得以实施，并使中央银行的政策意图得到有效传达，关键在于中央银行的领导地位。中央银行的声望越高，地位越独立，道义劝告的作用就越明显。

道义劝告不具有强制性，不依靠法令赋予的特殊权力，而是就货币政策的意向，向金融机构提出某种具体指导，使其领会意图，自愿合作。这种方法虽没有法律约束力，但事实上金融机构都会采取合作态度。运用道义劝告的方式可以提高中央银行的威信和地位。经验证明，中央银行经常不断地与金融机构建立和保持这种对话关系，有助于货币政策的有效实施。

道义劝告既能控制信用的总量，又能调整信用的构成，即在质和量的方面均能起到调控作用。如中央银行可以根据经济发展状况，把自己的货币政策意图传达给金融机构，要求各商业银行注意限制放款和投资的数量，这是量的控制；如果中央银行鉴于某一方面的信用或投资增加过度，要求商业银行注意减少这方面的放款和投资，那么这就构成了质的调控。

道义劝告工具的优点是较为灵活方便，无须增加行政开支。但作为一项信用控制的手段，道义劝告应具备三个条件：一是中央银行在该国的金融体系中有较高的威望和地位；二是该国的道德水准较高，遵纪守法的意识较强；三是中央银行拥有控制信用的足够的司法权限和法律手段。在上述条件下，运用道义劝告的方式，可减轻令人不愉快的心理反应，有助于中央银行经常不断地与商业银行和其他金融机构保持密切的合作关系，以实现其货币政策目标。

（二）窗口指导

窗口指导是指中央银行根据产业行情、物价走势和金融市场动向，规定商业银行的贷款重点投向和贷款变动数量。

实行窗口指导的直接目的是调节银行信用总量，但并不对放款用途作质的限制。窗口指导一度是日本中央银行货币政策的主要工具，日本中央银行利用其在金融体系中的威望和日本金融机构对中央银行的较高依赖关系，与金融机构频繁接触，指导它们遵守中央银行提出的要求，从而达到控制信贷、调节货币供给量的目的。同时，窗口指导也暗示贷款的使用方向，以保证经济优先发展部门的资金需要。后来经过长时间的实践，为了保证货币政策的顺利实施，这种劝告型的信用控制手段逐渐转化为强制性的手段。虽然窗口指导没有法律约束力，其影响的大小也取决于中央银行的声望和各银行的合作程度，但鉴于中央银行的强大力量，其作用有时也很大。

（三）公开宣传

公开宣传是指中央银行通过各种媒介，公布经济金融信息，宣传货币政策意图，以引导商业银行、其他金融机构和社会公众的预期。中央银行发布各种公告，如年报、金融机构与金融市场的状况及宏观经济的统计资料，有利于取得各界对中央银行政策的理解和支持，并使社会各界自动适应货币政策的变化，消除货币政策带来的预期偏差和较大冲击。中央银行还利用记者招待会、学术讨论会及其他机会向公众解说金融政策的内容和动向。

（四）金融检查

金融检查是指由中央银行代表政府从事金融管理、对银行的业务活动情况进行检查，以加强对金融业的控制和维护金融安全。严格来讲，金融检查并不是一项政策工具，而是对商业银行的经营状况以及其配合和落实中央银行政策的状况进行检查，从而敦促其落实中央银行的政策意图的手段。在日本，对城市银行的检查由财务省和日本中央银行分别进行，每两年一次。日本中央银行派出小组对城市银行进行检查。在程序上，先会见商业银行的负责人，了解其经营方针；再会见部门负责人，了解具体业务情况；然后到现场和分支机构进行实地检查。检查完毕后，检查组提交检查报告给中央银行总裁，并对被检查银行提出检查结果和改进意见。我国在2003—2004年经济出现过热苗头时，除了采用货币政策工具外，主要使用了行政手段对银行业向钢铁、水泥、房地产、电解铝等行业的贷款进行金融检查，起到了抑制部分行业过热的作用。

总之，中央银行会利用其在金融系统中的特殊地位和声望，运用控制信用的法律权力和手段对商业银行的运营进行调控。与其他货币政策手段相比，间接信用控制灵活性大，所引发的经济波动小。

第四节　中国货币政策工具的实践

自1984年我国确立中央银行制度以来，中央银行的货币政策实施体系已经建立并不断得到完善，目前正处于从直接管理向间接调控转轨的进程之中，反映在货币政策工具上表现为从信贷计划管理、直接利率管理、再贷款和货币发行管理向三大一般性货币政策工具即法定存款准备金政策、再贴现政策和公开市场业务转变；同时随着货币政策改革的不断深入，又引入了选择性货币政策工具和窗口指导等其他货币政策工具。其中值得一提的是，我国从 1994 年开始正式启动了再贴现政策和公开市场业务，到 1997 年货币政策工具基本实现了从以调控信贷规模为主到以调控基础货币为主的转变。

一、信贷规模控制

作为货币政策工具，中央银行的信贷规模控制政策体现在信贷计划管理方面。信贷计划管理是指中央银行通过制定统一的信贷管理制度、编制综合信贷计划来控制信贷规模、调节信贷结构的一种行政手段和立法手段相结合的政策工具。信贷规模控制政策是我国所特有的、在计划经济体制下发展起来的货币政策工具。

将信贷规模控制作为货币政策工具的理论基础是：贷款＝存款＋现金。货币发行都是通过贷款进行的，只要控制住贷款，就能控制住货币供给量。我国在改革开放前的近 30 年里，都是按照这一理论运用贷款规模来控制货币供给量的，这在当时的经济体制条件下是成功的。

但是改革开放以来，随着我国经济的日益开放和经济结构多元化进程的加快，我国的国际收支状况对经济的影响越来越大，金融机构的数量和种类越来越多，金融资产越来越呈现出多元化的倾向，国有银行增加的贷款在新增贷款总额中所占的比重越来越低，从 1980 年的 91.6％下降到 1990 年的 82％，到 1995 年又进一步下降到 70.3％。从贷款规模对货币供给量的形成和创造的贡献度来看，1986 年国有银行规模管理对广义货币 M2 增长的贡献度为 110.1％，1990 年为 82.3％，1995 年为 49.6％。自改革开放以来，大多数的年份出现了 M2 的增加超过金融机构贷款增加的格局。这都充分说明了通过控制贷款规模已经达不到完全控制货币供给量的目的了。

在这样的背景下，1993 年下半年以来，我国中央银行出台了一系列改革措施，使货币政策调控手段从调控信贷规模向调控基础货币转变。

（1）从 1993 年下半年起，中国人民银行将再贷款权收归总行，并将再贷款的实施改为由中国人民银行总行直接贷给商业银行总行，从而基本减轻了地方政府对中国人民银行基础货币投放施加的压力。

（2）在 1994 年，我国先后成立了三家政策性银行，并开始发行金融债券，基本上将除了农副产品收购之外的各种政策性贷款需求与基础货币供给相脱钩。政策性业务与经营性业务的分离，也避免了专业银行在资金上倒逼中央银行增加基础货币投放的可能性。

（3）从 1994 年起，中国人民银行发布了对商业银行等金融机构实行资产负债比例管理的一系列考核办法。资产负债比例管理和风险控制开始在商业银行中试行，商业性金融机构信贷扩张的约束机制开始形成。

在上述改革措施实施的基础上，中国人民银行从 1998 年 1 月 1 日起取消了对国有商业银行的贷款限额控制，改为对商业银行实行贷款增加量管理，不再下达指令性计划，改为下达指导性计划，在逐步推行资产负债比例管理和风险管理的基础上，实行“计划指导，自求平衡，比例管理，间接调控”的信贷资金管理体制，从而实现了信贷总量由直接控制向间接调控的转变。[①]

二、中央银行再贷款

再贷款是指中央银行对商业银行的贷款，由中央银行根据有关规定和具体情况以贷款的形式向商业银行提供所需资金，是一种行之有效的工具。一般情况下，中央银行再贷款增加意味着“银根”有所放松，反之，意味着“银根”收紧。再贷款的期限分为 1 年期、6 个月期、3 个月期和 24 天期。目前，中国人民银行对商业银行的再贷款包括正常贷款和临时性贷款，再贷款具有一般贷款的基本特征，中央银行再贷款发放的对象主要是政策性银行，特别是中国农业发展银行。但从长远看，中国政策性银行再贷款的资金来源将主要通过财政拨款和向市场发行政策性债券来解决，因而，中央银行再贷款的长期发展趋势是逐步减弱的，而商业银行通过市场来融通和调剂资金的趋势将不断加强，这使得中国人民银行再贷款的作用进一步下降。

三、利率政策

我国中央银行将利率作为一种货币政策工具使用始于 1986 年。当时的中央银行利率体系由存款准备金利率、备付金利率、再贷款利率和再贴现利率构成。根据货币政策理论，利率应属于中介变量。然而，目前我国利率尚未放开，无论是银行体系的存贷款利率，还是社会直接融资的利率，都完全由中国人民银行直接控制和管理。因此，对作为货币当局的中国人民银行而言，利率是一个外生变量而并不具有内生性。

作为货币政策工具，利率政策是指中央银行利用其手中掌握的利率杠杆，通过调整货币资金的供求关系来影响信贷规模和信贷结构，进而控制货币供给量、调节货币供给结构。利率政策有三个层次：一是中国人民银行对商业银行的再贷款利率和再贴现利率。二是商业银行的存、贷款利率和贴现利率。三是社会直接融资利率。

我国中央银行利率水平的制定主要从利益的角度考虑，遵循以下原则：各商业银行在中央银行的存款的利率应略高于商业银行吸收存款的利率；中央银行对商业银行的再贷款利率略高于商业银行吸收存款的平均利率；再贴现利率低于再贷款利率。随着金融体制改革的日益深化，中央银行对利率体系也作了一些补充和修改，如中央银行规定了融资券、特种存款的利率，还规定了专项贷款利率和邮政储蓄转存利率等。

虽然近年来中央银行对利率政策作了不少改善，但作为中央银行货币政策工具的利率政策还存在不少问题，削弱了利率作为货币政策工具在宏观调控中的作用。主要表现在：

（1）基准利率作为一项政策工具，其导向作用还很有限。在我国现行利率管理体制下，中央银行不仅制定基准利率，而且制定社会存贷款利率。几乎所有的利率，包括存、贷款利率的水平、种类、档次都由中国人民银行统一管理和制定，中央银行利率作为基准利率，难以发挥其应有的导向和调节作用。

---

① 罗斌，龙薇．中央银行学．长沙：湖南大学出版社，2003.

（2）法定存款准备金利率水平过高，使商业银行等存款货币机构将大量的资金存入中央银行，造成信贷资金在银行体系内部循环，这既削弱了中央银行货币政策的效应，又加大了中央银行调控基础货币的难度。

四、法定存款准备金制度

（一）我国法定存款准备金制度的发展概况

我国最初的法定存款准备金制度由三个部分组成，即 1984 年建立的人民币法定存款准备金制度、1985—1998 年实行的备付金制度和 1991 年开始实施的外币存款准备金制度。自 1984 年以来，根据经济形势发展的需要，中国人民银行对法定存款准备金率进行了多次调整（见表 9－1）。特别是 1998 年，中国人民银行对这一制度进行了重大改革，将法定准备金账户和备付金账户合并为法定准备金账户。通过这些改革，基本理顺了中央银行与商业银行之间的资金关系，进一步发挥了法定存款准备金制度的作用。2004 年 3 月 24 日，中国人民银行决定我国于 2004 年 4 月 25 日起实行差别存款准备金率制度。这一决定是我国法定存款准备金制度的重大改革，它改变了我国货币政策的作用机制，也必将对存款类金融机构的经营行为产生多方面的深远影响。

表 9－1　历次存款准备金率的调整

时　间	准备金要求	原　　因
1984 年	对不同银行分别实行 20％、25％和 40％的准备金率	根据不同银行的存款流动性，实行不同的准备金率
1985 年	对所有金融机构实行 10％的准备金率	适应银行商业化发展方向
1987 年	将准备金率从 10％上调到 12％	抑制经济过热而实施紧缩性货币政策
1988 年	将准备金率从 12％上调到 13％	进一步紧缩货币
1989 年	在 13％的准备金率的基础上，加上 5％～7％的备付金率	为了保证存款机构的流动性和安全性，适应通货膨胀的要求
1995 年	对各专业银行实行不同的指导性备付金率	根据流动性的不同，提出各种指导性的备付金要求
1998 年	准备金与备付金合二为一，准备金率调为 8％，准备金存款利率由 7.56％下调为 5.22％	简化、规范准备金制度，发挥准备金制度的功能
1999 年	准备金率调为 6％	进一步强化准备金制度的功能
2003 年	准备金率调为 7％	为了控制经济过热，实施紧缩政策
2004 年	准备金率调为 7.5％	进一步紧缩货币
2006 年	经 3 次上调，准备金率调为 9％	防止房地产泡沫，进一步紧缩货币
2007 年	经 10 次上调，准备金率调为 14.5％	进一步紧缩货币
2008 年	开始对大型和中小型金融机构的准备金率进行区别调整：大型金融机构经连续 5 次上调，调为 17.5％，再经连续 3 次下调，调为 15.5％；中小型金融机构经连续 5 次上调，调为 17.5％，再经连续 4 次下调，调为 13.5％	受次贷危机的影响

续前表

时　间	准备金要求	原　　因
2010 年	大型金融机构经连续 6 次上调，准备金率调为 18.5%；中小型金融机构经连续 3 次上调，准备金率调为 15%	抑制通货膨胀
至 2011 年 6 月 20 日	经过 6 次准备金率调整，大型金融机构准备金率为 21.5%，中小型金融机构准备金率为 18%	抑制通货膨胀
至 2012 年 2 月 24 日	大型金融机构准备金率为 20.5%，中小型金融机构准备金率为 17%	补充流动性
至 2012 年 5 月 18 日	大型金融机构准备金率为 20.5%，中小型金融机构准备金率为 16.5%	补充流动性
至 2015 年 10 月 24 日	中国人民银行 5 次下调存款类金融机构人民币存款准备金率，除 2015 年 4 月 20 日下调 1 个百分点以外，每次下调 0.5 个百分点，使大型金融机构法定准备金率降至 17%，使中小型金融机构法定准备金率降至 13.5%	受金融市场波动影响，补充流动性以增加市场投资活力
至 2016 年 3 月 1 日	中国人民银行再次下调存款类金融机构人民币存款准备金率 0.5 个百分点，使大型金融机构法定准备金率降至 16.5%，使中小型金融机构法定准备金率降至 13%	补充流动性
至 2018 年 4 月 25 日	中央银行下调存款类金融机构人民币存款准备金 1 个百分点，使大型金融机构法定准备金率降至 15.5，使中小型金融机构法定准备金率降至 12%	补充流动性
至 2018 年 7 月 5 日	降准 0.5 个百分点，使大型金融机构法定准备金率降至 15%，使中小型金融机构法定准备金率降至 11.5%	支持市场化法治化“债转股”和小微企业融资

（二）我国法定存款准备金制度的特点

我国法定存款准备金制度与发达国家相比，具有以下特点。

(1) 在存款准备金的计算方法上，有的国家以一定时点的存款余额为计提基础，有的国家则以一段时间内的存款余额为计提基础。后一种方法比较科学。受条件所限，我国采用的是前一种方法。

(2) 2015 年 9 月以前，我国对金融机构存款准备金实行时点法考核，金融机构存款准备金需每日达到法定要求。从 2015 年 9 月 15 日起我国改革存款准备金考核制度，由时点法考核改为平均法考核，即在维持期内，金融机构按法人存入的存款准备金日终余额算术平均值与准备金考核基数之比，不得低于法定存款准备金率。同时，为促进金融机构稳健经营，存款准备金考核设每日下限，即在维持期内每日营业终了时，金融机构按法人存入的存款准备金日终余额与准备金考核基数之比，可以低于法定存款准备金率，但幅度应在 1 个（含）百分点以内。

(3) 在准备金的构成上，多数国家的存款准备金是由银行的库存现金和中央银行存款构成的；而我国的存款准备金在1998年以前分为法定准备金账户和备付金账户，从1998年3月开始，这两个账户被合并为法定准备金账户。

(4) 在对准备金存款是否付息上，西方国家大都对商业银行的准备金存款不付利息；而我国中央银行对准备金存款是付息的，并且利率较高。

(5) 从存款准备金的水平来看，我国中央银行制度所规定的存款准备金率也是很高的，在1984年开始实施法定存款准备金制度时，规定法定存款准备金率为三档：企业存款的准备金率为20%；农村存款的准备金率为25%；储蓄存款的准备金率为40%。由于比率过高，且存款的流动性越强准备金率越低，因此这并不合理，于是1985年改为统一的10%。此后为了配合紧缩性货币政策的实施，1987年上调为12%，1988年9月再上调为13%。1989年进一步规定各专业银行需在13%的法定存款准备金率之外，再加上5%～7%的备付金率。1998年，准备金与备付金合二为一，法定存款准备金率调整为8%。后来法定存款准备金率出现了下调趋势，到2003年下半年时，达到7%。从2008年开始，由于全球金融形势的波动和受到全球经济危机的影响，市场流动性严重不足，法定存款准备金率经历了多次下调，到2018年7月为止大型金融机构和中小型金融机构的法定存款准备金率已经分别调整到15%和11.5%。

(三) 我国法定存款准备金制度的构成及内容

我国的法定存款准备金制度由两部分构成，即人民币法定存款准备金制度和外币存款准备金制度。

1. 人民币法定存款准备金制度

目前，中国人民银行的准备金存款业务对象除了存款货币银行外，还包括特定存款机构，即金融信托投资公司、租赁公司及国家开发银行、中国进出口银行和中国农业发展银行三家政策性银行；特定存款机构吸收的存款也按统一的存款准备金率计提缴存。中国人民银行对各类金融机构的准备金存款按旬平均余额计算。我国目前对存款准备金率的调整及其调整幅度不作明确规定，而是根据客观情况和货币政策的操作需要进行调整。2004年4月经国务院批准，实行差别存款准备金率制度，即金融机构适用的存款准备金率与其资本充足率、资产质量状况等指标挂钩。金融机构资本充足率越低，不良贷款比率越高，适用的存款准备金率就越高；反之，金融机构资本充足率越高，不良贷款比率越低，适用的存款准备金率就越低。

2. 外币存款准备金制度

外币存款准备金制度由中资、外资和中外合资金融机构对外币存款交纳的准备金组成。对中资金融机构实施外币存款准备金制度始于1993年，《中国人民银行关于实施〈金融机构缴存外币存款准备金暂行规定〉的通知》对此作了具体规定，要求中资金融机构从1993年第二季度起缴存外币存款准备金，1994年第四季度前按3%的比例缴存，之后按5%的比例缴存。

对外资、中外合资金融机构实施外币存款准备金制度是从上海开始的。从1991年7月起，根据《上海市外资金融机构、中外合资金融机构存款准备金缴存办法》的规定，按上月平均存款余额的5%缴存存款准备金。1994年4月，中国人民银行《关于印发〈中华人民共和国外资金融机构管理条例实施细则〉（试行）的通知》对外汇存款准备金率作了修订，要求自1994年4月1日起3个月以下的存款缴存的准备金率为5%，3个月以上（含3个月）的存款缴存的准备金率为3%。

从2005年1月15日起，中国人民银行规定，金融机构外汇存款准备金率统一调整为3%。2006年9月15日，中国人民银行上调外汇存款准备金率至4%，2007年5月15日再次上调至5%。

（四）法定存款准备金制度改革

对于如何改革和完善我国的法定存款准备金制度，目前大家讨论的问题主要集中于三个方面：降低或取消法定存款准备金、降低或取消法定存款准备金利率、完善差别存款准备金率制度。

1. 降低或取消法定存款准备金问题

从20世纪90年代以来，出现了世界范围的降低或取消法定存款准备金的现象。但是我国金融业的特殊性决定了当前我国还是需要实行法定准备金制度的。首先，我国的金融业发展还比较落后，市场机制不健全，利率市场化才刚起步，将货币供给量作为宏观调控的目标是更合理、更现实的选择。其次，商业银行是我国金融机构的主体，间接融资占80%以上，银行是宏观经济扩张或收缩、部门经济平衡或失衡的基本助推力量，这使得法定存款准备金政策的作用空间广泛。最后，我国金融机构的经营管理相对落后，呆坏账问题还比较严重，自我管理和自我约束机制不健全，而且我国的存款保险制度刚刚起步，实行法定存款准备金制度可以对金融机构施加外来的强制性约束，防范金融风险。因此，短期内把我国的法定存款准备金率降到西方发达国家的水平甚至取消法定存款准备金，是不现实的。

2. 降低或取消法定存款准备金利率问题

我国现在对法定存款准备金和超额存款准备金分别按1.62%和0.72%支付利息，这使得商业银行把大量的资金以超额准备金的形式存放在央行以获取无风险收益，导致了在央行大量增加货币供应的情况下，大量资金又通过准备金的方式回流到央行，减弱了货币政策的效力，增加了央行的负担。因此，要求下调甚至取消准备金利率的呼声很高。

3. 完善差别存款准备金率制度问题

自从我国开始实行法定存款准备金制度以来，一度是对所有的商业银行和其他存贷款金融机构规定一个单一的、标准的法定存款准备金率，而不考虑金融机构的资本、资产、经营状况及风险差异。因此，为了更好地调控和促进金融业的发展，2004年4月央行决定实行差别存款准备金率制度，即金融机构适用的存款准备金率与其资本充足率、资产质量状况等指标挂钩。但是怎样正确使用和完善这项制度，目前仍是一个值得探讨的重大课题。

五、再贴现业务

（一）我国再贴现业务的发展概况

1986年，中国人民银行颁布了《中国人民银行再贴现试行办法》，正式开办对专业银行的再贴现业务。但由于我国商业信用不发达，商业票据少，能够办理贴现和再贴现的商业票据就更少了，因此，20世纪90年代中期以前，再贴现政策大多是零散和应时性的。

1994年10月，中国人民银行总行第一次专门安排100亿元的再贴现资金，专项用于煤炭、电力、冶金、化工和铁道五个行业以及棉花、烟叶、生猪、食糖四种农副产品已贴现票据的再贴现，从而使再贴现在结构调整中开始发挥作用，这标志着中国人民银行正式开始将再贴现作为货币政策工具加以运用。

1996年随着《中华人民共和国票据法》的正式施行，再贴现正式被纳入货币政策调控体系，作为政策工具和信号得到重视和应用，随后贴现工具的政策作用逐渐显现。1998年中国人民银行改革了贴现率和再贴现率的确定方式，再贴现率作为一种基准利率，与同期再贷款利率脱钩，贴现率在再贴现率基础上加点生成，与同期贷款利率脱钩，浮动幅度加大，这一改革使得我国中央银行可以通过调整再贴现率来影响商业银行贴现率及市场利率。

进入1999年以后，中国人民银行在经济制度建设方面加大了对票据市场发展的扶植力度。商业银行成立了多种形式的票据业务专营机构或专营窗口，集中人力、财力，发挥规模经济的优势，专营承兑、贴现、转贴现等票据业务，票据交易的利益驱动机制逐步形成。从市场主体看，相当多的一批中小型金融机构已获得开办票据贴现业务的资格，并可以向中国人民银行申办再贴现，打破了票据市场中商业银行一统天下的局面。如今，商业汇票已成为一批大型企业主导性的结算工具，在销售收入中所占的比重稳步提高。

2008年以来，为有效发挥再贴现促进结构调整、引导资金流向的作用，中国人民银行进一步完善再贴现管理：适当增加再贴现转授权窗口，以便于金融机构尤其是地方中小型金融机构法人申请办理再贴现；适当扩大再贴现的对象和机构范围，城乡信用社、存款类外资金融机构法人、存款类新型农村金融机构以及企业集团财务公司等非银行金融机构均可申请再贴现；推广使用商业承兑汇票，促进商业信用票据化；通过票据选择明确再贴现支持的重点，对涉农票据、县域企业和金融机构及中小型金融机构签发、承兑、持有的票据优先办理再贴现；进一步明确再贴现可采取回购和买断两种方式，提高业务效率。

中国人民银行的再贷款以及九大分行手中的短贷指标（再贷款指标）是中央银行的再贴现窗口，而分行手中的再贴现指标是真正意义上的再贴现（即对商业银行贴现票据的再贴现）。再贴现窗口提供的是一种信用贷款，再贴现在我国表现为对商业银行贴现票据的买断。在我国，再贴现窗口的主要职能体现在信贷职能方面，是解决银行临时性资金短缺和流动性紧张问题的重要操作手段，中央银行总的原则是不鼓励银行频繁地利用该窗口借款。

在货币政策职能方面，再贴现窗口不处于主要地位，属于辅助性政策工具。目前，由于我国商业票据不发达，中国人民银行再贴现规模一直较小，再贴现率对货币供给量以及投向的调节效果不明显，仅用于配合公开市场业务。从再贴现政策发挥作用的前提看，再贴现工具的运用必须通过市场利率的传导才能影响商业银行和社会公众的行为，最终导致信贷规模和货币供给量的扩张或紧缩。而我国利率市场化这一再贴现的前提条件的欠缺，使我国再贴现政策工具的作用产生异化：我国再贴现的积极作用较多地侧重于微观领域，即推动商业信用的票据化、加强企业的资金管理、减少银行信贷资金的投放、增强企业和银行自我发展和自我约束的能力，尚未起到调节全社会信贷规模和货币供给量的作用；我国再贴现率的调整与各项存贷款利率同步进行，因而未起到向社会公众宣布中央银行政策方向的作用，也未起到影响银行和其他金融机构资金成本的作用。

（二）我国再贴现业务发展的制约因素

1. 票据市场发展滞后使再贴现业务发展缺乏有效而充分的市场条件和环境

票据市场是指商业票据的承兑及贴现市场，是货币市场的重要组成部分。经过几十年的发展，我国的票据市场已初具规模，票据业务规模逐步扩大，市场融资功能不断增强，商业汇票已成为一些地区和一些大型企业的主要结算方式和融资手段，区域性票据市场正在逐步形成。尽管如此，我国票据市场的状况与发展再贴现业务的客观要求仍存在较大的差距，主要表现为：

（1）票据量少，票据行为不规范。其主要原因是：一方面，我国社会商业信用水平不高，影响了票据业务的发展，使信用制度落后；另一方面，商业银行现行的票据承兑授信管理方式及业务操作存在一定的缺陷，表现为过度集中地上收票据承兑的审批权限，对分行承兑授信不足，以及在业务操作中要求企业缴存高额的承兑保证金，这不仅削弱了商业汇票的信用功能，而且加重了企业的负担，影响企业签发商业汇票和办理承兑业务的积极性。

（2）票据品种和业务单一。目前我国的票据除支票和银行汇票较为普及外，本票和商业汇票较少，且商业汇票中还存在着结构上的不平衡，可贴现、再贴现的票据多集中于商业汇票中的银行承兑汇票，而以商业信用为保证的商业承兑汇票更少。

（3）票据市场规模较小，区域性特色较为突出，还没有形成全国性的统一的票据市场。

2. 商业银行办理票据承兑和贴现的数量较小，制约了再贴现业务的发展

（1）商业银行加强了对商业汇票业务的风险管理，规范了承兑贴现业务，造成承兑、贴现数量下降。

（2）各家商业银行相继对商业汇票实行授权授信，上收了部分承兑权限，这在规范商业汇票业务的同时，限制了基层商业银行商业汇票承兑与贴现业务的发展。

（3）由于缺乏科学、有效、公正的信用评估制度和评估系统，商业银行对商业承兑人（付款人）的资信状况难以确认，商业银行办理承兑和贴现业务的积极性不高。

（4）商业银行资金相对宽松，再贴现需求减弱。商业银行内部加强了系统内资金调度，基层行的临时资金需求大多通过系统内调度解决，客观上不需要向中国人民银行大量办理再贴现，这在一定程度上削弱了商业银行办理承兑和贴现业务的主动性。

3. 中央银行再贴现业务的操作缺陷制约了再贴现业务的发展

经过近几年的改革，我国中央银行已初步建立了再贴现业务操作体系，再贴现在货币投放中已占据越来越重要的地位。随着改革的推进，再贴现在中央银行的基础货币投放中所占的比重逐步增大，再贴现已成为在融出资金方面仅次于公开市场业务的一个重要渠道，对于完善货币政策传导机制、促进金融宏观调控方式转变、实现年度操作目标等都发挥了积极的作用。但是，我国中央银行的再贴现业务的现状与实际需要还存在较大的差距。究其原因，除了前面已分析的几个方面以外，还存在以下问题：一是我国中央银行对再贴现实行限额管理，限制了再贴现业务规模的扩大；二是我国中央银行对再贴现业务的

对象和范围控制较严，阻碍了再贴现业务的发展；三是我国中央银行再贴现的条件过严，手续较烦琐，制约了再贴现业务的发展。

（三）我国再贴现业务的发展思路

1. 大力推进社会商业信用票据化，加快票据市场的建设步伐，不断完善和充实票据贴现、再贴现业务的市场条件和环境

建立一个规范和开放的票据市场是再贴现政策发挥作用的基础。票据市场的广度和深度、票据市场融资工具的多少、票据市场交易规模的大小等都会影响再贴现业务的发展。当前在培育和发展票据市场时应注意做好以下工作：

（1）要正确引导企业使用商业汇票。中央银行可选择部分实力较强、信誉较高的企业推广使用商业承兑汇票，并对这类汇票贴现和再贴现实行政策倾斜，促进商业汇票市场的发育和发展。

（2）谨慎开放商业本票市场，促进票据市场工具从单一化向多样化转变，扩大票据市场的范围和规模。

（3）放宽对个人办理票据贴现的限制。应修改《商业银行汇票承兑、贴现与再贴现管理暂行办法》，放宽对个人办理票据贴现的限制，以适应当前经济主体日益多元化、各经济主体交往越来越频繁、票据流通加快的实际情况，扩大办理贴现、再贴现业务的交易主体范围。

（4）逐步构建跨地区、跨系统的全国性票据市场。

（5）建立票据交易中介机构。要大力推行在商业银行系统内建立票据专营机构，专门开发与票据相关的金融服务，以其专业性发挥社会中介职能，提高市场效率，准确识别和有效控制票据风险。

2. 进一步发展商业银行票据贴现业务，增加商业银行贴现票据的保有量

（1）要鼓励商业银行改革结算方式，努力提高银行结算工具的票据化程度，为商业银行扩大票据贴现业务创造条件。

（2）商业银行要不断完善服务功能，要充分认识贴现贷款的积极作用。在企业签发、使用商业票据逐年增加，资信评估机制和风险防范机制不断完善的基础上，商业银行要自觉调整资产结构，加大票据贴现的力度，使商业银行的贴现贷款在其资产总量中的比重明显提高，从而大幅度增加商业银行贴现票据的保有量，为进一步推动再贴现业务的发展奠定基础。

（3）中国人民银行可进一步放宽对票据贴现的范围，增加可贴现票据的品种，适度扩大再贴现的比例，规范再贴现的操作程序，保证商业银行在贴现市场上取得的票据能通过再贴现获得融资，增强资产的流动性，实现再贴现对票据市场发展的逆向激励作用。

（4）商业银行要进一步改进和完善对票据承兑授信业务的管理方式，在注重风险防范的同时，扩大基层行的贴现自主权，对经营条件较好的基层行适当扩大贴现比例，对一些资信较高的企业适当放宽审批条件，鼓励企业实行商业汇票结算方式，并纠正要求企业缴存高额承兑保证金的违规操作行为，保证企业在使用商业汇票时能及时地通过贴现取得资金。

（5）商业银行要在不断完善贴现管理制度的基础上逐渐简化贴现的操作手续，降低贴

现成本，这既可防范贴现业务风险，提高贴现对银行利润的贡献率，亦可提高企业通过票据贴现实现融资的积极性。

3. 增强再贴现业务的操作力度

（1）进一步完善再贴现操作体系。中国人民银行在适当集中再贴现业务管理的基础上应扩大对中心支行的再贴现授权，切实加强和发挥中心支行再贴现窗口的作用。

（2）加大再贴现的投放力度，扩大再贴现总量。中国人民银行应逐渐取消再贴现限额控制，在严格规范管理的前提下，试行比例管理，即按各分行承兑汇票贴现、再贴现的一定比例进行控制。

（3）适当扩大再贴现的对象和范围。一方面，对于符合国家产业政策的各类所有制企业以真实的商品、劳务交易为基础签发的商业汇票，经金融机构贴现后，均允许按规定条件申请办理再贴现；另一方面，在防范票据风险和规范业务操作的前提下，扩大再贴现范围，即对一些资信情况良好、具有相应票据业务基础的农村信用社和企业集团财务公司授予申请再贴现的资格。

（4）改进再贴现业务操作方式，适当简化操作手续，提高业务效率。同时，进一步改进和完善现行的再贴现业务信息管理系统，逐步建立全国统一联网的票据业务信息查询和监控系统。

4. 加快我国的利率市场化改革

在对利率实行管制的情况下，再贴现率有时不能完全体现市场的需求，会出现再贴现率低于或高于货币市场利率的现象。当前我国利率还没有完全市场化，在这种情况下，建议赋予中央银行基层行适当的再贴现率浮动权，使中央银行基层行可根据辖内再贴现业务的发展状况、银根松紧程度，在一定范围内更有效地实施货币政策。

六、公开市场业务

（一）我国公开市场业务的发展概况

20 世纪 90 年代中期以来，随着我国经济和金融改革的不断深入，中国人民银行的货币调控方式也在由直接调控方式逐渐转向以市场为基础的间接调控方式，引入公开市场业务，正式建立和完善间接调控机制。1994 年 4 月中国人民银行正式启动外汇公开市场业务，1996 年 4 月正式启动人民币公开市场业务。进入 1999 年以来，公开市场业务已成为中国人民银行货币政策日常操作的重要工具，对调控货币供给量、调节商业银行流动性水平、引导货币市场利率走势发挥了积极的作用。目前，中国人民银行的公开市场业务分为本币公开市场业务和外汇公开市场业务两部分。其业务操作分五个回购期限，分别为：14 天、28 天、91 天、182 天、364 天。2013 年 1 月，立足现有货币政策操作框架并借鉴国际经验，中国人民银行创设了“短期流动性调节工具”（Short-term Liquidity Operations, SLO），作为公开市场常规操作的必要补充，在银行体系流动性出现临时性波动时相机使用。这一工具的及时创设，既有利于央行有效调节市场短期资金供给，熨平突发性、临时性因素导致的市场资金供求大幅波动，促进金融市场平稳运行，也有助于稳定市场预期和有效防范金融风险。

（二）我国公开市场业务的基本框架和内容

中国人民银行公开市场业务由其下设的“公开市场业务操作室”来进行，其基本框架和做法是：

1. 将基础货币和货币市场利率作为公开市场操作的指标

我国的公开市场业务是在货币市场和资本市场尚未发育成熟的条件下启动的，因此，我国的公开市场业务具有自己的特点。中国人民银行在公开市场操作中，先是以基础货币的供应和商业银行的流动性为目标，同时也考虑货币市场利率如拆借市场和回购市场利率的变动情况。这是由于我国的货币市场还不够发达，利率控制也较严格，从而无法确定一个合理的短期利率作为操作指标。随着货币市场的发展和公开市场操作经验的积累，中国人民银行公开市场业务的操作指标逐渐转向了基础货币和货币市场利率。

2. 实行一级交易商制度

根据国际经验和公开市场业务的要求，我国公开市场业务一开始就实行了一级交易商制度。实行一级交易商制度，是因为这些大银行资金实力雄厚，有较多的分支机构，持有一定量的国债，能在二级市场上参与大额交易。中国人民银行通过与这些银行进行国债买卖来传导自己的政策意图，实现货币政策目标，同时这也有利于国债市场的发展和完善。1997 年 4 月，中国人民银行颁布了《公开市场业务暨一级交易商管理暂行规定》，根据这一规定，中国人民银行正式批准了 25 家金融机构为公开市场一级交易商。1998 年，中国人民银行允许商业性保险公司进入公开市场操作领域，市场交易成员增加到 29 家。1999 年中国人民银行批准证券公司和基金管理公司进入全国银行间同业拆借市场，批准保险公司在全国银行间同业拆借市场办理债券回购业务，当年一级交易商扩大到 33 家。2000 年又吸收了 4 家在货币市场和债券市场表现良好、在市场上有一定影响力、积极传导货币政策意图的金融机构成为公开市场业务一级交易商，使一级交易商发展到 37 家。同时结合操作实践，中国人民银行对公开市场业务制度进行了一系列创新，2004 年初首次增加 6 家非银行金融机构作为公开市场业务一级交易商。在中国人民银行公布的 2010 年公开市场业务一级交易商名单中，共有 50 家银行、非银行金融机构发展成为公开市场业务一级交易商。2018 年度公开市场一级交易商共有 48 家。随着一级交易商的增加，中央银行公开市场业务的政策影响更易于传导到整个金融体系。

3. 操作工具是财政部发行的短期国债

1996 年中国人民银行开始进行公开市场操作时，操作的工具是财政部当年发行的短期国债，这主要是出于以下考虑：一是当年财政部第一次发行了短期国债，选择国债为操作工具有利于货币政策与财政政策的协调配合。二是短期国债市场是货币市场的重要组成部分，把短期国债作为公开市场业务的操作工具，有助于货币市场的培育和发展。三是短期国债的收益率可预见性强，有利于防止市场投机，便于中国人民银行进行公开市场操作的成本控制，便于金融机构进行交易和清算。但是，由于商业银行持有短期国债的数量有限，且把其视为安全的优良资产，愿意持有国债而不愿交易，因而给中国人民银行进行公开市场操作增加了难度。因此，在 1998 年公开市场业务重新恢复以后，中国人民银行就注意拓展操作工具，使得可供交易的不仅有国债，还有中央银行融资券和政策性金融债券。1999 年，中国人民银行把 2 700 亿元特别国债、423 亿元专项国债、1 600 亿元建设国债都纳入操作工具的范围。2002 年，针对外汇占款的持续增加，中央银行开始大量发行中央银行票据，来对冲外汇占款的货币供给的增加。目前，公开市场业务已成为中国人民银行进行宏观调控时使用最频繁和最倚重的政策工具，这也标志着我国货币宏观调控逐步实现间接化。

4. 交易方式采取证券回购交易

根据一级交易商在回购过程中所处买、卖位置的不同，回购可分为正回购和逆回购。正回购是指一级交易商为债券卖方的回购；逆回购是指一级交易商为债券买方的回购。回购交易的概念、交易双方的基本权利和义务及法则均由中央银行公开市场业务操作室制定并由与一级交易商签署的国债回购协议规定，这使得我国的公开市场操作从一开始就较为规范。1996 年，中国人民银行主要采用的交易方式是回购交易。选择以回购交易方式进行公开市场操作是由当时的宏观金融形势和中国人民银行的资产状况决定的。在银行系统流动性较多，而中国人民银行因自身缺少债券资产而无法启动公开市场操作时，就选择卖出债券从而收回基础货币的方式来进行交易。到 2000 年，公开市场操作已发展为债券回购和现券买卖两种基本交易方式。目前，中央银行可选择的投放基础货币的方式有三种：现券买断、逆回购和正回购到期；反之，回笼基础货币则有现券卖断、正回购和逆回购到期三种方式。这样，中国人民银行就可以根据货币政策长、中、短期目标的需要，自主运用六种方式以及不同方式的组合来调整公开市场操作方式，加上交易双方债券资产不同期限品种的组合，就可以形成投放和回笼基础货币的资金流，灵活调节银行体系的流动性，引导货币市场和债券市场的利率。

5. 以招标方式形成价格（利率）机制

公开市场业务回购交易采用招标方式进行，招标分为数量招标和利率招标两种方式。其一是数量招标方式。由中国人民银行公开市场业务操作室在交易日内，以招标书的形式向操作对象发布当日操作的品种、利率、债券回购和现券买卖的限额，各投标人在规定的时间内向操作室进行投标；操作室根据公布的原则为投标人确定中标数量。其二是利率招标方式。中国人民银行在交易之前，向一级交易商公布买卖债券的券种、回购期限和数量总额，由投标人根据其资金头寸需求，自主申报买卖债券的利率和数额。中国人民银行按照投标人的利率出价进行排队，确定中标结果，中标利率即为一级交易商的投标利率。中国人民银行在确定公开市场业务债券回购的招标利率时，主要基于以下三个方面的考虑：一是通过回购利率水平来展示中央银行的货币政策意图；二是协调回购利率与中央银行基准利率、金融机构存贷款利率、货币市场利率之间的关系；三是防止各种利率的错位，避免一级交易商不合理的套利行为。为此，公开市场业务债券回购利率的区间被确定为在存款准备金利率和同期再贷款利率之间。每次进行招标时，中国人民银行都根据货币政策操作的总体要求，参考银行间同业拆借市场利率和债券回购利率的变化情况，适时调整招标利率。

（三）我国公开市场业务的发展前景

我国公开市场业务发展的重点应是国债公开市场业务。这一方面是因为我国的国债公开市场业务起步较晚，其运作条件还不够成熟；另一方面则是因为国债是公开市场操作中的主要交易对象，国债公开市场操作对信贷规模和货币供给量的调控作用明显，发展国债公开市场业务有利于我国公开市场业务日趋完善和成熟。

在我国进一步发展国债公开市场业务，应积极做好以下工作：(1) 发展国债市场；(2) 建立高效的资金清算和证券簿记系统；(3) 适度放松对利率的管制，使利率具有弹性；(4) 建立健全银行体系；(5) 协调中国人民银行同财政部的关系。

2003 年以来，我国货币政策已基本转向采用间接的货币政策工具，但是距离货币政策工具的完善还有很长一段路。尤其是在各种货币政策的选择和使用上应该有所分工，要发挥不同政策工具在不同环境条件下的功能优势。在各种货币政策工具职能有所分工的同时，还要在不同货币政策工具之间进行搭配，这样才能更好地达到货币政策操作目标。

本章小结

中央银行的货币政策目标是通过货币政策工具的运用来实现的，货币政策工具是中央银行为实现货币政策目标所使用的各种策略手段。货币政策工具一般可分为一般性货币政策工具、选择性货币政策工具和其他货币政策工具。

一般性货币政策工具影响货币供给的总量，而不影响货币的流向，主要包括法定存款准备金政策、再贴现政策和公开市场业务这三大政策工具。一般性货币政策工具的特点在于，它针对总量进行调节，被中央银行经常使用，且会对整个宏观经济运行产生影响。

法定存款准备金政策是中央银行在法律所赋予的权力范围内，通过规定或调整商业银行等存款货币机构缴存中央银行的存款准备金的比率，以改变货币乘数，控制和改变商业银行等存款货币机构的信用创造能力，间接调控社会货币供给量的政策措施。

再贴现政策是指中央银行以购进商业银行等金融机构已经贴现而未到期的票据的形式，向商业银行和其他金融机构提供贷款，解决临时性的资金短缺，并通过调整再贴现率来影响市场利率和货币供求，从而调节整个社会的信贷规模和货币供给量。

公开市场业务是货币政策的三大工具之一，是指中央银行在金融市场上买卖有价证券，直接调控市场上的货币供给量，从而实现其货币政策目标的一种政策措施。

中央银行的另一类货币政策工具是选择性货币政策工具，它影响货币的流向，而不影响货币供给的总量，主要包括消费者信用控制、证券市场信用控制、不动产信用控制、优惠利率等。

其他货币政策工具包括利率最高限额、信用配额管理、流动性比率管理和直接干预、贷款的最高限额以及特种存款等。

自 1984 年我国确立中央银行制度以来，中央银行的货币政策实施体系已经建立并不断得到完善，目前正处于从直接管理向间接调控转轨的进程之中，其在货币政策工具上的表现就是：从信贷计划管理、直接利率管理、再贷款和货币发行管理向三大一般性货币政策工具即法定存款准备金政策、再贴现政策和公开市场业务转变，同时随着货币政策改革的深入，近年来又引入了选择性货币政策工具和窗口指导等其他货币政策工具。

练习题

一、术语解释

1. 一般性货币政策工具
2. 法定存款准备金政策
3. 再贴现政策
4. 公开市场业务
5. 消费者信用控制
6. 证券市场信用控制
7. 不动产信用控制
8. 优惠利率
9. 直接信用控制
10. 间接信用控制
11. 窗口指导

二、填空题

1. 法定存款准备金制度对信贷和货币供给量的控制是通过调整________实现的。

2. 提高法定准备金率会导致货币乘数________，在基础货币不变的条件下货币供给量会________。

3. 根据中央银行实施公开市场业务的目的，又可将公开市场业务分为_______公开市场业务、_______公开市场业务和_______公开市场业务三种模式。

4. 选择性货币政策工具主要包括：________、________、不动产信用控制和优惠利率等。

5. 利率最高限额政策的具体内容包括：中央银行规定商业银行________上限和________下限，或者对定期和储蓄利率的最高限度实施控制。

三、判断题

1. 法定存款准备金政策工具只能影响一般利率水平，而无法影响利率结构。（　）

2. 再贴现率的升降可产生货币政策变动方向和力度的宣示作用，能够准确地反映中央银行货币政策的趋向。（　）

3. 所谓消费者信用控制，是指中央银行对包括不动产在内的各种耐用消费品的销售融资予以控制的政策措施，其目的在于影响消费者对耐用消费品有支付能力的需求。（　）

4. 目前，我国公开市场业务主要以基础货币和商业银行的超额储备为操作的指标。（　）

四、不定项选择题

1. 下列货币政策工具中能够影响利率水平和结构的是（　）。

A. 法定存款准备金政策　　B. 再贴现政策

C. 公开市场业务　　D. 优惠利率

2. 在下列货币政策工具中，中央银行拥有完全主动权的是（　）。

A. 法定存款准备金政策　　B. 再贴现政策

C. 公开市场业务　　　　　　　　　　D. 直接信用控制

3. 公开市场业务发挥作用的条件是（　　）。

A. 中央银行必须具备强大的资金实力

B. 国内金融市场机制应完善

C. 金融市场上的证券种类和数量要适当

D. 商业银行要配合中央银行的行动

4. 下列货币政策工具中具有强制性的是（　　）。

A. 法定存款准备金政策　　　　　　B. 消费者信用控制

C. 道义劝告　　　　　　　　　　　D. 窗口指导

5. 下列货币政策工具中，我国目前正在采用的是（　　）。

A. 信贷计划管理　　　　　　　　　B. 利率

C. 再贷款　　　　　　　　　　　　D. 差额存款准备金率

五、简答题

1. 请比较中央银行三大一般性货币政策工具各自的功能作用及优缺点。

2. 简述我国货币政策工具的改革情况。

3. 应如何进一步发展我国的公开市场业务？

六、论述题

根据所学货币政策工具相关知识，探讨我国下一步应重点发展的货币政策工具。

第10章

货币政策传导机制及效果

⊙本章目标⊙

- 理解货币政策传导机制的含义。
- 掌握各种货币政策传导机制理论的基本观点和主要差异。
- 掌握货币政策的主要传导渠道。
- 了解我国货币政策传导机制的历史演变及主要模式特点。
- 了解关于我国货币政策有效性的各种观点以及改进我国货币政策有效性的政策措施。

货币政策工具与货币政策中介指标和货币政策的最终目标之间保持着动态的相互制约和相互影响的关系，即货币政策的传导机制问题对货币政策的最终效果发挥着极其重要的作用。中央银行实施的货币政策效果到底如何，哪些因素会影响货币政策的效果，这就是本章货币政策有效性理论所要讨论的问题。在本章介绍的货币政策传导机制理论中，包括传统经济学的货币政策传导机制理论、凯恩斯学派的货币政策传导机制理论、货币主义学派的货币政策传导机制理论。

第一节　货币政策传导机制

货币政策传导机制是指中央银行运用货币政策工具或手段，引起金融与真实经济领域的某些经济变量的一系列变化，并最终对总供给和总需求发挥作用，从而影响总体经济活动，实现既定货币政策目标的途径和过程。中央银行在实施货币政策的过程中，要不断地对操作指标和中介指标进行监测、分析与判断，以便中央银行及时调整货币政策的方向、力度和时机，加强与其他宏观经济政策特别是财政政策的协调配合，从而提高货币政策的有效性。

对货币政策传导机制的研究，在西方先后出现了互有争议的众多学派。不同的学派由于对各项变量的重视程度不同，对货币政策的传导机制提出了不同的见解。其中具有代表性的主要有：传统经济学、凯恩斯学派和货币主义学派的货币政策传导机制理论。

一、传统经济学的货币政策传导机制理论

（一）传统经济学的理论前提

传统经济学的经济理论及货币理论有以下两个基本前提：

1. 充分就业的均衡

传统经济学认为，资本主义市场经济通过各种自由竞争力量，比如价格机制和弹性工资，就可以使生产达到资源充分利用和劳动力充分就业的水平。在这一前提下，货币供给量的增加对产量和就业都不会产生影响，它所能影响的只是物价，货币供给量的增加会引起物价同比例地上涨。

2. 供给创造需求

法国经济学家萨伊认为“供给会自动创造需求”，其观点包括四个要点：(1) 一种产品的生产给另一种产品创造了需求；(2) 货币交换的实质是产品与产品之间的交换；(3) 某种产品过剩是因为另一种产品供给不足，所以造成生产过剩的原因是供给不足；(4) 局部的产品失调可以通过价格来调节。这就是经济学中著名的萨伊定理。萨伊定理强调了总供给的决定作用，也就是说，整个经济的均衡是商品总供给与总需求的均衡，而总需求又是由总供给创造的，因此，总供给与总需求总是相等的，并不存在总供求失衡的问题。

（二）传统经济学的货币政策传导机制

严格地说，根据上述两个理论前提，在传统经济学中，并不存在货币政策的传导机制和传递途径问题。因为在上述两个理论前提下，传统的经济学把经济分为实物经济与货币经济两个部分，其经济理论也分成了价值理论和货币理论两个部分，两者之间并无联系，货币只是笼罩在实物经济上的一层面纱，只是经济的一个外生因素，这就是所谓的“二分法”。在这里货币的唯一作用就是决定物价的绝对水平。

但在实际经济的分析过程中，传统经济学家们也提出了自己的货币政策传导机制。他们的货币政策传导机制的研究成果主要集中体现在传统的货币数量论的相关表述中。该理论的核心内容是，一国货币数量变化的直接结果将是物价水平的相应变化。货币数量论最有代表性的理论观点是费雪的现金交易论及马歇尔、庇古的现金余额论。

美国经济学家欧文·费雪在1911年出版的《货币购买力》一书中提出了著名的现金交易方程式，也被称为费雪方程式或费雪现金交易论。该方程式为：

$$MV=PT \text{ 或 } P=MV/T$$

式中，M表示一定时期内流通货币的平均数量；V表示货币流通速度；P表示一般物价水

平；T 表示各种商品的交易量。

费雪认为，交易方程式中的 V 由制度因素决定，具体地说，它取决于人们的支付习惯、信用的发达程度、运输与通信条件及其他“与流通中货币量没有明显关系”的社会因素。而 T 则取决于资本、劳动力、自然资源的供给状况和技术水平等非货币因素。正因为 V 和 T 都独立于 M，所以费雪认为，货币数量决定着物价水平。

现金余额论则认为，一国一定时期内的商品数量和货币流通速度在短期内不会发生变化。国民产出在完全竞争均衡机制这只“看不见的手”的调节下，通常处于充分就业水平；而货币流通速度主要取决于制度性因素如支付制度、支付习惯等，在短期内基本保持不变。货币数量（M）的增加将直接、同比例地引起物价（P）的变化，而不会引起实际产出的变化。其传导过程为：当货币供给量增加时，个人将感觉到手中实际持有的货币量增多，就会增加支出从而减少货币余额，进而引起货币流通速度加快，导致商品供求关系失衡，结果引起物价上涨，并且一定要等到物价水平的上涨恰好与货币供给量的增加达到同一比例时，才能产生新的货币均衡。

根据以上观点，我们可以把传统经济学的货币政策传导途径总结如下，即：

$$R \rightarrow M_s \rightarrow P \rightarrow Y_n$$

式中，R 表示准备金数量；M_s 表示货币供给量；P 表示市场物价水平；Y_n 表示名义收入。

其传导机制是：中央银行的货币政策措施首先改变商业银行的准备金数量，引起货币供给量的变动，继而引起市场物价水平的变动，最终造成社会名义收入的变动。

上述内容就是传统货币数量论关于货币政策传导机制的主要观点。它朴素、简单、清晰地表述了货币政策影响实际经济活动的基本过程。但必须指出的是，早期的货币数量论所阐述的货币作用机制实际上是需要深入推敲的。在早期的金本位制度下，由于货币既作为交易媒介又作为真实商品，实际上二者的价值是相同的，因而当流通中金属货币的数量超过实际需要时，就会有多余部分的金属货币自动退出流通；相反，当流通中金属货币的数量不能满足实际需要时，就会有原先处于库存状态的金属货币重新进入流通。实际上，由于金本位制度下金属货币具有自动调节的功能，因而货币数量的变化往往并不能够对物价水平和名义收入产生影响。

二、凯恩斯学派的货币政策传导机制理论

（一）凯恩斯学派经济理论与传统货币数量论的主要理论分歧

凯恩斯学派经济理论与传统货币数量论的基本理论分歧主要表现在以下几个方面。

（1）凯恩斯学派摒弃了充分就业的假定，认为失业是经济社会的常态，而充分就业是例外。在充分就业的条件下，货币数量的变动才能使物价水平作同比例的变动。凯恩斯认为如果存在失业现象，那么当货币数量增加时，就业量会随有效需求同比例增加，从而带动国民收入的增加。

（2）凯恩斯学派摒弃了传统货币数量论的货币面纱观，克服了传统“二分法”的矛盾，把货币看作经济的一个内生因素和内在动力。

（3）凯恩斯学派摒弃了货币数量变动直接影响物价水平的传统观念，从小于充分就业的均衡出发，把货币数量的变动与就业量、国民收入的变动联系起来，并指出，货币数量对物价的影响是间接的，它是通过利率发挥作用的。

（二）凯恩斯学派的货币政策传导机制理论的内容

在凯恩斯革命之前，西方经济学中占统治地位的古典学派认为，虽然经济运行会受到周期性冲击的影响，但市场力量能够使经济迅速恢复到充分就业的均衡，货币不过是一种方便交易的工具或媒介，是资本得以流通和经济得以顺利运行的润滑剂，因而他们对货币或货币政策传导并没有给予过多的关注。20世纪30年代的经济危机引发了人们对包括货币政策在内的宏观经济政策的性质和作用的争论。正是在当时的背景下，凯恩斯提出，在经济周期的不同阶段，资本边际效率会发生周期性的变化，经济也并非时时自动达到均衡，需要采取相机抉择的财政货币政策，以促使经济稳定运行。在他的货币理论中，他阐述了货币政策的利率传导机制。

现代经济学家对货币政策传导机制的研究是从凯恩斯开始的。1936年，约翰·梅纳德·凯恩斯在《就业、利息和货币通论》中提出了货币政策的利率渠道传导理论。

凯恩斯认为，货币政策通过影响市场利率而影响储蓄和投资行为，进而对经济发展水平和物价产生影响，他提出了货币政策经由利率及有效需求影响经济活动的货币政策传导机制理论。凯恩斯认为，货币政策发挥作用主要通过两条途径：一是货币与利率之间的关系，即流动性偏好；二是利率与投资之间的关系，即投资利率弹性。他的具体思路是：货币供给相对于需求突然增加后，首先产生的影响是使利率下降，后又促使投资增加。如果消费倾向为已知量，则通过乘数的作用，又可促使国民收入增加。

以扩张性的货币政策为例，其传导过程是：

$$R\uparrow \rightarrow M_s\uparrow \rightarrow i\downarrow \rightarrow I\uparrow \rightarrow Y\uparrow \rightarrow P\uparrow$$

式中，R 表示商业银行的准备金；M_s 表示货币供给量；i 表示利率；I 表示投资；Y 表示收入；P 表示物价。

具体说来，当中央银行采取放松银根的货币政策措施时，商业银行体系的超额准备金必然增加，商业银行体系的放款能力随之增强；随着放款的增加，货币供给量必然增加，从而打破了原有货币市场的均衡，货币供给大于货币需求，借款比较容易，促使利率降低，而利率的降低意味着资本边际效率的相应提高；资本边际效率的提高说明投资有利可图，从而使投资增加，通过乘数效应直接增加了社会总需求，最终导致收入的增加和物价的上涨。这个传导机制的主要环节是利率：货币供给量的调整首先影响利率的升降，然后才使投资乃至总支出发生变化。当存在大量失业时，货币供给量的增加导致利率降低，扩大有效需求，在既定的资本边际效率下，更低的利率刺激投资支出的增加，通过投资乘数效应导致国民收入增加；当接近充分就业时，扩大有效需求，投资和国民收入增加，物价水平开始上升；当达到充分就业时，一般物价水平上升。若采取紧缩银根的货币政策措施，其对货币供给及实际经济运行的传导效应与上面相反，在此不再赘述。

上述分析是传统凯恩斯学派货币政策传导机制理论的主要观点，我们有时称之为局部均衡论，因为它只显示了货币市场对商品市场的初始影响，而没有能反映它们之间的循环往复的相互影响。考虑到货币市场与商品市场的相互作用，遂有进一步的分析，被称为一般均衡理论，是新凯恩斯学派对局部均衡论的补充和发展。其分析过程如下：

(1) 假定货币供给增加，如果产出水平不变，则利率会相应下降；下降的利率反过来会刺激投资，引起总支出增加，总需求增加推动产出量上升。这就是局部均衡分析。

(2) 产出量的上升提出了较原来更多的货币需求；如果没有新增货币供给，则货币供求的对比会使下降的利率回升。这是商品市场对货币市场的作用。

(3) 利率的回升又会使总需求减少，产量下降；产量下降又促使货币需求下降，利率再次回落。这是循环往复的过程。

(4) 最终达到一个均衡点，这个点同时满足了货币市场供求和商品市场供求两方面的均衡要求。在这个点上，利率可能较原来的水平低，而产量可能较原来的水平高。这就是著名的“$IS-LM$ 模型”的基本观点。

(三) 凯恩斯学派利率渠道传导机制的局限性

在凯恩斯的货币传导理论中，实际上，货币政策通过利率渠道发挥作用的关键途径有三条：一是货币与利率之间的关系，即流动性偏好；二是利率与投资之间的关系，即投资利率弹性；三是投资与国民收入之间的关系，即投资乘数。但当出现下列情况时，如流动性陷阱或者投资的利率弹性非常低，就会导致货币政策的失效。

(1) 流动性陷阱指的是当现实经济运行中利率水平已降低到无法再降低的程度时，人们对货币的需求趋于无限大，即无论增加多少货币，都会被人们储存起来，任何货币供给量的增加都不会对利率水平产生影响，因而货币政策对社会总需求以及物价水平均不会产生作用。流动性陷阱的存在使利率水平不会随货币供给量增加而无限制地下降。

当中央银行实施扩张性货币政策时，货币供给量增加，利率下降。当利率十分低时，货币供给量的扩张被货币流通速度的减缓所抵消，投资的利率弹性非常低，如果超过客观限度，无论货币供给如何增加，都会产生相应的货币需求，一部分货币会闲置起来。一旦货币政策传导机制中断，货币扩张就不可能对现实经济生活发生实质性的影响。

(2) 当投资的利率弹性非常低时，利率的下降就不会对投资量有显著的刺激作用。如果投资量增加不大，则投资乘数效应也不会大，从而货币政策的传导机制就会中断。

(3) 当消费倾向下降且下降力量大于投资力量时，旨在刺激总需求的货币政策也会无效。

(4) 凯恩斯有效需求理论的重要假定前提之一是社会经济运行当中的资源并未得到充分利用，经济生活中存在非自愿性失业现象。因此，当社会处于非充分就业状态时，货币供给量的增加会引起收入和物价的上涨，但物价上涨的幅度小于货币供给量增加的幅度。如果社会已经处于充分就业状态，则生产资源和劳动力的供给不再具有弹性，商品的短期供给弹性逐渐趋于零。此时，物价水平会随着货币数量的增加而同比例上涨，即：

$$货币供给量(M_s)\uparrow \rightarrow 利率(i)\downarrow \rightarrow I\uparrow \rightarrow 支出(E)\uparrow \rightarrow 产出(Y)\uparrow \rightarrow P\uparrow$$

扩张性货币政策传导机制基本上无效。

除此之外，凯恩斯还认为，应考虑有些复杂因素对货币政策效果的影响，包括：

(1) 有效需求的改变并不与货币数量的改变恰好成同一比例；(2) 各种资源的性能并不完全一样，所以当就业量逐渐增加时，报酬不是不变，而是会发生递减现象；(3) 有些资源并不是可以互换的，所以当有些商品已达到供给无弹性的境地时，另一些商品尚有失业资源可供生产之用；(4) 在达到充分就业之前，工资有上涨趋势；(5) 边际成本中各生产要素的报酬并不以同一比例改变等。因此，凯恩斯学派的货币政策传导机制要发挥作用，需满足一系列前提条件。

三、货币主义学派的货币政策传导机制理论

(一) 货币主义学派货币政策传导机制理论的主要内容

自20世纪50年代起，凯恩斯的利率传导渠道受到货币主义学派的挑战。弗里德曼及其货币主义学派认为货币政策传导过程较为直接和迅速，并不像凯恩斯学派认为的那样间接和迂回。货币主义学派的代表弗里德曼认为利率在货币政策传导机制中并不起重要作用，他强调货币供给量在整个传导机制中具有决定性作用。

货币主义学派认为，永久性收入是决定货币需求的主要因素，由于永久性收入的稳定性，货币需求函数也是稳定的。同时，由于货币需求对利率不敏感，货币流通速度是可以准确预测的，因此，货币供给是决定名义收入的主要因素。如果中央银行采取扩张性货币政策，使得货币供给量增加，则货币资产的持有者即个人或企业等经济单位会发现他们所实际持有的货币资产比他们希望持有的数额要多，于是，他们的反应是将多余的货币用于购买各种资产，既购买金融资产如债券、股票等，也购买实物资产如汽车、消费品等，引起总支出水平的提高，总支出水平提高带动总产出的增加。由此，货币主义学派提出了其货币政策传导机制：货币数量 (M) 的变动引起总支出水平 (E) 的变化，进而影响总产出 (Y) 的变化。传导过程如下所示：

$$M\uparrow \rightarrow E\uparrow \rightarrow Y\uparrow$$

从货币主义学派的货币政策传导机制可以看出，货币政策效果的有效指标不是利率，而是名义货币供给量。货币政策传导过程应当注重货币供求的平衡，产出是由货币供给和货币需求相互作用决定的，并非利率调节的结果。弗里德曼认为，利率是不可靠的，货币供给变动的最终结果未必就是利率水平的变化，货币政策对利率的最初冲击效应和最终效应可能不一致。弗里德曼还认为，对于短期的经济变动来说，货币数量的变化是决定名义收入和实际收入的主要因素，或者说，货币数量的变化是决定经济变动的主要因素。而从长期来看，货币增长率的变化只会引起价格水平的变化，而不会对实际产量发生影响。名义货币供给量的增加，最初可能会导致利率下降，但随着总需求的扩大，价格会很快上升，实际货币供给量下降，最终在货币供给增加1～2年以后，利率又回到原来的水平。如果考虑到通货膨胀因素，货币学派进一步指出了把利率作为货币政策监测指标的危害性。当人们的通货膨胀预期上升时，利率将上升到原来的均衡利率水平。本来人们对价格水平预期的调整是很缓慢的，但是如果货币供给的增长在一个较长的时期里都比较快，那么通货膨胀率将会上升，人们就会相应地提高他们的通货膨胀预期，结果名义利率就会比较高。

（二）货币主义学派与凯恩斯学派的货币政策传导机制理论的区别

以上简述了凯恩斯学派和货币主义学派的货币政策传导机制。二者都承认货币供给会影响经济，但在程度上有很大差别，因为他们强调的经济变量不同，从而导致了二者在理论上的分歧。

（1）凯恩斯学派非常重视利率指标在货币政策传导机制中的作用，认为除非扩大（缩减）货币供给量后，能够降低（提高）利率，否则货币政策是无效的。而货币主义学派则不重视利率指标在货币政策传导机制中的作用，认为在增加货币供给量的初期，名义利率和实际利率会降低，但不久名义利率就会因货币收入增加和物价上涨而上升，而实际利率则可能回到并稳定在原先的水平上。因此，货币政策的影响主要不是通过利率间接地影响投资和收入，而是因为货币供给量超过了人们所需要的真实现金余额，从而直接影响到社会的支出和货币收入。所以货币主义学派认为，中央银行在决定货币乘数时，应关注货币供给量指标，货币供给量的变动能够直接影响社会的支出和货币收入。

凯恩斯学派认为，流动性陷阱的存在将使货币变动对实质经济不产生任何影响。这就是说，一旦利率达到其最小值，货币政策便会变得软弱无力，因为多余的货币会被人们无限的货币需求所吸收。而货币主义学派则认为，货币市场利率只是影响货币变化的相对价格之一。基础货币增加，即使不降低利率，也会促使资产价格上升。相对价格的变化及其效应对支出的影响，将不会因为流动性陷阱的存在而消除。

（2）凯恩斯学派认为，直接对产量、就业和国民收入产生影响的是投资，而货币对国民收入等因素的影响是间接的。货币供给量增加以后，首先会降低利率，从而提高资本的边际效率，增加投资，经过投资乘数的作用，再引起国民收入、就业量的增加。而货币主义学派则认为，货币供给量的变动与名义国民收入的变动有着直接的联系。由于货币流通速度是一个稳定的函数值，因此，货币供给量的增加就成为直接引起名义国民收入增加的主要因素。

但同时，弗里德曼承认，货币供给量的变动影响总需求的方式和渠道十分繁多且复杂。因此，他满足于从实证角度找出货币供给量与名义国民收入的相关性，而不具体探讨货币供给量对名义国民收入的作用方式或者影响过程。由于货币主义学派没有揭示货币供给量影响总需求的渠道，而是仅仅指出货币供给量的变化会引起总支出变动，所以，人们又把货币主义的政策传导机制称为“黑箱理论”：货币供给量的变动从黑箱的一端进入，名义国民收入的变动从黑箱的另一端显示出来。但是，人们并不知道这一传导过程是如何进行的。

（3）凯恩斯学派认为，传导机制首先会在金融资产方面进行调整，即首先在货币市场进行调整，然后引起资本市场的变化，使投资增加，再通过乘数的作用，增加消费和国民收入，最后影响到商品市场。具体地说，中央银行通过公开市场买进债券，一方面增加了货币的供应量，另一方面促使债券价格上升，这时，卖出债券的家庭又会用债券的收入去购买股票，从而引起股票价格上涨，利率下降。股票价格的上涨，必然会促进股票的发行，增加投资，从而促进投资品价格的上涨，产量随之增加。同时，投资增加以后，通过乘数的作用，又增加了消费，导致国民收入的增加。

而货币主义学派则认为，传导机制可以同时对货币市场和商品市场发生影响，并且受其影响的不仅有金融资产，还包括实物资产。货币主义学派反对凯恩斯模式仅仅强调一种资产价格——利率。货币主义学派认为，货币资产与实物资产是相近的替代品，因而中央银行通过调整货币供给量能够影响到一系列的资产、利率和产出。在整个传导过程中，中央银行通过调节货币供给量，不仅能够影响经济主体在货币和其他金融资产之间的选择，而且能影响经济主体在货币与各种消费品等实物资产之间的选择。传导机制可以同时在货币市场和资本市场发生，受其影响的资产不仅有金融资产，而且包括耐用消费品、房屋等实物资产。如中央银行在公开市场上购买债券，导致债券价格上升，利率下降，这相对地降低了耐用消费品和房屋等实物资产的价格，从而导致人们对这类实物资产的需求增加，使其价格上涨，并且还会波及其他的一些实物资产，这样循环下去，又增加了新的货币需求，使社会的名义收入提高。

第二节　货币政策传导渠道

根据货币政策传导的不同途径进行分析，综合各学派的观点，一般将货币政策传导渠道概括为三类：第一类是通过投资支出发挥作用；第二类是通过消费支出发挥作用；第三类是通过国际贸易发挥作用。

一、投资支出渠道

1. 利率对投资的效应

利率对投资的效应实际上是凯恩斯学派的传统货币政策传导机制。其主要思想是：货币供给（M）的增加会使利率（i）下降，利率下降又促使投资（I）增加，投资增加会引起产出（Y）的增长。其传导机制是：

$$M\uparrow\rightarrow i\downarrow\rightarrow I\uparrow\rightarrow Y\uparrow$$

这种传导机制可能由于以下两个因素的出现而被堵塞。

（1）当流动性陷阱出现时，人们预期利率只会上升，不会下降，货币供给的增加被人们无限的货币需求所吸收，而不会引致投资的增加。

（2）当投资的利率弹性非常低时，利率的下降就不会对投资的增加有明显的刺激作用，较小的投资增加对总产出的影响也是不明显的。

正是因为这两种因素的存在，凯恩斯认为财政政策比货币政策更有效。

2. 托宾的 q 理论

耶鲁大学的詹姆斯·托宾根据经济学家关于货币政策通过影响普通股票价格也能影响投资的思想，提出了一种有关股票价格和投资支出相互关联的 q 理论。

托宾把 q 定义为：

$$q=企业资本的市场价值/企业资本的重置成本$$

q 和投资支出成正相关关系，q 的变化与普通股票价格也成正相关关系。因为当 q 值很高（大于 1）时，股票市价大于重置成本，这时，厂商能通过发行较少的股票而得到较多新的投资品，故投资支出会增加。

当采取扩张性货币政策时，货币供给量会增加，人们发现手中的货币比他们需要持有的要多，就会按照自己的偏好安排其金融资产，其中一部分货币必然流向股票市场，造成对股票的需求的增加，股票价格（P_s）将会上升，从而 q 值上升，投资（I）增加，并引起产出（Y）的增加。

可见，托宾的货币政策传导机制为：

$$M\uparrow \rightarrow P_s\uparrow \rightarrow q\uparrow \rightarrow I\uparrow \rightarrow Y\uparrow$$

3. 信贷观点

信贷观点认为货币政策可通过银行贷款的增减来刺激或减少投资支出，从而引起总产出的变化，即货币政策操作通过改变银行体系的流动性，影响到商业银行贷款的动机，从而影响到贷款供给。贷款机制影响单个企业的程度依赖于这些企业所采用的融资方法，货币政策对那些主要以银行体系融资为手段的企业影响较大。

比如中央银行采取一项扩张性货币政策引起货币供给量扩大，增加了银行的可用资金。如果银行愿意发放贷款，那么贷款增加将引起投资支出的增加，从而引起产出的增加。其传导机制为：

$$M\uparrow \rightarrow \text{贷款}\uparrow \rightarrow I\uparrow \rightarrow Y\uparrow$$

需要指出的是，通过信贷渠道传递货币政策的机制在以银行资金为主要资金来源的国家比在资本市场发达的国家作用更为明显。

4. 非对称信息效应

非对称信息效应是指货币政策通过影响股票价格，引起企业资产净值的变化，进而影响银行贷款过程中的逆向选择和道德风险的发生，从而改变投资支出的传递过程。

由于金融市场上存在着信息不对称现象，即交易双方对对方情况的了解不平衡，所以会影响其作出正确的选择，导致出现逆向选择和道德风险问题。而企业资产净值的增加会减少逆向选择和道德风险，因为较高的资产净值意味着借款人的贷款实际上有较多的担保品作抵押，逆向选择的损失将减少。资产净值的增加可以鼓励投资支出方面的融资贷款的增加。当货币当局采取扩张性货币政策时，货币供给量增加，继而普通股的价格上升，导致企业的资产净值提高，从而会减少逆向选择和道德风险，增加贷款和投资，最终增加国民产出。其传导机制为：

$$M\uparrow \rightarrow P_s\text{（股票价格）}\uparrow \rightarrow \text{企业资产净值}\uparrow \rightarrow \text{逆向选择和道德风险}\downarrow \rightarrow \text{贷款}\uparrow \rightarrow I\uparrow \rightarrow Y\uparrow$$

二、消费支出渠道

关于货币政策与消费支出之间关系的早期研究集中在利率对耐用消费品支出可能产生的影响上。后来，研究者们考察了消费者的资产负债如何影响消费者的支出决策的问题，提出了货币政策的财富效应，专门研究了货币政策与非耐用消费品支出之间的关系。研究者们还发现，由于耐用消费品的流动性很差，股票的流动性较强，因此，股票市场对耐用消费品支出也有影响，从而提出了货币政策的流动性效应。下面我们分别从三个方面进行介绍。

1. 利率的耐用消费品支出效应

利率的耐用消费品支出效应是指货币政策通过引起利率的变动来影响消费者关于耐用

消费品支出的决策，进而影响总需求的效应。耐用消费品支出主要指消费者对住房、汽车及家用电器等耐用消费品的支出。消费者用于这类消费品的支出常常是通过借贷筹措来的，因此，利率降低会使在这方面支出的筹资成本降低，从而鼓励消费者增加耐用消费品的支出。扩张性货币政策引起的利率降低，将刺激耐用消费品的支出增加。利率的耐用消费品支出效应的货币政策传导机制如下：

M↑→利率↓→消费贷款↑→耐用消费品支出↑→Y↑

2. 财富效应

货币政策的财富效应是指货币政策通过货币供给的增减影响股票价格，使公众持有的以股票市值计算的个人财富发生变动，从而影响其消费支出的效应。

莫迪利亚尼最早利用其消费生命周期理论对货币政策引起的这种消费支出增加进行了研究。莫迪利亚尼认为消费者按照时间平均地安排他们的消费。这里的消费是指用在非耐用消费品和服务上的开支，它取决于消费者毕生的财富，而不是消费者的当期收入。消费者毕生财富的一个重要组成部分是金融资产，而股票又往往是金融资产的主要组成部分。因此，当扩张性货币政策使得货币供给量增加，继而使得普通股的价格上升以及金融资产的市场价值上升时，消费者的毕生财富也会增加，进而消费增加。这样，财富效应的货币政策传导机制为：

M↑→股票价格↑→金融资产的价值↑→毕生财富↑→消费↑→Y↑

需要说明的是，财富效应中影响消费者支出的是其“毕生财富”，所以，只有股市持续较长时间的上涨才会增加消费者整体的“毕生财富”，才具有财富效应；股市短时间的暴涨暴跌则不具有财富效应。

3. 流动性效应

流动性效应是指货币政策通过影响股票价格，使消费者持有的金融资产的价值及其资产的流动性发生变化，进而影响其耐用消费品支出的政策效应。人们在进行耐用品消费时，通常会根据自己的资产负债状况得出一个关于资产流动性的判断，若流动性高，则人们会增加对耐用消费品的支出，反之，则会减少对耐用消费品的支出。当预计会遇到财务困难时，无论是个人还是企业，都愿意持有流动性强的金融资产而不是流动性不足的实物资产。金融资产如银行存款、股票、债券等可以很快在市场上售出，而且在变现时价值损失的可能性也比较小，因而金融资产的流动性高。但要想很快出售耐用消费品等实物资产，则可能会出现两种结果：一是找不到合适的买主；二是可能收不回该耐用消费品的全部价值。因此，当发生财务困难的可能性增大时，人们就会减少对耐用消费品的支出，反之，则增加对耐用消费品的支出。一般地说，当消费者持有的金融资产的数量远比其债务多时，他们估计未来发生财务困难的可能性会很低，因而会比较愿意购买耐用消费品。因此，当股票价格上升时，金融资产的价值也会上升，人们估计发生财务困难的可能性会降低，从而愿意增加对耐用消费品的支出。这样，流动性效应的传导机制可以表述为：

M↑→P_s（股票价格）↑→金融资产的价值↑→发生财务困难的可能性↓
→耐用消费品支出↑→Y↑

三、国际贸易渠道（汇率渠道）

货币政策传导的国际贸易渠道是指货币政策的变动通过影响货币供给量，进而影响到国内利率，利率的变化引起汇率的变动，进而对净出口产生影响的过程。随着经济国际化和浮动汇率的出现，汇率对净出口的影响已经成为一条重要的货币政策传导渠道。

一国若长期实施扩张性货币政策，货币供给长期增加会使国内的真实利率水平下降，并使国内物价水平上升，这两个因素都会使本国货币贬值。一国货币贬值，则该国的出口上升，进口下降，从而净出口将增加。净出口的增加意味着出口需求的增加，出口需求的增加又会增加总需求，从而总产出会增加。国际贸易渠道的货币政策传导机制可以表述为：

$M\uparrow\rightarrow$利率$\downarrow\rightarrow$物价水平$\uparrow\rightarrow$汇率$\downarrow\rightarrow$净出口$\uparrow\rightarrow Y\uparrow$

第三节　货币政策效果

一、货币政策效果的含义及西方学者的理论研究

（一）货币政策效果的含义

所谓货币政策效果，是指一国中央银行实行一定的货币政策之后，社会经济领域所作出的具体现实反应。

值得指出的是，货币政策效果与货币政策目标有所不同，这主要体现在两个方面：(1) 货币政策目标是一种主观设定的变量。例如，当一国经济运行当中出现了通货紧缩时，中央银行通常都要适时设定一个稳定币值的最终目标，并相应采取一定的货币政策来努力实现这个目标。而货币政策效果则是一种客观变量，它是货币政策具体执行之后所得到的现实结果，这个客观结果与当初设定的主观目标往往不一定相同。(2) 货币政策目标，如币值稳定、经济增长、充分就业、国际收支平衡等都是为了追求经济金融的稳定发展，总体上属于积极向好的。相比之下，货币政策效果有可能是积极向好的，也有可能因为货币政策具体实施过程中各种因素的影响和制约，偏离甚至根本背离原先积极向好的政策目标。

（二）西方经济学界对货币政策效果的理论研究

20 世纪 30 年代凯恩斯革命以来，西方经济学界围绕货币政策效果即它的有效性问题进行了激烈的争论，但并没有取得一致意见。其理论演进经历了“肯定—否定—肯定”这样一个否定之否定的过程：凯恩斯学派肯定货币政策的有效性，并从早期的相对注重财政政策向后期的过分渲染货币政策转变；以弗里德曼为主的货币主义学派肯定货币政策的短期效应而否定货币政策的长期效应；卢卡斯等理性预期学派经济学家则提出了政策无效性命题，完全否定货币政策的有效性；而 20 世纪 80 年代产生的新凯恩斯主义者则完全肯定货币政策的有效性，认为 20 世纪 30 年代的萧条经济学已经回归了。[①] 以上就是西方经济

① 崔建军. 货币政策有效性研究述评. 经济学家，2004 (2).

学界对货币政策认识的演进过程。

二、对货币政策效果的评价

对货币政策效果的评价是货币政策操作的重要环节，既可以获得经验的积累，也可以及时发现问题并作出相应调整。评价货币政策效果主要是通过对一系列指标的分析和判断进行的。我们可根据不同的目标和要求，对货币政策评价指标进行分类。

（一）前期检验指标和后期检验指标

按照货币政策的传导过程，我们可以大致将货币政策效果的检验指标分为两大类：一是前期检验指标，主要用来检验货币政策工具对货币政策中介指标的作用效果；二是后期检验指标，主要用来检验货币政策中介指标对最终目标的作用效果。

1. 前期检验指标

在货币政策工具发挥作用的前期过程中，货币供给的数量和结构变化是反映货币政策效果的重要指标。具体反映货币供给的数量和结构变化的指标包括：(1) 货币供给量的增加或减少率。这一指标反映的是一定时期内货币供给量增加或减少的相对比率，具体包括M0、M1、M2等三个层次。通过对这三个货币层次的监控，中央银行就可以大致了解和掌握货币政策效力从操作指标到中介指标的具体作用效果。(2) 货币供给结构变动比率。这主要是指M0与M1、M1与M2的相对比率。通常情况下，M0与M1代表着现实的购买力，M2当中包含着一部分潜在的或未来性质的购买力，现实经济运行中有效需求的膨胀和不足往往与购买力的状况密切相关。

2. 后期检验指标

由于货币政策的最终目标是要实现经济增长、物价稳定、充分就业以及国际收支平衡等，因此，后期检验指标主要包括：(1) 国民生产总值或国内生产总值指标。这一指标通常是按照不变价格原则进行计算的，反映的是一定时期内一国宏观经济总体所实现的增长。(2) 失业率。(3) 通货膨胀率。反映一国物价水平高低的具体指标有国内生产总值平减指数、商品零售价格指数、消费价格指数以及批发价格指数等。(4) 国际收支状况。具体指标有贸易差额、直接投资和间接投资净额等。

（二）经济与金融运行指标

对经济运行状况进行判断，是作出货币政策选择的根据。其中我们通过宏观经济指标来判断国民经济运行现状和评价货币政策对最终目标产生的影响程度，通过微观经济指标和金融运行指标来提前预测或判断货币政策的前期效果。

1. 描述宏观经济运行的指标

货币政策主要是要解决经济增长、就业、国际收支、物价等方面的宏观经济问题。因此，描述宏观经济运行的指标不外乎国内生产总值平减指数、失业率、国际收支状况、物价指数、居民消费倾向、固定资产投资规模、商品零售额等。

2. 描述微观经济运行的指标

工商企业是国民经济的基础，其运行状况关系到国家的经济发展状况，因此对企业的微观分析是必不可少的环节。对企业的微观分析主要有生产形势分析、资金周转状况分析和财务分析，可直接利用企业进行经营分析的相关指标。另外，可通过工业企业景气调查的方式来获得分析材料。

3. 金融运行分析

金融运行分析的主要指标有：一是货币供给量的规模及其变动率指标；二是货币供给结构指标；三是信贷规模及其变动率指标；四是信贷结构及其变动情况指标；五是外汇储备规模及其变动情况指标。通过对上述指标的分析可了解金融运行的状况。

将上述指标的实际发生数值与计划数值相对比，可对货币政策效果作出基本判断。

三、影响货币政策效果的因素

影响货币政策效果的因素有多种。其中西方学者们一般认为货币政策时滞、微观主体的预期、货币流通速度、金融创新、经济体制安排以及其他经济政治因素等是影响货币政策效果的主要原因。除此之外，对货币政策实施效果产生影响的因素还有：经济金融运行的环境，货币政策与其他经济政策如财政政策、收入政策、产业政策等的配合程度，货币政策工具的选择及实施的时机，货币政策具体执行过程中所出现的偏差等。以下内容将对上述的主要影响因素进行具体的分析。

（一）货币政策时滞

货币政策传导时滞（transmission lag）是指货币政策的制定及产生效果的滞后性，具体地说就是从需要制定政策，到这一政策最终发挥作用，其中每一个环节都需要占用一定的时间，因此从中央银行对经济活动中的变化有所反应，到货币政策工具的选择，再到货币政策工具对货币政策的操作指标发生作用，接着到货币政策操作指标的变化波及货币政策的中介指标，最后到中介变量的变化对货币政策最终目标产生影响，需要较长的一段时间。就总体过程而言，货币政策时滞可分为内部时滞和外部时滞。

1. 货币政策的内部时滞

内部时滞是指作为货币政策操作主体的中央银行从制定政策到采取行动所耗费的时间。当经济形势发生变化时，从中央银行认识到应当调整政策到其着手制定政策再到实施政策，每一步都需要耗费一定的时间。内部时滞又可以细分为认识时滞和决策时滞两个阶段。

（1）认识时滞。

认识时滞是指自经济形势发生变化确有实行某种货币政策的需要，到货币当局认识到存在这种需要所耗费的时间。譬如说现实经济运行中通货膨胀已经开始，客观上需要实行紧缩性货币政策。但中央银行要认识到有实行这种政策的必要，需要一定的观察、分析和判断的时间。实际上这一阶段就是中央银行对当前经济形势从感性认识上升到理性认识的过程。这一阶段的时滞之所以存在，主要有两个原因：一是搜集各种信息资料需要耗费一定的时间；二是对各种复杂的社会经济现象进行综合性分析，作出客观的、符合实际的判断需要耗费一定的时间。如果中央银行获取经济形势发生变化的信息资料的机制敏感、途径直接，那么，这一时滞就会短一些，反之则会延长；如果中央银行对发生变化的社会经济现象的综合分析和客观判断能力强，那么，这一时滞就会短一些，反之则会延长。

（2）决策时滞。

决策时滞是指中央银行制定货币政策的时滞，即从认识到确有必要改变政策，到提出一种新的政策所需耗费的时间。中央银行一旦认识到针对客观经济形势确有必要实行某种政策，就要着手拟订政策实施方案，并按规定程序报批，然后才能公布、贯彻。这段时滞之所以存在，是因为中央银行根据经济形势研究对策、拟订方案，并对所提方案做可行性论证，最后审定批准，整个制定过程的每一个步骤都需要耗费一定的时间。这部分时滞的长短取决于中央银行对作为决策依据的各种信息资料的占有程度和对经济、金融形势的分析、判断能力，体现着中央银行决策水平的高低和金融调控能力的强弱。

2. 货币政策的外部时滞

外部时滞是指从中央银行实际执行某一货币政策到这一政策在社会经济生活中产生相应效应所耗费的时间。这也是作为货币政策调控对象的金融部门及企业部门对中央银行实施货币政策的反应过程。由于这一系列的作用是发生在中央银行以外的，所以将其称为货币政策的外部时滞。

在中央银行采取一项货币政策后，金融部门（主要是商业银行）要对新政策有一个认识过程，金融部门首先要对中央银行的货币政策进行判断，揣摩中央银行的意图，然后根据自身的实际情况作出决策。金融部门对货币政策的反应通过货币供给量等中介指标的变化反映出来，企业和消费者再根据中介指标的变化作出自己的判断并进行决策。外部时滞也可以分为操作时滞和市场时滞两个阶段。

（1）操作时滞。

操作时滞是指从中央银行调整货币政策工具到这些工具对中介指标发挥作用所耗费的时间。中央银行对货币政策工具的操作方向或力度的调整，需通过操作变量（银行准备金量或基础货币量）的反应，传导到中介变量（货币供给量或利率）那里。操作时滞之所以存在，是因为在实施货币政策的过程中，无论使用何种政策工具，都要通过影响操作变量来影响中介变量而产生效果。而政策是否能够生效，主要取决于商业银行及其他金融机构对中央银行货币政策的态度、对货币政策工具的反应能力以及金融市场对中央银行货币政策的敏感程度。

（2）市场时滞。

市场时滞是指从中介变量发生变动到其对目标变量（包括物价上涨率、失业率、国内生产总值增长率等）产生作用所需耗费的时间。货币政策要通过利率的变动，经由投资的利率弹性产生效应；或者通过货币供给量的变动，经由消费的收入弹性产生效应。不仅企业部门对利率的变动、私人部门对货币收入的变动作出反应有一个滞后过程，而且投资或消费的实现也有一个滞后过程。各种货币政策工具对中介变量的作用力度大小不等，社会经济过程对中央银行的宏观金融调控措施的反应也是具有弹性的。因此，中介变量的变动能否最终对目标变量发生作用，还取决于调控对象的反应程度。

外部时滞的长短主要取决于货币政策的操作力度和金融部门、企业部门对货币政策工具的弹性的大小。外部时滞较为客观，它不像内部时滞那样可由中央银行掌握，是一个由社会经济结构与产业结构、金融部门和企业部门的行为等多种因素综合决定的复杂变量。因此，中央银行对这一时滞很难进行实质性的控制。

（二）微观主体的预期

以罗伯特·卢卡斯和斯坦福大学的托马斯·萨金特等经济学家为代表的理性预期学派认为，微观经济主体的预期是影响货币政策效果的一项重要因素。他们认为，传统经济理论在分析货币政策时，通常将政策作为一种决策者可以任意控制的工具，也就是说，把它作为一种外生变量来考虑，而忽略了政策制定者（中央银行）与政策调节对象（公众）的决策行为之间的相互依赖和相互影响。实际上，正是这种相互依赖和相互影响的存在，亦即“理性人”预期的存在，使得货币对经济中的实际变量并没有什么有规则的影响，它唯一产生的有规则的影响就是对名义变量即价格的作用。因此，只有在没有预期到货币数量的变动，或者社会对通货膨胀的预期发生错误时，货币政策才能对失业率、产量和实际收入等实际变量产生短期影响。

在具体分析中，理性预期学派假定预期是合乎理性的，并且对预期的价格水平而言，工资和价格都是灵活可变的，具有充分的弹性，即预期价格水平的上升会立即引起工资和物价相同幅度的上升，因为当工人预期到物价水平将上升时，他们会试图阻止真实工资的下降。这种模型的观点是：预料之中的政策对产出和失业没有影响，只有预料之外的政策才会对产出和失业产生影响。

根据上面的论述，可以得知理性预期学派关于微观经济主体的预期对货币政策效果的影响的主要观点是：

（1）理性预期会使货币政策失效。当一项货币政策被提出时，各种微观经济主体会立即根据可能获得的各种信息，预测该政策可能产生的效果，并很快制定出对策，极少有时滞。而面对各种微观经济主体广泛采取的对策，中央银行推出的政策可能会归于无效。

（2）鉴于理性预期的存在，只有在货币政策的取向和力度没有或没有完全被公众知晓的情况下，货币政策才能生效或达到预期效果。

（3）政策的实施可以被看作一场博弈，社会公众和政策制定者中央银行总是试图猜测对方的意图和预期是什么，而中央银行不可能长期不让社会公众知晓它所要采取的政策；即使中央银行采取非常规的货币政策，不久之后也会落入人们的预期之中。如果中央银行长期采取非常规的货币政策，则会导致微观主体作出错误的判断，并且使经济陷入混乱之中。实际情况是：社会公众的预期即使非常准确，对策也制定得很快，其效应的发挥也需要一个过程。也就是说，货币政策虽然可以奏效，但社会公众的预期行为会使其效应大打折扣。因此，货币当局推出的政策在面对微观主体广泛采取的对消极作用的对策时，可能归于无效，即微观经济主体的预期对货币政策产生了抵消的作用。因此，理性预期学派经济学家们认为，货币政策是中性的。

可见，基于对预期的分析，理性预期学派反对政府干预经济生活。因为政府采取的宏观措施无论在短期内还是在长期内，由于理性预期的存在，都只能影响名义变量（物价），而不能影响实际变量（就业和产出），任何政策措施都只会对经济带来各种意想不到的冲击（滞胀就是其表现之一）。①

但我们认为，在现实生活中尽管公众的理性预期行为会部分抵消中央银行的货币政策

① 萧松华. 当代货币理论与政策. 成都：西南财经大学出版社，2001.

效果（该问题的另一种表述是政策的时间不一致性对政策效果的影响，详见阅读延伸 10－1），但是，由于不完全和非对称信息的存在，公众的预期是不完全准确的；另外，即使公众的预期是完全准确的，由于价格黏性的存在，价格也不可能调整到完全地抵消货币政策作用的程度。货币政策仍然有效，只是程度不同而已。

☞**阅读延伸** 10－1

政策的时间不一致性对政策效果的影响

政策的时间不一致性是由基德兰德（Kydland）和普雷斯科特（Prescott）最先提出的，其含义是指政府在当前针对经济状况选择了有关未来的最优政策，但在未来时刻需执行时发现，对于其既定政策目标而言，这个原先的最优政策在新的经济条件下已非最优决策，此时追求政策效果最优化的政策制定者，必然会调整其政策。

货币政策的时间不一致性实际上是由于中央银行政策的事前优化与事后优化的差异而产生的。政策的时间不一致性主要是通过对政策可信度的影响来影响公众预期的形成，从而最终影响政策效果的。政策可信度是指中央银行的货币政策可以被公众信任的程度。一项货币政策的可信度越高，该政策对公众预期形成和决策行为的引导作用越大，其政策效果就越好；反之，政策可信度越低，对公众预期形成和决策行为的引导作用越小，其政策效果就越差。

在相机抉择政策规则下，政策制定者可以随时重新选择新的最优政策。公众知道，在其预期形成后制定者有实行通货膨胀的动机，因而，中央银行关于零通货膨胀的许诺是不可信的，政策可信度相应降低。理性的公众当然不会被愚弄，他们必然会采取必要的行动来适应中央银行货币政策的时间不一致性。在完全信息条件下，由于公众具有关于中央银行的货币政策目标和约束条件的全部信息，因此他们可以提前估算出该期时间一致性的政策，并必然改变其通货膨胀预期，最后的结果必然是未来的通货膨胀被预期到。由于预期通货膨胀等于实际通货膨胀，因此实际经济增长等于潜在经济增长。这样，政府变更的最优货币政策将完全无效，最终无法形成未预期到的通货膨胀，从而也就难以获得额外的经济增长。

在非对称信息条件下，尽管公众对中央银行的货币政策目标和决策规则的了解并不全面，其预期通货膨胀并不完全等于实际通货膨胀，但是，在无承诺的情况下，货币政策的时间不一致性更增加了政策变动的不确定性，从而影响到货币政策的可信度，进而影响到其政策效果。

（三）货币流通速度

影响货币政策效果的另一个重要因素是货币流通速度。货币流通速度是指货币总量与整个经济的名义总产出之间的联系。货币流通速度之所以会成为货币政策有效性的限制因素，源于其与流通中的货币量之间的关系：货币的流通次数增加，流通中所需货币量就会减少；货币的流通次数减少，流通中所需货币量就会增加。而货币政策主要是通过增减货币供给量来实现其目标的，因而，即使货币流通速度只发生了一次相当小的变动，如果政策制定者未能预料到这个变动或在估算这个变动时出现了小的差错，那么也有可能使货币政策的效果受到严重的影响，甚至可能使本来正确的政策收到相反的效果。因此，要使货币供给量的增减趋于合理，使货币政策有效，就必须正确估计货币流通速度的变化。

对于货币流通速度的变化问题，西方经济学界提出了不同的看法。费雪等传统的货币数量论研究者将货币流通速度视为常数。他们虽发现了货币流通速度的可变性，但他们认为其在短期内变化很小，在考虑短期经济问题时可以假定其不变。而凯恩斯认为货币流通速度是易变的，且与货币数量成反比。弗里德曼则在对货币流通速度作过详细的研究后提出，货币流通速度取决于一国的支付习惯、有关交易的财政金融制度等因素，因此，它具有高度的稳定性和规律性。

虽然西方货币理论界关于货币流通速度的观点有较大的分歧，但在货币流通速度可能出现变化这一点上，他们的观点已经基本趋于一致，分歧只是停留在流通速度变化的期限和程度上。既然货币流通速度可能会出现变化，从而改变流通中的货币量，那么影响货币政策的效果就是在所难免的了。

在实际经济运行中，政策制定者一般很难准确地预测和估算到货币流通速度。通常情况下，货币流通速度与实际的货币供给总量之间有着紧密的负相关关系。一旦货币流通速度的变化幅度超出了货币当局的预期测算范围，全社会的实际货币供给总量就可能会大于或小于货币当局所希望达到的合理范围，这可能导致货币供给过多或过少，从而引起通货膨胀或通货紧缩。

☞阅读延伸 10－2

影响货币流通速度的因素

西方经济学界对影响货币流通速度的因素进行了全面深入的考察和分析。他们提出了不同的观点，得出了诸多的影响因素，甚至有经济学家列举了十余种影响因素。但概括起来，主要影响因素有：

(1) 货币收入和支出之间的平均间隔时间。间隔时间越长，货币流通速度就越慢。在这里，人们对未来收入和物价的预期也对货币流通速度起着重要作用。当人们预期收入增加、物价上涨时，就会加快货币流通速度。

(2) 信贷银行体系的发展状况及其使用情况。这一体系越发达，人们的借贷活动和支出活动进行得就越容易，货币流通速度也就越快；否则，货币流通速度就会放慢。如果人们不愿意通过金融机构进行各种交易活动，那么货币流通速度必然会放慢。

(3) 人们的消费、储蓄偏好。储蓄多，消费少，货币流通速度就会放慢。在储蓄中，人们对现金窖藏、证券或实物的偏好也会影响货币流通速度。人们的流动性偏好强，倾向于持有更多的闲置现金额，就会使货币流通速度放慢。而储蓄能不能转化为投资，也会影响货币流通速度。如果储蓄能较快地转化为投资，就会使货币流通速度加快。

此外，产业周期、技术发展状况、人口增长状况、财政金融政策等都会对货币流通速度产生影响。

资料来源：萧松华．当代货币理论与政策．成都：西南财经大学出版社，2001.

（四）金融创新

20世纪70年代以后兴起的包括金融工具、金融机构乃至金融制度在内的金融创新活动，对全球金融业的发展产生了深远的影响。金融创新改变了货币供给和需求，影响了货币政策的工具和传导机制，从而对货币政策的效果产生了复杂多变且难以估计的重大影响。

1. 金融创新对货币需求的影响

金融创新削弱了对货币的需求，改变了货币结构。首先，金融工具的创新促使涌现出了大量货币性较强的新型信用工具和新型存款种类，如商业银行票据、流动资金承兑票据、超级可转让存款单等。这些新的金融工具在很大程度上满足了人们对流动性的需要，削弱了人们对货币的流动性偏好，导致了货币需求的下降。其次，金融创新所带来的金融电子化和支付结算系统的革命，缩小了狭义货币特别是现金的适用范围，使交易性货币需求下降。最后，金融创新带来的金融市场高度发达的证券化趋势，使资本市场和介于资本市场、货币市场之间的金融工具大量增加，这些工具兼备安全性、流动性和盈利性，因此人们在资产组合中增加非货币性资产的比重，减少货币的持有量，其结果是货币需求减少。

2. 金融创新对货币供给的影响

金融创新对货币供给的影响是较全面而深刻的，其中最突出的有以下几点。首先，金融创新扩大了货币供给的主体。金融创新所导致的业务综合化、金融化趋势，模糊了商业银行和非银行金融机构之间的业务界限，货币供给主体由原来的中央银行和商业银行二级主体，扩展为中央银行、商业银行和非银行金融机构三级主体。其次，金融创新加大了货币乘数，增强了金融机构创造货币的能力。最后，货币供给的内生性增强，即货币供给从受中央银行控制的外生变量变为经济体系内部因素的内生化趋势增强。

3. 金融创新对货币政策工具的影响

金融创新对不同货币政策工具作用的影响不一，有的货币政策工具的作用被削弱了，有的则得到了强化。首先，削弱了法定存款准备金的作用。金融创新缩小了法定存款准备金的作用范围，弱化了中央银行通过法定存款准备金调节货币供给量的能力。其次，金融创新使再贴现政策作用下降。金融工具、金融机构和金融市场的创新为商业银行补充流动性拓展了空间，从而使商业银行对中央银行再贴现窗口的依赖性下降，即影响了再贴现政策作用的发挥。最后，金融创新拓宽了公开市场业务的空间。金融创新增加了金融市场的交易品种，为中央银行的公开市场业务提供了更为丰富的、可灵活选择的工具，提高了中央银行吞吐基础货币的能力。

4. 金融创新对货币政策传导机制的影响

金融创新使货币政策传导的渠道和过程发生了变化，从而影响了货币政策的效果。首先，金融创新降低了商业银行在金融传导中的重要作用，提高了非银行金融机构在货币政策传导过程中的作用。其次，国际金融市场的创新使商业银行及其他金融机构能够直接参与到国际金融市场中来，并通过国际金融市场调整其资产和负债结构，从而引起本国货币政策传导机制的变化。

综上所述，金融创新对货币政策产生了多方面的影响，在很大程度上改变了货币政策的决策、操作、传导及效果；而且上述分析表明，金融创新对货币政策产生的影响并非全是不利的，因为金融创新会提高金融市场效率，从而会间接地提高货币政策的传导效率。因此，货币当局必须全面系统地分析和估算金融创新对货币政策的实际影响，从而准确地选择货币政策的操作方向和力度。

（五）经济体制安排

运用货币政策对宏观经济金融进行调控，实际上并不都是完全有效的。在货币政策的制定和实施的整个过程中，货币政策还会受到来自诸多方面因素的制约甚至阻碍，因此，货币政策本身还存在一个适应性的问题。以下将主要从货币政策对经济体制安排的适应性方面进行详细讨论。

从理论上来说，经济体制的安排可以有四种具体的类型，它们分别是：完全竞争的市场经济体制；垄断与竞争并存的非均衡市场经济体制；计划经济体制；由计划经济向市场经济转变的转轨经济体制。一般而言，货币政策在不同经济体制背景下，其表现形态、传导机制、作用效果等都存在很大的差异。

(1) 在完全竞争的市场经济体制下，价格、利率、汇率等经济指标都有着充分的弹性，因而具有完全性质的传导机能，经济体系的运行完全可以根据市场机制这只“看不见的手”自动实现调节，实际上并不需要政府和货币当局进行宏观经济的协调与管理。在这样的经济体制下，货币政策根本就没有存在的必要，经济体系可以自行调节，实现瓦尔拉斯均衡。

(2) 在经济较为发达、市场也比较成熟的非完全竞争市场经济中，由于存在垄断等非竞争性因素，因此价格、利率、汇率等经济指标尽管具有一定的弹性，却不能自行调节市场中的供求关系并使之均衡。由于周期性的经济波动、经常性的失业以及由社会需求过热和不足引起的通货膨胀和通货紧缩等现象交替发生，因而需要国家相关管理部门采取一定的手段进行干预和调控，在这种经济体制下，中央银行制定并贯彻执行货币政策就显得十分有必要。

(3) 在单纯的计划经济体制下，整个社会经济的运行都是通过行政性的指令来具体操作和完成的，货币的功能仅仅限于交易媒介一项，因而货币政策的中介指标如货币供给量、利率的变化对实际经济过程的运行并不会产生多大影响；相反，其他经济政策如财政政策、收入政策以及产业政策的主要变量，如收入、消费、投资和社会购买力等，对社会经济生活的作用力就很大。因此，在单纯的计划经济体制下，财政政策等是国民经济管理的重要政策工具，而货币政策则仅仅限于对通货以及数量微小、范围狭窄的银行信贷资金进行管理，并且货币政策还必须从整体上服从计划指令的要求。

(4) 在计划经济向市场经济转轨的时期，以行政指令的方式对宏观经济进行管理的做法逐渐弱化，利用国民收入再分配对消费、投资及社会购买力等中介变量进行控制的力度也逐渐减小，以财政政策、收入政策、产业政策为主的经济政策管理的效率呈递减趋势。但与此同时，由于转轨经济体制中市场机制尚不够完善，价格、利率、汇率、货币供给量等经济指标的弹性和传导机能还不够充分，因此从总体上来说，货币政策具体实施操作的微观和宏观基础也还不够成熟。在这种情况下，对于经济体制转轨国家而言，最有利的做法是将传统经济政策工具同货币政策工具充分有机地结合起来，并通过不断地建设和完善，逐步形成一个多形态、多功能的政策工具系统。

（六）其他经济政治因素

除了货币政策时滞、微观主体的预期、货币流通速度和金融创新等因素外，其他或实际经济条件或政治方面的因素也会对货币政策的有效性产生影响。

1. 客观经济条件变化的影响

在实施货币政策的过程中，当生产和流通领域出现一些货币政策不能解决的问题或某些意料之外的情况，而货币政策又难以作出相应的调整时，就有可能出现货币政策效果降低或失效的后果。例如，货币当局实施了一项扩张性货币政策，在此过程中生产领域出现了生产要素的结构性短缺，此时，尽管货币资金的供给充裕，但因为瓶颈部门的制约，实际的生产难以增长，扩张的目标不能实现。

2. 政治因素的影响

由于任何一项货币政策方案的贯彻都可能给不同阶层、集团、部门或地方的利益带来一定的影响，因此这些主体如果在自己利益受损时作出较强烈的反应，就会形成一定的政治压力，当这些压力足够有力时，就会迫使货币政策进行调整。例如，如果失业影响的是少数人，那么中央银行可能对失业率采取漠不关心的态度，于是货币政策就存在多数人压倒少数人的合法利益问题。而事实上，中央银行不仅不会采取这种态度，反而会碍于政府的某种压力去关注失业率，并调整其货币政策。

第四节　中国货币政策的传导机制及有效性

一、我国货币政策传导机制的形成与演变

在改革开放之前，国家计划直接控制和决定所有经济主体的活动，所有经济主体都只能服从上级的指令，而没有自己的选择余地。在这种情况下，基本上没有货币政策的单独运用，因为有关货币供给的一切都要服从国家的计划安排。改革开放前我国货币政策的传导过程是中国人民银行→中国人民银行分支机构→企业，基本没有商业银行，没有金融市场，传导过程简单直接，从政策手段直接到最终目标。

我国真正意义上的货币政策是从 1984 年中央银行体制确立之后才开始实行的。改革开放以后，为顺应我国经济体制的改革，货币政策逐渐成为我国宏观调控的重要手段，货币政策调控机制也逐步地改革以适应经济体制的市场化改革。

到了1993年12月，国务院出台了《国务院关于金融体制改革的决定》，确定了一系列货币政策工具（主要有存款准备金、中央银行贷款、公开市场操作、贷款限额、中央银行存贷款利率等）、货币政策操作指标（主要有货币供给量、信用总量），使我国的货币政策传导机制在由计划调控向市场调控转化上迈进了一大步。在随后的十余年里，我国的货币政策改革显示出了直接调控逐步缩小、间接调控不断扩大的趋势，货币政策最终目标被确定为“稳定货币并以此促进经济发展”，货币政策中介指标和操作指标从贷款规模转向货币供给量和基础货币，更多运用存款准备金率、中央银行贷款、再贴现、公开市场操作等间接调控手段。

特别是自1998年以来，我国货币政策调控机制改革取得了突破性进展。以取消对国有商业银行贷款规模的限制、实行资产负债比例管理和风险管理、改革存款准备金制度和扩大公开市场操作为标志，我国货币调控模式基本上实现了由直接调控向间接调控的转变，初步形成了我国货币政策的间接传导机制。1998年以来，我国货币政策传导机制的改革取得的最大成就就是初步建立了“货币政策工具→操作指标→中介指标→最终目标”的间接传导机制，以及“中央银行→金融机构（金融市场）→企业和居民→国民收入”的间接传导体系。

我国货币政策各阶段的传导过程如表10-1所示。

表10-1　　中国货币政策分阶段的传导机制

阶段 工具与目标	改革开放前 （1949—1978年）	改革开放后近20年 （1979—1997年）	间接调控时期 （1998—2004年）	现阶段 （2004年至今）	传导过程
主要政策工具	信贷现金计划	信贷现金计划、中央银行贷款	中央银行贷款、利率政策、公开市场操作	公开市场操作、中央银行贷款、再贴现、利率政策、存款准备金、货币信用规模	↓
辅助政策工具	信贷政策、利率政策、行政手段	利率政策、信贷政策、再贴现、公开市场操作、特种存款	存款准备金、再贴现、指导性信贷计划、信贷计划、窗口指导		
操作指标		从贷款规模到基础货币	基础货币 （监测流动性）	从基础货币过渡到短期利率	↓
中介指标	四大平衡	从贷款规模到货币供给量	货币供给量 （监测利率、汇率）	从货币供给量过渡到中长期利率	
最终目标	发展经济、 稳定物价	从发展经济、稳定物价到稳定货币，并以此促进经济增长	稳定货币，并以此促进经济增长	稳定货币	

资料来源：戴根有．中国货币政策传导机制研究．北京：经济科学出版社，2001.

二、当前我国货币政策传导机制的模式及特点

我国货币政策传导经过多年的改革与完善，初步形成了以间接传导为主的货币政策

传导机制。但是，我国当前的货币政策传导机制，既不同于西方以利率传导为核心的传导机制，又不同于计划经济直接调控制度下的传导机制，在我国社会主义市场经济的发展进程中，货币政策传导表现出了很强的过渡性，呈现出以下特点：一是市场机制的作用逐步增强，间接传导机制初步建立；二是以信贷传导为主的货币政策传导渠道呈现出多元化的特点，货币政策的直接传导与间接传导共存；三是货币政策传导的基础明显改善；四是金融机构和企业的行为尚未完全市场化，影响了传导效率；五是受多重目标约束，货币政策传导的信号不够稳定，各主体对货币政策的预期不确定，影响了货币政策传导的通畅。

当前我国货币政策的传导机制从传导渠道上看，具有以下特点。

1. 信贷渠道仍是当前我国货币政策传导的主渠道，但其作用正在逐步减弱

现阶段在企业融资构成中，银行贷款仍占主导地位，信贷政策以及信贷资金来源的变化对企业和居民行为有着重要的影响，因此，信贷渠道仍是我国货币政策传导的主渠道。但是，考察各项贷款与 M2 之比，可以看出，从 1998 年以来，其已呈逐年下降之势，这说明信贷渠道的作用开始有所减弱。从近年来货币政策调控的结果来考察，信贷渠道对企业、居民行为的调控效应不甚理想：一是在实施宽松的货币政策时，国家连续两次下调存款准备金率，扩大信贷资金的可用规模，但银行表现为“惜贷”，企业表现为“慎借”，扩张的货币政策受阻。二是在我国信贷超常增长的情况下，国家连续两次提高存款准备金率，并实行差别准备金率，但紧缩的货币政策效应也不明显。

2. 利率渠道的作用逐步增强，并将成为我国未来货币政策传导的主渠道

利率是近几年我国中央银行使用最多的货币政策工具之一。随着我国利率市场化进程的不断加快，近年来利率在中央银行与金融机构之间、在货币市场上各交易主体之间的传导作用不断加强。特别是从 2004 年开始我国利率的市场化进程有了重大突破，允许商业银行、农村信用社在规定的区间内按市场化的原则自主决定存、贷款利率，同时逐步地放开了金融机构同业存、贷款利率，为商业银行自主定价提供了更大的空间，促进了商业银行提高资金使用效率和流动性管理水平。同时，修改和完善了人民币存贷款计结息规则，允许金融机构自行确定除活期和定期整存整取存款外的其他存款种类的计结息规则，为商业银行加强主动负债管理和业务创新、改善金融服务提供了有利条件。

随着利率市场化的深入，利率渠道在货币政策传导中发挥着日益重要的作用，并将在我国将来的货币政策传导中发挥主渠道的作用。

3. 资产价格渠道的作用未能体现出来

货币政策可以通过托宾的 q 效应，影响上市公司的股票价格，从而影响企业的投资。但是这种效果的发挥需要三个条件：一是货币供给量的变动能够影响进入股票市场的资金规模；二是股票价格的上升能够增强上市公司的投资热情；三是上市公司的投资规模在国民经济中占有一定的比例。在我国目前这三个条件都不具备，因而影响了资产价格渠道作用的发挥。首先，近年来的实证分析表明，货币供给量的变动没有显著地影响进入股票市场的资金量，这是由于投资者进入股票市场更多地是基于对股票市场的信心和对行情的判断。其次，一方面，现阶段我国上市公司具有强烈的股权融资偏好，另一方面，我国上市公司的股权融资是在严格的审批下完成的，因此目前在我国证券市场上，上市公司融资与

股票价格之间没有必然的关系。最后，在我国的企业融资中，股权融资所占规模仍偏小，因此，不利于扩大 q 效应的作用。

4. 汇率渠道的作用将会逐步呈现

从某种意义上说，利率是人民币资金的对内价格，汇率则是人民币资金的对外价格。2005 年 7 月 21 日，我国开始实行以市场供求为基础、参考一篮子货币进行调节的有管理的浮动汇率制度，但在近期内汇率波动的幅度有限，还没有达到随着市场利率的变化迅速作出调整的地步。同时，近几年我国虽然在放松资本项目管制方面做了大量的工作，但对资本项目进行严格管制的外汇管理制度还没有彻底改变。

在这种汇率制度和外汇管理制度下，货币政策传导出现了如下结果：一是经常项目、资本项目持续顺差，致使央行被动收购外汇吐出基础货币。中央银行为了平衡基础货币的增长，只好通过公开市场操作进行对冲，造成货币政策中操作指标的被动性。二是在实施宽松的货币政策时，中央银行在公开市场上的对冲行为对信贷市场形成了一定的紧缩效应，有悖于货币政策目标。三是企业和居民不能根据市场信号主动进行本外币资产的调整和组合，人为地割断了货币市场与资本市场的直接联系，使得利率只能通过贸易和境内外资金流动来影响外汇汇率进而影响国际收支，再进一步影响国内货币供给和国内经济形势。

目前我国的汇率制度改革已进入攻坚阶段，资本项目自由化也正在有条不紊地进行着，利率市场化速度正在加快，因此，随着资产价格的市场化和资本流动的自由化，我国汇率渠道将会在货币政策传导中扮演更重要的角色。

☞阅读延伸 10－3

人民币汇率制度改革

1994 年 1 月至 2005 年 7 月的人民币汇率制度实际上是盯住美元的汇率制度，而且在实践中逐步异化为“管理有余，浮动不足”的固定汇率制度。而与此同时，国民经济的发展速度较快，特别是中国的经常项目和资本项目双顺差持续扩大，外汇储备到 2005 年 6 月末高达 7 110 亿美元，稳居世界第二，主要发达国家要求人民币升值的呼声越来越强烈，并借机指责中国操纵人民币汇率来进行不公平贸易和输出通货紧缩。例如，2003 年 2 月，日本在西方 7 国财长会议上提交对人民币汇率不满的报告，美国和欧盟 15 国也积极呼应。随后，主要发达国家强烈要求人民币大幅度升值和改革人民币汇率制度，甚至威胁要对中国进行严厉的制裁。

汇率的决定属于国家经济主权，中国不会屈服于外国的压力，而只会根据市场经济的规律和国民经济发展的要求调整人民币汇率。2005 年 6 月 26 日，中国总理温家宝在第六届亚欧财长会议上明确提出人民币汇率制度改革的三大原则：一是主动性，就是主要依据中国经济改革和发展的需要，决定改革的方式、内容和时机。汇率制度改革要充分考虑经济稳定、经济增长和社会就业的影响，考虑金融体系状况和金融监管水平，考虑企业承受能力和对外贸易等因素。二是可控性，就是人民币汇率的变化要在宏观管理上能够控制得住，既要推进改革，又不能失去控制，避免出现金融市场动荡和经济大的波动。三是渐进性，就是有步骤地推进改革，不仅要考虑当前的需要，而且要考虑长远的发展，不能急于求成。

中国人民银行于2005年7月21日发布公告称，为建立和完善我国的社会主义市场经济体制，充分发挥市场在资源配置中的基础性作用，建立健全以市场供求为基础的、有管理的浮动汇率制度，经国务院批准，就完善人民币汇率形成机制改革有关事宜公告如下：

(1) 自2005年7月21日起，我国开始实行以市场供求为基础、参考一篮子货币进行调节、有管理的浮动汇率制度。人民币汇率不再盯住单一美元，形成更富弹性的人民币汇率机制。

(2) 中国人民银行于每个工作日闭市后公布当日银行间外汇市场美元等交易货币对人民币汇率的收盘价，作为下一个工作日该货币对人民币交易的中间价格。

(3) 2005年7月21日19时，美元对人民币交易价格调整为1美元兑8.11元人民币，作为次日银行间外汇市场上外汇指定银行之间交易的中间价，外汇指定银行可自此时起调整对客户的挂牌汇价。

(4) 在现阶段，每日银行间外汇市场美元对人民币的交易价仍在中国人民银行公布的美元交易中间价上下千分之三的幅度内浮动，非美元货币对人民币的交易价在中国人民银行公布的该货币交易中间价上下一定幅度内浮动。

(5) 中国人民银行将根据市场发育状况和经济金融形势，适时调整汇率浮动区间。同时，中国人民银行负责根据国内外经济金融形势，以市场供求为基础，参考一篮子货币汇率变动，对人民币汇率进行管理和调节，维护人民币汇率的正常浮动，保持人民币汇率在合理、均衡水平上的基本稳定，促进国际收支基本平衡，维护宏观经济和金融市场的稳定。

从近期的实践来看，首先，人民币汇率不再盯住任何一种单一货币，而是以市场供求为基础，参考一篮子汇率变动进行管理和调节，有利于提高人民币汇率形成机制的市场化程度；其次，有管理的浮动汇率增强了人民币汇率对资源配置的价格信号作用，有利于理顺外汇供求关系和促进国际收支平衡；再次，人民币汇率弹性化，有利于企业转换经营机制和提高抗风险能力；最后，人民币汇率政策的务实与灵活性，也有利于缓解中国与美国、日本、欧盟等国家和地区的经济贸易摩擦与纠纷。

三、我国货币政策的有效性及其改进措施

理论上，货币政策有效性所研究的问题就是通过实施货币政策能否达到事先确定的货币政策最终目标。宏观经济学理论关于货币政策有效性问题的讨论，是以货币是否对

产出产生影响为基础的，侧重点在于货币政策对抗波动的效应的分析。换言之，货币政策的有效性，既在于其增加就业、刺激经济增长或抑制通货膨胀的效应，又在于其抵御经济波动的能力。

那么，我国货币政策的效应如何？是否达到了我们所期待的政策目标？对此，国内学术界进行了热烈的讨论，提出了不同的看法。在这里，我们从货币政策能否发挥调控作用、货币政策为什么难以有效发挥作用以及如何提高货币政策的有效性三个层面分别进行述评。

（一）货币政策能否发挥调控作用

关于货币政策能否有效发挥调控作用，据不完全归纳，中国经济学界主要有三种观点。

第一种观点认为，我国货币政策效应并不明显，甚至货币政策基本无效，持这种观点的经济学家们还指出，中国对货币政策的作用有些高估，实际上，受各种市场环境和传导机制内部因素的影响，我国货币政策目前很难发挥出应有的效应。

第二种观点认为，货币政策作用具有非对称性，即治理通货膨胀得力而治理通货紧缩乏力。持这种观点的经济学家们一般通过实证分析，检验发现在我国经济运行当中，紧缩性货币政策对经济的减速作用大于扩张性货币政策对经济的加速作用。

第三种观点认为，货币政策是有效的。持这种观点的经济学家们认为：我国并没有陷入流动性陷阱，投资和消费的利率弹性是存在的，货币政策发挥作用的条件是具备的，通货紧缩时期货币政策仍然可以有所作为。从理论上讲，任何积极的财政政策如果没有相应的货币政策加以配合，都可能会落空，所以近几年财政政策的突出表现在很大程度上是货币政策给予积极配合的结果。

（二）目前货币政策为什么难以有效发挥作用

对我国货币政策有效性持怀疑态度的经济学家们从不同的角度分析了货币政策有效性不足的根本原因，其主要观点如下：

一是体制环境层面的原因。持这种观点的经济学家们认为，经济体制因素、产权制度安排、金融机构的非市场化行为、社会公众的预期心理、政策运作机制的副作用甚至社会信用环境等因素都会直接或间接地影响货币政策效果。

二是决策层面的原因。持这种观点的经济学家们认为，中央银行的多目标约束、货币政策与支持资本市场发展之间的矛盾、货币乘数与货币流通速度的难以预测、货币信贷计划的失效、货币政策工具选择余地的减少、货币政策的国际协调、双顺差下的外汇对冲、货币政策与中央银行最后贷款人角色之间的冲突等都会影响货币政策的准确实施，从而影响货币政策效果。

三是传导机制层面的原因。持这种观点的经济学家们认为，目前货币政策作用不明显的主要原因是货币政策传导机制受阻，表现为传导机构和客体缺乏活力、路径过窄、速度下降、动力和信号失真、环境不容乐观等。另外，他们也认为“流动性陷阱”的困境和政策的“挤出效应”抵消了货币政策的作用。

综上所述，中国学者对影响货币政策有效性的因素的探讨主要集中在国民经济运行环境和货币政策传导机制以及货币政策操作难度加大上。

（三）提高我国货币政策有效性的措施

发达国家的货币政策传导机制之所以灵敏、有效，主要原因在于有一个货币政策能够发挥作用的高度市场化的经济环境。因此要提高我国货币政策的有效性，应做到以下几点：

（1）进一步保持和巩固中央银行的独立性和权威性。国外的大量研究表明，中央银行的独立性和通货膨胀率之间存在一种负相关的关系，也就是说，中央银行的独立性越大，通货膨胀率就越低；中央银行的独立性越小，通货膨胀率就越高。另外，政府目标的多元化和政策选择的随意化，将会扰乱经济主体的理性预测，从而影响政策的有效性。因此，应进一步确立中央银行的独立性，以保证货币政策目标的单一性、长期性和稳定性，并通过提高中央银行的公信力，使市场主体对货币政策目标作出正确的判断，从而提高货币政策的效果。

（2）大力发展金融市场，增强货币政策的弹性。在市场经济中，从货币政策工具的启动到最终对企业和居民的行为产生影响都是借助金融市场来完成的，这是衔接中央银行行为—商业银行行为—企业和居民行为的介质和导体。也就是说，正是金融市场通过价格（利率、汇率）信号和供求关系把中央银行—商业银行—企业和居民的行为融为一个有机的整体。中央银行货币政策一旦实施，就能通过这个整体把货币政策调控意向逐级从金融体系传递和扩散到实体经济体系中，最终将其导入企业和居民的投入与产出活动当中，从而影响整个经济的发展。因此，一个完善的金融市场是建立有效货币政策传导机制的重要条件。

对此，应继续大力发展货币市场，扩大货币市场主体的范围，增加货币市场的交易品种和交易方式；加快票据市场的发展，完善票据市场的组织体系和运行机制，促使区域性乃至全国统一的票据市场的形成和发展；建立全国统一的国债市场，发展货币市场基金，形成完善的货币市场体系；通过发展和完善货币市场的各子市场，减少或消除各子市场之间的市场分割状态，疏通货币政策的传导渠道。

还应加快发展资本市场，提高企业直接融资比重。从发达国家的经验来看，随着资本市场的发展，资产价格渠道在货币政策传导中的作用将越来越大。因此，一方面，要注意证券市场发展与货币政策的协调，发挥资产价格渠道对货币政策的有效传导作用；另一方面，货币政策要根据资本市场的发展变化继续进行适当的适用性调整，以充分发挥资产价格的传导作用。

（3）促进商业银行与企业行为市场化。商业银行和企业是货币政策传导机制的直接作用对象，其市场化的程度如何，直接影响到货币政策的调控效果，因为只有市场化的交易主体才能对货币政策的调控作出理性反应，并根据政策信号，调整自己的投资和消费决策，从而使货币政策顺利地传导下去。而要建立市场化的交易主体，必须加快推进国有商业银行和国有企业的产权制度改革，使其成为真正的以利润最大化为目标的现代企业。

（4）提高我国经济的金融深化程度，完善利率机制，使利率基本上能发挥资本定价功能。金融深化是利率发挥资本定价功能的制度条件，因此应稳步推进利率市场化进程，发挥货币市场利率的引导作用，逐步建立以中央银行利率为基础，以货币市场利率为中介，由市场供求决定金融机构存贷款利率水平的利率体系，完善利率调节机制；同时，加快货币调控模式的转变，强化货币市场体系建设，为利率渠道发挥作用创造必要的条件。

(5) 改进外汇管理制度，扩大资本与金融账户的开放力度；大力发展外汇市场，增加外汇产品的品种和交易方式；稳步推进人民币汇率形成机制改革，改善货币政策的汇率传导机制。

(6) 正确评价各种货币政策工具的功效差异，合理匹配使用各种货币政策手段，并使货币政策与财政政策、收入政策、投资政策相配合，以充分发挥其合理作用。

本章小结

货币政策传导机制是指中央银行运用货币政策工具或手段，引起金融与真实经济领域的某些经济变量的一系列变化，并最终对总供给和总需求发挥作用，从而影响总体经济活动，实现既定货币政策目标的途径和过程。

对货币政策传导机制的研究，在西方先后出现了互有争议的众多学派。本章分别介绍了传统经济学、凯恩斯学派和货币主义学派的货币政策传导机制理论，并对不同的理论作了简要的比较和评价。

根据货币政策传导的不同途径进行分析，综合各种学派的观点，一般将货币政策传导渠道概括为三类：第一类是通过投资支出发挥作用；第二类是通过消费支出发挥作用；第三类是通过国际贸易发挥作用。

货币政策效果是指一国货币当局（通常是中央银行）实行一定的货币政策之后，社会经济领域所作出的具体现实反应。

对货币政策效果的评价是货币政策操作的重要环节，对货币政策效果的评价主要是通过对一系列指标的分析和判断进行的。我们可根据不同的目标和要求，对货币政策评价指标进行不同的分类。例如，前期检验指标和后期检验指标，宏观经济运行指标、微观经济运行指标和金融运行指标等。

影响货币政策效果的因素有多种，如货币政策时滞、微观主体的预期、货币流通速度、金融创新、经济体制安排以及其他经济政治因素等。

1998 年以来，我国货币政策传导机制改革取得的最大成就就是初步建立了“货币政策工具→操作指标→中介指标→最终目标”的间接传导机制，以及“中央银行→金融机构（金融市场）→企业和居民→国民收入”的间接传导体系。但是，在我国货币政策的有效性问题上专家学者们还存在不少争论。

练 习 题

一、术语解释

1. 货币政策传导机制
2. 流动性陷阱
3. 财富效应
4. 国际贸易渠道
5. 货币政策时滞

二、填空题

1. 传统经济学货币理论的两个前提假设分别是______和______。

2. 1936 年，约翰·梅纳德·凯恩斯在______一书中提出了货币政策的利率渠道传导理论。

3. 莫迪利亚尼最早利用______理论对货币政策的财富效应进行了研究。

4. 理性预期学派经济学家则提出了______命题，完全否定了货币政策的有效性。

5. 操作时滞是指从中央银行调整货币政策工具到这些工具对______指标发生作用所耗费的时间。

三、判断题

1. 货币主义学派认为，对于短期的经济变动来说，货币数量的变化是决定名义收入和实际收入的主要因素。 (　　)

2. 凯恩斯学派认为，由于流动性陷阱的存在，货币政策对实质经济不产生任何影响。 (　　)

3. 决策时滞是指作为货币政策操作主体的中央银行从制定政策到采取行动所耗费的时间。 (　　)

4. 货币流通速度是指 M0 与 M2 之比。 (　　)

5. 在完全竞争市场环境下货币政策的传导效率最高。 (　　)

四、不定项选择题

1. 费雪的现金交易方程式是（　　）。

A. $MT=PY$　　B. $MV=PT$

C. $MT=PV$　　D. $MV=PY$

2. 传统经济学的货币政策传导机制可以表述为（　　）。

A. $R \to M_d \to P \to Y_n$　　B. $R \to M_s \to P \to Y_n$

C. $R \to M_s \to Y_n \to P$　　D. $R \to M_d \to Y_n \to P$

3. 凯恩斯学派非常重视（　　）指标在货币政策传导机制中的作用。

A. 货币供给量　　B. 资产价格

C. 利率　　D. 实际汇率

4. 托宾把 q 定义为（　　）。

A. q=企业资本的市场价值/企业资本的重置成本

B. q=企业资本的重置成本/企业资本的市场价值

C. q=企业资本的市场价值/企业资本的评估价值

D. q=企业的投资成本/企业资本的重置成本

5. 非对称信息效应的传导机制是（　　）。

A. $M\uparrow \to P_s\uparrow \to$企业资产净值$\uparrow \to$逆向选择和道德风险$\downarrow \to$贷款$\uparrow \to I\uparrow \to Y\uparrow$

B. $M\uparrow \to P_s\uparrow \to$企业资产净值$\uparrow \to$贷款$\uparrow \to$逆向选择和道德风险$\uparrow \to I\downarrow \to Y\uparrow$

C. $M\uparrow \to P_s\uparrow \to$企业资产净值$\uparrow \to$逆向选择和道德风险$\downarrow \to$贷款$\downarrow \to I\downarrow \to Y\uparrow$

D. $M\uparrow \to P_s\uparrow \to$企业资产净值$\uparrow \to$贷款$\uparrow \to$逆向选择和道德风险$\downarrow \to I\uparrow \to Y\uparrow$

6. 下列属于货币政策效果评价的前期检验指标的是（　　）。

A. 货币供给量的增加或减少率

B. 固定资产投资规模

C. 货币供给结构变动比率

D. 通货膨胀率

五、简答题

1. 简要说明并比较凯恩斯学派和货币主义学派的货币政策传导机制理论。
2. 影响货币政策有效性的因素有哪些?

六、论述题

用三大货币政策传导渠道的理论，探讨提高我国货币政策有效性的对策。

第11章 中央银行金融监管概述

⊙本章目标⊙

- 掌握金融监管的含义及金融监管的必要性。
- 掌握金融监管的一般理论，重点把握社会利益论。
- 掌握金融监管体制中的两种主要模式。
- 了解中央银行金融监管的目标与原则。

为保证金融业的正常经营，避免因金融动荡而引发经济危机，必须对金融机构的业务活动进行监督和管理。这种必要性在2008年全球金融危机爆发后，更加引起各国政府的高度重视。金融监管是中央银行的一项十分重要的职责。世界各国中央银行在本国法律规定的范围内，通过监管的长期实践，形成了各具特色的监管体制和方法，并使人们对中央银行的监管达成了共识。

第一节 中央银行金融监管职能的强化

金融安全是国家经济安全的基石。金融业既是经济运行的命脉，又是高风险行业，一旦出现问题，就会直接危及经济全局和社会稳定。金融监管是经济监督的一种重要形式，它以保障金融体系运行的安全和效率，依法维护金融市场公开、公平、有序竞争，防范系统性金融风险，保护存款人、投资者和被保险人的合法权益为目标。随着中国加入世界贸易组织（WTO）五年期保护条款的取消，加强有效金融监管的重要性日渐凸显。加入WTO以来，我国金融监管的对象、内容增加了，今后监管中将遇到更多的新情况、新问题，这对我国金融行业监管标准、监管水平提出了挑战，迫切要求完善现实金融监管体系，加强金融监管被列为今后金融工作的重中之重。

一、金融监管的含义

金融监管属于管制理论范畴。管制一般是指国家以经济管理的名义进行的干预。但是，到目前为止，经济学界对管制的认识尚未达成一致。本章所说的金融监管，倾向于一般意义上的管制定义，即金融监管概念中的“监”是监督，“管”是管理，金融监管作为一个复合概念内含金融监督和金融管理的双重属性。金融监督是指一国或一个地区的金融监管当局对该国或该地区的金融市场运行状况进行系统、及时的信息搜集和信息处理，以维护市场秩序和防范市场风险；同时，对金融机构实施全面的、经常性的检查和督促，并以此促使金融机构依法稳健地经营、安全可靠和健康地发展。金融管理是指金融监管当局依法对辖区金融市场进行管理，包括：市场体系的构建、市场规则的制定和对市场违规行为的处罚等；同时，对金融机构及其经营活动实行领导、组织、协调和控制等。金融监管是一种外部力量，因此，金融监管并不能保证金融机构不发生金融风险和损失。

金融监管有狭义和广义之分。狭义的金融监管是指中央银行或其他金融监管当局依据国家法律法规的授权对整个金融业（包括金融机构以及金融机构在金融市场上所有的业务活动）实施的监督管理。广义的金融监管是在上述监管之外，还包括金融机构的内部控制与稽核、同业自律性组织的监管、社会中介组织的监管等。本书定义的金融监管是广义的金融监管，但在内容上突出狭义的金融监管。

二、金融监管的必要性

金融运行对于现代社会经济运行来说意义重大，因此，必须对其进行监管，这主要体现在以下几个方面。

（一）维护信用、支付体系的稳定

金融是现代市场经济的核心，金融体系是全社会货币的供给者和货币运行及信用活动的中心，金融的状况对社会经济的运行和发展起着至关重要的作用，具有特殊的公共性和全局性。经济决定金融，金融反作用于经济，金融的发展影响着经济的发展。在市场经济中，金融机构作为信用中介、支付中介，其根本性质是发挥间接融资、直接融资的作用，调节资金余缺，促进资源的合理配置。因此，对金融机构进行监督和管理，防范和化解金融机构的风险，维护金融机构的安全稳健运行，实际上也就是维护社会信用中介、支付中介制度和货币体系的良好运行，促进商品价值的实现，保障国民经济健康发展。

（二）金融业的行业特殊性决定了金融监管的重要性

金融业是风险较大的行业。金融业的风险来自方方面面，不仅有一般行业共有的信用风险、经营风险、市场风险、管理风险，还有金融行业特有的利率风险、汇率风险、国际游资冲击风险。经济发展、体制改革、宏观经济调控都要求对金融风险进行有效的控制，金融稳定是改革和发展的基础。一旦金融机构发生危机或破产倒闭，将直接损害众多债权人的利益，后果是十分严重的。而金融业自身又是一个脆弱的行业，表现为金融体系内在的脆弱性、金融机构内在的脆弱性和金融资产价格内在的波动性。金融监管可以将风险控制在一定的范围之内，保证金融体系的安全、金融机构的稳定和金融资产价格的泡沫不至于过多。金融体系安全运行，能够保持公众的信心，进而保证国民经济的健康发展。

（三）保护存款人和投资者的利益

按照信息不对称原理，存款人和银行之间、证券投资者和经营者之间的信息存在差异。存款人和证券投资者对市场信息的了解程度可能少于银行和证券经营者，因此，为了维护公平、公正的交易原则，客观上就需要产生一个处于中间位置的监管者。为了保证存款人、证券投资者获得足够的信息，金融监管制度设定了金融机构信息披露的各项规定和要求，使存款人和证券投资者可以全面了解金融机构的资本状况、资产运用、内部控制及管理能力，防止和避免金融机构的过度投资和投机行为，维护存款人和证券投资者的合法权益。

（四）保证金融机构依法经营

现代社会的经济活动包括金融活动是通过法律来加以规范和约束的。金融立法为金融活动提供了平等的法律基础，参与金融活动的各方必须按照相应的规则履行权利和义务，违反金融法律法规的行为必然给当事人造成损害。金融监管主体依照金融法律进行金融监管，可以约束金融机构按照国家法律、法规的规定合法经营，这样才能保证一国的各项金融法律法规得到遵守，促进宏观经济金融政策的有效施行，维护金融活动各方的合法权益。

（五）促进金融机构之间的公平竞争

竞争是市场经济的重要特征之一。但竞争不是无序的，是在符合市场规则下的有序竞争。金融机构之间的无序竞争必然带来金融秩序混乱、金融市场动荡，从而对整个经济活动产生不利影响。金融监管主体通过一系列的审慎监管法规，可以使金融机构在平等的条件下开展竞争，从而维护金融秩序、金融市场的稳定，促进金融业降低成本、提高效率，为社会公众提供高质量的金融服务。

三、金融监管的一般理论

金融市场的失灵决定了政府有必要对金融活动进行外部监管。现代经济学的发展尤其是市场失灵理论和信息经济学的发展为金融监管奠定了理论基础。金融监管的理论基础是管制理论，目前管制理论主要有“社会利益论”、“社会选择论”和“经济监管论”等。

（一）社会利益论

社会利益论源于20世纪30年代的美国经济危机，并且一直到20世纪60年代都是经济学家们所接受的有关监管的正统理论。该理论认为：监管是政府对公众要求纠正某些社会个体和社会组织的不公正、不公平和无效率或低效率的一种回应。监管被看成是政府用来改善资源配置和收入分配的手段。在西方20世纪30年代经济危机时期，人们迫切需要政府通过管制来改善自由市场的低效率和不稳定状态，并在金融领域恢复公众对全国存款机构和货币的信心。该理论的核心思想是自由的市场机制不能带来资源的最优配置，甚至垄断、（正或负）外部效应和不对称信息的存在将导致自由市场的破产。在这种情况下就需要作为社会公共利益代表的政府在不同程度上介入经济过程，通过实施管制来纠正市场缺陷，避免市场破产。

具体而言，社会利益论认为，造成市场价格扭曲的原因通常来自三个方面：垄断、外部效应和信息不对称。

1．垄断与金融监管

垄断又可以分为自然垄断和非自然垄断两种情况，在满足社会理想的生产水平时，如果市场上只存在一个供应商，该产业的生产成本才能达到最低，那么这个产业所在的市场就属于“自然垄断”市场。什么样的产业容易形成“自然垄断”呢？经济学的研究表明：当产业成本中有很大一部分是固定成本时，该产业就容易形成自然垄断，例如公共事业、通信业、航空业等。在这种情况下，固定成本在很大程度上相当于边际成本，因此产出越大，平均成本就越低。自然垄断使得经济的产出效率实现了最大化，但却严重损害了经济的分配效率，导致分配效率和产出效率之间的根本性冲突以及严重的价格扭曲。因为只有一个供应商生产时效率最高，所以该供应商为追求利润最大化，必然将产品价格置于边际成本之上，这样分配效率就会丧失。为了取得分配效率，市场就需要有许多的供应商，以使它们在竞争的压力下能实现其供应价格等于其生产的边际成本，但是在这种情况下产出效率就会下降。因此，为了协调产出效率和分配效率之间的矛盾，自然垄断市场就需要政府的监管。

非自然垄断是指不属于自然垄断的产业或市场，由于各种不同的原因和出于各种不同的目的，最终形成了不同形式的市场垄断。非自然垄断的情况比较复杂，可以分为各种不同的具体情形，但总的情况与自然垄断相似。一方面，生产的集中有利于生产成本的降低和产出效率的提高；另一方面，生产的集中又容易使厂商形成操纵价格和产量的市场力量，引起价格扭曲，从而损害经济的分配效率。

2．外部效应与金融监管

所谓外部效应又称外部性，是指某个生产者或消费者的经济行为给其他生产者或消费者带来的影响。如果是有利的影响，就称其为外部经济；反之，就称其为外部不经济。也就是说，某些人获得收益，却不承担成本；而另一些人分担了成本，却不能获得收益。外部效应的存在会带来两个直接后果：一是产品成本失真，二是效用失真。产品成本和效用的不真实必然会导致产品价格与边际成本不符的情况，从而造成市场价格扭曲。因此，当存在外部效应时，仅靠自由竞争不能保证资源的有效配置。

在出现外部效应时，如果社会具备产权明晰的条件，那么供应商可能会走到一起协商解决经济外部性的问题。但是，如果协商的成本太高，就会导致协商不成功。因此，在存在外部效应的情况下，比较好的办法是通过政府监管来消除外部性带来的成本效用分摊不公，以及由此造成的价格扭曲和经济效率降低等问题。

3. 信息不对称与金融监管

信息经济学认为信息不对称是造成市场价格扭曲的最重要原因。信息不对称的一种情形是信息在产品生产者和消费者之间、在合同的双方或者多方之间分配的不对称。产品的生产者或者供货方对产品的价格、产量和质量方面信息的掌握程度要多于购买者，买卖双方之间的信息不对称会导致产品价值与价格的不符，尤其是当所销售的产品特别依赖于信息，或者产品本身就是一种信息含量很大的产品时，产品的价值与价格之间的这种不符合性就会增大。这样，在同一价格之下价值较高的产品的销售者将会退出市场，而一些价值比较低的产品的销售者会利用这种机会占据市场，结果导致劣质品驱逐优质品的市场逆向选择。

信息不对称的另一种情形是一方试图以另一方的信息减少为代价来取胜，因此发生遏制对方信息来源的道德风险。信息不对称存在的事实要求揭示更多有关产品和劳务的信息，使消费者能把高质量产品和低质量产品区分开来。因此，从经济学的角度来看，市场上存在要求提高市场效率的强烈愿望：一方面，生产者有揭示信息给市场参与者的愿望；另一方面，生产者也有不愿意披露信息的预期。因此，经济学认为，当公司内部的信息过于专门化，不能及时披露，或者披露代价太大时，政府监管可能就是修正信息不对称的一种有效办法。

（二）社会选择论

社会选择论也叫公共选择理论，是从公共选择的角度来解释政府监管的。该理论认为政府监管作为政府职能的一部分，是否应该进行监管，对什么进行监管，如何进行监管，等等，都属于公共选择问题。监管制度作为产品，同样存在着供给和需求的问题；但其作为一种公共产品，只能由代表社会利益的政府来供给和安排，各种利益主体则是监管制度的需求者。监管者并不只是被动地反映任何利益集团对监管的需求，而是应该坚持独立性，努力使自己的目标与促进一般社会福利相一致。

该理论认为，当市场不能够在完全竞争的状态下运行，或者完全竞争的市场机制不为社会所需要时，就会发生市场失灵。监管是政策提供的满足公共需要、用来纠正市场失灵的一种手段，通过监管能够增加公共利益。关于这一点，可以从两个方面加以理解。其一，监管部门和监管对象的关系是服务与被服务的关系。监管是市场竞争主体提出的要求，监管是为适应市场要求而由政府提供的服务，商家是监管的直接受益者。比如，为了保护商家的利益，扶植某产业的发展，政府制定了最低限价，对违反监管规定的予以处罚，这就应该是商家的普遍需要。其二，监管部门代表消费方的利益对商家的经营行为进行监管，直接受益人是消费方，这虽然制约了商家的现实利益，但是，商家可以从市场的健康发展中得到应有的补偿，实现长远的发展需要，并且与监管部门的监管也不会发生根本上的利益冲突。

不过有批评者认为，社会选择论对监管的解释是，强力集团与政府因某种利益关系而结盟，政府是为了强力集团的利益而对市场进行监管。商家作为监管对象，不会在监管中得到实际的好处，因而监管与被监管是对立的，两者始终在进行猫捉老鼠的游戏，猫和老鼠都会在监管中不断提高博弈能力，从而使监管日臻完善。这种理论用来解释监管过程有一定道理，但是，这种监管肯定是低效和高成本的。

（三）经济监管论

经济监管论又叫监管经济学，是到目前为止较为确切的一种理论，它提出了可检验的假设和一系列合乎逻辑的推理。根据监管经济学的观点，之所以会存在监管的需求，是因为企业可以在国家监管的条件下实现经济地位的改善。企业可以从政府监管那里获得至少四个方面的利益：直接的货币补贴、限制竞争者的进入、获得影响替代品和互补品的能力以及定价能力。而监管的供给则来自那些千方百计谋求当选的政治家，他们需要选票和资源。由于愿意接受监管的利益集团十分清楚，通过监管能够从政治家那里获得好处，因此，它们就愿意承担相应的成本，同时，会千方百计地寻找能够给它们提供政策庇护的合适的庇护者。监管就是在这种供求关系的相互作用下产生的一种产品。

由于政治决策具有间断性、整体性、强制性和一次性的特点，因此，政治决策过程与一般的市场决策过程之间存在着一些本质上的差别，这就是许多企业和行业都能够同时利用政治手段来实现自己各自的不同目的的原因。从这一点上讲监管已经超出了纯经济现象的范畴。可以这么认为：监管问题是一个某个企业、行业或者团体在什么时候和为什么能够利用国家的力量来为自己的目的服务的问题，或者是一个国家在什么时候和为什么将这些具有共同政治目的的企业集中起来加以利用的问题。

四、中央银行监管职能的逐步强化

金融监管并不是中央银行固有的职能，它是随着商业银行的产生而产生的，中央银行是商业银行发展到一定阶段后，从商业银行中分离出来的特殊金融机构。因此，金融监管是早于中央银行制度而出现的。

（一）中央银行诞生初期的金融监管

金融监管不是中央银行的产物，最早的金融监管是各国政府当局的职责，管理的主要内容是银行的注册登记和控制商业银行对银行券的发行。在政府的监管范围之外，金融业自己的行会组织也部分地执行监督管理的职能。在中央银行逐渐从商业银行中分离出来，并不断接受政府的授权，逐步演变成一个特殊的金融机构后，金融监管才逐渐成为中央银行的重要职能。在不同的历史阶段，各国中央银行金融监管的目的、内容、方式、方法和要求不尽相同。中央银行最早的金融监管集中在货币发行上。

18世纪中期以前，银行的存款业务尚未得到广泛的发展，银行普遍利用发行银行券来增加自己的资金实力。随着资本主义经济的发展、市场的扩大，这种每家银行都发行银行券的状况带来了严重的后果。首先，为数众多的小银行资金力量单薄，信用能力有限，滥发的银行券常常不能兑现，造成银行倒闭，货币流通陷入混乱，在经济危机爆发时这种情况更加严重。其次，各家银行信用活动领域有限，所发行的银行券也只能在国内部分地区流通，不能适应建立全国性市场的迫切要求。因此，银行券不能成为流通的信用工具。

正是基于这种客观情况，从17世纪开始，在西方资本主义国家，政府用法律来限制或取消大部分银行的发行权，并把发行权集中到一家或少数几家银行手中。从此，中央银行诞生，并首先行使了货币发行的监督管理权。1668年瑞典银行成立，1897年独占货币发行权；1694年英格兰银行成立，1844年基本上独占货币发行权；1800年法兰西银行开业，1848年获全国货币发行权；1814年荷兰国家银行成立，独占货币发行权。中央银行独占货币发行权后，加强了对货币流通的监管，稳定了货币流通，促进了资本主义国家市场的统一和整个经济的发展。但是，随着资本主义经济危机的频繁出现，中央银行只监管货币流通的弱点和不足暴露了出来。

随后，鉴于资本主义国家经济危机的不断发生，各国为了稳定经济，中央银行对银行业的监管开始逐步加强，并变革监管手段，如采用利率来调节信用、实行准备金制度和制定较为广泛且严格的法律等。但当时中央银行的地位还很不稳固，而且西方资本主义国家正处于从自由资本主义走向垄断的时期，经济自由化与社会化大生产的冲突日益尖锐，国家对此基本上采取不干预的政策。因此，对金融业的监管时紧时松，法律上的漏洞也比较多，中央银行对银行业的监管面临进一步深化和改革的问题。

（二）20世纪30年代西方各国金融监管制度的建立和完善

1929—1933年，西方资本主义国家爆发了大范围的经济危机。这次大危机之后，世界各国中央银行的金融监管发生了巨大的变化。各国中央银行普遍认识到，金融企业不同于一般的经济组织，它的经营活动对国民经济影响极大，中央银行要想稳定通货，保证经济增长，就必须将金融业的活动置于中央银行的严格监管之下。1933年和1935年，美国先后两次制定并通过了银行法案，各州也制定了许多新的法案，对商业银行的经营活动增加了许多重要限制，以扭转银行大量破产的趋势。其他国家，如德国、瑞士、比利时、法国等，也制定了许多法律来加强金融监管。在当时，用国家垄断资本主义的干预来取代自由经营的银行制度，是各国加强金融业监管的指导思想。当时各国的金融监管主要在以下几个方面得到加强：第一，严格控制银行开业的审批权；第二，限制存贷款利率水平；第三，规定银行贷款限额；第四，规定银行经营的范围和业务的种类；第五，实行存款保险制度；第六，建立检查制度。因此，可以说西方各国金融监管制度是在20世纪30年代以后才真正建立和完善的。

（三）国际银行业统一监管标准的初步形成

世界各国中央银行早期建立的金融监管制度，经过半个多世纪的变革至今仍不能满足客观实际的需要，仍有许多需要完善和加强的地方。特别是20世纪70年代以来国际金融创新浪潮的出现，使得健全各国金融监管体制、调整金融监管职能的任务日益迫切。进入20世纪80年代以后，世界经济和金融的不稳定性日益突出，经济增长缓慢、滞胀的恶性循环以及一些新兴发展中国家相继出现的债务危机问题，使国际金融环境发生了很大变化。面对国际金融领域的问题和困境，人们开始对20世纪七八十年代以来的国际金融自由化进行反思，并开始认识到建立一个各国银行都应遵守的统一标准是必需的。

就是在这种背景下，由“十国集团”中央银行行长倡议建立的巴塞尔银行监管委员会（简称巴塞尔委员会）自成立以来，制定了一系列重要的银行监管规则，例如1975年的

《对银行国外机构监管的原则》(又称《巴塞尔协定》) 和 1988 年《巴塞尔资本协议》。尽管这些规定不具有法律约束力，但十国集团监管部门仍一致同意按规定的时间在十国集团内实施。经过一段时间的检验，《巴塞尔资本协议》在执行过程中显示出了较高的可操作性和合理性，许多非十国集团特别是那些参与国际金融业务活动比较多的国家的监管部门也自愿地遵守了《巴塞尔协定》和《巴塞尔资本协议》。1997 年《有效银行监管的核心原则》(简称《核心原则》) 正式发布，成为巴塞尔委员会历史上的又一个重大事件。《核心原则》由巴塞尔委员会与一些非十国集团国家联合起草，该原则得到了全世界监管人士的普遍赞同，现已经成为国际社会普遍认可的银行监管的国际标准 (见第 12 章)。

(四) 20 世纪 90 年代以来金融监管的新发展

1. 健全金融监管法规

依法加强对金融业的监管是市场经济发展的必然要求。金融监管必须依据统一的金融法规及监管条例，不能各自为政、各行其是。不论是市场经济高度发达的国家还是正在建设市场经济体制的国家，都越来越重视通过健全法规来加强对金融业的有效监管。

2. 加强金融监管的国际合作

现代国际金融业的发展变化导致全球各国金融机构关系紧密、互相依存。一家国际性金融机构出现问题，就可能导致整个金融体系周转不灵，甚至诱发世界性的金融危机，2008 年全球金融危机就是很好的例子。为此，世界各国金融监管部门应认清加强国际金融监管的紧迫性，加强金融监管的国际合作，协调一致，以适应经济全球化、金融一体化发展的客观要求，共同为世界金融业健康、持续、稳定发展出谋划策，密切合作。

3. 注重对国际金融创新的监管

在国际经济金融环境变化多端、国际金融业竞争激烈、国际金融创新层出不穷的今天，需要重视对各类金融创新业务和各种金融创新工具的监管；重视对跨国银行及各类新型非银行金融机构的监管；重视对资本充足性、资产质量以及风险集中程度的监管；重视对各项准备金的建立与提取比率的监管。1994 年，巴塞尔委员会和国际证监会组织公布了加强对金融衍生产品监管的指导方针和具体条例，旨在通过立法加强对国际金融创新的监管。

☞**阅读延伸 11－1**

英国金融监管概况

英格兰银行为历史最悠久的中央银行。根据《英格兰银行法》，其经营目标为：维护金融体系的健全发展，提升金融服务的有效性，维持币值稳定。就首要目标而言，最终是强化保障存款户与投资者的权益，这与金融机构业务经营的良莠密切相关。依据 1987 年《英格兰银行法》的规定，金融监管业务系由英格兰银行辖下之银行监管局掌管。随着金融市场的进步与发展，银行与金融中介机构的传统分界线日趋模糊。因此，英国首相布莱尔于 1997 年 5 月 20 日宣布英国金融监管体系改制，对资金供需与支付清算系统中居于枢纽地位的银行体系及隶属于证券投资委员会的各类金融机构的业务进行整合，成立单一监管机构，即金融服务管理局（Financial Services Authority，FSA）①。

FSA有下列九个业务监管机构：建筑融资互助社委员会、互助社委员会、贸易与工业部保险业委员会、投资管理监管组织、个人投资局（主管零售投资业务）、互助社登记局（主管信用机构监管）、证券期货管理局（主管证券及衍生性信用商品业务）、证券投资委员会（主管投资业务，包括票据清算与交换）及英格兰银行监管局（主管银行监管，包括批发货币市场）。法律赋予FSA的权力如下：（1）对银行、建筑融资互助社、投资公司、保险公司与互助社进行授权与审慎监管；（2）对金融市场与支付清算系统进行监管；（3）解决影响公司、市场及支付清算系统的问题，在某些特殊状况下，如英格兰银行未能贯彻其利率政策，且其影响危及了经济体系的稳定性，则FSA将与英格兰银行协商合作。

FSA监管所有金融组织，目的在于提升监管效率，保障消费者权益，并改善受监管单位的金融服务。受FSA监管的金融产业，对英国经济的重要性如下：金融服务约占FTSE 100（英国富时100指数）总值的30%，近100万人服务于金融产业，相当于5%的英国劳动人口。大部分成年人均为金融产业的消费者：80%的家庭单位拥有银行或建筑融资互助社的账户，约70%的人购买人寿保险或养老年金，超过1/4的成年人投资于股票或单位信托。

第二节　中央银行金融监管的目标与原则

一、金融监管的目标

金融监管作为一项有组织、有目的的活动，必须确立其可以操作的目标。中央银行金融监管的总体目标是：通过对金融业的监管，维持一个稳定、健全、高效的金融制度。这是由金融业在社会经济中举足轻重的地位和作用决定的。

具体来讲，金融监管的目标可以分为四个层次：一是保证金融机构的正常经营活动，从而保证金融体系的安全；二是保护存款人的利益，即保护知情较少者的利益；三是创造公平竞争的环境，鼓励金融业在竞争的基础上提高效率；四是确保金融机构的经营活动与中央银行的货币政策目标一致。但由于各国历史、经济、文化背景和发展的情况、阶段不同，因此具体监管目标也有所差异。

美国的金融监管当局以立法的形式明确提出的监管目标是“建立美国境内更有效的银行监管制度”。具体目标是：维持公众对一个安全、完善和稳定的银行系统的信心；为建立一个有效的和有竞争力的银行系统服务；保护消费者；允许银行系统随着经济的

① 证券投资委员会（SIB）成立于1985年，为英国管理及监督各类金融组织业务的机构。FSA由SIB更名而来，其业务包括原隶属于SIB的监理范围以及从英格兰银行移转出的银行监理权。

变化而变化（《美国联邦储备法》）。《加拿大银行法》规定，金融监管的目标是“规范信用与货币，谋求国计民生的最大利益，以及在货币政策的可能范围内，控制并保护本国货币的对外价值，并缓和能对其产生影响的生产、贸易、物价及就业等的波动，促进加拿大经济与金融发展”。为此，要求金融机构监理官“依金融机构监理局的法规检查金融机构”，以保证金融机构稳定发展。《英格兰银行法》规定，“授权英格兰银行行使职权，对接受存款的机构予以管制；对这些机构的存款人进一步予以保护，禁止使用欺骗性的经济手段接受存款。”《德国银行法》规定，“联邦金融管理局监管所有的信贷机构，以保证银行资产的安全、银行业务的正常运营和国民经济运转的良好结果。”《法兰西银行法》规定，“法兰西银行是国家赋予权力在国家经济及金融体制下监控货币及信用供给的工作机构，为此，其应确保银行体系的正常运作。”《日本普通银行法》规定，“银行业务以公正性为前提，以维护信用，确保存款人的权益，谋求金融活动的顺利进行和银行业务的健全妥善运营，有助于国民经济的健全发展为目的。”《韩国银行法》规定金融监管是为了“增进全国银行体系的健全运作，使其发挥应有的功能，促进经济发展，并对全国资源作最有效的利用”。《新加坡金融管理局法》把监管的目标定为：“在政府一般经济政策范围内促进货币稳定及信用，有助于经济成长”。可以看出，虽然各国在对金融监管目标的表述上不尽相同，但总结起来，有以下几点共性：（1）确保金融稳定安全、防范金融风险；（2）保护消费者权益；（3）增进金融体系的效率；（4）规范金融机构的行为，促进公平竞争。

金融监管还有更具体的目标，就是结合不同的监管领域确立的目标。比如：银行业监管目标、证券市场监管目标、保险市场监管目标、外资金融机构监管目标等。

二、金融监管的基本原则

所谓原则，是指观察问题和处理问题的准则。它反映着客观规律的要求。中央银行对金融进行监管的原则是货币信用活动的客观要求和反映，货币政策战略目标是国家经济战略目标的组成部分。国家要调节社会经济生活、实现经济战略目标，就必须在尊重货币信用自身运动规律的基础上对银行的货币、信用活动进行有效控制和监管。

金融监管的原则就是金融监管操作的基本规范，是进行有效的金融监管的前提条件。世界各国都把金融监管的基本原则写进了本国的有关法律。特别是巴塞尔委员会于 1997 年 9 月公布了《核心原则》之后，各国金融监管当局基本上都将其作为银行业监管的指导原则：这些原则渗透和贯穿于监督管理体系的各个环节和整个过程的始终。

（一）监管主体的独立性原则

《核心原则》提出：“在一个有效的银行监管体系下，参与银行监管的每个机构都要有明确的责任和目标，并应享有操作上的自主权和充分的资源。”同时，为促进有效银行监管，需创造先决条件，这些条件主要有：稳健且可持续的宏观经济政策；完善的公共金融基础设施；有效的市场约束；高效率解决银行问题的程序；提供适当的系统性保护（或公共安全网）的机制。

近年来，世界上一些国家不断发生金融危机，这些国家总结经验教训，正在酝酿金融体制的重大改革，其中加强监管主体的独立性是重要一条。例如，随着1998年4月1日修改后的《日本外汇法》的实施，以“自由、公平和全球化”为宗旨的日本金融改革正式拉开了帷幕。重新修改后的《日本银行法》和《早期修正措施》也从同一天正式实施。新的《日本银行法》旨在加强日本银行作为中央银行的独立性，使日本银行更好地行使中央银行的职能。英国更是组建了全面监管金融业的金融服务管理局，颁布了《2000年金融服务和市场法》，大大加强了监管主体的独立性。

（二）依法监管原则

虽然各国金融管理体制和监管风格各有不同，但在依法监管这一点上是共同的，这是由金融业的特殊地位决定的。所以，金融监管最主要的体现有两点：一是金融机构必须接受国家金融监管当局的监督与管理，不能有例外；二是金融监管必须依法进行。必须保持管理的权威性、严肃性、强制性和一贯性，才能保证它的有效性。而要达到这一点，金融法规的完善和依法管理是不可缺少的。

（三）“内控”与“外控”相结合的原则

要保证监管的及时和有效，客观上需要“外控”与“内控”有机配合。因为外部强制管理不论多么缜密严格，都只能是相对的，如果管理对象不配合、不协作，而是设法逃避、应付，那么外部监督管理就难以收到预期的效果；反之，如果将全部希望都放在金融机构本身的“内控”上，则一系列不负责任的冒险经营行为和风险就难以有效地避免。因此，实施“内控”和“外控”相结合的原则非常有必要。

《核心原则》强调，“发照机关必须有权制定发照标准并拒绝一切不符合标准的申请。发照程序至少应包括审查银行的所有权结构、董事和高级管理层、经营计划和内部控制，以及包括资本金在内的预计财务状况等；当报批的所有者是外国银行时，首先应获得其母国监管当局的批准。”“在确保银行管理做到这一点方面，监管者起着关键的作用。监管程序的一个重要部分是监管者有权制定和利用审慎法规和要求来控制风险，其中包括资本充足率、贷款损失准备金、资产集中流动性、风险管理和内部控制等方面。”“内部控制的目的是确保一家银行的业务能根据银行董事会制定的政策以谨慎的方式经营。只有经过适当的授权方可进行交易；资产得到保护而负债受到控制；会计及其他记录能提供全面、准确和及时的信息；而且管理层能够发现和评估业务的风险。”内部控制包括三个主要内容：(1) 组织结构（职责的界定、贷款审批的权限分离和决策程序）；(2) 会计规划（对账、控制率、定期试算等）；(3)“双人原则”（不同职责的分离、交叉核对、资产双重控制和双人签字等）。

（四）稳健运行与风险预防原则

金融机构要安全稳健地经营业务，是各国都要坚持的金融管理政策之一。安全稳健与风险预防及风险管理是密切相连的。安全稳健是“一切金融监管当局监管工作的基本目标”，而要达到这一点，就必须进行风险监测和管理。因此，所有监管技术手段指标体系无一不是着眼于金融业的安全稳健及风险的预防管理。安全稳健并不是金融业存在和发展的终极目的，它的终极目的在于满足社会经济的需要，促进社会经济稳健协调地发展。

风险预防是监管者的重要职责。《核心原则》指出：“银行监管者必须掌握完善的监管手段，以便在银行未能满足审慎要求（如最低资本充足率）或当存款人的安全受到威胁时采取纠正措施。”在极端的情况下，如果银行或其他金融机构已不具备继续生存的能力，则监管者可参与决定该机构被另一家更健康的机构接管或合并。在所有的办法都失败后，监管者必须有能力关闭或参与关闭一家不健康的银行以保护整个银行系统的稳定性。

（五）母国与东道国共同监管原则

随着世界经济一体化的发展，跨国银行日趋增多。跨国银行的母国与东道国在对其监管上应有明确的责任。《核心原则》指出，母国监管者的责任是：“银行监管者必须实施全球性并表监管，对银行在世界各地的所有业务进行充分的监测并要求其遵守审慎经营的各项原则，特别是其外国分行、附属机构和合资机构的各项业务。”东道国监管当局的责任是：“银行监管者应确保外国银行按东道国国内机构所同样遵循的高标准从事当地业务，而且从并表监管的目的出发，有权分享其母国监管当局所需的信息。”

母国与东道国建立联系、交换信息，共同完成对跨国银行的监管。这种联系表现为：在东道国监管当局发照之前要征求其母国监管当局的意见。在一些情况下，有些国家的监管当局之间已经达成了双边协议，这些协议可以帮助确定分享信息的范围和一般情况下分享信息的条件。除非能就获取信息达成满意的协议，否则银行监管当局应当考虑禁止其国内银行在其保密法或其他法规不允许提供监管者所要信息的国家内建立机构并开展业务。

第三节　金融监管的内容与方法

一、金融监管的内容

世界各国进行金融监管的目的都是维护金融业的安全和稳定，调整银行业内部和各类金融机构之间的关系，维护公众的利益，从而促进经济与社会的稳定发展。本着这样的目的，中央银行或金融监管当局对金融业普遍实施监管，其内容包括：市场准入的监管、市场运作过程的监管和市场退出的监管等三个方面。

（一）市场准入的监管

所有国家对银行等金融机构的监管都是以市场准入为起点的，都毫无例外地从开业前的审查、登记和注册开始。这项工作由各国的中央银行或金融监管当局进行，各国金融制度对此都有明确的规定。中央银行在考虑是否批准金融机构的设置时，要求的条件主要有：

一是资本充足标准。一般规定资本额必须超过该国银行法规定的最低资本额。各国法律不同，具体规定数额不同，有的国家实行国内统一标准，有的国家按不同的经济区域、城市大小、人口规模要求不同的金额标准。资本额又有注册资本和净资本之分。对不同类型的金融机构所要求的最低资本额也不尽相同。

二是一般都要求金融机构采取股份公司的形式。不少国家的法律明确排除了“个人独资”银行，但不排除国营、集体合作形式。

三是要求有一个健全的、有声望的、有专业管理经验和竞争能力的、可信赖的职业经营管理层。如《日本银行法》规定，申请人应具有能准确、公正进而有效地从事银行业的知识和经营能力，并且享有很高的社会信誉。

四是经济需要程度。各国银行法或金融监管当局一般都规定金融机构要有利于公众利益、不妨碍竞争、对社会服务提供方便并符合社会服务的需要等。

五是其他条件。有的国家要求申请注册的机构经理人员至少有两人是全日工作，即所谓"四只眼原则"。有的国家还以参加保险作为发照的先决条件。

总之，规定金融机构开业前的审查、登记和注册，是为了防止不诚实或无经验的人开设金融机构，防止"金融机构过滥"，从而降低金融业的经营风险，维护广大公众的利益和国家的经济安全。

（二）市场运作过程的监管

金融机构经批准开业后，中央银行还要对金融机构的运行过程进行有效监管，以便更好地实现监管目标的要求。监管一般从以下几个方面进行。

1. 资本充足率监管

对于商业银行的资本金，除注册时要求的最低标准外，一般还要求银行自有资本与资产总额、存款总额、负债总额以及风险投资之间保持适当的比例。银行在开展业务时要受自有资本的制约，不能脱离自有资本而任意扩大业务。在这方面，1988 年《巴塞尔资本协议》关于核心资本和总资本与风险资产的 4%和 8%的比率规定，已经被世界各国普遍接受，作为银行监管中资本充足率的最重要和最基本的标准。2004 年 6 月的《新巴塞尔资本协议》对资本充足率的计算进一步从风险防范的角度作了补充，并将其作为新协议的第一根支柱。

2. 流动性监管

各国金融监管当局对银行的流动性同对资本充足性一样重视，流动性监管既包括本币流动性监管，也包括外币流动性监管。有的国家对这两个指标分开管理，有的国家合在一起管理，统一规定一个标准。以考核银行资产负债期限和利率结构搭配是否合理为基础对流动性进行系统的评价是流动性监管的趋势。

3. 业务范围的监管

金融机构可经营哪些业务、不可以经营哪些业务一般是有限制的。一些国家把商业银行业务与投资银行业务分开，并禁止商业银行认购股票；一些国家则限制银行对工商企业的直接投资。有的国家禁止在银行内把银行业务与非银行业务混在一起，但允许银行通过银行控股公司、附属机构等参与某些风险较大的非银行活动；有的国家允许银行经营非银行业务，但限制投资规模；有的国家允许受特殊管理的银行进行大范围的经营活动；有的国家对银行经营的业务种类很少施加限制。虽然我国采取的是分业监管的模式，但在加入世界贸易组织的条件下，到底采取什么标准来规范金融机构的业务范围，是今后很有必要进一步讨论的一个问题。

4. 贷款风险的控制

追求最大限度的利润是商业银行经营的直接目的，商业银行把吸收的资金尽可能地用于贷款和投资，尽可能地集中投向盈利高的方面。由于获利越多的投资，风险相对就越大，因而，大多数国家的中央银行都尽可能限制贷款投向的过度集中，通常限制一家银行对单个借款者提供过多的贷款，以分散风险。分散风险既是银行的经营战略，也是金融监管的重要内容。经验表明，在经济、金融环境不断变化的情况下，任何形式的风险集中都有可能使一个营运正常的银行陷入险境。因此，如何对风险集中进行准确的估价和有效的控制，成为近年来备受关注的一个问题。我国银行业贷款风险较大，其中既有管理的因素，也有体制的因素，千方百计地降低贷款风险，是金融监管讨论的核心问题之一。

5. 外汇风险管理

在外汇风险领域里，大多数国家对银行的国际收支的趋向很重视，并制定适当的国内管理制度，但各自的管理制度有着显著的差别。美国、法国、加拿大等国对外汇的管制较松；而英国、日本、荷兰、瑞士等国对外汇的管制较严，如英格兰银行对所有在英国营业的银行的外汇头寸进行监管，要求任何币种的交易头寸净缺口数均不得超过资本基础的10％，各币种的净空头数之和不得超过资本基础的15％。对于外国银行的分支机构，英格兰银行要求其总部及母国监管当局要对其外汇交易活动进行有效的控制。日本要求外币银行在每个营业日结束时，其外汇净头寸（包括即期和远期外汇）不得突破核准的限额。荷兰、瑞士对银行持有的未保险的外币款项，要求增加相应的资本金等。我国的外汇管制是偏严的，应认真研究在经济全球化的条件下，如何做到既控制外汇风险，又与进一步开放相结合。

6. 准备金管理

银行的资本充足性与其准备金政策之间有着内在的联系，因此，对资本充足性的监管必须考虑准备金因素。监管当局的主要任务是确保银行的准备金是在充分考虑谨慎经营和真实评价业务质量的基础上提取的。各国金融监管当局已经普遍认识到准备金政策和计提方法的统一是增强国际金融体系稳健性的一个重要因素，也有助于银行业在国际范围内的公平竞争。我国商业银行的准备金率现在已经大幅度调低，但实际上商业银行在中央银行的准备金率大多高于规定的标准，这看上去有利于控制风险，实则有更深刻的原因。

7. 存款保险管理

为了维护存款者的利益和金融业的稳健经营与安全，有些国家建立了存款保险制度。在金融体制中设立负责存款保险的机构，规定本国金融机构按吸收存款的一定比率向专门保险机构交纳保险金，当金融机构出现信用危机时，由存款保险机构向金融机构提供财务支援，或由存款保险机构直接向存款者支付部分或全部存款，以维护正常的金融秩序。关于存款保险制度，我国尚处于起步阶段，2015 年出台了《存款保险条例》，但可以预见，在不久的将来中国在这方面必将有更大的突破。

（三）市场退出的监管

金融机构退出市场的原因和方式可以分为两类：主动退出与被动退出。主动退出是指金融机构因分立、合并或者出现公司章程规定的事由需要解散，因此退出市场，其主要特点是“主动地自行要求解散”。被动退出则是指由于法定的理由，如由法院宣布破产或出现严重违规、资不抵债等情况而遭关闭，中央银行依法关闭金融机构，取消其经营金融业务的资格，金融机构因此而退出市场。

各国对金融机构退出市场的监管都通过法律予以明确，并且有很细致的技术性规定。

二、金融监管的主要手段与方法

（一）依法实施金融监管

中央银行实施金融监管的依据是国家的法律和法规，中央银行依法对金融机构及其经营活动实行外部监督、稽核、检查和对违法者进行处罚。各国金融监管体制和风格虽各有不同，但在依法管理这一点上是共同的，这是由金融业的特殊地位和对经济的重大影响决定的。金融机构必须接受国家金融监管当局的监管，金融监管必须依法进行，这是金融监管的基本点。要保证监管的权威性、严肃性、强制性和一贯性，才能保证它的有效性。而要做到这一点，金融法规的完善和依法监管是绝对不可缺少的。市场经济从某种意义上说就是法制经济，而法制经济的金融监管更是法律先行。

随着社会主义市场经济体制的逐步确立，我国加快了金融监管法规体系的建设，已经颁布了《中华人民共和国中国人民银行法》《中华人民共和国商业银行法》《中华人民共和国票据法》《中华人民共和国保险法》《中华人民共和国担保法》《中华人民共和国公司法》《中华人民共和国证券法》《全国人民代表大会常务委员会关于惩治破坏金融秩序犯罪的决定》《金融违法行为处罚办法》等法律法规，为加强金融监管、消除金融隐患、防范和化解金融风险提供了必要的法律保证。同时，一些具体的法律法规也在研究制定过程中。

（二）运用金融稽核手段实施金融监管

从操作的角度看，金融监管的一般方法通常有以下几种。

1. 事先检查筛选法

事先检查筛选主要是指金融机构建立之前的严格审查和注册登记。在各类金融机构建立之前，金融监管当局一般都要对拟建机构的地址、规模、股东人数、资本金、经营管理水平、竞争力和未来收益等进行严格的审查。这样做的目的是从总体上减少金融风险，消除金融业经营管理中的潜在隐患。

2. 定期报告和信息披露制度

世界各国金融监管当局通常都依法规定金融机构实行定期报告制度。这些报告提供了金融监管当局所需的许多内容，通常用趋势分析和比较分析两种方法，可查找出银行经营管理工作中存在的问题。

3. 现场检查法

现场检查法是由中央银行派出检查小组到各银行实地检查。主要检查资本充足状况、资产质量、管理质量、收入和盈利状况、清偿能力等，以此作出全面评价。在检查过程中，检查小组要判断银行活动是否安全、合法；检查银行每项活动的政策、做法和程序；判断银行内部管理的情况；评价贷款、投资以及其他资产的质量；检查存款与其他负债的构成，判断银行资本是否充足；评估管理机构的能力和胜任程度等。

4. 自我监督管理法

这种方法强调金融机构根据法律自我约束、自我管理，在自觉的基础上实现自我监管。这种方法是外部监管的补充。两种办法相互配合，可以减少中央银行直接管理的工作量，并提高外部监管的效果。当然，这种方法不能单独使用，否则会使金融监管流于形式。

5. 内、外部稽核结合法

稽核是一种监督检查的系统方法。世界上很多国家的公司法要求公司或企业定期接受国家注册会计师对其账目报表进行审查。内部稽核是企业或银行自己进行的审查与核对。稽查师是企业或银行聘请的，其职责是向股东大会负责，审计重点是银行的盈利，而不是金融监管当局关注的风险与安全。建立外部的正式或非正式的稽核制度以及内部与外部稽核制度的协调关系是十分必要的。目前，各国一般采取外部稽核和内部稽核相结合，以及国家金融监管当局稽核部门对各类金融机构实行的强制性稽核和社会独立的稽核机构实行的非强制性稽核相结合的办法。

6. 发现问题及时处理法

当银行或其他金融机构的业务经营活动违反金融法规规定时，中央银行通过采取相应的措施，督促金融机构纠正偏差。如果金融机构行为迟缓，或坚持不改，则中央银行可采取措施，限期解决，甚至采取果断措施，迫使问题得以解决。中央银行这样做，既树立了其权威形象，又保证了金融监管的实际作用。

7. 紧急援助和制裁手段

紧急援助和制裁手段也称抢救行为。当金融机构出现安全问题时，金融监管当局通常采取一些紧急措施，实施紧急援助。这些措施包括：（1）直接贷款。中央银行这时以最后贷款人的身份出现，给商业银行提供一笔贷款以缓解其支付危机。（2）组织大银行援救小银行。小银行往往容易出现安全问题，此时，中央银行出面或联合几家大银行集资援助，或者安排大银行向小银行提供贷款，或者按一定条件让大银行兼并小银行。（3）存款保险机构出面提供资金，以帮助有问题的银行渡过难关。（4）政府出面援助。政府把陷入危机的银行收归政府所有，全部债务由政府清偿。

当金融机构违背有关政策、规定和经营活动中存在问题时，监管当局要提出改进意见，甚至发出命令，明确指出金融机构必须做什么或立即停止做什么。对不遵从或拒绝的，中央银行要采取一定的制裁措施。这些制裁措施包括：（1）给予经济惩罚，如实行惩罚性利息或直接罚款等；（2）停止对其贷款和贴现；（3）建议撤销某些高级管理人员；（4）撤销该行在存款保险公司的保险权，降低其社会信誉；（5）提出诉讼，交法院审理，迫使其倒闭等。

第四节　金融监管体制

金融监管体制是指金融监管体系和基本制度的总称。金融监管体制实质上就是由谁来监管，由什么机构来监管和按照什么样的组织结构进行监管，相应地由谁来对监管效果负责和如何负责的问题，即金融监管体制问题首先就是要选择和建立一个能够实现最佳监管的模式的问题。金融监管模式是指一国对金融机构经营所采取的监管方式。从世界各国的传统来看，主要有两种模式，即分业经营、分业监管模式和混业经营、集中监管模式。金融监管模式的确定，同一国金融机构的经营方式、金融监管水平和经济金融的发展状况密切相关。

一、分业经营、分业监管体制

分业经营体制是指银行、证券、保险和信托等金融机构只能经营本行业的业务，不能兼营其他行业业务的一种经营制度。与此相应，分业监管体制是指一国按照不同的监管对象，由不同的监管当局行使监管职能的一种监管制度。20 世纪 30 年代大危机后，以美国、英国、日本为主要代表的西方国家实行了分业经营、分业监管体制。

在分业监管体制下，监管当局对金融机构的业务范围一般有严格限制，主要包括：

（1）禁止商业银行从事投资银行业务。商业银行除了可以经营法律规定的债券业务（如国债等）外，不得从事购买股票或其他有价证券的交易。

（2）禁止证券经营机构吸收存款和发放贷款。

（3）银行、证券等金融机构的高级管理人员不得互相兼任。

分业经营、分业监管体制的优点主要体现为：能较好地提高金融监管的效率；防止金融权力过分集中，因地制宜地选择监管部门；有利于金融监管专业化，提高对金融业务服务的能力。但是，这种监管模式也存在一些缺点：管理机构交叉重叠，容易造成重复检查和监督，影响金融机构业务活动的开展；金融法规不统一，使不法的金融机构易钻监管的空子，加剧金融领域的矛盾和混乱；降低货币政策与金融监管的效率。在美国，金融界一直在对这种分业监管体制进行讨论，赞成和反对的呼声都不小。因为这种模式是由美国的政治经济制度决定的，所以要在短期内改变这种模式是不可能的。日本在第二次世界大战结束后，废止了商业银行业务和投资银行业务的混业经营体制，转而采取分业经营体制，并在美国规定的基础上加强了分业经营监管。可以说，在 1933 年以后的差不多 40 年时间里，除德国等少数几个国家还继续实行混业经营、集中监管体制外，分业经营、分业监管体制一直是经济发达国家采取的主要金融监管体制。

二、混业经营、集中监管体制

混业经营体制是指金融机构可以经营包括银行、证券、保险和信托在内的全方位金融业务的一种经营体制。与此相应，集中监管体制是指由相对统一的监管当局行使监管职能的一种监管制度。历史上，混业经营、集中监管体制主要以德国、瑞士、法国等国家为代表。

混业经营体制有两种表现形式：一种是全能银行，即银行可以直接经营银行、证券、保险等金融业务；另一种是银行通过投资证券公司、保险公司等，持有股份或控股，间接地从事非银行业务。

混业经营、集中监管体制的优点是有利于金融体系的集中统一和监管效率的提高，但需要各金融管理部门之间的相互协作和配合。从德国、瑞士和法国的实践来看，人们习惯和赞成各权力机构相互制约和平衡，金融管理部门之间的配合是默契的、富有成效的。然而，在一个不善于合作与法制不健全的国家里，这种体制就难以有效运行。而且，这种体制也面临同分业监管体制类似的问题，如机构重叠、重复监管等。

实行这种监管体制的典型代表是德国。在德国，金融机构实行混业经营。从法律上讲，银行监管由联邦金融管理局负责，但实际上是由德意志联邦银行和联邦金融管理局共同负责的。德意志联邦银行是德国的中央银行，其主要任务是管理国民经济中的货币流通和信贷供应。联邦金融管理局的任务是对信用机构实行监督；对危及委托给信用机构的财产的安全、损害银行业务的正常执行从而给公共经济带来明显危害的信用业中的不良行为加以抵制和进行斗争，联邦金融管理局出于保护公众利益的目的而执行法律赋予的任务。在执行金融监管的过程中，联邦金融管理局和德意志联邦银行依法相互合作。

此外，在世界上有些国家和地区，金融机构的经营体制和监管体制并不是完全对应的。例如韩国金融机构实行的是分业经营体制，而金融监管则实行集中监管体制；我国的香港地区则正相反，金融机构实行混业经营体制，金融监管则实行分业监管体制。

20 世纪 80 年代以来，金融自由化、金融创新迅猛发展，传统的金融机构的经营体制逐渐被打破，监管体制也发生了变化。英国在 1986 年、日本在 1996 年分别通过相关法律，打破分业经营体制，实行混业经营，在 20 世纪 90 年代末期，金融监管也随之转变为集中监管模式。美国的金融监管虽然仍实行分业监管体制，但在 1999 年通过了《金融服务现代化法案》，取消了分业经营法案，开始进入混业经营时代。从目前的发展趋势来看，可以预测在未来的一段时期内，金融机构的混业经营将成为大势所趋。

三、中国金融监管体制的形成与发展

1993 年《国务院关于金融体制改革的决定》明确指出："国有商业银行总行要强化集中管理，提高统一调度资金的能力，全行统一核算"。还指出：国有商业银行"在人、财、物等方面要与保险业、信托业和证券业脱钩，实行分业经营"。这标志着我国现代金融制度的建设进入分业监管的历史阶段。国务院作出这个决定不是偶然的，而是在考察国际金融监管历史的基础上，结合我国经济、金融客观实际情况作出的重要决策，是深化金融体制改革、完善现代金融体系的重要举措，有着深刻的历史背景和经济、金融背景。

1992 年和 1998 年，中国证券监督管理委员会（简称证监会）和中国保险监督管理委员会（简称保监会）相继从中国人民银行分离出去，分别负责证券、期货市场和保险业的监管。2003 年，中国银行业监督管理委员会（简称银监会）挂牌成立，负责对银行业金融机构的独立监管，不过，中国人民银行仍然保留对货币市场、反洗钱、征信体系等方面的金融监管责任。中国银行业监督管理委员会与之前成立的中国证券监督管理委员会、中国保险监督管理委员会一起，标志着中国分业监管体制的正式形成，实际上金融监管由"大一统"转化为一行三会"四分天下"的局面，基本上确立了我国分业经营、分业监管的金融监管模式。

2017 年《国务院机构改革方案》对金融监管体制改革作出了新的部署。改革后的金融监管框架表现为"一委一行两会"体制结构，即国务院金融稳定发展委员会（一委），中国人民银行（一行），中国银行保险监督管理委员会（简称银保监会）、中国证券监督管理委员会（两会）的分业监管体制。

国务院金融稳定发展委员会的职责主要有：落实国务院关于金融工作的决策部署；审议金融业改革发展重大规划；统筹金融改革发展与监管，协调货币政策与金融监管相关事项，统筹协调金融监管重大事项，协调金融政策与相关财政政策、产业政策等；分析研判国际国内金融形势，做好国际金融风险应对，研究系统性金融风险防范处置和维护金融稳定重大政策；指导地方金融改革发展与监管，对金融管理部门和地方政府进行业务监督和履职问责等。

中国人民银行的金融监管职能主要体现为：负责国家的金融稳定，进行金融法律法规的制定，制定和执行货币政策，完善宏观调控，防范和化解金融危机；组织和监督全国的反洗钱活动；领导外汇管理局统一管理我国的外汇市场，完善这一市场的运行制度，协调外汇市场的发展。整体而言，中国人民银行现在并不是具体进行金融监管的主要机构，其进行宏观的调控监督和弥补其他金融监管机构未能涉及的领域。

而中国银行保险监督管理委员会的设立，是为了深化金融监管体制改革，解决现行体制存在的监管职责不清晰、交叉监管和监管空白等问题，强化综合监管，优化监管资源配置，更好地统筹系统重要性金融机构的监管，逐步建立符合现代金融特点、统筹协调监管、有力有效的现代金融监管框架，守住不发生系统性金融风险的底线。该机构的主要职责是：依照法律法规统一监督管理银行业和保险业，维护银行业和保险业合法、稳健运行，防范和化解金融风险，保护金融消费者合法权益，维护金融稳定。此外，原中国银行业管理监督委员会和原中国保险监督管理委员会拟订银行业、保险业重要法律法规草案和审慎监管基本制度的职责被划入中国人民银行，不再保留中国银行业管理监督委员会和中国保险监督管理委员会。

中国证券监督管理委员会的职能是拟定证券市场政策法规，制定规章制度，监管证券和期货交易所、上市公司及各类中介机构；查处违法违规案件；负责证券期货行业的涉外活动。中国证券监督管理委员会成立于 1992 年，当时的中国证券监督管理委员会仅负责证券发行市场和证券流通市场的监管，而证券经营机构的审批和其业务范围的监管由中国人民银行负责。1998 年 5 月 18 日，由国务院证券委员会与 1992 年成立的中国证券监督管理委员会合并组成的中国证券监督管理委员会正式挂牌之后，国家将证券经营机构的监管职能从中国人民银行转移到中国证券监督管理委员会。而在我国最近一次机构改革中，由于中国证券监督管理委员会基本上可以独立承担证券业的监管工作，所以继续保留并进一步完善了这一机构。

应当指出，我国现代金融制度建设的更高阶段是发展国际化综合制度，即混业经营制度。国际化、自由化和电子化是当代世界金融发展的普遍趋势。这是全球经济一体化、金融竞争白热化和科学技术现代化对金融业产生的绝对性影响，刺激着商业银行向综合性混业银行制度发展。如前所述，混业银行制度有着分业银行制度所不具备的优势。我国已经是世界贸易组织的成员了，外资银行现在已经开始进入并将在不远的将来大举进入中国市场，以我国商业银行现行的分业经营模式，是无法与混业经营的外资银行竞争的。所以，在金融分业监管的现阶段，一方面，应当坚持分业监管原则，纠正现存的金融机构混业经营的做法；另一方面，应当加紧金融法规建设，强化监管机构的监督管理职能，提高金融市场化程度，努力创造条件，争取在短期内逐步实现金融业的全面混业经营。

本章小结

金融监管有狭义和广义之分。狭义的金融监管是指中央银行或其他金融监管当局依据国家法律法规的授权对整个金融业（包括金融机构以及金融机构在金融市场上所有的业务活动）实施的监督管理。广义的金融监管是在上述监管之外，还包括金融机构的内部控制与稽核、同业自律性组织的监管、社会中介组织的监管等。

金融运行对于现代社会经济运行来说意义重大，因此，必须对其进行监管，这主要体现在以下几个方面：(1) 维护信用、支付体系的稳定；(2) 金融业的行业特殊性决定了金融监管的重要性；(3) 保护存款人和投资者的利益；(4) 保证金融机构依法经营；(5) 促进金融机构之间的公平竞争。

金融市场的失灵决定了政府有必要对金融活动进行外部监管。现代经济学的发展尤其是市场失灵理论和信息经济学的发展为金融监管奠定了理论基础。金融监管的理论基础是管制理论，目前管制理论主要有社会利益论、社会选择论和经济监管论等。

金融监管并不是中央银行固有的职能，它是随着商业银行的产生而产生的，中央银行是商业银行发展到一定阶段后，从商业银行中分离出来的特殊金融机构。因此，金融监管是早于中央银行制度而出现的。自从中央银行诞生以来，就逐渐独揽了金融监督管理权，并且，随着经济全球化、一体化的发展，这种趋势有进一步加强的态势。

金融监管的目标可以分为四个层次：一是保证金融机构的正常经营活动，从而保证金融体系的安全；二是保护存款人的利益，即保护知情较少者的利益；三是创造公平竞争的环境，鼓励金融业在竞争的基础上提高效率；四是确保金融机构的经营活动与中央银行的货币政策目标一致。但由于各国历史、经济、文化背景和发展的情况、阶段不同，因此具体监管目标也有所差异。

金融监管的原则就是金融监管操作的基本规范，是进行有效的金融监管的前提条件。世界各国都把金融监管的基本原则写进了本国的有关法律。特别是巴塞尔委员会于 1997 年 9 月公布了《有效银行监管的核心原则》之后，各国金融监管当局基本上都将其作为银行业监管的指导原则：监管主体的独立性原则；依法监管原则；“内控”与“外控”相结合的原则；稳健运行与风险预防原则；母国与东道国共同监管原则。

世界各国进行金融监管的目的都是维护金融业的安全和稳定，调整银行业内部和各类金融机构之间的关系，维护公众的利益，从而促进经济与社会的稳定发展。本着这样的目的，中央银行或金融监管当局对金融业普遍实施监管，其内容包括市场准入的监管、市场运作过程的监管和市场退出的监管等三个方面。

金融监管体制是指金融监管体系和基本制度的总称。金融监管体制问题首先就是要选择和建立一个能够实现最佳监管的模式的问题。金融监管模式是指一国对金融机构经营所采取的监管方式。从世界各国的传统来看，主要有两种模式，即分业经营、分业监管模式和混业经营、集中监管模式。金融监管模式的确定同一国金融机构的经营方式、金融监管水平和经济金融的发展状况密切相关。

练习题

一、术语解释

1. 金融监督
2. 金融管理
3. 金融监管（狭义）
4. 外部经济
5. 金融监管的总体目标
6. 金融监管的原则
7. 分业经营、分业监管体制
8. 混业经营、集中监管体制

二、填空题

1. 社会利益论认为，造成市场价格扭曲的原因通常来自________、________和________三个方面。

2. 社会选择论也叫________理论，是从公共选择的角度来解释政府管制的。

3. 经济监管论又叫________，根据监管经济学的观点，企业可以从政府监管那里获得至少四个方面的利益：________、________、________和________。

4. 20 世纪 90 年代以来金融监管的新发展主要表现在________、________和________三个方面。

5. 我国对金融机构的市场退出一般按________、________、________和________四种形式进行监管。

三、判断题

1. 金融监管模式是指一国对金融机构经营所采取的监管方式。从世界各国的传统来看，主要有两种模式，即分业经营、分业监管模式和混业经营、集中监管模式。（　　）

2. 中国现行的金融监管体制是在 2003 年形成的“一行三会 ”的金融监管格局。（　　）

3. 20 世纪 50 年代以后，西方各国金融监管制度才逐步建立和完善。（　　）

4. 金融的状况对社会经济的运行和发展起着至关重要的作用，具有特殊的公共性和全局性。（　　）

5. 金融监管是在中央银行从商业银行中独立出来以后才出现的。（　　）

四、不定项选择题

1. 外部效应的存在会带来的两个直接后果是（　　）。

A. 产品成本失真　　B. 产品价格失真

C. 产品收益失真　　D. 产品效用失真

2. 1974 年成立的巴塞尔委员会制定了一系列重要的银行监管规则，主要包括：（　　）。

A.《巴塞尔协定》

B.《巴塞尔资本协议》

C.《有效银行监管的核心原则》

D.《巴塞尔风险协议》

3. 金融监管的具体目标有（　　）。

A. 保证金融机构的正常经营活动，从而保证金融体系的安全

B. 保护存款人的利益，即保护知情较少者的利益

C. 创造公平竞争的环境，鼓励金融业在竞争的基础上提高效率

D. 确保金融机构的经营活动与中央银行的货币政策目标一致

4. 在分业监管体制下，监管当局对金融机构的业务范围一般有严格限制，主要包括（　　）。

A. 禁止商业银行从事投资银行业务

B. 禁止证券经营机构吸收存款和发放贷款

C. 商业银行不可以买卖国债

D. 银行、证券等金融机构的高级管理人员不得互相兼任

五、简答题

1. 金融监管的必要性主要体现在哪几个方面?

2. 金融监管的基本原则有哪些?

3. 简述市场运作过程的监管。

六、论述题

试根据分业监管与集中监管各自的要求和特点来论述我国只有具备哪些条件才能从现在的分业监管过渡到集中监管。

第12章 中央银行金融监管实施

⊙本章目标⊙

- 通晓中央银行对商业银行设立和日常经营的监管的有关规定。
- 了解处理问题银行的一般措施和存款保险制度的内容。
- 掌握中央银行对货币市场、资本市场的监管的有关内容。
- 熟悉中央银行金融监管国际合作的必要性。
- 掌握金融监管国际合作的基本内容。

中央银行金融监管的运行主要是针对金融机构和金融市场来实施的。这里既包括对各类银行的监管，也包括对非银行金融机构和金融市场的监管。如何落实到这些机构和市场，需要制定哪些不同的监管规则和制度来实施，这是中央银行金融监管的运行所要讨论的核心问题。本章将重点介绍对商业银行、货币市场和资本市场的监管以及金融监管的国际合作等内容。

第一节 中央银行对商业银行的监管

商业银行是数量最多、分布最广的一类金融企业，也是金融体系的主要环节和重要组成部分。这不仅是因为商业银行是存款人和借款人之间的纽带，还因为商业银行是中央银行货币政策传导过程中的主体。商业银行运转是否正常直接关系到金融体系运行正常与否，因此，其特殊的地位决定了它是各国中央银行的监管重点。

一、对商业银行设立的监管

（一）审批商业银行考虑的基本因素

1. 资本金

所谓资本金监管就是对银行的资本充足率进行的监管。具体来说，就是要求银行的资本充足率维持在某一水准之上。之所以这样，一方面是由于资本具有像弹簧一样的缓冲作用，一旦金融机构遭遇危机，充足的资本就能够吸收危机时出现的损失，防止出现资不抵债的现象，从而避免银行的破产；另一方面是由于充足的资本还可以减轻政府或者存款保险机构的风险负担。根据1988年7月颁布的《巴塞尔资本协议》的规定，银行的资本充足率不得低于8%。2010年9月12日，由27个国家的银行业监管部门和中央银行高级代表组成的巴塞尔委员会宣布，世界主要经济体银行监管部门代表当日就《巴塞尔协议Ⅲ》达成一致。根据该协议，全球各商业银行的核心资本充足率将从4%提升至6%。我国要求设立商业银行的注册资本最低限额为10亿元人民币，城市商业银行为1亿元人民币，资本充足率不得低于8%。

2. 高级管理人员的素质

《中国人民银行金融监管指南（试行）》（2001年版）关于高级管理人员任职资格基本标准的规定包括：

（1）能正确贯彻执行国家的经济、金融方针政策。

（2）熟悉并严格遵守有关经济、金融法律法规。

（3）具有与担任职务相适应的学历与经历。

（4）具有与担任职务相称的专业知识、组织管理能力和业务能力。

（5）无违法、违规、违纪等不良记录。

3. 银行业竞争状况和社会经济需要

考虑新银行的进入是否符合经济发展的客观需要，是否符合银行业发展的政策和方向，是否符合银行业合理布局、公平竞争的原则。

（二）商业银行设立的程序

在我国，按照规定，设立商业银行，申请人应当向国务院银行业监督管理机构提交下列文件、资料：

（1）申请书，申请书应当载明拟设立的商业银行的名称、所在地、注册资本、业务范围等。

（2）可行性研究报告。

（3）国务院银行业监督管理机构规定提交的其他文件、资料。

设立商业银行的申请经审查符合《中华人民共和国商业银行法》第十四条规定的，申请人应当填写正式申请表，并提交下列文件、资料：

（1）章程草案。

（2）拟任职的董事、高级管理人员的资格证明。

（3）法定验资机构出具的验资证明。

（4）股东名册及其出资额、股份。

（5）持有注册资本百分之五以上的股东的资信证明和有关资料。

（6）经营方针和计划。

（7）营业场所、安全防范措施和与业务有关的其他设施的资料。

（8）国务院银行业监督管理机构规定的其他文件、资料。

经批准设立的商业银行，由国务院银行业监督管理机构颁发经营许可证，并凭该许可证向工商行政管理部门办理登记，领取营业执照。

（三）商业银行经营范围的规定

长期以来，商业银行一直被视为一种特殊的金融机构。无论是在传统上还是在立法上，大多数国家都只允许商业银行吸收活期存款和发放商业信贷，不得经营其他金融机构的业务，包括证券业和保险业。进入20世纪80年代以来，伴随着商业银行业务范围的不断扩大，新的金融衍生产品和金融服务层出不穷，形成一股金融创新的浪潮，从而导致商业银行与其他金融机构之间的业务界限基本消失，业务交叉使许多国家的商业银行开始与各种专业银行及各类金融公司所开办的金融业务进行直接竞争。如在英国，银行制度在早期专业化程度相当高，严格限制商业银行、储蓄银行和投资银行的业务活动范围，但在金融自由化和金融创新浪潮的冲击下，银行制度逐渐转为全能银行制度，银行可以经营各种业务而没有特定的管制。当然，由于金融体系依据的经济环境和发展程度不同，所以并不是所有国家都实行这种全能型的商业银行体制。在一些国家，分业经营仍是其业务发展的基本原则，并在银行法中明确地规定作为商业银行哪些业务是被禁止的，哪些业务是允许开办的。

二、对商业银行日常经营的监管

（一）日常经营监管政策的基本内容

1. 资本充足率

监管各商业银行，各商业银行的最低实收资本金要达到设立金融机构的最低实收资本金限制标准，确保各家商业银行有相当的资本实力，开展业务经营活动与防范各项经营风险。同时，还要求各商业银行资本金充足，即资本总额与加权风险资产总额的比例不得低于8%，其中核心资本（即一级资本）占风险资产的比例不得低于6%，附属资本（即二级资本）不得超过核心资本。

原中国银行业监督管理委员会于2004年2月颁布了《商业银行资本充足率管理办法》，该办法参考了《新巴塞尔资本协议》对信用风险和市场风险的资本要求，规定商业银行应就并表后的资本充足率和资本充足性进行信息披露。该办法首次明确了我国商业银行资本金的构成和计算，规范了银行资本充足性管理。该办法于2007年修订后公布，第七条规定“商业银行资本充足率不得低于8%，核心资本充足率不得低于4%”，基本上体现了我国银行资本充足性的监管水平与《新巴塞尔资本协议》精神相符合的发展趋势。

☞阅读延伸 12－1

《巴塞尔资本协议》的诞生及其发展

强化资本监管国际协商的主导机关是设在国际清算银行内部的巴塞尔委员会。1987年4月，这个委员会以美国和英国的提案为基础在委员会成员国间开始了多国间的协商。在成员国一致通过的情况下，于1988年7月颁布了《关于统一国际银行的资本计算和资本标准的协议》，简称《巴塞尔资本协议》。

根据《巴塞尔资本协议》的规定，银行的资本充足率也就是作为分子的银行资本与作为分母的加权风险资产的比率不得低于8%。在关于分子部分的规定里，银行资本被分成两类：一级资本和二级资本。其中，一级资本主要由普通股、留存利润等项目构成，而二级资本由有价证券的名义增值部分、坏账准备金以及长期次级债务等项目构成。同时，规定二级资本的规模不得超过一级资本的规模。

从1988年《巴塞尔资本协议》缔结到1998年末这十年时间里，其成员国的资本充足率的平均值从1988年的9.3%上升到了1998年的11.2%，国际银行系统的安全性得到了显著的改善，这就大致可以认为对资本充足率的监管初步达到了《巴塞尔资本协议》的第一个目的“强化国际银行系统的安全”。而且这十年间，不仅巴塞尔委员会的成员国，而且世界一百多个国家也自主地实施了《巴塞尔资本协议》。尽管各个国家在实施的范围和程度上还存在着差异，但是单从这一点来看，《巴塞尔资本协议》的另一目的“促进国际银行之间的公平竞争”也基本实现。

从1998年起巴塞尔委员会开始对《巴塞尔资本协议》进行改革。经过几年不断的修改，2004年6月，巴塞尔委员会根据第三稿的反馈意见推出了《新巴塞尔资本协议》。

《新巴塞尔资本协议》和1988年出台的《巴塞尔资本协议》相比，在内容上发生了相当大的变化。在新协议里，最大的变化可以说是对资本协议的框架做了比较大的调整。在旧的协议里，资本协议是比较单一的，只有最低资本要求一根支柱。但是在新协议中，和最低资本要求并行，又新增了两根支柱：监管当局的监督检查和市场纪律。因此，新协议可以说由三根支柱构成，并且新协议具有两个显著的特征：第一个特征是在风险计量方法上，新协议积极地导入了银行内部所使用的技术水平比较高的风险管理模型；第二个特征是为银行的风险测定提供了几种可供选择的方法。

尽管《新巴塞尔资本协议》还存在许多问题有待解决，但是和1988年的《巴塞尔资本协议》相比，已经有了很大的进步。

2008年全球金融危机之后，巴塞尔委员会也积极地探索《新巴塞尔资本协议》改革的方向，并做了一些修订和补充。

2010年9月12日，巴塞尔委员会宣布，各方代表就《巴塞尔资本协议Ⅲ》

的内容达成一致。新协议将普通股权益/风险资产比率的要求由原来的2%提高到4.5%，核心资本充足率的要求也由4%提高到6%，加上2.5%的防护缓冲资本，核心资本充足率的要求达到8.5%。总资本充足率要求仍维持8%不变。同时也提出各国可根据情况要求银行提取0～2.5%的反周期准备资本，以便银行可以对抗过度放贷所带来的风险。此外，还提出了3%的最低杠杆比率以及100%的流动杠杆比率和净稳定资金来源比率要求，以降低银行系统的流动性风险，加强抵御金融风险的能力。

为最大限度地降低新协议对银行贷款供给能力以及宏观经济的影响，协议给出了从2013年到2019年一个较长的过渡期。全球各商业银行5年内必须将一级资本充足率的下限从现行要求的4%上调至6%，过渡期中2013年升至4.5%，2014年升至5.5%，2015年升至6%。同时，协议将普通股最低要求从2%提升至4.5%，过渡期中2013年升至3.5%，2014年升至4%，2015年升至4.5%。到2019年1月1日，全球各商业银行必须将资本留存缓冲提高到2.5%。

资料来源：陈燕．中央银行学．北京：北京大学出版社，2005.

2. 呆账准备金

中央银行或监管当局非常关注商业银行呆账准备金的计提。如果商业银行计提得当，银行的收入剔除了可能的损失，那么就可以比较准确地从银行所报的净收入上看出其基本盈利能力；相反，如果没有计提呆账准备金或者计提太少，那么银行的收入会被高估，从而会误导监管当局、股东和市场。呆账准备金计提和冲销有三种办法：（1）直接冲销法，即平时不计提呆账准备金，当贷款发生实际损失时直接冲销利润；（2）普通准备法，即每年按贷款余额的固定比率提取呆账准备金，当贷款损失实际发生时先冲销呆账准备金，呆账准备金不足时再直接冲销利润；（3）特别准备法，即定期检查贷款并估计可能的损失，按估计的损失程度计提特别准备金，当贷款损失实际发生时先冲销呆账准备金，如果不够，再冲销利润。

实际的呆账准备金制度可以对上述三种方法进行组合，其中按普通准备法加特别准备法的组合构建的制度有利于银行的稳健经营，也为大多数国家所接受，我国商业银行也采用这种制度。按照这种制度，商业银行的呆账准备金分为两个部分：根据当年贷款余额的固定比率计提的普通呆账准备金和根据贷款的实际风险程度并参照中央银行为每类贷款设定的经验百分比计提的特别呆账准备金。《巴塞尔资本协议》规定，特别呆账准备金不能被当作银行资本，而普通呆账准备金可以作为二级资本，但作为二级资本的部分不得超过银行加权风险资产的1.25%。

特别呆账准备金按贷款的风险状况计提和运作的前提多是以美国为代表的“5级分类方法”，该方法将银行的贷款资产分为正常、关注、次级、可疑和损失5类。各类贷款提取特别呆账准备金的比率并无统一标准。虽然这一比率只是监管当局的倾向性意见，没有法律效力，但是在一般情况下，商业银行对这个比率相当重视。

3. 贷款集中

根据中央银行或监管当局对贷款集中程度的要求，如果银行想增加对单一借款人的贷款额，那么就必须追加资本，由此看来，对贷款集中程度的管制是资本充足性管制的延伸。

另外，要界定贷款对“同一借款人”或“一组关联借款人”的集中问题。如果两个或两个以上的借款人共同进行一项投资或商业活动，则这两个借款人应被视为同一借款人。如果一个借款人的借款可以使任何第三者直接受益，则该借款人和第三者便应被视为同一借款人。

1997年巴塞尔委员会颁布的《有效银行监管的核心原则》认为，对于银行向关系借款人的贷款限制，银行监管者应确保银行仅在商业基础上向相关企业和个人提供贷款，并且发放的这部分贷款必须得到有效的监测。因此，在合适的情况下，监管者有权进一步限制这种贷款的种类，或者在评估资本充足率时从资本中扣除这种贷款。

另外，监管当局应对商业银行过于集中在某些经济领域或某些地区的贷款总额作出合适的规定，使银行避免某一产业或地区的经济衰退所带来的打击。

我国颁布的《商业银行集团客户授信业务风险管理指引》第十二条规定，“当一个集团客户授信需求超过一家银行风险的承受能力时，商业银行应采取组织银团贷款、联合贷款和贷款转让等措施分散风险。”该指引所指的超过风险承受能力是指一家商业银行对单一集团客户授信余额超过该商业银行资本净额的15%。2004年5月1日，原中国银行业监督管理委员会颁布实施《商业银行与内部人和股东关联交易管理办法》，该办法也明确规定：对股东等关系人的授信余额不得超过商业银行资本净额的10%，并对一般关联交易和重大关联交易的报告和信息披露问题等作了具体规定。

4. 流动性

流动性是商业银行随时可以合理举债或者将资产变现的能力。当商业银行流动性不足时，银行无法以合理的成本迅速增加负债或将资产变现来获得足够的资金，因而不能及时满足客户提款或借款的需求。其后果就是银行利润受到侵蚀，声誉遭受影响，甚至导致支付危机，所以监管当局对银行的流动性非常重视。

监管当局对银行流动性的管理有两种政策：一种是向银行发布衡量和管理流动性风险的指导方针，这种政策在一些金融市场发达的工业国家运用得比较充分；另一种是要求银行流动资产与存款或总资产的比例达到某一标准，这种政策在一些发展中国家运用得比较多。

由于对流动性的衡量要考虑时间和地点的差异，所以到目前为止并没有制定国际统一的流动性标准。现在仍然以巴塞尔委员会1992年发布的《计量与管理流动性的框架》作为对银行流动性管理的一个非限制性指导。该框架包括三个方面的内容。(1) 计量与管理流动性缺口。首先，银行要建立起对未来时间序列中银行的现金流入和现金流出进行比较的分析方法和对差额进行平衡；其次，要对银行经营正常的情况、银行自身流动性危机的情况和整个银行业危机的情况这三种情况的未来现金流量进行估计；最后，制定弥补流动性缺口的方法。(2) 管理市场渠道。第一，银行要按照融资工具的类别、资金提供者的性质和资金市场的地域分布来审查对各种融资来源的依赖程度；第二，银行要与一些资金提供者建立密切关系；第三，银行要开拓资产出售市场或以资产为抵押的借款市场。(3) 制订应急计划。包括在处理危机时银行内部的信息交流和责任分工；改变资产和负债的紧急措施；与存款人、贷款人和其他交易客户的联系办法；与新闻媒介的关系处理；未用的信贷便利和中央银行紧急贷款的使用。

在我国，中央银行和监管部门对商业银行的流动性规定了以下几项主要指标：(1) 存贷款比率指标，本外币合并各项贷款与各项存款的比率不得超过75%，其中外汇各项贷款与各项存款的比率不得超过85%。(2) 资产流动性指标，本外币各项流动性资产与各项流动性负债余额的比率不得低于25%，其中外汇各项流动性资产与各项流动性负债余额的比率不得低于60%。(3) 中长期贷款比率指标，人民币逾期超过1年的中长期贷款与相应的存款之比不得超过120%，外汇1年期以上（不含1年期）的中长期贷款与各项外汇贷款余额的比率不得超过60%。(4) 拆入资金余额与各项存款余额之比不得超过4%，拆出资金余额与各项存款余额之比不得超过8%。另外，《中华人民共和国商业银行法》也明确规定，商业银行和农村信用社的流动性比率不得低于25%。《中华人民共和国外资金融机构管理条例》规定，外资金融机构流动性资产余额与流动性负债余额的比率不得低于25%。

5. 外汇风险

商业银行的外汇风险主要包括流动性风险、信用风险、控制系统风险和市场风险。监管当局之所以关注外汇风险，一方面是因为要客观评估商业银行抵御外汇风险的能力；另一方面是因为要防范外汇风险对一国的外汇收支、国际储备和对外负债产生的直接影响。

监管当局的传统做法是将银行的外汇业务量限制在资本的一定百分比以内，如英格兰银行规定商业银行的外汇交易指导线最高不超过资本的15%，单一货币的指导线不超过10%。另外，监管当局还要求银行定期报送各币种即期与远期净头寸的信息，并进行抽查以防止银行做假账或将头寸“存放”于它在其他国家的附属机构中。监管当局的新做法是按照巴塞尔委员会颁布的《资本协议市场风险补充规定》，要求银行为包括外汇风险在内的所有市场风险补充资本。

我国商业银行经营外汇业务要按照与人民币相同的指标体系缴存外汇存款准备金，遵守外汇资产负债比例管理的规定，并建立呆账准备金。

6. 信息披露

信息披露制度要求商业银行必须及时向公众发布其经营活动和财务状况的有关信息。良好的信息披露制度可以促进投资者和存款人对银行运作的了解，影响他们的投资和存款行为，从而促使银行的经营者加强经营管理。

目前各国监管当局对银行信息披露的要求差别甚大。美国监管当局废除了要求商业银行在报纸上公布其资产负债表的规定，而且商业银行只有经过监管当局的认可或要求才可向公众公布有关财务报表，其中资本变化表、逾期贷款表、有问题资产表等非常敏感的报表不能公布。也有一些国家的监管当局则一直在努力促进国内商业银行的信息披露，希望借此加强市场约束以减轻监管压力。

巴塞尔委员会颁布的《有效银行监管的核心原则》认为，“为了保证市场的有效运行，从而建立一个稳定而高效的金融体系，市场参与者需要获得准确、及时的信息。因此，信息披露是监管的必要补充”。但由于各国在银行必须披露什么信息、向谁披露、如何披露等基本问题上难以达成一致意见，目前尚未有统一的国际标准出台。对于从事衍生产品交易的大型商业银行和证券公司，巴塞尔委员会与国际证监会组织于1999年联合发布了《关于银行和证券公司衍生金融工具业务信息披露的建议》，建议它们公开披露定性和定量信息。定性信息包括风险管理部门的监控情况和会计与计价方法；定量信息包括交易行为、信用风险、流动性、市场风险和交易收益。

7. 内部控制

银行内部控制是指对银行内部各职能部门及其职员从事的业务活动进行风险控制、制度管理和制约的方法、措施及程序。它包括对银行内部组织机构的控制、对资产和负债各项业务的控制、对表外交易的控制、对会计系统的控制、对授权授信的控制和对计算机系统的控制等。内部控制不力是有问题银行的共同特点之一，内部控制不力的一个重要方面就是缺乏有效的内控制度来检查主要业务人员的表现，并确保银行的政策和与银行有关的法规得到严格执行。

按照《有效银行监管的核心原则》的规定，银行监管者必须确保银行具备与其业务性质及规模相适应的完善的内部控制制度，其中应包括对审批和职责分配的明确安排，将银行承诺、付款和资产与负债账务处理方面的职能分离，对上述程序的交叉核对，有效的资产保护措施，内部或外部审计。银行监管者还必须确保银行制定严格的深入了解客户的政策和其他政策，以促进银行业形成较高的职业道德与专业水平，并防止银行有意或无意地被罪犯利用。

我国要求商业银行建立按顺序递进的三道监控防线：(1) 建立以一线岗位双人、双职、双责为基础的第一道监控防线。(2) 建立相关部门、相关岗位之间相互制约的工作程序，作为第二道监控防线。(3) 建立由内部监督部门对各岗位、各部门各项业务全面实施监督反馈的第三道监控防线。中央银行或监管部门通过检查或者委托外部审计部门来对商业银行的内部控制情况作出评价，对内部控制存在问题的银行，中央银行和监管机构可以提出整改建议，情节严重的给予相应的处罚。

(二) 现场稽核

现场稽核的目的是，通过检查人员亲临现场，检验银行财务报表数据的准确性和可靠性，评估银行管理和内部控制的质量，检查银行遵守法律法规的情况，考察银行的整体经营管理水平。

目前多数国家现场稽核的主要内容有资本充足率、资产质量、盈利能力、清偿能力、流动性、管理水平和内控制度等。

我国的现场稽核分为准备、实施和报告处理三个阶段。准备阶段包括组织准备、资料准备、制定稽核工作方案和发送稽核通知书；实施阶段包括向被稽核银行说明来意、实施现场稽核检查、整理检查记录、与被稽核单位交换意见和归纳整理检查结果；报告处理阶段包括进行总结评价、撰写稽核报告、起草稽核结论和处理决定、印发稽核结论和处理决定以及受理复议与后续监督。

在实施阶段，现场检查一般有以下四个环节：(1) 现场检查前的准备。一是监管当局要确定实施现场检查的人选，包括信贷质量分析专家、银行资产负债管理专家和熟悉衍生产品的人员。二是监管当局要告知被检查银行。(2) 现场检查。检查人员按检查的内容分成几个项目检查小组，对各自检查的内容作出记录、分析和评价。(3) 对被检查银行进行综合评价。

(4) 写出检查报告。检查报告包括检查过程中发现的问题以及对这些问题的评价、检查组对被检查银行经营状况的综合分析和评价、综合评级结果、银行应该采取的措施等内容。

(三) 非现场稽核

非现场稽核的目的是通过对银行财务报表、报告和其他相关资料的分析，检查银行执行审慎监管政策的情况，评估银行的经营管理水平，发现银行的潜在问题并督促解决，确定需优先考虑进行现场稽核与检查的银行，了解整个银行业的发展趋势。

我国的非现场稽核分为数据资料搜集、计算整理、指标分析、报告处理、信息反馈五个步骤。

非现场稽核按照检查内容一般分为合规性检查和风险性检查。合规性检查是通过对银行财务报表和其他资料的分析，检查银行各项指标是否符合监管当局制定的审慎政策及有关规定，包括资本充足性、流动性、贷款集中、呆账准备金等方面的审慎比率。风险性检查则是通过对资料数据进行对比分析、趋势分析或者计量模型分析，评估银行的风险状况，预测银行的发展趋势，包括对杠杆资本率、资产收益率、逾期贷款率、存贷款比率等指标的分析。

目前大多数国家的金融监管当局都建立了商业银行非现场稽核报告制度，要求商业银行必须向监管当局及时、准确地报送有关的报告、报表及其他重要信息。我国现在基本上执行 1997 年颁发的《商业银行非现场监管报表报告书》和《商业银行非现场监管指标报表填报说明》，要求商业银行按时报告。报告的内容主要通过季报表、半年报表和年报表来体现。季报表要求于季后 20 天内报送，半年报表要求于报告期后 30 天内报送，年报表要求于年后 45 天内报送。

三、对问题银行的处理与存款保险制度

(一) 对问题银行的处理

1. 处理问题银行的一般措施

(1) 贷款挽救。

贷款挽救办法具体包括三个方面：第一，中央银行直接提供贷款援助。通常，有问题银行已经无法从再贴现窗口和货币市场的正常渠道融资，所以唯有接受中央银行的直接贷款。第二，设立特别机构和专项基金间接提供财务援助。由银行业共同出资或由财政和银行业共同管理的专项基金来发挥作用。第三，在监管当局授意下临时组织大银行集资救援以帮助问题银行渡过危机。

(2) 并购。

中央银行和监管部门组织健全银行兼并或收购陷入危机的银行，承担其部分或全部负债，并购买它的部分或全部资产。兼并分为援助性兼并和非援助性兼并两类。如果属于非援助性兼并，则兼并者将对被兼并银行的存款和损失承担全部责任，监管当局不提供资金援助。如果属于援助性兼并，则监管当局将向兼并者提供援助或承诺，如担保兼并者不会因兼并行动而遭受直接的损失，承诺兼并者可以在任何时候将被兼并银行的资产以面值出售给监管当局，弥补固定数额的兼并损失，直接承接被兼并银行的坏账资产等。

(3) 担保。

中央银行或政府出面担保，帮助有问题的银行渡过挤提和清偿的难关。政府和中央银行或者购买有问题银行的资产，或者在有问题银行大量存款，或者收购有问题银行并清偿全部债务，保持银行价值。

(4) 设立过渡银行。

由于问题银行在持续经营状态下的价值一般要大于立即破产清算时的价值，监管当局通过设立过渡银行全面承接危机银行的业务，以保证后者能在继续经营的前提下得到有效处理。过渡银行在有效期内必须处理完所有的接管资产，而后结束其使命。在此期间过渡银行要通过并购、转让股权或经营权、把不良债权出售给清理回收机构等方式处理危机银行，如果始终无法找到买家，则对危机银行实行破产清算。

2. 我国对问题银行的处理

依据《中华人民共和国商业银行法》、《中华人民共和国银行业监督管理法》和《中华人民共和国公司法》等法律，中央银行和监管当局对于问题银行可以采取如下几种办法。

(1) 接管。

当商业银行已经或者可能发生信用危机，严重影响存款人的利益时，国务院银行业监督管理机构及其派出机构可以对该银行实行接管，以便采取必要的措施保护存款人的利益和恢复商业银行的正常经营能力。被接管商业银行的经营管理权利由接管组织行使。接管期限最长不得超过两年，如果商业银行在接管期限届满前已恢复正常经营能力，或者被合并，或者被依法宣告破产，则接管终止。《中华人民共和国银行业监督管理法》对银行危机处理和接管作了比较详细的规定。

(2) 兼并。

问题银行在经国务院银行业监督管理机构审查批准后可以采取由健全银行兼并的办法。被兼并的商业银行要向国务院银行业监督管理机构申请解散，并附解散的理由及支付存款的本金和利息等债务清偿计划。被批准解散后，在国务院银行业监督管理机构监督之下，商业银行要依法成立清算组，进行清算，按照清偿计划及时偿还存款本金和利息等债务。

(3) 破产。

如果问题银行不能支付到期债务，经国务院银行业监督管理机构同意，由人民法院宣告其破产。商业银行被宣告破产后，由人民法院组织国务院银行业监督管理机构、中国人民银行、财政部等有关部门和有关人员成立清算组，进行清算，并且依照《中华人民共和国商业银行法》的规定，破产商业银行在支付清算费用、所欠职工工资和劳动保险费用后应当优先支付个人储蓄存款的本金和利息。

(二) 存款保险制度

在20世纪30年代金融大恐慌中，存款保险制度由美国率先创立。联邦存款保险公司成立时宣称其主旨是：重振公众对银行体系的信心；保护存款者的利益；监督并促使银行在保证安全的前提下进行经营活动。联邦存款保险公司的最初资本包括美国财政部拨款(1.5亿美元)和各联邦储备银行认购(按1933年1月资本盈余的50%认购)的资本部分。随着各年保险业务收入的增加，它已经拥有规模十分可观的存款保险基金，并且获得准许可利用该项资金对投保银行发放贷款。联邦存款保险公司最初提供给每个账户的最高保险金额为10万美元，或者以现金清偿，或者以转账清偿。2008年金融危机爆发后，美国将存款保险金额从10万美元提高到25万美元。在紧急情况下，它还有向财政部借款30亿美元的特权。

在美国存款保险制度的影响下，世界上许多国家都采用了存款保险制度。存款保险制度要求经办存款的机构根据存款额的大小按一定保险费率交纳保险费给一个保险机构，当投保存款机构遇到危机不能支付存款时，该保险机构在一定限度内代为支付。存款保险制度对保护存款人的利益和金融稳定起着一定的作用。存款保险制度的组织形式主要有三种：

（1）由政府设立存款保险机构。如美国联邦存款保险公司是属于联邦政府的独立的金融管理机构，其属下有六个分公司，具体贯彻存款保险政策，办理保险业务，同时执行对银行的监督管理职能。

（2）由政府主管当局与银行业联合组成存款保险机构。如在日本，存款保险机构由政府、日本银行和民间金融机构组成，三方各出资1.5亿日元，合计资本金为4.5亿日元。

（3）由银行业自己组织存款保险。如法国和德国由银行协会自行制定存款保险计划和理赔计划。

第二节　中央银行对金融市场的监管

金融市场是金融领域各种市场的总称。在整个市场体系中，如果说商品市场是基础，那么金融市场就是枢纽，是联系其他市场的关键，因为金融市场不仅是筹措资金、调剂资金的场所，而且具有提高资金的使用效益、引导储蓄向投资转化、分散经济风险以及提供经济信息、调节经济等多种功能。健全、发达的金融市场也是中央银行实现宏观调控机制的组成部分，因此对金融市场的监管是各国中央银行及政府的重要职责。

一、中央银行对货币市场的监管

货币市场是指融资期限在一年以内的短期资金的交易市场，用于此市场的交易工具期限短、流动性强、风险小，近似于货币，往往被当作货币的代用品，其功能在于满足交易者的资金流动性需求。依货币市场所使用的交易工具的不同，货币市场又可分为同业拆借市场、票据市场、国债市场、大额可转让定期存单市场等。由于货币市场种类多、交易额大，对一国金融市场的影响直接而显著，所以中央银行在对金融市场的监管中，首先就要加强对货币市场的监督与管理。以下以我国为例介绍中央银行对货币市场的监管。

（一）中央银行对商业票据市场的监管

1. 对商业票据监管的一般原则

（1）真实票据原则。承兑、贴现、转贴现、再贴现的商业汇票应以真实、合法的商品交易为基础。

（2）平等、自愿、公平和诚实信用的原则。

(3) 短期使用的原则。承兑、贴现、转贴现的期限不超过6个月，再贴现的期限不超过4个月。

(4) 贴现利率、再贴现利率由中国人民银行制定、发布与调整。转贴现利率由交易双方自主商定。

2. 对商业票据贴现的规定

(1) 向金融机构申请票据贴现的商业汇票持票人，必须具备下列条件：1) 为企业法人和其他经济组织，并依法从事经营活动；2) 与出票人或其前手之间具有真实的商品交易关系；3) 在申请贴现的金融机构开立存款账户。

(2) 持票人申请贴现时，须提交贴现申请书、经其背书的未到期商业汇票、持票人与出票人或其前手之间的增值税发票和商品交易合同复印件。

(3) 办理票据贴现业务的机构是经中国人民银行批准经营贷款业务的金融机构。

(4) 贴现人贴现票据应当遵循效益性、安全性和流动性原则，贴现资金投向应符合国家产业政策和信贷政策；将贴现、转贴现纳入信贷总量，并在存贷比例内考核。

(5) 贴现人对拟贴现的票据，应按规定向承兑人以书面方式查询。承兑人须按照中国人民银行的有关规定查复贴现人。

3. 对商业票据再贴现的规定

(1) 再贴现的对象是在中国人民银行及其分支机构开立存款账户的商业银行、政策性银行及其分支机构。

(2) 中国人民银行总行及分支机构按照相应的权限经办有关的再贴现业务。

(3) 中国人民银行根据金融宏观调控和结构调整的需要，不定期公布再贴现优先支持的行业、企业和产品目录。

(4) 持票人申请再贴现时，须提交贴现申请人与出票人或其前手之间的增值税发票。

(5) 中国人民银行对各授权窗口的再贴现操作效果实行量化考核。

(6) 中国人民银行对各授权窗口的再贴现实行总量控制，并根据金融宏观调控的需要适时调增或调减各授权窗口的再贴现限额。

4. 罚则

按照规定，违反商业汇票承兑、贴现和再贴现规定的，由承兑人、贴现人和中国人民银行分支行及上级行分别予以下列处罚：

(1) 暂停办理承兑、贴现。

(2) 通报批评。

(3) 暂停再贴现授权。

(4) 给予有关责任人员纪律处分。

(5) 追究有关人员的刑事责任。

(二) 中央银行对同业拆借市场的监管

中央银行对同业拆借市场的监管，是指中央银行对金融业内部同业拆借活动所进行的计划、组织、指挥、协调、监督和控制。中国人民银行是同业拆借市场的主管机关，统一制定关于拆借市场的方针政策，并对各地拆借市场运行中存在的共同性问题进行指导。

1. 基本原则

(1) 协调自愿、平等互利、自主成交原则。拆借双方要在尊重各自经营自主权的前提下，平等协商成交。只要资金来源正当，资金使用合理，就不能硬性摊派或强行阻止干预，或附加其他条件。

(2) 短期使用的原则。同业拆借是一种短期资金融通的方式，它来源于银行的超额准备金或闲置资金。因此，拆借资金在使用上要符合暂时性余缺调剂的特点，不能以此来盲目扩大资产规模或弥补信贷差额。

(3) 坚持按期归还的原则。同业拆借多属信用融通，所以拆借双方都要讲求信用，有借有还，避免短借长用或随意逾期和转期。

2. 同业拆借市场监管的几项规定

(1) 同业拆借参加对象的资格审定。同业拆借的主体限于经中国人民银行批准的，并在工商行政管理机关登记注册的具有法人资格的银行和非银行金融机构，非金融机构、个人、中国人民银行不得参与同业拆借活动。

(2) 拆借资金用途的管理。金融机构的拆出资金限于当月资金中多余的头寸和在中国人民银行的存款；拆入资金只能用于弥补清算票据交换和联行汇差的头寸不足以及解决临时性、季节性周转资金不足，不得用于发放固定资金贷款和流动资金贷款。

(3) 拆借期限和利率的控制。拆借期限和利率可由拆借双方在协商一致的基础上通过签订合约加以规定。拆借利率实行“上不封顶，下不保底”的随行就市法；拆借期限分为7天以内的同业头寸拆借和7天以上、4个月以内的同业短期拆借。

(4) 拆借金融机构的资金安全比例限制。中国人民银行规定商业银行拆入资金余额与各项存款余额之比不得超过4%；拆出资金余额与各项存款余额之比不得超过8%。

(5) 商业银行必须建立健全自我约束机制，按照自身的资金情况和清偿能力控制拆借总量。金融机构用于拆出的资金，只限于存大于贷并缴足法定准备金、归还到期中国人民银行贷款和上缴应缴联行汇差后的剩余资金。

(6) 商业银行间的债券回购业务，必须通过全国统一同业拆借市场进行，不得在场外进行。

(7) 违章处罚的规定。对违反同业拆借有关规定的单位，中国人民银行及其分支机构将根据其情节轻重予以通报批评、责令停止拆借活动、退还拆借资金、没收其非法所得、罚款以及收回中央银行的短期贷款等处罚。

(三) 中央银行对国债市场的监管

国债的发行审批通常是由财政部根据当年的财政预算提出发行计划，经与中国人民银行、国家发展和改革委员会协商而统一意见后，报国务院批准发行。国债利率主要有三种形式：一是固定利率；二是浮动利率；三是保值利率。

在我国，国债发行主要采取承购包销的方式，小部分采用自愿直接认购的方式。在二级市场上交易国债，其交易价格随行就市，并遵循“时间优先、价格优先”的原则。开办证券回购业务的必须是经中国人民银行批准的证券交易机构和融资中心。证券回购券种只能是国库券和经中国人民银行批准发行的金融债券；回购期限最长不得超过1年；回购资金不得用于固定资产投资，不得用于期货市场投资和股本投资，不得以贷款、拆借等任何名义用于企业。

凡违反上述规定者，中国人民银行依据中国人民银行、财政部、中国证券监督管理委员会《关于重申对进一步规范证券回购业务有关问题的通知》，视其情节轻重，给予以下处罚：(1) 没收非法所得；(2) 处以违规金额每日万分之五的罚款；(3) 通报批评，取消从事证券回购业务的资格，撤换法定代表人直至吊销其《金融机构法人许可证》或《金融机构营业许可证》。

二、中央银行对资本市场的监管

(一) 证券市场监管的原则

为了实现公平、合理、有序、稳定、高效率的监管目标，一般国家都遵守公开、公平、公正及实质管理原则来监督管理证券发行、交易的整个过程。

1. 公开原则

公开原则是指市场上所有的交易活动以及那些能影响投资者利益的信息必须及时、全面地向公众披露。这是保护投资者利益、增强投资者信心、防止欺诈行为的有效保障。在发行市场上，上市公司应公开其经营与财务状况以及公司董事和与公司经营有关的重要情况，有关部门对以上内容真实性的鉴定意见和对有关责任、风险的意见等。同时，对资料欠缺和弄虚作假的，要规定应负的责任和应受的处罚。在交易市场上，上市公司仍然要公布自己的情况，定期向管理部门提供有关资料信息，以使投资者能正确评估上市公司的状况，做好投资分析和决策。

2. 公平原则

公平原则即通过有关法律和规章，保证每个投资者都享有平等的权利与地位，严格禁止内幕交易。如果在交易过程中，一方提前获知内部信息而获暴利，那么对另一方来说就是不公平的。因此，为维护公平原则，一些欺诈和操纵行为被禁止，同时规定未经许可，不能将公开发行剩余的证券在公司内部或有关系的单位中出售；证券主管机构、交易所、证券经营机构中与证券管理和经营有直接关系的人员，不能为自己买卖股票，也不得向他人透露有关价格上涨或下跌的消息；券商不能串通操纵市场；公开发行的证券要全部向公众出售，本企业职工、法人不能优先认购，经批准后，其认购部分不得超过一定的比例，而且一般不能立即转让。其目的就是使公众具有平等的权利与竞争地位，保护全体而不是部分公众的利益。

3. 公正原则

公正原则即通过相应的法律和规章，保证证券的发行和交易能够规范地进行，证券经营机构及券商能够按照法律规则及规定的程序从事证券经营活动，防止各种欺诈舞弊行为，证券监管机构要依法进行监管。

4. 实质管理原则

这是指在证券市场的管理中，不仅以真实信息公开为前提，而且要求公司必须合乎若干实质性条件才能获准发行证券。在发行证券前，监管当局要对其公开资料的真实性、充分性及公司的资信情况进行认真的审查，审查合格后才准许其实施证券发行。各个国家审查的标准不同，掌握的宽严也有所差异，但有一点是共同的，即发行证券的公司必须是具有较好的经营记录和组织比较健全的公司。这在一定程度上保证了发行证券的质量，保护了投资者的利益，但也易导致投资者的依赖性。

"三公"原则与实质管理原则共同织成一个安全保护网，使投资者的权利得到法律上的保障。尽管投资的风险始终存在，但保护网的存在可以在一定程度上防止证券发行和交易中的人为风险损失，为投资决策提供可靠的依据与信心。

（二）对证券发行市场的监管

对证券的发行实施监管主要是指对证券发行的认可监管。证券发行的认可制度有注册制和核准制两种。

1. 注册制

这一制度要求发行人在发行证券之前，应按有关法律的规定先向证券监管机构和证券交易所提供与证券发行有关的一切信息，进行发行注册。它实际上是一项要求证券发行人公开有关财务、管理、投资及其他方面信息的制度。

证券发行的注册内容主要有三类：(1) 证券发行说明书。它要求对发行人的各方面情况进行详细介绍，包括发行人的历史沿革、产权关系、经营状况、管理机构、市场状况、财务状况、投资状况等。(2) 发行人关于财产和财务的详细报告与统计资料。(3) 各种证明文件，包括发行人、证券承销商和其他中介机构的各类证明材料与原始凭证。

证券发行的注册大体需经过三个阶段：第一阶段是注册申请书送交阶段；第二阶段是注册申请书审核与生效阶段；第三阶段是证券发行的实质性操作阶段。

2. 核准制（又称许可制或审批制）

在这一制度中，主管部门通常强调公共利益和社会安定，因此它具有很强的政府干预色彩。在核准制下，证券发行人每次发行证券均应报请证券监管部门审核批准，监管部门通过调整证券发行人的资格及其他条件、证券发行的实质审核内容、证券发行的审核程序等，可在一定程度上直接控制证券发行的规模、速度、方式、价格等，从而控制证券市场的规模和发展。

我国对证券发行和上市实行核准制。《中华人民共和国证券法》规定，发行证券和证券上市交易必须经国务院证券监管机构核准。证券监管部门设立发行审核委员会，审核证券发行申请，发行人必须向证券监管机构提交《中华人民共和国公司法》规定的申请文件和证券监管机构规定的有关文件。

（三）对证券交易市场的监管

对证券交易市场的监管主要包括对证券交易所和证券交易服务机构的监管、对证券市场交易行为的监管以及对证券市场信息披露的监管，这是各国对证券市场进行监管的重点所在，它关系着证券市场的规范化，是保护投资人利益和保证证券市场正常运行的关键。

1. 对证券交易所和证券交易服务机构的监管

(1) 对证券交易所的监管。

对证券交易所的监管主要有三种形式。

第一，注册制（或登记制）。注册制在美国最为典型。早在 1934 年美国《证券交易法》就规定，除交易量过少，经证券交易委员会豁免者以外，有相当交易量的全国性证券交易所都需向证券交易委员会注册，经批准后方能营业。证券交易委员会在确认证券交易所的组织结构、管理规则及有关设施等符合相关规定后，才准予注册。批准注册后的证券交易所必须服从证券交易委员会的领导、检查和监督，同时对其会员实行自律性管理。注册制使证券交易所完全置身于市场竞争之中。由于证券交易所在证券市场中起着举足轻重的作用，牵涉面广，万一证券交易所因经营不善或竞争过度而倒闭，就会出现较大的社会问题，因此，实行这种体制的国家不多。

第二，核准制（或特许制、许可制）。核准制在日本最为典型。日本《证券交易法》规定，设立证券交易所需经财务省特许。特许后经复查不符合条件者，可撤销其特许。在核准制下，由于有主管机关审核，可防止管理不善、缺乏竞争力的证券交易所开业，并防止证券交易所数量过多，因此各国大多实行这一制度。我国对证券交易所的设立也实行核准制。《中华人民共和国证券法》规定：证券交易所的设立和解散，由国务院决定；证券交易所章程的制定和修改，必须经国务院证券监管机构批准。

第三，认可制。认可制在英国最为典型。英国证券交易所成立于有关法律颁布以前，且英国对证券交易所的管理传统上以自律为原则，因此对证券交易所的管理实行认可制。英国的认可制情况较特殊，属事后追认性质，实行的国家很少。

（2）对证券交易服务机构的监管。

对证券交易服务机构的监管包括机构资格审核和从业人员资格审核。对证券交易服务机构的资格审核类似于对证券公司的资格审核。对其从业人员的资格审核各国规定不一。

《中华人民共和国证券法》规定，投资咨询机构、资信评级机构的设立条件和业务规则由证券监管机构规定，其从业人员的资格认定和管理办法应由证券监管机构制定。具有证券从业资格的会计师事务所、资产评估所和律师事务所由证券监管部门确定。

2. 对证券市场交易行为的监管

在信息不对称、交易主体资金和库存证券等实力不等的情况下，为保证证券市场的“公开、公平、公正”原则，对证券市场交易行为监管的重点在于防止内幕交易行为、市场操纵行为和市场欺诈行为等方面。

（1）对内幕交易行为的监管。

内幕交易是内幕信息的知情人员利用其获得的未公开信息进行证券交易或信息交易以获取利益的行为。内幕信息是证券交易活动中涉及公司的经营、财务或者对上市公司证券的市场价格有重大影响的尚未公开的信息，如公司经营方针及经营范围的变化、重大投资行为、订立重要合同、分配股利和增资计划、股权结构的重大变化、上市公司收购方案等。

内幕人员大致分为四类：第一，证券上市公司的董事、监事、经理和其他高级管理人员、主要股东及其他知情者；第二，证券经营机构的高级管理人员及其他知情者；第三，证券中介机构的从业人员，包括会计师事务所、资产评估事务所、律师事务所、证券咨询评信机构、有关报刊及其他新闻媒介机构的知情人员；第四，有关证券管理部门的知情人员。

内幕人员由于拥有未公开的信息，能够比市场上的一般投资者更快地对市场价格作出反应，因而内幕交易会导致如下结果：第一，证券市场的公开性和公平性原则受到严重损害，证券市场的运行秩序受到严重影响；第二，内幕人员出卖内幕信息、进行内幕信息的交易，会扰乱公开信息的效应，造成市场信息的混乱，也容易造成市场中的腐败行为；第三，内幕信息本身是一种不完全确定的信息，内幕信息的广泛传播会加大证券市场的风险。因此各国都对内幕交易行为进行严格监管。

（2）对市场操纵行为的监管。

证券市场中的市场操纵行为是指某一交易主体违背自由竞争或市场定价原则，利用所拥有的资金、库存证券、信息传播及其他优势，制造虚假市场行情或市场行情的异常波动，误导他人交易，从中获取不正当利益或转嫁风险的行为。

操纵市场的方式主要有：第一，洗售，即连续性交易。指机构或个人利用其所拥有的资金、库存证券及其他优势，人为地制造交易价格的虚假上升或下降，从中获取价差收益的现象。其具体方式大致有两种：其一是提高市价，即利用资金优势，通过连续性买入且每手买价略有上升的方式逐步将某一证券价格提高，在价格达到预期时逐步将该种证券卖出；其二是打压市价，即利用库存证券，通过连续性卖出且每笔卖价略有降低的方式逐步将某一证券的价格压低，在价格达到预期值时再买入该种证券。第二，对敲。其基本原理是交易双方于同一时间申报买入和卖出同一数量、同一价格的同种证券，成交后再以相同方式卖出和买入该种证券，其结果是该种证券的成交量增大，而证券与资金并无实质性转移。通过对敲可逐步拉高或打压某种证券的价格，造成价量配合的虚假行情，操纵者伺机获取差价。第三，轧空，又称洗空。指大量买入某种股票的可流通部分，造成证券市场上该种股票的严重短缺、价格上升，从而迫使市场卖空者按操纵者要求的价格购入该种股票的现象。轧空一般发生在允许空头交易的市场上。第四，信息杠杆。指操纵者利用其信息传播的优势，通过制造和传播虚假信息、不实信息或误导信息来影响市场价格，从中获取价差收入的行为。因传播虚假信息的成本大大小于操纵者所获收益，具有杠杆作用，因而这种行为被称为信息杠杆。第五，联合操纵。指两个或两个以上的机构（或个人）通过达成某种协议或默契，利用各自的优势，共同操纵一种或几种证券的现象。

对市场操纵行为进行监管的主要措施包括预防性措施、惩处性措施和补救性措施。预防性措施指监管机构进行经常性调查、检查，设计证券交易跟踪系统，防患操纵行为于未然；惩处性措施是指通过立法对市场操纵进行严惩；补救性措施是指对受害者的经济赔偿，对有关法律法规、监管制度和监管手段的完善。

（3）对市场欺诈行为的监管。

这里所说的市场欺诈行为主要指证券经营机构以及从业人员、证券监管机构及其工作人员在证券交易中欺骗客户、损害客户利益的行为。主要包括：违背客户委托为其买卖证券；挪用客户委托买卖的证券或客户账上的资金；私自买卖客户账户上的证券，或者假借客户名义买卖证券；提供虚假资料诱使客户进行不必要的证券买卖；伪造、变造或销毁交易记录等。

3. 对证券市场信息披露的监管

信息披露是有关行为主体从维护投资者权益和证券市场运行秩序的角度出发，根据有关法律法规的要求，在证券的发行、上市、交易等一系列环节中，以一定的方式向社会公众公开披露与证券有关的信息的行为。信息披露监管是证券市场监管的主要内容之一。它既是对证券市场参与者进行监管的重要方法，也是规范证券发行和证券交易活动的有效途径。

信息披露的监管主要是对信息披露的形式和内容的监管。信息披露可分为证券发行人的初次信息披露和持续信息披露。前者的信息披露形式主要是招股说明书和上市公告书，后者的信息披露形式主要是定期报告和临时报告。关于信息披露的内容和形式，各国证券法规都有明确规定。

《中华人民共和国证券法》第65条规定了中期报告应予公告的内容，同时要求在每一会计年度的上半年结束之日起两个月内向证券监管机构和证券交易所提交并予公告；第66条规定了年度报告应予公告的内容，同时要求在每一会计年度结束之日起4个月内提交年度报告并予公告；第67条规定了上市公司临时报告应予公告的内容。

第三节　中央银行金融监管的国际合作

一、金融监管国际合作的必要性

在金融全球化的背景下，美元、欧元和日元之间的动荡加剧了世界金融的动荡起伏，国际金融危机发生的频率和强度不断上升，因此不仅必须强化国内金融监管，而且加强金融监管的国际合作也是十分必要的，主要体现在三个方面。

1. 金融国际化的要求

金融国际化、资本流动的全球化使得世界各国的金融市场随时都有受到冲击的可能，新型金融机构不断地进入国际金融市场，整个金融体系变得更加复杂、调控难度更大。因此，各国的金融监管当局不仅要密切注意境内的金融活动的影响，还必须十分关注境外的金融活动的影响，必须通过金融监管的国际合作，利用国际协调机制沟通信息、交流经验，才能有效地实施金融监管，避免资本迅速流动造成的金融危机，稳定本国金融，促进国际经济与金融的稳定。

2. 金融创新的要求

金融创新在很大程度上是在规避金融监管，实现金融自由化。金融创新、金融自由化在加速生产要素在全球范围的自由流动和配置、加快全球统一大市场的形成的同时，也提高了各国政府进行宏观经济调控的难度，提高了金融危机发生的可能性，加大了金融危机的深度和范围。因此，要发挥创新对经济金融的积极作用，防止消极影响，规避金融风险与金融危机，依靠单个国家的自我监管是不够的，需要世界各国在金融监管上共同合作与协调。

3. 国际金融监管一体化的要求

由于世界各国的金融监管体制不同，金融发展的程度不同，再加上各国中央银行对金融危机的政策和态度不一致，因而在国际上并没有形成一个统一的国际金融监管机制和监管协议。伴随着金融自由化、全球化的快速发展，金融危机形成了国际性传递，这就在客观上要求各国金融监管行为必须取得一致，加强监管的国际合作与协调，化解金融危机与风险。

二、金融监管国际合作的内容

进入20世纪70年代以来，由于跨国银行和国际资本流动的迅猛发展，国际信贷资金金额骤增，银行竞争加剧，金融风险增大，这一变化迫切需要加强国际金融监管。时至今日，国际金融界在金融监管的国际合作方面取得了一系列进展与突破，其中最重要的当属《巴塞尔资本协议》、《有效银行监管的核心原则》、《新巴塞尔资本协议》以及《巴塞尔资本协议Ⅲ》。

（一）《巴塞尔资本协议》

1.《巴塞尔资本协议》及其主要内容

1974年，联邦德国的赫斯塔特银行和美国的富兰克林国民银行倒闭，这两个事件令整个国际金融界非常震惊。因此，关于国际银行监管的问题被提上了议事日程。1974年9月，来自十国集团及卢森堡、瑞士等12国的中央银行代表在国际清算银行的发起下于巴塞尔召开会议，讨论了跨国银行的国际监督和管理问题。1975年2月，成立了常设监督机构，即“巴塞尔委员会”，由于其主席是由英格兰银行业务监督处主任库克担任，因此该委员会也被称为“库克委员会”。这个委员会一年召开三次会议，其宗旨是要使国际银行受到充分的监督，并制订监督计划和从事协调工作，以应付所发生的变化。巴塞尔委员会在1975年9月制定了《对银行国外机构监管的原则》，即《巴塞尔协定》（Basel Concordat），该协定是第一个巴塞尔协议。其主要内容有四项：第一，制定国际合作监督的指导原则。第二，强调合作的必要性。第三，确立东道国和母国的监督责任。第四，监管当局之间要互通情报，允许总行直接检查其海外机构，否则，由东道国代为检查。

1983年又通过了修订后的第二个巴塞尔协议，对第一个巴塞尔协议所阐述的原则作了更加具体化的说明，并对综合监督法以及监督责任进行重新划分。

为了适应新形势的需要，巴塞尔委员会在前两个协议的基础上，在1988年7月正式通过了《关于统一国际银行的资本计算和资本标准的协议》，这是第三个巴塞尔协议（简称《巴塞尔资本协议》，也称《巴塞尔协议Ⅰ》《巴塞尔协议》）（Basel Accord），我们一般所提到的巴塞尔协议即指该协议。该协议分为资本的定义、风险加权的计算、资本充足率的计算、过渡期及实施的安排四大部分。

2.《巴塞尔资本协议》的影响

《巴塞尔资本协议》是20世纪80年代以来国际金融业一个十分重要的文件，对当前乃至今后世界银行业务的发展和各国金融的监督管理必然产生深远的影响。由于《巴塞尔资本协议》的成员是当今世界最发达的国家，“十国集团”基本上代表着世界上最大的经济集团，因此，其他国家的金融监管机构也必须按此协议执行，否则在国际信贷等方面就会得不到优惠待遇。

《巴塞尔资本协议》对各国银行监管产生的影响更为深远：（1）有助于各国银行尤其是西方发达国家的银行在平等的基础上开展竞争，同时也对银行各种风险的管理提出了更高的要求。（2）资本与资产目标比率的整齐划一，为国际银行监督和管理工作的协调与一致提供了极大的便利，这必将进一步保障各国银行在激烈竞争和提高服务效率的同时，确保国际银行体系在国际债务危机或金融风潮中能平稳顺利运营。(3)《巴塞尔资本协议》的最终完全实施，将使各国银行尤其是主要西方发达国家的银行的国际化趋势加快。(4) 对发展中国家而言，《巴塞尔资本协议》的影响是双重的。就债务国而言，其在国际金融市场上的筹资成本与难度将随着各国银行资产业务的相对缩小而增大；就韩国、中国台湾、中国香港这类新兴工业化经济体而言，由于按照国际标准对其银行进行监管，因此它们的银行与西方发达经济体的银行的一体化趋势将会加快。

(二)《有效银行监管的核心原则》

1997 年 9 月，在中国香港举行的世界银行和国际货币基金组织的第 52 届年会上，《有效银行监管的核心原则》获得通过，这是巴塞尔委员会加强国际银行业监管的一项新的重要措施。20 世纪 90 年代中期以来，由于国际银行业的经营环境发生了较大变化，所以尽管《巴塞尔资本协议》关于资本充足率的规定已经在一定程度上降低了银行信贷风险，但国际银行业存在的信贷风险远未消除，更为重要的是，即使在银行资本与风险资产比率基本正常的情况下，以金融衍生产品为主的市场交易风险仍屡屡发生，致使国际银行业中重大银行倒闭或巨额亏损事件层出不穷。这种情况表明，仅仅依靠达到资本充足率的规定已经不足以充分防范金融风险，加强国际银行业监管必须开阔视野，另辟蹊径。为此，巴塞尔委员会推出了《有效银行监管的核心原则》，将风险管理领域扩展到银行业的各个方面，以建立更为有效的风险控制机制。该原则的主要内容共 25 条，其基本内容包括：银行有效监管的前提；获准经营的范围和结构；审慎管理和要求；银行业持续监管的方法；信息要求；监管人员的正当权限；关于跨国银行业务；等等。

《有效银行监管的核心原则》的第一条原则实际上提纲挈领地概括了对有效银行监管的要求。根据该条原则，某个国家或地区的监管系统应要求其涉及银行监管的机构有明确的责任和目的，每个监管当局都应拥有适当的人力和物力资源，能自主地实施监管，有在监管者之间共享监管信息并对所获信息进行保密的安排，有相应的、适当的银行监管的法规框架。监管法规框架应包括对银行的发照授权以及持续的监管，赋予监管者实施监管和采取强制性措施的权力，对监管者提供适当的法律保护，并能保证监管信息的保密性。

《有效银行监管的核心原则》第二条至第五条明确了对银行机构和人员方面的监管应达到的最低标准，包括对新银行的审批、对高级管理人员的资格审查、银行股权的转让、银行的重大收购或投资等方面的内容。

第六条至第二十一条是持续性银行监管的安排，它构成了《有效银行监管的核心原则》的核心部分，由银行风险、审慎法规与要求、信息披露、持续银行监管手段、监管信息要求组成，包括了最低资本金要求、资产质量控制、各种金融风险的管理、内部控制、现场稽核和非现场监督、信息的披露与保密等各方面的要求。在此部分，《有效银行监管的核心原则》特别强调，为充分发挥市场法则的作用，应保证银行信息充分向公众披露，但同时又强调，尽管公众需要及时获得正确信息，监管当局还应对一些敏感信息如客户账户信息予以保密。这十六条原则概括了在进入市场后和退出市场前的这个期间对银行进行监管的最基本的要求。

随后，《有效银行监管的核心原则》第二十二条提出，监管者应掌握充分的监管手段，以便在监管当局已经作出了种种努力而银行仍不满足审慎监管要求如最低资本充足率，或银行存款人的安全受到威胁的情况下，能及时采取限制银行开展业务或停止批准业务、撤换管理层或董事等纠正措施或行动。该原则强调，监管本身不能也不应绝对保证银行不会失败，在市场经济中，失败是资源分配机制的一个必要的组成部分。尽管处理失败银行和承担成本的方式部分带有政治色彩，处理该问题不能总是银行监管者的责任，但监管者必须制定一些处理有问题银行的适当措施。

《有效银行监管的核心原则》最后三条强调了跨境银行业监管，明确要求监管者必须实施全球性综合并表监管，加强监管的国际合作，保证监管信息在监管者之间的流动和保密。

（三）《新巴塞尔资本协议》

2004 年 6 月，巴塞尔委员会根据第三稿的反馈意见推出了《新巴塞尔资本协议》（也称《巴塞尔协议Ⅱ》）。《新巴塞尔资本协议》的内容在《巴塞尔资本协议》的目的基础上又新增了三个目的，即构筑全面的风险管理体系、增强资本准备的风险敏感性以及扩大适用对象的范围。

新协议由三根支柱构成，包括最低资本要求、监管当局的监督检查和市场纪律。这三根支柱的关系可以说是相辅相成的。

关于第一根支柱即最低资本要求，除信用风险和市场风险之外，新增了操作风险，即新的最低资本要求由三个风险组成并据此算出。但对于所要求的银行最低资本准备，巴塞尔委员会还是把它维持在 8%的水平上。

在新协议里，监管当局的监督检查被作为第二根支柱。在监督检查的过程中，对银行是否持有所规定的最低资本准备和银行持有的资本准备与它的实际风险是否相吻合的检查被明确地规定为监管当局的职责，并且监管当局被要求确保监督过程中的透明以及对其所作判断要作出合适的解释。

市场纪律是《新巴塞尔资本协议》的第三根支柱。在新协议里，巴塞尔委员会期待通过市场纪律来评价银行的风险程度，以补充第一根支柱最低资本要求的不足之处。

从内容来看，和 1988 年出台的《巴塞尔资本协议》相比，《新巴塞尔资本协议》有以下几个引人注目的变化。

（1）在风险计量方法上，新协议积极地导入了银行内部所使用的技术水平比较高的风险管理模型，也称内部模型法。巴塞尔委员会正在摆脱原来的那种一刀切的监管手法，试图向一种重视银行管理过程、能够灵活地反映银行风险变化的监管手法转变。正是由于有这样的优点，内部模型法才被巴塞尔委员会积极地提倡和采用。

在新协议里，尽管巴塞尔委员会向银行推荐使用比较高级的风险测定方法，但这不是唯一的，巴塞尔委员会同时还为所有的银行提供了几种可供选择的方法。例如，关于操作风险的测定，巴塞尔委员会考虑到每家银行管理操作风险的具体情况，向银行提出了三种程度不等且可供选择的方法。这一点在 1988 年出台的《巴塞尔资本协议》中是看不到的。

（2）展示了监管当局监管手法变化的另一个侧面。具体地说，巴塞尔委员会试图摆脱那种无视银行动机的监管手法，实现向重视银行规避监管的动机的监管手法转变。

（3）在新协议中，监管当局加强银行动机管理并不仅仅表现在使用监管菜单上，作为第三根支柱的市场纪律也是加强银行动机管理的一个侧面。因为市场投资者所持有的信息有可能比监管当局的更准确、更全面或者更有效，因此，对监管当局来说今后的银行监管已经到了不得不依靠市场力量的地步。

尽管上面没有对《新巴塞尔资本协议》的内容作详细的说明，但是仅从其框架和特征就能了解到《新巴塞尔资本协议》已经发生了巨大的变化。这个变化反映了两个事实：一是新协议的构筑明确是以努力缩小银行资本准备和银行风险之间的背离程度为方向的；二是新协议的构筑同时又是以重视银行的动机为方向的。因此，从理论上说，《新巴塞尔资本协议》和《巴塞尔资本协议》相比应该在银行监管上具有更好的效果。①

（四）《巴塞尔资本协议Ⅲ》

2007 年美国次贷危机引发的全球金融危机极大地冲击了银行体系，并带来了整个世界经济的衰退。在这种情况下，各国意识到需要一个充满活力的银行系统来应对各种重大的危机，抵御金融动荡。2009 年，在二十国集团（G20）峰会的推动下，国际社会制订了一揽子金融改革计划，其中便包括《巴塞尔资本协议Ⅲ》（也称《巴塞尔协议Ⅲ》）。2010 年 9 月 12 日，巴塞尔委员会宣布，各方代表就《巴塞尔资本协议Ⅲ》的内容达成一致。根据这项协议，商业银行的核心资本充足率将由先前的 4%上调到 6%，同时计提 2.5%的防护缓冲资本和不高于 2.5%的反周期准备资本，这样核心资本充足率的要求可达到 8.5%～11%。总资本充足率要求仍维持 8%不变。此外，还引入了最低杠杆比率、流动杠杆比率和净稳定资金来源比率的要求，以降低银行系统的流动性风险，加强抵御金融风险的能力。

从 1975 年 9 月第一个巴塞尔协议出台到 1999 年 6 月《新巴塞尔资本协议》第一个征求意见稿的出台，再到 2006 年《新巴塞尔资本协议》的正式实施，以及 2010 年《巴塞尔资本协议Ⅲ》的推出，时间跨度长达 30 多年。几十年来巴塞尔协议的内容不断丰富，所体现的监管思想也不断深化。

本章小结

中央银行金融监管运行最核心的内容是对商业银行和金融市场的监管。加强对商业银行和金融市场的监管，保证其稳健运行、健康发展，对于实现金融监管目标和实施货币政策以及保障整个金融体系的稳定，具有十分重要的意义。

对商业银行的监管包括对商业银行设立的监管、对商业银行日常经营的监督、对问题银行的处理与存款保险制度三个主要方面。中央银行或监管当局在审批商业银行时主要考虑资本金、高级管理人员的素质以及银行业竞争状况和社会经济需要。对商业银行日常经营的监管主要是确定日常经营监管政策的基本内容，包括资本充足率、呆账准备金、贷款集中、流动性、外汇风险、信息披露和内部控制等方面。监管当局采用现场稽核和非现场稽核两种形式来实施检查与监督。监管当局处理问题银行的一般方法主要有贷款挽救、并购、担保和设立过渡银行等；有些国家的政府还实行了存款保险制度来保护存款人的利益和实现金融稳定。

---

① 陈燕. 中央银行学. 北京：北京大学出版社，2005.

中央银行或监管机构对金融市场的监管，既是货币政策的体现，又是维护金融体系安全的需要。对金融市场的监管重点集中在货币市场与资本市场两个部分。合规性监管是对货币市场进行监管的主要方法和手段，它常与货币政策的实施紧密地联系在一起。因此，对商业票据市场、同业拆借市场和国债市场，中央银行和监管机构都作出了许多具体、明确的规定。对资本市场的监管主要包括对证券发行市场的监管和对证券交易市场的监管两个方面。

在金融国际化、金融创新和国际金融监管一体化的要求下，中央银行金融监管国际合作的必要性日益凸显。国际金融界在金融监管的国际合作方面取得了一系列进展与突破，其中最重要的当属《巴塞尔资本协议》、《有效银行监管的核心原则》、《新巴塞尔资本协议》以及《巴塞尔资本协议Ⅲ》。

《巴塞尔资本协议》规定，银行的资本充足率不得低于8%。其中作为分子的银行资本部分被分为一级资本和二级资本，对分母的规定中，导入了加权风险资产的概念。

《有效银行监管的核心原则》将风险管理领域扩展到银行业的各个方面，以建立更为有效的风险控制机制。其基本内容包括：银行有效监管的前提；获准经营的范围和结构；审慎管理和要求；银行业持续监管的方法；信息要求；监管人员的正当权限；关于跨国银行业务；等等。

《新巴塞尔资本协议》在内容上由三根支柱构成：最低资本要求、监管当局的监督检查和市场纪律。和《巴塞尔资本协议》相比，新协议具有两个特征：第一个特征是在风险计量方法上，新协议积极地导入了银行内部所使用的技术水平比较高的风险管理模型；第二个特征是为银行的风险测定提供了几种可供选择的方法。

由金融危机直接催生的《巴塞尔资本协议Ⅲ》规定：商业银行的核心资本充足率将由先前的4%上调到6%，同时计提2.5%的防护缓冲资本和不高于2.5%的反周期准备资本，这样核心资本充足率的要求可达到8.5%～11%。总资本充足率要求仍维持8%不变。此外，还引入了最低杠杆比率、流动杠杆比率和净稳定资金来源比率的要求，以降低银行系统的流动性风险，加强抵御金融风险的能力。

练习题

一、术语解释

1. 资本充足率
2. 信息披露
3. 现场稽核
4. 非现场稽核
5. 实质管理原则
6. 内幕交易
7. 市场操纵行为

二、填空题

1. 资本充足率通行的国际标准是1988年巴塞尔委员会颁布的，它规定银行资本与加权风险资产的比率不低于________，其中核心资本成分至少为________。

2. “5级分类方法”把贷款资产分为________、________、________、________和

________5类。

3. 对证券交易市场的监管主要包括对________的监管、对________的监管以及对________的监管，这是各国对证券市场进行监管的重点所在。

三、判断题

1. 在我国，设立商业银行必须向国务院银行业监督管理机构提出申请，商业银行可根据自身业务需要设立分支机构，分支机构的设立就不需要向国务院银行业监督管理机构提出申请。（　　）

2. 在我国，危机银行不能支付到期债务时，由国务院银行业监督管理机构宣告其破产。（　　）

3. 设立存款保险制度是为了保护存款人的利益和保证一国的金融稳定，因此必须由政府设立存款保险机构才能保证目的的实现。（　　）

4. 内幕交易是内幕信息的知情人员利用其获得的信息进行证券交易或信息交易以获取利益的行为。（　　）

5. 1992年10月，国务院证券委员会及其执行机构——中国证券监督管理委员会成立，标志着中国证券市场开始实行集中监管。（　　）

四、不定项选择题

1. 我国商业银行提取呆坏账准备金时一直实行（　　）。

A. 普通准备法　　B. 直接冲销法

C. 特别准备法　　D. 专项准备法

2. 存款保险制度于（　　）由美国率先创立。

A. 19世纪80年代　　B. 20世纪20年代

C. 20世纪30年代　　D. 20世纪60年代

3. 在现代市场经济条件下，中央银行往往更多地通过（　　）来实施其货币政策。

A. 金融市场渠道　　B. 商业银行渠道

C. 非银行金融机构渠道　　D. 以上都不是

4. 中央银行在金融市场的监管中，所遵循的原则不包括（　　）。

A. 全面性原则　　B. 效率性原则

C. 效益最大化的原则　　D. 公开、公平、公正原则

5. 审批商业银行时需要考虑的基本因素包括（　　）。

A. 资本金　　B. 高级管理人员的素质

C. 银行业竞争状况　　D. 国际政治环境

E. 社会经济需要

6. 国债利率主要有（　　）三种方式。

A. 固定利率　　B. 浮动利率

C. 长期利率　　D. 短期利率

E. 保值利率

7. 证券市场中的市场操纵行为的方式主要有（　　）。

A. 洗售　　B. 对敲

C. 轧空　　　　D. 信息杠杆

E. 联合操纵

五、简答题

1. 中央银行或监管当局在审批商业银行时主要考虑哪些因素？
2. 我国的现场稽核、非现场稽核主要包括哪些内容？
3. 我国中央银行对同业拆借市场进行监管的原则和内容有哪些？
4. 什么是证券市场的信息披露？我国对证券市场信息披露的监管有哪些内容？
5. 试述《巴塞尔资本协议》的内容及其影响。
6. 简述《有效银行监管的核心原则》的内容。

六、论述题

谈谈你对我国建立存款保险制度的看法。

部分练习题参考答案

第1章

二、填空题

1. 1694年　2. 最后贷款人　3. 英格兰银行　4. 垄断货币发行权　5. 银行的银行

三、不定项选择题

1. ABCD　2. ABC　3. BCD　4. ABCDE　5. A

第2章

二、填空题

1. 中央银行与政府之间的关系问题　2. 2018年4月　3. 德意志联邦银行　4. 中央银行　5. 中央银行

三、不定项选择题

1. ABCD　2. ABC　3. AB　4. ABC　5. ABC

第3章

二、填空题

1. 法定业务权力　法定业务范围　法定业务限制　2. 宏观管理　微观管理　3. 最后贷款人　4. 非营利性　流动性　主动性　公开性　5. 国外资产　对金融机构债权　对政府债权　其他资产

三、判断题

1. × 2. × 3. √ 4. √ 5. ×

四、不定项选择题

1. ABD 2. AC 3. ABCD 4. BCD 5. A 6. B 7. D

第4章

二、填空题

1. 法定准备金　超额准备金　2. 存款余额　存款准备金率　3. 现金准备　证券准备　4. 现金投放　现金回笼　现金净投放或净回笼　5. 存款业务　货币发行业务

三、判断题

1. √ 2. √ 3. √ 4. √ 5. √

四、不定项选择题

1. BD 2. AD 3. AC 4. CD 5. D

第5章

二、填空题

1. 再贴现业务　再贷款业务　证券买卖业务　黄金外汇储备业务　2. 确定合理的黄金外汇储备数量　保持合理的外汇币种构成　3. 黄金　外汇　4. 公开市场　5. 商业银行等金融机构　政府

三、判断题

1. √ 2. √ 3. √ 4. √ 5. √

四、不定项选择题

1. ABC 2. B 3. AC 4. C 5. BC

第6章

二、填空题

1. 债权债务清偿　货币资金转移　2. 票据交换所　3. 差额清算系统　实时全额清算系统　4. 伦敦　1853　5. 金融支付服务　支付资金清算　6. 全局性　世界性　7. 金融风险　金融危机　8. 现金结算　非现金结算　国内结算　国际结算　9. 大额支付系统　小额支付系统　10. 跨国支付清算

三、判断题

1. × 2. √ 3. √ 4. √ 5. √ 6. × 7. × 8. × 9. √ 10. √ 11. × 12. √ 13. × 14. × 15. √

四、单项选择题

1. B 2. C 3. D 4. D 5. A 6. B 7. A 8. D 9. C

五、不定项选择题

1. ABCD 2. ABD 3. ABC 4. AD 5. ABC 6. ABD 7. ABCD 8. BC 9. ABCD

第7章

二、填空题

1. 独立国库制　代理国库制　2. 财政部门　金融部门　3. 垂直领导　双重领导　4. 核算管理　参与决策　5. 制定统一的会计制度和政策　管理金融机构的会计活动　6. 全年业务及财务收支状况的数字　7. 金融机构　金融业务　金融市场　8. 现金收支数量　9. 统计设计　10. 看似合法

三、判断题

1. ×　2. ×　3. √　4. √　5. √　6. √　7.　√　8. ×　9. √　10×　11. √　12. ×

四、单项选择题

1. C　2. D　3. A　4. B　5. C　6. C　7. D　8. B

五、不定项选择题

1. ABCD　2. ABCD　3. ABCD　4. ABCD　5. ABCD　6. ABCD　7. ABD　8. BCD

第8章

二、填空题

1. 古典　凯恩斯　附加预期的菲利普斯曲线　卢卡斯　理性预期　2. 操作指标　中介指标　最终目标　3. GDP（国内生产总值）平减指数　CPI（消费价格指数）　PPI（批发价格指数）　4. 国内生产总值增长率　5. 所有资源　摩擦性失业　自愿性失业　6. 货币币值的稳定　经济增长　7. 币值稳定　经济增长　充分就业　国际收支平衡　8. 相机抉择法　简单规则抉择法　临界点抉择法　9. 负值　越高　越低　10. 相关关系　11. 中央银行独立性程度　12. 中国人民银行货币政策委员会

三、判断题

1. √　2. √　3. ×　4. ×　5. ×　6. ×　7. ×　8. √　9. ×　10. ×　11. √　12. ×　13. ×　14. ×　15. ×　16. ×　17. ×　18. √　19. ×

四、不定项选择题

1. C　2. B　3. A　4. D　5. A　6. D　7. ABC　8. ACD　9. AC　10. ABC　11. ABCD　12. ABC　13. ABCD　14. ABC　15. ABD　16. BCD

第9章

二、填空题

1. 准备金率　2. 缩小　减少　3. 主动性　防御性　混合性　4. 消费者信用控制　证券市场信用控制　5. 吸收存款的利率　发放贷款的利率

三、判断题

1. √　2. ×　3. ×　4. ×

四、不定项选择题

1. C　2. ACD　3. ABC　4. AB　5. BCD

第10章

二、填空题

1. 充分就业的均衡　供给创造需求　2.《就业、利息和货币通论》　3. 消费生命周期　4. 政策无效性　5. 中介

三、判断题

1. √　2. √　3. ×　4. ×　5. √

四、不定项选择题

1. B　2. B　3. C　4. A　5. A　6. AC

第11章

二、填空题

1. 垄断　外部效应　信息不对称　2. 公共选择　3. 监管经济学　直接的货币补贴　限制竞争者的进入　获得影响替代品和互补品的能力　定价能力　4. 健全金融监管法规　加强金融监管的国际合作　注重对国际金融创新的监管　5. 接管　解散　撤销　破产

三、判断题

1. √　2. ×　3. ×　4. √　5. ×

四、不定项选择题

1. AD　2. ABC　3. ABCD　4. ABD

第12章

二、填空题

1. 8%　4%　2. 正常　关注　次级　可疑　损失　3. 证券交易所和证券交易服务机构　证券市场交易行为　证券市场信息披露

三、判断题

1. ×　2. ×　3. ×　4. ×　5. √

四、不定项选择题

1. ABC　2. C　3. ABC　4. ABC　5. ABCE　6. ABE　7. ABCDE

参考文献

[1] 曹华. 中央银行学. 北京：科学出版社，2006

[2] 曹龙骐. 金融学. 北京：高等教育出版社，2003

[3] 陈燕. 中央银行理论与实务. 北京：北京大学出版社，2005

[4] 陈燕. 中央银行学. 北京：北京大学出版社，2005

[5] 陈雨露，边卫红. 开放经济中的货币政策操作目标理论——纳入汇率因素的货币状况指数（MCI）. 国际金融研究，2003（10）

[6] 崔建军. 中央银行学. 北京：科学出版社，2005

[7] 郭田勇. 新编中央银行理论与实务. 北京：中国市场出版社，2005

[8] 刘锡良，曾志耕，陈斌. 中央银行学. 北京：中国金融出版社，1999

[9] 刘肖原，李中山. 中央银行学. 北京：中国人民大学出版社，2007

[10] 秦菊香，尹继志. 发达国家货币政策制定和实施的变化和演进. 浙江金融，2005（4）

[11] 秦艳梅，戚晓红，刘肖原. 金融学. 北京：经济科学出版社，2006

[12] 王广谦. 中央银行学. 北京：高等教育出版社，2003

[13] 吴庆天，杨丽. 中央银行学. 南京：东南大学出版社，2005

[14] 新浪网/财经纵横：http://finance.sina.com.cn

[15] 尹洪霞，刘振海. 中央银行与金融监管. 北京：中国金融出版社，2005

[16] 中国人民银行网站：http://www.pbc.gov.cn

图书在版编目（CIP）数据

中央银行学/李中山编著．—北京：中国人民大学出版社，2019.1
“十三五”普通高等教育应用型规划教材．金融系列
ISBN 978-7-300-26493-6

Ⅰ．①中… Ⅱ．①李… Ⅲ．①中央银行-经济理论-高等学校-教材 Ⅳ．①F830.31

中国版本图书馆 CIP 数据核字（2018）第 281133 号

“十三五”普通高等教育应用型规划教材·金融系列
中央银行学
李中山　编著
Zhongyang Yinhangxue

出版发行	中国人民大学出版社		
社　　址	北京中关村大街 31 号	**邮政编码**	100080
电　　话	010－62511242（总编室）		010－62511770（质管部）
	010－82501766（邮购部）		010－62514148（门市部）
	010－62515195（发行公司）		010－62515275（盗版举报）
网　　址	http://www.crup.com.cn		
经　　销	新华书店		
印　　刷	北京宏伟双华印刷有限公司		
规　　格	185 mm×260 mm　16 开本	**版　　次**	2019 年 1 月第 1 版
印　　张	19.5	**印　　次**	2020 年 9 月第 3 次印刷
字　　数	454 000	**定　　价**	42.00 元